KB107479

빈곤자본

**Poverty Capital** by Ananya Roy
© 2010 Taylor & Francis
All Rights reserved.

Korean translation edition © 2018 by Yeomoonchaek Publishers
Authorized translation from the English language edition published by Routledge,
a member of Taylor & Francis Group LLC, New York, USA.
Arranged by Bestun Korea Agency, Seoul, Korea.
All rights reserved.

이 책의 한국어 판권은 베스툰 코리아 에이전시를 통해
저작권자인 Taylor & Francis Group LLC와 독점 계약한 도서출판 여문책에 있습니다.
저작권법에 의해 한국 내에서 보호를 받는 저작물이므로
어떠한 형태로든 무단전재와 무단복제를 금합니다.

# 빈곤자본

소액금융과 개발의 패러다임

2018년 7월 27일 초판 1쇄 발행

지은이 | 아나냐 로이
옮긴이 | 김병순
펴낸곳 | 여문책
펴낸이 | 소은주
등록 | 제25100-2017-000053호
주소 | (03482) 서울시 은평구 응암로 142-32, 101-605호
전화 | (070) 5035-0756
팩스 | (02) 338-0750
전자우편 | yeomoonchaek@gmail.com
페이스북 | www.facebook.com/yeomoonchaek

ISBN 979-11-87700-24-1 (93330)

이 도서의 국립중앙도서관 출판시도서목록(cip)은 e-CIP 홈페이지(http://www.nl.go.kr/ecip)에서
이용하실 수 있습니다(CIP 제어번호: 2018020745).

이 책의 무단 전재와 복제를 금합니다.

여문책은 잘 익은 가을벼처럼 속이 알찬 책을 만듭니다.

소액금융과 개발의 패러다임

# 빈곤자본

아나냐 로이 지음  김병순 옮김  조문영 해제

POVERTY CAPITAL

**여문책**

**일러두기**

— 이 책은 2011년 폴 다비도프상Paul Davidoff Award 수상작인 아나냐 로이의 *Poverty Capital: Microfinance and the Making of Development*를 우리말로 옮긴 것이다.

— 각주 중 저자 주는 *표시로, 옮긴이 주는 •표시로 구분했다.

열정과 날카로운 위트로 늘 내게 가르침을 주는
버클리의 제자들에게 바친다.

## ● 차례

아나냐 로이의 『빈곤자본』 한국어판 출간을 진심으로 축하드립니다. 로이는 지난 20년간 후기 자본주의의 빈곤의 양상과 불평등의 지형이 도시공간에 어떤 식으로 자리 잡았는지에 대해 천착한 연구자로 다수의 저서를 통해 꾸준히 두각을 나타내고 있습니다. 인문지리 학자로서, 페미니스트 학자로서, 탈식민주의 학자로서, 지역/도시개발 학자로서 그의 관심사는 출신국가이자 박사논문 전공지역인 인도를 넘어 아시아·중동·남아메리카 등 이른바 글로벌 남반구를 광범위하게 포괄하고 있습니다. 그가 이 책을 영문으로 출간하기 전인 2010년에 토론토 대학에서 발표하던 모습이 아직도 생생히 기억납니다. 그때 네팔과 아시아지역 소액금융연구로 유명한 캐서린 랭킨과 같은 동료들도 참여했고, 지리학/도시공학 분야에서 잘 알려진 요크 대학의 로저 카일도 함께했습니다. 그 자리에서 우리는 당시 세계적인 열풍을 불러일으킨 영화 〈슬럼독 밀리어네어〉 이야기를 나누는 한편, 질문자들 가운데는 전세계 경영학 저널에서 하층민이나 가난한 이민자들의 금융문화를 새로운 자본축적의 방법으로 제시하는 경향을 지적하며 '빈곤자본'에 대한 공감을 표시하는 이도 있었습니다. 로이는 익히 알려져 있듯이 학계를 선도하는 중요한 이론적 쟁점을 잡아내는 지식생산자로서뿐 아니라, 학부생들과 대중에게도 그 지식을 설득력 있고 열정적으로 전달하는 학자라는 사실을 깊이 실감하기도 했습니다.

언뜻 보면, 빈부격차라는 말처럼 빈과 부가 대척점에 서 있는 것임이 자명한 만큼이나 가난이 자본이 된다는 것은 어불성설이거나 수상쩍게 들릴 수도 있겠습니다. 하지만 조문영 교수님의 훌륭한 해제에서 잘 드러나듯, '가난이 돈이 되는 세계'는 현재 후기 자본주의를 특징짓는 현상으로 주목받고 있습니다. 한국의 발전 우선주의 시절이나 서구 산업자본주의의 전성시대에도 열심히 일하면 가난을 극복할 수 있다는 식의 계층이동의 주체를 선별하고 정당화하는 언설은 있었습니다. 자본이 금융화되었다고 하는 후기 자본주의에서도 이런 식의 가려내기 또는 주체 선별화는 비슷한 맥락에서 지속되고 있습니다. 소액금융시장에서 부채상환능력이 높은 주체로 추켜세워지는 이들은 극빈층 중에서도 글로벌 남반구의 빈농 여성들입니다. 다시 말해 이들은 어머니로서, 부인으로서 주어진 성역할과 이에 따른 도덕적 책임감을 부채상환능력과 등치시켜, 자본과 친화력 있는 금융주체로 만들어지는 것입니다. 이는 동시에 이들을 칭찬함으로써 자본축적에 효율적이지 않은 대상을 도덕적·경제적으로 차등화시키는 것이기도 합니다.

이렇듯 맥락이 서로 비슷함에도, 소액금융이 어떤 면에서 자본의 금융화를 대변하고 성공적인 자본축적의 모델이 되었는지를 『빈곤자본』은 생생하게 보여주고 있습니다. 빈민들의 대출수요가 기성 금융시장에서 도외시된 것에 반해, 빈민을 위해 금융시장의 문턱을 낮춰준다는 기치로 소액대출의 저변이 확산되었고, 금융시장가에서도 몇 번의 세계적 금융위기를 거치며 상대적으로 손실이 적은 투자대상들로 안착된, 그야말로 '금융의 민주화'와 자본축적의 비결이 함께 해결된 듯한 '기발한' 모델이 생겨난 것입니다. 물론 『빈곤자본』은 여기서 멈추지 않습니다. 이런 기발함의 신빙성과 모순을 현실적·이론적으로 파헤치고 있습니다. 독자들이 이 책을 통해 소액금융을 '전파'하고 있는 전문가들의 논리와 그 한계를 파악하시길 진심으로 바랍니다. 또 빈곤자본의 논리와 소액대출 실시가 글로벌 남반구 빈민들에게만 적용되는 현실이 아니라 랭킨의 「빈곤금융의 비판적 지리학Critical Geography of Poverty Finance」과 크리스토퍼 폴론Christopher Pollon의 「쉬운 돈Easy Money」에서 잘 보여주듯 웬만한 북미 대도시 빈민가에도 들어와 있음을 연결시켜서 보시면 좋을 듯합니다.

『빈곤자본』같이 좋은 책을 번역·출간해주신 여문책에 다시 한번 성원과 찬사를 보냅니다.

2018년 7월, 토론토에서

송제숙(토론토 대학 인류학과 교수)

# 가난이 돈이 되는 세계

1

소액금융(마이크로파이낸스)은 사회적 취약계층을 대상으로 한 다양한 금융서비스를 총칭한다. 제도권 금융을 이용하기 힘든 빈민들이 힘을 모아 신용협동조합을 운영한 사례는 한국의 지역운동사에서도 발견된다. 하지만 정부와 기업, 시민사회에 소액금융이 널리 알려진 결정적 계기는 나라 밖에서 왔다. 2006년 가난한 사람들에게 무담보로 소액대출을 제공하여 빈곤완화에 기여한 공로로 방글라데시 그라민은행과 그 설립자 무하마드 유누스가 공동으로 노벨평화상을 받았다. 한국 엘리트 집단이 주로 참조하는 지식공여국과는 거리가 멀고, 대중 사이에서도 지구상에서 가장 가난한 나라로 손꼽히던 방글라데시가 '모범사례'로 등장한 것이다. 밀레니엄 자본주의 아래서 부의 양극화가 극단으로 치닫던 시기에 교수 출신의 기업가가 노벨평화상을 받은 사실도 고무적이었다. 방글라데시 농촌의 가난한 여성이 대출을 받아 사업가가 됨으로써 경제적 평등과 성적 평등을 동시에 쟁취했다는 서사는 자본주의의 '윤리적' 전회를 뒷받침하기에 안성맞춤이었다. 비즈니스를 회피하기보다 더 혁신적이고 포용적으로 밀고 나가는 것이 세계에 이롭다는 인식이 기업의 사회공헌사업과 사회적 경제는 물론, 최근의 임팩트 투자 확산에도 적잖은 영향을 끼쳤다.

이렇게 윤리적 자본주의의 지지자들은 소액금융을 '자본의 민주화 democratization of capital'의 대표적인 사례로 찬양한다. 부자들의 배타적 특권으로 남아 있던 금융이 빈민들까지 포용하게 된 일대 사건이라는 것이다. 하지만 반론도 만만치 않다. 자본이 직접적인 생산과정 외부에서 이윤율을 증대시키는 금융자본주의에 대해 비판적 사회과학이 던졌던 문제제기에서 소액금융은 예외가 아니며, 오히려 가장 심각한 환부를 드러낸다. 월스트리트 금융산업이 신용등급이 낮은 저소득 가구에도 대출을 통한 주택구입을 독려했을 때, 서브프라임 모기지라 불리는 이 대출상품이 각종 파생투자상품으로 쪼개져 전 세계에 판매되었을 때 어떤 파국을 낳았는지 세계는 분명히 기억하고 있다. 중남미나 방글라데시의 가난한 마을을 벗어나 대형 은행과 국제기구를 경유해 전세계 금융상품으로 각광받는 소액금융의 여정은 "자본주의가 제대로 기능하려면 아무런 담보도 없는 사람들의 벌거벗은 삶에 투자해야 한다"*라는 독설에서 자유로울 수 있을까?

『빈곤자본』의 저자 아나냐 로이는 소액금융을 포함해 다양한 반反빈곤 개입이 찬양과 적대를 동시에 소환하고 있음을 누구보다 잘 알고 있다. 로이는 미국 캘리포니아 대학 버클리캠퍼스 블룸센터에서 '글로벌 빈곤과 실천'이라는 융합 학부과정을 신설하고, 이 프로그램 안에서

---

• 　크리스티안 마라찌, 2013, 『금융자본주의의 폭력』, 심성보 옮김, 서울: 갈무리, 52쪽.

'글로벌 빈곤: 새천년의 희망과 도전'이라는 수업을 성황리에 진행했던 경험을 다음과 같이 회고했다. "나는 박애의 오만과 냉소의 마비가 혼재하는 난감한 공간에서 학생들을 가르친다." 2010년 박사 후 연수 과정으로 동 대학 중국학센터에서 일하는 동안 블룸센터에서 개설된 또 다른 수업 '아시아의 빈곤, 권리, 문화'를 틈틈이 청강했던 나의 경험도 대동소이하다. 수업을 담당했던 인류학자 아이와 옹은 인권·권리·평등·박애와 같은 서구 중심의 개념들이 아시아 현장에서 어떤 균열을 일으키는지에 주목했는데, 강의실을 빼곡히 메운 학생들의 입장은 확실히 양분되어 있었다. 공정기술의 가능성에 매료되어 이 융합과정을 신청한 학생은 서구의 개념들이 약간의 수정을 거치면 전 세계 빈곤과 불평등을 해소하는 데 기여할 것이라 확신했다. 반면 '글로벌 빈곤'의 신화를 해체하는 데 동참코자 들어온 학생은 "서구를 혐오하는 서구인"이라며 자신의 분열적 위치를 주저 없이 내비쳤다.

저자가 글로벌 남반구의 도시공간에 각인된 계급과 젠더의 불평등 문제에 오랫동안 천착했고, 최근에는 미국 사회의 빈곤까지 관심을 확장하면서 이른바 '비판적 빈곤연구'의 대표 학자로 왕성하게 활동 중인 점을 감안한다면, 이 책이 소액금융에 대한 낙관적 전망으로 귀결되지 않으리란 것은 쉽게 예측할 수 있다. 하지만 자신의 분석이 '냉소의 마비'를 부추기고 싶지 않다는 의지 또한 이 책에 강하게 묻어 있다. 로이는 소액금융이 작동하고 국제개발이 수행되는 현장의 드라마를 바실리 칸딘스키의 판화 〈작은 세상 IV〉에 비유한다. 다양한 벡터가 때로 부딪히고 때로 합쳐지면서 중심성과 다양성을 조합해내는 풍경은 국제개발에 대한 낙관과 비관이라는 구도보다 훨씬 복잡하다. 유엔이 2000년에 의제로 채택했던 '새천년 개발목표'는 전 세계 가난한 사람들을 '하루에 1.25달러 이하로 살아가는 빈곤층'이라는 공동운명체로 묶어냈다. 이 의제의 기획자들은 여전히 출몰하는 식민주의의 유령과 구조적 폭력을 묻어두는 대신, 북반구의 평범한 시민들을 타인의 고통에 민감한 윤리적 존재로 소환했다. 탈정치화된 연대는 '착한' 시민들은 물론 빈곤퇴치를 새로운 비즈니스 기회로 삼는 기업들의 참여까지 이끌었다. 그럼에도 로이는 자유시장 이데올로기에 맞선 전 지구적 시위가 선행되지 않았다면 '새천년 개발'이라는 의제 또한 불가능했을 기획이라고 힘주어 말한다. 모순적인 힘과 이념들이 복잡하게 어우러지는 가운데 모종의 성과와 한계가 동시에 촉발된다는 것이다.


2

『빈곤자본』은 빈곤을 관리하는 사람들이 펼쳐 보이는 '작은 세상'의 이야기다. 특히 빈곤에 관해 권위 있는 지식을 생산하고 빈곤완화의제를 설정하는 빈곤문제 전문가들이 소액금융이라는 세상을 구성해가는 과정에 관한 이야기다. 소액금융에 관한 이야기는 대개 글로벌 남반구 빈곤여성의 삽화로 시작된다. 이 여성은 양계든 수공예든 대출을 받아 시작한 소규모 사업의 생산품을 손에 들고 함박웃음을 짓고 있다. 로이의 이야기도 미국 홀푸드마켓에서 본 과테말라 여성 소상공인의 사진에서 출발하지만 그 궤적은 사뭇 다르다.

저자는 소액금융이 가난한 여성의 '역량강화'에 기여했다는 통상적인 설명 대신, 이 사진이 미국 도시의 중산층인 자신 앞에 당도하기까지의 흐름을 추적한다. 이 여성에게 사업자금을 대출해준 그라민과테말라은행은 세 곳의 제휴관계를 통해 탄생했다. 홀푸드마켓이 설립한 미국의 비영리기관과 과테말라의 대표적인 상업은행, 그라민은행의 소액금융모델을 전 세계에 보급하기 위해 만들어진 그라민트러스트가 파트너로 참여했다. 빈곤관리와 빈곤퇴치를 뒷받침하는 여러 형태의 금융을 총칭하는 개념으로 저자가 고안한 '빈곤자본poverty capital'은 글로벌 북반구와 남반구의 다양한 빈곤'업계' 전문가들 사이에서 통화처럼 유통되면서 빈민 여성의 잠재력을 화폐로 전환시킨다. 전문가들은 소액금융을 효율적인 반빈곤 해법으로 정의하면서 소액금융에 관한 일련의 지식과 절차를 명문화하고, 이를 국제개발 종사자가 숙지해야 할 '사실'로 보편화하면서 빈곤자본의 가치를 높인다. 과테말라 소상공인을 응원하기 위해 1달러를 기부하는 홀푸드마켓의 소비자들, 이 여성의 성공스토리를 기록하는 미국의 청년 자원봉사자, 빈곤완화 메커니즘을 연구하는 저자가 빈곤자본의 흐름을 촉진하고 분석하는 가운데 소액금융의 '작은 세상'은 변화무쌍한 모습으로 드러난다.

이 '작은 세상'에서 우선 주목할 것은, 소액금융이 글로벌 남반구 비영리기관의 품을 벗어나 상업은행·투자기관·자본시장을 포함한 글로벌 금융질서에 급속히 편입되었다는 점이다. 2장에서 저자는 소액금융을 금융자본의 회로에 편입된 투자와 투기의 관점에서 일종의 자산으로 바라보는 시각이 어떻게 국제개발 관련 핵심 기구들이 포진한 워싱턴 DC를 중심으로 광범위하게 퍼져나갔는지 자세히 기술한다. 1990년대 중반 국제기구가 중심이 되어 형성된 워싱턴 DC의 '빈곤층을 위한 금융자문그룹CGAP'은 "소액금융 발전을 위한 주요 전략과 원칙을 확립하는 제도 확산에 기여"했다는 평가를 받아왔다.* 하지만 저자는 이 평가를 중립적으로 수용하기보다 CGAP가 채택한 전략과 제도들이 '어떤' 지식에 선별적 권위를 부여하면서 '빈곤에 관한 워싱턴 컨센서스Washington consensus on poverty'를 구축하는지를 비판적으로 고찰한다. 이곳의 컨설턴트들은 소액금융의 기준·지표·등급을 규정하고, 대출이자율 상한선에 반대하거나 경제적 투명성을 강조하는 등 시장 규범을 충실히 반영하는 방식으로 소액금융의 '모범'사례를 만들고 있다. 매년 여름 이탈리아 토리노에서 개최되는 소액금융 교육 프로그램 '볼더Boulder'는 세계은행·USAID(미국 국제개발처)·CGAP 등 각종 원조기관의 후원을 받아 글로벌 남반구의 실무자를 대상으로 '공인된' 빈곤지식을 교육하며, 빈곤에 관한 문제의식보다 금융평가기준을 설명하는 데 집중한다. 국내에서도 복지 패러다임에서 벗어나 경영의 관점에서 소액금융을 바라볼 것을 제안하는 연구들이 등장하는 이때, 소액금융의 활성화와 지속 가능성을 위해 '적정 대출이자율'을 유지하고, 재단의 '자립도'를 확충하고, '전문인력'을 확보하고, '도덕적 해이 방지책'을 강구해야 한다는 제안이 권위를 획득하고 있다.[**]

특히 "유누스 박사가 동전 한 푼 만져본 적 없는 가난한 여성의 장래성을 화폐로 전환시킬 수 있었던" 덕분에 소액금융이 자본주의의 신개척지를 열어젖혔다는 볼더협회 강사의 평가는 '가난이 돈이 되는 세계'로 우리를 인도한다. '가난이 돈이 되는 세계'란 저성장 시대를 맞이한 기업들이 가난한 사람들의 소비와 이들에 대한 투자에서 새로운 성

---

[*] 금융위원회 소액서민금융재단, 2009, 「서민의 자활지원을 위한 미소금융 확대방안」 보고서, 1쪽.

[**] 이지윤·정현철, 2012, 「국내외 마이크로크레딧 역사와 당면과제」, 『경영사학』 62호 참조.

장동력을 찾는 세계다. 이 세계를 대변하는 경영학자 C. K. 프라할라드 Prahalad는 저소득층을 '피라미드의 맨 밑바닥Bottom of Pyramid, BOP' 이라 부른다. 그는 전 세계 인구의 3분의 2를 차지하는 BOP의 니즈를 반영한 시장을 개척하고 이들에게 기업가 정신을 불어넣는 것이야말로 '빈곤층과 더불어 잘사는 자본주의'를 창조하는 길이라 주장한다.* 비슷한 견지에서 CGAP의 한 보고서는 금융 리스크가 절정에 달했던 2000년대 후반에도 소액금융이 흑자를 기록한 몇 안 되는 자산임을 강조하고 있다. '여전히 차익거래의 가능성이 남아 있는' 이 세계가 (로이의 적절한 표현대로) '비우량(서브프라임) 신개척지'로 급부상한 것이다.

비우량 신개척지를 무대로 펼쳐지는 소액금융의 세계화란 확실히 '자본의 민주화'와는 거리가 멀다. 5장에서 저자는 '가난이 돈이 되는 세계'의 풍경, 특히 글로벌 남반구의 소액금융기관들마저 원조기관에 대한 의존을 줄이기 위해 채권유동화를 적극적으로 도입하는 상황을 보여준다. 이 세계는 인간개발보다 영리에 우위를 두면서 규모의 경제를 활용해 파생금융상품을 대량 공급하고, '우량' 대출자가 받는 조건보다 훨씬 까다로운 규칙으로 BOP 집단을 관리한다. 대출금 상환능력에 대한 평가가 리스크를 측정하는 데 핵심인 소액금융의 세계에서 여성의 역량강화나 기업가 정신이라는, 소액금융의 복음화를 뒷받침해온 주제들은 어떤 의미를 갖는가? 저자가 예리하게 지적하듯, "소액금융과 소액창업 사이의 연관성은 일종의 매혹적인 허구"에 불과할지 모른다.

---

* C. K. 프라할라드, 2006, 『저소득층 시장을 공략하라』, 유효현 옮김, 서울: 럭스미디어, 8쪽.

## 3

오늘날 소액금융의 세계화란 결국 그라민모델의 전 지구적 확장이 아니라 워싱턴 DC를 중심으로 소액금융의 지식과 문법에 대한 통제가 강화되는 과정을 의미한다. 소액금융이 '비우량 신개척지'로 부상하고, 유누스가 미국 언론에서 '비우량대출 대부업자'로 칭송받는 상황은 '빈곤에 관한 방글라데시 컨센서스Bangladesh consensus on poverty'가 애초에 지녔던 이념과는 거리가 멀다. 3장에서 저자는 빈곤에 관한 오랜 문제의식을 워싱턴 DC 기관들에 선취당한 주변부의 딜레마를 포스트 식민주의 시각에서 자세히 분석한다.

방글라데시의 소액금융 지형을 대표하는 기관인 그라민은행·브락BRAC·사회진보협회ASA는 모두 독립투쟁 이후인 1970년대에 설립된 비영리 시민단체다. 역사적 궤적은 달라도 빈곤완화라는 대의에 공명하는 이 NGO들은 '그림자 국가'로 불릴 만큼 자국에서 강력한 영향력을 행사하며 고등교육을 받은 최빈국 엘리트 청년들이 선망하는 직장이 되었다. 방글라데시 출신의 인류학자 라미아 카림Lamia Karim은 국내에도 번역된 저서 『가난을 팝니다』에서 이들 NGO에 침투한 신자유주의 논리와 모델을 신랄하게 비판한 바 있다. 어떻게 세계에서 가장 가난한 나라에서 가장 신용이 높은 수혜자층이 생겨났는가? NGO 관리자는 농촌 부녀자들을 자율적이고 합리적인 '기업가' 주체로 가정하면서 소액금융이 여성의 역량강화에 기여한다고 공언하지만, 이 여성들은 사업자금이 필요한 남성 친척에게 대출받은 돈을 넘길 수밖에 없는 친족의무에 묶여 있다. 은행이 마을에 부채에 대한 연대책임을 지우고, '담보'가 되어버린 이웃이 연체자를 응징하는 상황은 가난한 여성들을

향한 폭력을 재생산한다.[*]

로이 역시 방글라데시 소액금융의 세계에서 여성을 개발의 도구로 만드는 가부장적 이데올로기가 작동하고 있음을 인정한다. 하지만 방글라데시 안에서 '막강한 지배권력을 행사하는 다카의 대형 NGO'와 '여성들이 경제적·성적 억압에 이중으로 노출되어 있는 가난한 농촌마을'을 교차시키는 카림의 접근과 달리, 로이는 '주변부 국가의 NGO 자생단체'와 '더 막강한 힘으로 빈곤자본을 통제하는 워싱턴 DC 싱크탱크' 간의 대립적이고 때로 보완적인 관계에 초점을 맞춘다. 비교대상이 다르다 보니 방글라데시 소액금융 NGO들에 대한 로이의 입장은 카림에 비해 좀더 우호적이다. 그라민의 주택계획과 같이 자산에 대한 여성의 통제권을 보장하려는 새로운 시도를 소개하는 한편, 소액금융의 지식생산을 두고 브락 내부의 자기비판이 치열하게 이루어지고 있음을 강조한다. 이 주변부의 NGO들은 영리를 앞세우는 워싱턴 컨센서스에 반대하며 이자율 상한선이 시장을 왜곡한다는 세계은행의 주장에 맞서서 인간개발지표와 세대 간 빈곤문제를 소액금융의제로 유지하기 위해 고투하고 있다.

워싱턴 DC 한복판에 방글라데시 소액금융모델을 부활시킨 마이크로크레디트 정상회의Microcredit Summit 캠페인에서 볼 수 있듯, 이러한 고투는 때로 '작은 세상'의 풍경을 더 다채롭게 만든다. '방글라데시 컨센서스'를 세계화하려는 노력은 꾸준히 이루어지고 있는데, 가령 그라

---

[*] 라미아 카림, 2015, 『가난을 팝니다: 가난한 여성들을 착취하는 착한 자본주의의 맨얼굴』, 박소현 옮김, 서울: 오월의 봄.

민은행은 그라민트러스트와 그라민재단을 설립해 독자적인 글로벌 네트워크를 구축하고, 브락은 (브락 아프가니스탄에서 보듯) 남반구 협업을 촉진하기 위한 각종 지원단체를 설립해왔다. 하지만 '방글라데시 컨센서스'의 세계에서 구축된 데이터는 볼더협회에서 생산된 통계처럼 전 세계 소액금융에 관한 포괄적 지식으로 승인받지 못한 채 산만한 사례나 스토리로 취급받기 일쑤다. ASA 설립자인 샤피쿠알 하크 초우두리 Shafiqual Haque Choudhury와 나눈 인터뷰를 통해 저자가 강조하듯, '영어로 말하고 쓸 줄 모르는' 방글라데시의 소액금융 종사자들이 '하루에 1,000달러를 받고 5성급 호텔에 묵으면서' 가난한 민중의 삶을 '포르노처럼' 확인하는 서구 컨설턴트들의 평가에 휘둘리는 상황이 빈번하게 펼쳐진다. 그러나 저자는 그라민은행의 영향력이 발휘된 마이크로크레디트 정상회의가 유전자 변형 식품의 개발로 악명 높은 몬산토그룹의 후원을 받았다는 사실 또한 놓치지 않고 있다. 소액금융을 비우량 신개척지로 만드는 빈곤자본의 유통과정에서 '워싱턴 컨센서스'와 '방글라데시 컨센서스'가 때로 수렴하는 기묘한 상황은 '신용대출이 인권'이라는 유누스의 노벨평화상 수상 소감을 궤변으로 밀어낸다.

사실 이 장에서 내가 가장 눈여겨본 대목은 '방글라데시 컨센서스'에서 활발히 추진되는 다양한 사회보호 프로그램이었다. 그라민은행, 브락, ASA를 자세히 관찰한 뒤, 저자는 신용대출이나 기업가 정신이 이들 활동의 핵심은 아니라는 점을 간파했다. "방글라데시 컨센서스가 말하는 빈곤에 관한 사실은 '소액창업'이 아니라 각종 빈곤 관련 계획과 정책이라는 '사회적 보호'에 훨씬 더 잘 어울린다는 것이 내 생각이다." 소액금융은 창업을 위한 대출뿐 아니라 빈곤 가정을 대상으로 한 저축과 긴급소비대출을 포함하며, 이 세계의 종사자들은 빈곤구제기관들과의 협업 아래 다양한 사회적 보호활동을 병행하고 있다. 학교나 병원 같은 '인간개발' 관련 기반시설을 확충하는 작업도 이들의 주요 임무다. 미국에서 자유시장 옹호론자들의 열렬한 지지를 받았던 이 제도는 사실상 '일정한 조건을 담보로 하는 복잡한 사회적 보호 프로그램'이라는 게 이 책의 주장이다.

이 같은 이면의 메커니즘을 긍정하는 저자는 방글라데시 빈민들이 "소액대출 받은 돈을 식품 구매에 쓴다", "대출자들의 투자는 절반도 안 된다"라는 미국 언론의 비판을 거꾸로 뒤집는다. 가난한 사람들이 삶의 취약성을 관리하기 위해 소액금융대출을 이용하는 것이야말로 이 제도의 사회적 보호효과를 반증한다는 것이다. 2008년 금융위기 당시 월스트리트가 정부로부터 받아낸 막대한 '보조금'을 상기시키면서, 로이는 워싱턴 컨센서스가 '빈민을 위한 보조금 재원의 소액금융'과 '영리추구의 시장 중심 소액금융'을 구분하는 것 자체가 거짓이라는 점, 개발금융이 제대로 역할을 하려면 정부의 보조금과 보증이 반드시 필요하다는 점을 강조한다. 오히려 역설적인 것은 방글라데시 NGO들의 대응이다. 미국 언론에 사회적 보호의 역할을 상기시키는 대신, ASA는 소액대출 받은 돈을 식품 구매에 쓰는 경우가 흔치 않다고 반박하면서 자립의 이데올로기로 회귀해버렸다. 한때 가난한 농민들의 투쟁을 주도했던 '혁명'단체조차 생산과 경영을 '가치 있는' 빈민의 요건으로 바라보는 글로벌 소액금융 질서에 편입된 형국이다.

자립의 이데올로기는 소액금융의 재원을 대부분 원조에 의존하는 글로벌 남반구의 약한 고리로 등장한다. 4장에서 저자는 전쟁의 폐허가 된 중동지역이 부채와 규율의 작동 메커니즘 속에서 '의존성'의 덫에 빠진 상황을 '공짜 돈의 오염'이라는 주제 아래 분석한다.

테러와의 전쟁이 곧 빈곤에 맞선 전쟁이라는 부시 대통령의 선언을 어떻게 이해할 것인가? 소액금융이야말로 (부패한) 정부가 아닌 민중에게 직접 돈이 흘러가는 '믿을 만한 해외원조'이자 '훌륭한 안보정책'이라는 통념은 어떻게 똬리를 틀었는가? 새천년 개발 등 '글로벌 빈곤'의 제의 부상은 냉전이 종식된 뒤 '국가안보'에서 '인간안보'로 안보의제가 진화하는 과정과 맞물렸다. 남반구의 빈곤이 북반구 시민의 삶을 위협하는 직접적인 원인으로 지목되면서, 빈곤에 관한 대응은 정부와 국제기구·NGO·다국적 기업·종교단체가 '그들'의 탈빈곤뿐 아니라 '우리'의 안전을 위해 결집하는 새로운 국제주의 양상을 가시화했다.* '대량살상무기'를 구실로 한 전쟁과 점령에 뒤이어 재건작업이 시작되었을 때, '대량구제무기'로 등장한 소액금융은 워싱턴에서 방글라데시까지 서로 경합하는 원조기관들을 중동지역으로 결집시켰다.

예컨대 저자는 주로 USAID 사업으로 이뤄지는 이집트의 소액금융이 어떻게 '의존의 생태계'를 구성해왔는지 면밀히 분석한다. USAID로부터 자금을 지원받은 이집트의 소액금융기관 NGO는 '블로섬Blossom

---

* 조문영, 2017, 「국제개발의 문법을 넘어 사회의 빈곤과 대면하기」, 『헬조선 인 앤 아웃』, 서울: 눌민, 215쪽.

(개화)'이라는 이름의 집단대출 프로그램을 시행했다. 이 NGO는 '아랍 여성의 해방'이라는 명분을 내세우면서 집단 규제와 빈곤층 대상 대출이라는 사회적 오명을 감당하기에 적합한 후보자로 빈민 여성을 내세웠다.[•] 빈곤에 관한 워싱턴 컨센서스가 '지속 가능한' 소액금융을 지지하면서 재정자립도와 같은 척도를 표준화했을 때, '공짜 돈의 오염'에 대한 우려는 USAID에서 소속 NGO를 향해, 다시 이집트 빈민 여성들을 향해 확산되었다. USAID 소액금융 종사자들은 각종 보조금 지급관행이 대출문화를 오염시키고 업계 규범을 약화시켰다고 주장했으며, 심지어 "자유시장의 본질을 이집트 국민들에게 교육시키는 데 실패했다"라고 한탄했다. 원조와 관련된 컨설팅사업이 성행하고 개발 프로젝트가 일종의 '달러시장'으로 여겨지는 가운데 USAID의 '공짜 돈'이 이집트의 개발 분야를 어떻게 '오염시켰는지'에 관한 비난여론이 들끓었다.

자금 수혜자를 결국에는 병리적 존재로 만들고 마는 '의존성'의 덫은 사실 일국의 복지나 국가 간 원조가 제도화되어 나타나는 모든 현장에서 어김없이 등장한다.[••] 이 덫이 문제적인 이유는, 복지든 원조든 그 수혜자의 행동은 가시화되어 도덕적 판단의 대상이 되는 반면, '의존의

---

[•] 글로벌 빈곤의제 상당수는 제3세계 여성의 '모성애'와 '이타심'에 기대고 있다. 2장에서 로이가 적절하게 표현한 대로 개발의 금융화는 '그녀의 이름으로' 발생한다.

[••] 사실 인간은 태어나는 순간부터 누군가에게 의존해야만 살아갈 수 있다. 노동을 통한 자립을 강조하고 독립적 개인을 이상화하는 근대의 통념은 의존을 혐오의 영역으로 밀어냈지만, 이러한 편견은 대부분의 빈민이 사회적 관계의 네트워크로부터 축출을 경험하는 현시점에 심각하게 재고할 필요가 있다. '독립'이 아닌 '상호의존'을 긴요한 시대과제로 회부하는 논의로 제임스 퍼거슨, 2017, 『분배정치의 시대: 기본소득과 현금지급이라는 혁명적 실험』, 조문영 옮김, 서울: 여문책, 5장을 참고하기 바란다.

생태계'를 만들어낸 구조의 역학은 비가시화되기 때문이다. 로이가 소개하는 팔레스타인 난민촌은 구조적 폭력의 비가시성을 보여주는 극명한 사례다. 레바논의 소수민족 거주지에 위치해 있어 사법체계의 보호를 받을 수 없는 이 예외지대는 유엔팔레스타인난민구호기구UNRWA의 구호사업에 전적으로 의존한다. 1990년대부터 UNRWA는 소액금융을 핵심 사업으로 시행해왔는데, 연체에 대한 법적 조치가 불가능한 상황에서 가자지구의 소액금융 NGO들은 국가가 아닌 보안기구의 경찰력을 제재수단으로 동원해왔다. 상환이 늦을 경우 곧바로 팔레스타인 보안경찰에 체포되어 감옥으로 가게 될 것이라는 계약서에 난민 대출자들이 서명해야 하는 상황은 자못 충격적이다. 이 소액금융의 세계는 (이스라엘의 군사 포위작전에서 총체적인 자금동결에 이르기까지) 팔레스타인 난민들의 몸을 결박해버린 구조적 상황은 비가시화하면서 '지속 가능한 소액금융'이라는 표준적 구호만 남발하고 있다.

5

이 책을 읽으면서 몇 년 전 서울의 한 NGO가 주최한 협동조합 창립행사를 떠올렸다. 제도권 은행에서 돈을 대출받기 어려운 기초생활보장 수급자 노인들이 직접 은행을 만든 것이다. 초대 이사장이 된 백발의 어르신이 회원 50명과 조합원 150명으로 출발한 이 작은 '은행'을 대하는 의미는 남달랐다. 어렵게 모은 쌈짓돈을 자식들한테 무조건 내주지 말고 저축도 해보자, 없는 사람들끼리 돈도 융통해주고 서로 돕고 살자며 비장한 어조로 발언을 이어가다, "조합이 커진 뒤 홀로 남은 어르신들을 위해 양로원을 짓는 게 소원"이라 말할 땐 눈시울을 붉히기도 했다.

호탕한 성격으로 주민들 사이에서도 인기가 많은 이 어르신은 조합을 홍보하기 위해 마을의 라디오방송에도 출연했다. 조합에 관한 에피소드를 들려달라는 부탁을 받자 주저 않고 대출의 '설렘'을 언급했다. "어르신들이 자기 자신의 통장을 가지게 됐잖아요. 그리고 인자 돈이 쌓이잖아요. 인자는 내가 돈을 얻어 쓸 수도 있구나 하는 뿌듯한 마음에 언제나 대출을 해주나 기다리시는 분들이 있어요. 필요도 없는데도 대출을 해보고 싶은 감정, 내가 한번 이용해봐야겠다는 설레는 마음을 갖고 계셔서 다들 기다리고 계세요."

　부채가 억압의 조건이 아니라 '설렘'이 된다는 점을 어떻게 받아들여야 할까? 어르신의 인터뷰에서 '대출'자격을 갖는다는 것은 곧 '사회'의 네트워크에 포함된다는 것을 의미한다. 사회가 그의 이름을 불러주고, 그에게 자리를 만들어주는* 사회적 성원권의 경험은 오늘날 자신이 소속될 만한 '사회'가 더는 남아 있지 않음을 체감하는 고립된 빈자들에게 중요한 의미를 갖는다. 방글라데시 브락이 "소액금융의 가장 큰 힘은 그것이 제공되는 과정에 있다"며 일종의 '과정자본process capital'을 강조한 것도, 빈민의 연대를 강조한 것도 부분적으로는 이런 맥락에서일 것이다. 하지만 오늘날 비영리단체를 통해 가난한 사람들에게 돈을 빌려주는 소액금융의 '남아시아 모델'은 워싱턴의 시장주의자들과 진보적 연구자들로부터 동시에 공격을 받고 있다. 전자는 이 모델이 강조하는 대출자들의 모임을 불필요한 규제로 바라보면서, 자잘한 개발의

---

•　　김현경, 2015, 『사람, 장소, 환대』, 서울: 문학과지성사, 31쪽.

식에서 벗어나 '그들을 우리와 똑같이 다뤄야' 하고, 소액대출의 전 세계적 금융화를 더 과감히 추진해야 함을 주장한다. 후자는 대출자들의 모임을 NGO의 규율통치로 바라보면서, 소액금융의 네트워크가 정책의 '여성화', 책임과 의무의 '여성화'를 강제하고, 뿌리 깊은 가부장제를 재생산하고 있음을 비판한다.

나는 자신들만의 '은행'을 만드는 과정이 사회적 '장소'를 찾는 작업이 된 사람들의 열망에 깊이 공감하지만, '설렘'과 '연대'의 소재를 부채에서 찾는 것은 위험하다고 생각한다. 이 책이 자세히 다루었듯, 소액대출이 '빈곤자본'이 되어 글로벌 금융산업에 편입될 때, 나아가 빈곤에 대한 지식과 문법을 생산하고 유통시킬 수 있는 자격을 특정 전문가들이 독점하게 되었을 때 펼쳐지는 풍경은 반드시 아름답지만은 않다. 금융의 상품성을 저울질하는 순간 빈민에게 돈을 대출하는 것은 리스크가 되고, 리스크를 기피하거나 통제하는 과정에서 '자격 있는' 빈민을 가려내는 도덕적 심사는 점점 까다로워진다. 더구나 이 빈민은 대출의 '자격'을 부여받았다 한들 '채무자'일 뿐이다. 인류학자 데이비드 그레이버는 태초에 '빚'이 있었음을 강조하면서, 수천 년 동안 부자와 가난한 자의 투쟁이 채권자와 채무자 사이의 갈등으로 표면화된 현실을 다음과 같이 상기시킨다.

만약 역사가 뭔가를 보여준다면, 그것은 폭력에 근거한 관계들을 정당화하고 도덕적인 것처럼 보이도록 만드는 최고의 방법은 그 관계들을 부채의 언어로 다시 구성하는 것이라는 사실이다. 부채를 바탕으로 할 경우 폭력의 희생자가 뭔가 잘못하고 있는 것처럼 보이기 때문이다. 마피아 단원들은 이것을 잘 이해하고 있다. 정복군의 지휘관들도 이것을 잘 이해하고 있다. 수천 년 동안, 폭력적인 사람들은 폭력의 희생자들이 자신들에게 무엇인가를 빚지고 있다고 주장할 수 있었다.[*]

소액금융의 세계가 나를 '기업가'로 추대한다 해서 내가 상환의 의무를 절대진리인 양 짊어질 수밖에 없는 '채무자'라는 점은 바뀌지 않는다. 채무자인 나는 어떻게 '폭력에 근거한 관계들'을 문제 삼을 수 있을까? 더구나 이 책에서 강조했듯, 직업과 생계의 불안정성이 심화되는 미래에는 은행업 자체가 소액금융에 점점 더 가까워질 것이라는 클라우디오 곤살레스 베가Claudio Gonzalez-Vega의 통찰은 '가난이 돈이 되는 세계'에서 가난한 사람들이 수행하는 역할이란 무엇인지, 어떤 역할을 거부하거나 새롭게 구상해야 하는지 우리에게 되묻고 있다.

이 책의 저자 아나냐 로이는 제도권 지식인인 자신을 포함해서 더 나은 세계를 바라며 소액금융의 현장에서 씨름하는 전문가들을 '이중행위자double agent'라 부른다. 이들은 "권력체계의 안팎에 동시에 존재하면서 대개 현재의 상황에 연루되어 있지만, 또한 때때로 기존의 사회통념에 도전하려고 애쓰는 개인과 기관들"을 통칭한다. 이중행위자는 '빈곤자본'을 가치화하는 작업에 적극적으로 개입하는 한편, '빈곤자본'이 유통되는 세계에 대한 집요한 비판 역시 멈추지 않는다. 그리하여 '작은 세상'에 잡음을 내고, 자신이 '하는 일이 그 일을 낳는 구조의 방어

---

• 　데이비드 그레이버, 2011, 『부채: 그 첫 5,000년』, 정명진 옮김, 서울: 부글북스, 10쪽.

를 통해서만 의미를 얻는' (허위나 배신이라기보다) '공모'의 퍼포먼스를 수행한다.

이 책의 독자들 상당수도 '이중행위자'에 포함될 것이다. 그라민은 행이 가난한 사람들을 분열시킨다는 좌파의 주장에 맞서, 또 빈둥대는 사람들만 늘린다는 우파의 주장에 맞서 방글라데시의 한 지역 지도자가 건넨 말을 독자들 일부도 곱씹게 될 것이다. "혁명은 죽은 사람들과 함께 일어날 수 없어요." 이 말의 무게는 결코 가볍지 않다. 하지만 나는 사람들을 살게 하는 방법, 사람들과 더불어 사는 방법이 반드시 금융이 될 필요는 없다고 생각한다. 생각해봄직한 여러 갈래의 방법 가운데 왜 소액금융이 최선의 해법 중 하나로 등장했는지, 위싱턴 DC에서 방글라데시까지, 레바논의 팔레스타인 난민촌에서 한국의 시민사회까지 왜 NGO 종사자들이 대출조건을 셈하는 게 관행이 되었는지 제대로 질문할 필요가 있다. 『빈곤자본』은 이 지식-권력의 동학을 충실히 담아낸 수작이다.

조문영 (연세대학교 문화인류학과 교수)

## 서문

이 책을 완성하기까지 여러 해가 걸렸다. 내가 이 책을 쓰게 된 동기는 그동안 빈곤과 불평등 문제에 지속적으로 관심을 갖고 연구하는 가운데 시작되었다. 비록 이전의 내 연구가 주로 절대빈곤의 조건 아래서 살고 있는 사람들에게 초점이 맞추어져 있었다 할지라도, 이 책은 그것과 좀 다르다. 여기서는 빈곤을 관리하는 사람들, 다시 말해 빈곤에 관한 지식을 생산하고 빈곤완화의제를 설정하는 사람들인 빈곤문제 전문가들을 연구한다. 내가 이 사람들을 연구한 까닭은 국제개발사업들이 실제로 어떻게 이루어지는지 명확히 알고 싶었기 때문이다. 특히 그중에서도 세계은행world bank 같은 강력한 국제기구들이 이익과 투기, 자본축적의 유통을 의미하는 '자본'과 지식생산의 유통을 의미하는 '사실'을 어떻게 통제하는지 명확히 이해하고 싶었다. 하지만 실제로 가난 속에 살고 있는 사람들을 연구하는 것만으로는 그것을 충분히 알 수 없다는 생각이 들었다. 빈곤문제를 정확하게 이해하기 위해서는 빈곤을 관리하는 사람들을 이해하는 것 또한 반드시 필요한 요소였다.

빈곤에 관한 연구는 연구자가 대개 연구대상이 되는 가난한 사람들과 동떨어진 부유한 삶을 사는 사람이라는 특징, 다시 말해 신분적 차이에 따른 거리감이 야기하는 윤리적 문제가 있다. 반면 권력에 관한 연구 또한 여러 가지 윤리적 문제가 가득하기는 마찬가지지만, 국제개발기구들과 학계가 서로 긴밀하게 공모하고 연루된 가운데 생성된 친밀감이 야기하는 정반대의 윤리적 문제가 있다. 이러한 문제는 바로 **내가 속한** 세계와 아주 밀접한 관련이 있다. 이 책을 쓰는 시기(2004년부터 2009년까지)에 여러 다른 연구도 함께 수행했음은 지극히 당연한 일이다. 나는 이 기간에 캘리포니아 대학 버클리캠퍼스에서 글로벌 빈곤 global poverty 문제에 초점을 맞춘 새로운 연구센터와 대학 교과과정을 만드는 작업에 몰두하고 있었다. 나는 신생 연구소인 블럼 개발도상경제센터Blum Center for Developing Economies의 교육책임자로 버클리캠퍼스에서 단기간에 학생 수가 가장 많은 강의 가운데 하나가 된 '글로벌 빈곤: 새천년의 희망과 도전'이라는 과목을 학생들에게 가르쳤다. 그러면서 곧 나는 내가 연구하고 비판하려 했던 바로 그 사실과 자본의 유통을 만들어내는 일부가 되었다. 그럼에도 한 가지 분명한 사실은 내 강의를 듣는 학생들, 즉 '밀레니엄' 세대들이 글로벌 빈곤과 아주 밀접한 관계가 있다는 것이었다. 글로벌 빈곤은 바로 그 자신들과 관련된 문제였다. 그것은 세상에서 자신들이 어느 위치에 있는지를 규정했다. 이 연구과제는 여러모로 내가 그들 세계에서 앞으로 가장 중요한 주제가 되리라고 믿는 '빈곤자본poverty capital'을 이해하기 위한 일련의 노력 가운데 하나였다.

나는 처음에 워싱턴 DC와 그곳에서 국제개발사업을 수행하는 기관들에 대해서만 연구하면 될 거라고 생각했다. 하지만 개발사업의 수행은 방글라데시 같은 남반구의 현장에서도 일어나고 있었다. 방글라데시에 세워진 그라민은행Grameen Bank은 이제 세계적인 현상이 되었다. 그 은행에서 주도한 소액금융은 빈곤퇴치를 성공으로 이끈 선도적인 모델로 각광받았다. 처음에 방글라데시에 갈 때는 소액금융에 대해 매우 냉소적으로 생각했다. 그러나 돌아올 때는 큰 영감을 받았다. 여러 해가 지나면서 나는 대개 소액금융이라는 신비한 마법의 공식으로 포장되고 팔리지만, 실제로 인간개발과 사회적 보호의 논리와는 매우 다른 이 개발모델에서 예상치 못한 많은 교훈을 얻었다.

처음에 워싱턴 DC에 있는 빈곤문제 전문가의 세계로 들어가기 위해서는 중동으로 발길을 돌리지 않을 수 없었다. 9·11 이후 개발 관련 세계는 가난뿐 아니라 테러에 대한 화제들로 무성했다. 따라서 그 화제와 돈의 흐름을 쫓아가야 했다. 우선은 중동지역에서 두 군데, 이집트와 레바논을 선택했다. 이집트는 미국의 자본과 사상에 흠뻑 젖어 있는 곳이기 때문이었고, 레바논은 그곳의 가장 중요한 개발기구가 바로 많은 사람이 두려워하는 시아파 민병대 헤즈볼라Hezbollah이기 때문이었다. 방글라데시·이집트·레바논 같은 이러한 현장들은 다시 내게 워싱턴 DC를 주목하게 했다. 그곳이 여전히 그러한 개발을 집행하는 중심점으로 건재하고 있기 때문이다. 이러한 권력의 실상을 보여주기 위한 의도로 나는 워싱턴 DC를 특정 지역으로 표시하지 않았다. 결론적으로 워싱턴 DC는 하나의 글로벌 질서다. 그곳은 특정한 국경선이나 경계에 구속되지 않는다. 워싱턴 DC 이외의 모든 현장은 지역으로 표시되고 지역 이름이 붙는다.

이 책은 오로지 소액금융에 대해서만 다루었다. 나는 개발문제를 연구하는 다른 많은 학자와 개발사업을 실제로 직접 수행하는 사람들과 달리, 소액금융 분야와 관련해서 특별한 직업적 관계가 전혀 없다. 알다시피 소액금융 관련 전문가가 되려는 생각은 전혀 없지만, 복잡하게 마구 펼쳐지는 소액금융 논쟁 분야를 연구하기 위해서는 단기간 내에 전문가가 되지 않으면 안 되었다. 그러나 이 책은 또한 소액금융을 넘어서는 그 이상의 것을 다룬다. 소액금융은 새로운 개발모형의 탄생을 보여주는 전형적인 사례다. 그것은 빈곤완화에 각별한 관심이 있으며, 자립과 여성들의 역량강화에 특별히 초점을 맞춘다. 소액금융은 그야말로 모든 곳에 있다. 그것은 유명인사들이 행동에 나서는 대의명분이자 일반시민들이 선택할 수 있는 개발도구다. 소액금융은 또한 새롭게 떠오르는 자본투자의 중요한 분야다. 2008년부터 2009년까지 글로벌 금융위기는 소액금융을 더욱 날카로운 시선으로 바라보게 했다. 월스트리트의 은행들이 파산하자, 소액금융의 회복력과 가난한 사람들의 회복력은 많은 토론의 주제와 희망이 되었다. 따라서 소액금융은 빈곤에 관한 '사실'(또는 빈곤과 빈곤완화가 어떻게 작동하는지에 대해 일반적으로 받아들여지는 지식)과 빈곤'자본'(또는 빈곤관리와 빈곤완화를 뒷받침하는 여러 형태의 금융)을 들여다볼 수 있는 하나의 창문이다.

소액금융은 부채에 관한 것이다. 그것에 관한 연구 또한 이론적이든 개인적 친분이든 여러 사람에게 학문적으로 큰 신세를 졌다. 이 책은 전 세계 수많은 타지에서 활동하는 여러 사람의 너그러운 배려 덕분에 완성될 수 있었다. 개발문제 전문가들은 바쁜 일정 중에도 나와 면담하기 위해 한두 시간을 기꺼이 내주었다. 어떤 사람들은 여러 차례 만나주기도 했고 반복되는 질문에도 인내심을 가지고 잘 대답해주었다. 또 어떤 사람들은 다른 전문가들과 함께 만나서 그들을 소개시켜주거나 모임에 합류할 수 있게 해주었다. 여러 단체가 보관하고 있는 자료들을 볼 수 있게 해주었을 뿐 아니라 학술회의나 연수모임에 참석할 수 있게 배려해주었고, 도서관 소장 자료들도 맘껏 볼 수 있게 개방했다. 내게 그런 기회를 베푼 모든 곳을 여기에 다 나열하기는 어렵다. 또한 그들의 호의에 어떤 말로 감사의 뜻을 전해야 할지 모르겠다. 하지만 그들에게 많은 빚을 졌다는 사실은 분명히 말하지 않을 수 없다.

프로덕트 레드PRODUCT RED*, 홀플래닛재단Whole Planet Foundation, 케어유에스에이CARE USA, 케어캐나다CARE Canada, 아프가니스탄 소액금융투자지원시설기관Microfinance Investment Support Facility of Afghanistan, 유엔개발계획UNDP 같은 단체들은 자신들이 보유한 사진이나 그림, 도표들을 이 책에 쓸 수 있도록 허락해주었다. 브락의 연구평가 부문 이사인 임란 매튼Imran Matin은 자신들이 낸 매우 감동적인 연구 보고서들, 더 일반적으로 말해서 브락의 정신을 파악할 수 있는 자료들을 살펴볼 수 있게 해주었다. UNDP 이집트는 이집트 소액금융국가전략기구의 발대식에 참석할 수 있게 배려해주었다. 또 2005년 볼더협회Boulder Institute에서 운영하는 소액금융 관련 연수 프로그램에도 할인된 가격으로 참여할 수 있었다. 베이루트아메리칸 대학의 모나 하르브Mona Harb와 모나 파와즈Mona Fawaz는 자신들이 발표한 논문과 미공개 논문들을 제공했다. 그라민은행의 무하마드 유누스Muhammad

---

* 보노와 바비 쉬라이버가 만든 에이즈·결핵·말라리아 퇴치기금 마련을 위한 세계적 원조기관으로 이 단체와 제휴한 기업 제품에 레드 로고를 달아 판매액의 일부를 기금으로 기부한다. 59쪽의 〈그림 1-5〉 참조.

Yunus는 처음 만날 때부터 두 팔 벌려 환대해주었고, 이후에도 소액금융 관련 국제모임에서 만날 때마다 다정하게 맞이했다.

이 책을 완성하는 데 많은 도움을 준 것은 바로 캘리포니아 대학 버클리캠퍼스의 뛰어난 학문적 연구환경이었다. 이 책에는 많은 동료와 친구들의 노력이 담겨 있다. 라카 레이, 아이와 옹Aihwa Ong, 이샤 레이, 미아 풀러, 테레사 칼데이라, 제임스 홀스틴, 로버트 라이시Robert Reich, 리퍼드 워커, 알랭 드 장브리, 로익 와콴트, 폴 레비나우, 마이클 와츠, 길리언 하트, 크리스 톰슨, 잉그리드 세이러오치, 피터 에반스, 미누 몰렘, 마이클 브로이, 파울로 골드먼, 사바 마흐무드Saba Mahmood, 애널리 색서니언, 퍼시 힌첸이 그들이다.

또한 도시·지역계획학과, 국제지역학과, 블럼 개발도상국센터 같은 버클리캠퍼스 내의 다양한 학과와 조직이 내 연구와 강의에 많은 편의를 제공했다. 존 라이John Lie는 내게 국제지역학과 단과대학장을 맡겼고, 샨카르 사스트리Shankar Sastry도 마찬가지로 블럼 개발도상국센터의 교육책임자로 나를 선임했다. 이 책과 관련된 연구와 저술은 이러한 흥미로운 내 경력과 우연히 맞아떨어졌다. 특히 강의와 자문, 프로젝트 관리를 곡예 부리듯이 오가면서 늘 책 쓰는 일을 생각하는 것은 정말 무모한 짓이었다. 그러나 내가 이 책의 공적·교육적 관련성을 일관되게 생각하도록 도와준 것은 바로 이렇게 실타래처럼 복잡하게 연결된 관계였다. 따라서 존 라이와 샨카르 사스트리에게 특별히 고마운 마음을 전한다.

또한 나는 여러 곳에서 토론을 통해 이 책에 나온 주장들을 점검할 수 있는 기회를 가졌는데, 그런 기회를 만들어준 워싱턴 대학 시애틀

캠퍼스(지리학), 미네소타 대학(글로벌학), 토론토 대학(지리학, 계획/국제학), 캘리포니아 대학 어바인캠퍼스(사회생태학), 버몬트 대학(바루크 대통령 강연학), 스탠퍼드 대학(오로라 포럼), 리오연방대학(도시지역계획연구소), 애리조나주립대학(건축계획학과)에도 감사의 말씀을 드린다. 이 책에 나오는 생각들 가운데 일부는 이미 발간된 세 권의 책에 나온 내용이다. 아말리아 카베자스Amalia Cabezas, 엘렌 리즈Ellen Reese, 마그리트 월러Marguerite Waller가 공동 편집한 『제국의 임금Wages of Empire』의 "그녀의 이름으로In her name"와 패이스티 힐리Pasty Healey, 로버트 업턴Robert Upton이 공동 편집한 『아이디어 기획과 실천 계획Planning Ideas and Planning Practices』의 "빈곤에 관한 진실Poverty Truths", 그리고 실비아 챈트Sylvia Chant가 편집한 『젠더와 가난에 관한 국제지침International Handbook of Gender and Poverty』의 "밀레니엄 세대 여성Millennial woman"이 그것들이다.

이 책의 골격을 잡는 데 많은 학자의 연구가 큰 도움을 주었다. 그들의 연구와 우정은 빈곤자본에 대한 이런 분석을 가능하게 했다. 캐서린 미첼Katharine Mitchell, 매튜 스파크Matthew Sparke, 데릭 그레고리Derek Gregory, 오렌 이프타셀Oren Yiftachel, 캐서린 랭킨Katharine Rankin, 카니슈카 구네와르데나Kanishka Goonewardena, 마이클 골드먼Michael Goldman, 파블로 보스Pablo Bose, 닐 스미스Neil Smith, 마누엘 카스텔스Manuel Castells, 재니스 펄먼Janice Perlman이 그들이다.

이 책을 내기 위해 다양한 지원금을 받았다. 버클리캠퍼스 연구위원회의 지원금과 헬만 교수상·프라이태니언 교수상으로 받은 상금이 중요한 기초연구자금이 되었다. 빈곤관리에 대한 사례를 정리하기 위해 수년에 걸쳐 여러 곳에서 조사를 진행할 수 있었던 것은 미국 국립 과학재단의 두둑한 연구보조금(지리학과 지역학 프로그램) 덕분이었다.

내가 가르친 대학원생과 학부생들 또한 이 책을 완성하는 데 중요한 역할을 했다. 그 가운데서 특히 뛰어난 두 학부생(리사 몰리나로와 로빈 핀리)는 연구 초기 단계 때부터 연구조교로 참여했다. 라이언 센트너와 가우탐 반을 포함해 여러 대학원생도 연구를 보조했다. 피에트로 칼로제로Pietro Calogero의 논문은 아프가니스탄에서 제국주의의 영역을 이해하는 데 도움을 주었다. 베이루트의 히바 보우 아카르Hiba Bou Akar는 중요한 연구안내자로서 헤즈볼라에 대한 자신의 지속적인 연구 내용을 내게 제공했다. 리즈 리Liz Lee는 베네통Benetton 소액금융 캠페인과 같은 새천년 개발계획이 남긴 작위적인 결과들을 샅샅이 뒤지고 다녔다. 실비아 남Sylvia Nam은 세계은행의 역사와 소액금융 사상의 변천과정에 관한 자료들을 수집하는 연구작업을 그녀의 영민하고 날카로운 분석으로 완결하며 여러 해 동안 수행했다.

루틀리지 출판사의 데이브 맥브라이드는 처음부터 이 책의 개념을 어떻게 설정하고 출판할지 방향을 잡았고, 나중에 스티브 루터와 리어 바브로젠필드가 그 일을 인계받았다. 수전 매넌은 편집과 관련된 귀중한 조언을 해주었다. 이 책이 학계의 울타리를 넘어 일반인도 읽을 수 있도록 작업을 진행한 스티브에게 감사드린다.

이러한 연구 프로젝트의 특성상 이곳저곳 계속 돌아다녀야 하는 어려움이 있었다. 하지만 세상의 다른 편, 특히 방글라데시·인도·이집트·레바논에 있는 가족과 친구들 덕분에 견뎌낼 수 있었다. 인도에 계신 부모님은 내가 방글라데시로 자료조사를 위해 떠나야 하기 때문에 집에 잠시 머무를 수밖에 없는 사정을 너그럽게 이해해주셨다.

이곳 버클리의 집에서 함께 사는 네자르 알사이아드도 잘 참고 기다려주었다. 특히 매년 여름과 겨울, 봄방학 때마다 자료조사를 위해 여행계획을 세울 때도 느긋하게 도와주었다. 연구자료들이 집 안 구석구석에 잔뜩 쌓여 있을 때마다 나는 그에게 늘 이런 말을 했다. "책이 끝나면 내가 다 치울게." 이제 그 약속을 지킬 때가 된 것 같다. 네자르는 모든 방법을 동원해 마침내 이 연구를 끝낼 수 있도록 도와주었다.

마지막으로 두 사람에게 각별한 고마움을 전한다. 사이드 하세미 Syed Hashemi는 처음 만난 날부터 이 책이 완성되는 데 큰 도움을 주었다. 그의 예리한 분석과 유머는 내 '현장연구'를 생동감 넘치게 만들었다. 그는 내가 기존에 생각했던 것과 전혀 다른 관점으로 개발문제를 바라보게 했다. 또 한 사람, 내가 가르친 대학원생이었던 스테파니 김 Stephanie Kim은 이 책을 시작할 때부터 함께했다. 그녀는 개발의 정치학에 대한 관심을 함께 나누며 워싱턴 DC와 뉴욕으로 연구여행을 떠날 때 동행했다. 그리고 박사학위 논문으로 베트남의 소액금융에 관한 연구를 제출했다. 스테파니가 지금 여기 없어서 이 책이 완성되어 나온 것을 보지 못하는 것이 아쉽다. 다른 많은 제자와 마찬가지로 그녀도 새 천년 개발계획과 그것이 가져다줄 정치적 가능성과 깊은 관련이 있었다. 이 책은 그녀와 그들을 위한 것이다.

2009년 6월 29일, 버클리에서
아나냐 로이

# 1장

# 작은 세상

## 자본과
## 개발의 민주화

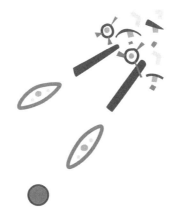

소액금융은
자본주의의 출현과 애덤 스미스 이래로
가장 중요한 경제현상 가운데 하나다.*

실리콘밸리 벤처투자가 비노드 코슬라Vinod Khosla가 '글로벌 사업과 글로벌 빈곤 학술회의Global Business and Global Poverty Conference'에서 한 말, 스탠퍼드 경영대학원, 2004년 3월 19일(http://www.gsb. stanford.edu/news/headlines/2004global conf_khosla_speech.shtml, 2005년 8월 5일 현재).

## 어느 식료품점과 교실에서의 우연한 만남

긴 하루 일과를 마치고, 버클리의 홀푸드마켓에 들러 식료품을 샀다. 쇼핑카트에는 줄무늬 엘룸 토마토와 싱싱한 가지, 둥그스름한 아시아산 배들이 높이 쌓였다. 펠리시타Felicita를 본 것은 바로 그때였다. 그녀는 자신만만한 모습으로 환한 얼굴에 미소를 머금고 있었다. 그녀는 강렬한 색상의 무늬가 인상적인, 자수를 놓은 옷을 두 손에 들고 있었다. 펠리시타는 홀푸드마켓에서 이달의 '소상공인'으로 선정된 사람이었다. 기부 전단지에 인쇄된 그녀의 얼굴은 우리를 향해 빙그레 웃고 있었다 (〈그림 1-1〉 참조). 계산대에서 식료품값을 지불할 때, '소액금융을 통해 가난한 사람들에게 자립할 힘을 주고 싶은' 사람은 홀플래닛재단에 기부금으로 1달러나 5달러를 더 낼 수 있었다. 그리고 그 전단지에는 그녀에 대한 이야기가 실려 있었다. 과테말라에 사는 펠리시타가 어떻게 '자수사업을 운영하고 자신이 만든 제품을 국내시장에 내다 파는지'에 대한 사연이었다. 그 내용에 대해 더 많이 알고 싶은 나는 집에 돌아와 홀플래닛재단의 홈페이지를 검색해서 펠리시타의 사연을 사진으로 구성한 '사진 에세이'를 보았다. "소액대출을 받기 전, 그녀는 일주일에 몇 벌 안 되는 블라우스를 만들기 위한 재료조차 살 돈이 없었다. 하지만 이제 그녀는 한 달 생산량이 두 배로 늘어났고 자식들에게 학용품도

〈**그림 1-1**〉 반루랄그라민과테말라은행Banrural Grameen Guatemala Bank과 홀플래닛재단이 제공하는 소액대출 이용자 펠리시타의 모습(알렉산더 크레인Alexander Crane이 찍은 사진)

사줄 수 있는 형편이 되었다."(http://www.wholeplanetfoundation.org/ partners/microentrepreneurs, 2008년 7월 28일 현재 접속)

　펠리시타는 홀플래닛재단이 지원하는 수많은 소상공인 가운데 하나이자 오늘날 점점 더 많은 금융기관이 제공하는 소액금융대출의 수혜자 가운데 한 사람이었다. 가난한 사람들에게 금융지원을 하는 소액금융은 빈곤완화수단으로 인기가 높고, 세계 여러 곳에서 널리 논의·응용되고 있다. 소액대출 형태의 신용공여제도처럼 매우 특성화된 분야도 커다란 의미에서 '금융'에 포함된다.

　펠리시타는 또한 '흔히 볼 수 있는' 가난한 사람들 중 하나다. 그녀의 분투와 성공은 오늘날 우리 주변에서, 심지어 가까운 식료품점에서도 마주치는 다양한 개발과 자선방식을 통해 우리에게 친숙해졌다. 이것은 하나의 '작은 세상'(홀플래닛재단에서 하는 식으로 말하면, 하나의 '지구촌')이다. 거기서는 빈곤완화를 위한 노력이 일상의 소비consumption행동 속에 나타난다. 우리의 선택이 가난한 사람들에게 자립할 수 있는 힘을 주고, 그것은 거꾸로 우리에게 힘을 준다. 우리가 세계시민으로서 스스로를 발견하고 더욱 성숙해지는 것은 그런 긴밀한 관계를 통해서다.

펠리시타는 홀플래닛재단의 제휴기관인 반루랄그라민과테말라은행에서 소액대출을 받았다. 우리는 이런 다양한 기관 사이에 이루어진 특이한 구성관계를 좀더 자세히 살펴볼 필요가 있다. 홀플래닛재단·반루랄은행·그라민트러스트는 2007년 과테말라에 소액금융기관을 설립하기로 협약을 맺었다. 홀플래닛재단은 홀푸드마켓이 설립한 민간 비영리기관으로, '지속적인 전 세계 기아와 빈곤문제'를 해결하기 위해 노력한다(http://www.wholeplanetfoundation.org/about, 2008년 7월 20일 현재 접속). 반루랄은행은 과테말라에서 가장 큰 은행이다. 그라민트러스트는 방글라데시 그라민은행의 특수 부문으로 그라민은행의 소액금융 모델을 전 세계에 보급하는 역할을 맡고 있다. 이 세 곳의 제휴관계를 통해 펠리시타 같은 소상인에게 사업자금을 빌려주는 그라민과테말라은행이 생겨났다. 이러한 제도적 환경(방글라데시의 중심에 있고 미국 텍사스 오스틴에 본부가 있는 한 재단이 자금을 대는 소액금융 네트워크의 전초기지로서 세워진 과테말라의 소액금융기관)은 개발문제와 관련된 새로운 '작은 세상'의 대표적인 사례이기도 하다.

여기서 무엇보다 중요한 것은 그라민과테말라은행과 사실상 홀플래닛재단의 모든 제휴기관이 그라민은행의 소액금융모델을 기본적으로 고수한다는 점이다. 1983년 무하마드 유누스가 세운 그라민은행은 가난한 여성들로 구성된 소집단이 적정한 이자율로 소액대출을 받을 수 있도록 보장하는 간소한 신용대출 영역을 새롭게 열었다. 이러한 신용대출모델은 담보를 요구하여 실질적으로 가난한 사람을 배제하는 공식적인 은행체계와 가난한 사람을 등쳐 먹는 비공식적 금융체계를 대체할 수 있다. 그라민은행은 가난한 사람에게 본디 기업가 정신이 있다고 믿기 때문에, 소득이 발생하면 그러한 대출금은 자연스럽게 상환될 거라고 확신한다. 요컨대 그라민은행에 관한 한 논문의 제목처럼, "가난한 사람들은 언제나 빚을 갚는다."(Dowla and Barua, 2006) 여기서 여성은 이타적 성향의 소액금융대출을 통해 소득활동을 함으로써 아이의 학교교육·가정의 영양개선·주거개선과 같은 사회적 개발에 이바지하는 중요한 매개체 역할을 한다. 그라민은행이 이를테면 그라민트러스트 같은 기관을 통해 적극적으로 널리 전파한 그라민식 소액금융은 오늘날 북아메리카의 식료품점과 과테말라의 벽지마을을 연결하면서 세계 어디서나 볼 수 있다. 이러한 현상은 그라민은행이 빈곤퇴치와 여성의 역량강화를 이룰 수 있는 개발모델임을 강력하게 시사한다. 무하마드 유누스와 그라민은행은 2006년에 노벨평화상을 받았다. 노벨상위원회는 그들이 '아래로부터의 경제적·사회적 개발'을 창조했음을 인정했다. 위원회는 "영원한 평화는 거대 인구집단이 가난으로부터 벗어날 수 있는 방법을 찾지 못한다면 이루어질 수 없다. 소액대출은 그러한 방법들 가운데 하나다"라고 말했다(Mjøs, 2006).

펠리시타 같은 가난한 여성의 손을 잡아주는 소액금융은 자본의 민주화의 한 예다. 그것은 지금까지 부자만 누리던 배타적 금융체계를 가난한 사람까지 포함하는 포용적 금융체계로 바꾸기 위해 애쓴다. 더 나아가 그것은 부유한 북반구의 재단으로부터 남반구의 가난한 사람을 위해 일하는 단체로 자선과 투자가 흘러들어갈 수 있는 계기를 마련한다. 그러나 그러한 자본의 흐름은 또한 1달러를 기부하기 위해 홀푸드마켓의 계산대 앞에 줄 서 있는 소비자로부터 소상공인의 성공스토리를 기록하는 청년 자원봉사자에 이르기까지 방대한 소액거래를 포함한다. 여기에는 개발의 민주화democratization of development, 다시 말해 세계은행이나 심지어 그라민은행 같은 중앙집권적 금융체계에 저항하는 광범위한 개발이념과 실천의지가 담겨 있다. 그것이 바로 작은 세상을 만드는 원동력이다.

나는 이 책의 집필을 마치면서 그런 작은 세상을 떠올렸다. 버클리 홀푸드마켓에서 우연히 펠리시타의 '사진 이야기'를 처음 만났을 때, 나는 이미 소액금융의 세계화를 연구하는 데 몰두해 있는 상태였다. 그녀의 이야기는 내 연구의 초점이 된 더 커다란 이야기(방글라데시에 뿌리를 둔 빈곤완화모델이 어떻게 전 세계에 널리 채택·홍보되고 심지어 비판이나 의심을 받는 수준에까지 이르게 되었을까?)를 생각나게 했다. 1년 뒤, 나는 이 책에서 소액금융의 범위를 간략하게 설명하기 위해 펠리시타의 사진을 다시 찾았다. 나는 홀플래닛재단에 사진을 요청했다. 당연히 사진을 쓸 수 있는 허가와 저작권 문제와 관련해서 따분하기 그지없는 복잡한 과정을 거치리라고 예상했다. 대개는 그런 요청에 응답이 없는 경우가 흔하다. 어떤 단체든 당장 처리해야 할 더 중요한 문제가 많이 있기 때문이다. 또한 대개 그런 사진들을 직접 보유하고 있지 않기 때문에 사진작가를 찾아서 허가를 받아야 한다. 그런데 이번에는 며칠 만에 응답이

왔다. 내게 응답한 사람은 알렉산더 크레인이라는 청년으로, 그가 그라민과테말라은행에서 인턴으로 근무할 때 내가 전에 보았던 바로 그 펠리시타 사진을 찍은 사람이라고 설명하는 이메일을 보내왔다. 알렉스에게는 내가 초면이 아니었다. 그는 내가 캘리포니아 대학 버클리캠퍼스에서 가르친 '글로벌 빈곤: 새천년의 희망과 도전'이라는 제목의 강의를 들었던 학생이었다. 그를 일대일로 만나지는 못했지만, 그는 내가 그 강의실에서 만난 수백 명의 '밀레니엄 세대' 가운데 하나였다. 그들은 이 시대의 절박한 문제인 지속적인 빈곤을 퇴치하기 위해 과테말라에서 가나에 이르기까지 세계 각지에서 자신의 여름방학을 희생하며 미국까지 와서 강의를 들은 열정 가득한 글로벌 시민 세대였다. 또한 알렉스가 내게 보낸 이메일에서 밝힌 것처럼, 그들은 대개 '소액금융에 내재된 변화의 힘'을 확신하는 청년들이었다. 내가 펠리시타의 사진에서 눈을 떼지 못했던 순간, 펠리시타와 알렉스, 그리고 나는 하나의 '작은 세상'에 함께 연결되어 있었던 것이다. 우리는 소액대출을 받은 수백만 명의 여성 소상공인과 수천 명의 청년 자원봉사자와 인턴의 사진에 찍힌 수천 명의 사람이 모인 작은 세상에서 우연히 마주치는 행운을 얻은 셈이었다.

이 책은 그런 '작은 세상'에 대한 것이다. 이 문구는 20세기 초 화가 바실리 칸딘스키Wassily Kandinsky가 제작한 일련의 빼어난 판화작품에서 따왔다. 이 책의 표지 그림*은 바로 그의 판화 〈작은 세상 IVSmall

---

* 원서와 번역서의 표지에 실린 그림을 말한다.

Worlds IV〉이다. 복잡한 벡터들의 움직임, 그것들이 서로 부딪치고 합해지는 세상을 표현한 칸딘스키의 '작은 세상'의 드라마는 내 마음을 사로잡는다. 그 그림을 보면 나는 소액금융이 작동하고 개발이 일어나는 현장 속의 드라마가 떠오른다. 펠리시타의 이야기는 매우 중요하지만, 그것이 이 책에서 말하는 전부는 아니다. 오히려 내가 말하고자 하는 것은 자본의 민주화와 개발의 민주화라는 더 커다란 이야기다. 이는 칸딘스키의 그림이 보여주는 드라마처럼 치열하고 맹렬한 투쟁의 이야기다. 특히 이 책에서 중요하게 다루는 주제는 두 가지다.

첫째, 소액금융의 세계화는 '일종의 자산' 또는 투자의 유통으로서 소액금융에 대한 큰 관심을 불러일으켰다. 그라민은행은 비영리 금융서비스 모델을 통해 빈곤완화와 여성의 역량강화를 약속하지만, 이후 나온 새로운 소액금융모델은 재무적 지속 가능성을 엄격하게 준수하는 규범을 도입하고 인간개발보다 영리를 강조한다. 한 유명한 책에서 언급한 것처럼, 이것은 '소액금융 혁명'이다(Robinson, 2001). 그것은 새로운 가능성을 보여준다. '최하층 10억 명'(세상에서 가장 가난한 사람들)은 '신개척지 시장frontier market'으로 자본축적의 새 지평을 연다. 소액금융은 이제 그라민은행과 같은 비영리기관이 독점하는 영역이 아니다. 그것은 상업은행commercial banks·투자기관·자본시장의 영역이기도 하다.

소액금융의 재탄생은 자본주의 자체의 변신이라는 더욱 거대한 변화의 일부다. 빌 게이츠(2008)는 소액금융을 '창조적 자본주의creative capitalism'라고 부른다. 상대적으로 더 친절하고 너그러운 이 자본주의는 '피라미드의 맨 밑바닥에 있는 부'를 어떻게든 캐내려고 애쓴다. 하지만 동시에 그렇게 함으로써 '이익창출을 통해 빈곤'(Prahalad, 2004)을 몰아내고자 한다. 우리가 '빈곤자본'에 대해 생각할 수 있고, 소액금융을 그런 자본을 형성하는 하나의 칩이나 마이크로프로세서로서 개념화할 수 있는 것은 바로 이런 의미에서다. 이 책이 탄생하게 된 직접적이고도 복잡한 문제 가운데 하나는 기존의 자본주의 금융체계가 '빈곤자본', 그중 특히 소액금융을 통해 세상의 가난한 사람들을 공정하고 정당한 조건으로 포용할 수 있는지의 여부다. 월스트리트의 투자자가 추구하는 일종의 자산으로 인정받는 소액금융이 애초의 사회적 목적을 유지할 수 있을까? 오히려 기존의 투기적 금융자본과 약탈적 자본주의의 불길에 기름을 부어 가난한 사람이 지금보다 훨씬 더 많은 빚을 지게 만드는 결과를 초래하지는 않을까?

둘째, 소액금융은 남반구에서 처음 나타난 개념으로, 나중에 북반구의 산업국 개발기구가 수용한 보기 드문 개발방식 중 하나다. 1990년대 중반 방글라데시에서 최초로 시행된 소액금융은 세계적으로 선호하는 빈곤완화책으로서, 개발을 위한 일종의 만병통치약이 되었다. 이러한 발상과 현실적 수용의 역전된 흐름(방글라데시의 그라민은행에서 세계은행으로)은 개발의 민주화를 암시한다. 그러나 소액금융 혁명은 '빈곤자본'을 촉진하기 위해 애쓰는 동시에 지식의 패러다임을 재편하기 위해서도 노력했다. 소액금융의 개념을 규정하는 전문지식과 기술은 초기에 그라민은행에서 개발되었지만, 오늘날에는 세계은행이 새롭게 발전시키고 있다. 실제로 오늘날 소액금융의 기준·지표·등급·모범사례를 설정하면서 관련 전문지식의 관문을 통제하는 곳은 세계은행이다. 세계은행은 각종 연수회·교육자료·연구 보고서를 통해 권위 있는 전문가를 소액금융 전문가로 키워내기 위해 투자하는 반면, 그 밖의 다른 곳에서 나온 자료나 결과물에 대해서는 그 타당성과 의미를 부인하면서 자신들이 생산한 전문지식과 기술의 권위를 널리 전파하는 데 열심이다. 요컨대 현재 소액금융 분야에서 작동하고 있는 것은 '빈곤에 관한 워싱턴 컨센서스'라고 말할 수 있다.

이 책에서 나는 빈곤에 관한 워싱턴 컨센서스의 작동방식을 밝히고자 한다. 그러나 또한 그러한 형태의 권력이 어떤 도전을 받고 있으며 어떻게 서로 경쟁하는 관계가 되었는지, 그리고 소액금융 분야에서 다양한 생각이 어떻게 끊임없이 서로 활발하게 다툼을 벌이고 있는지도 보여줄 것이다. 내 연구의 출발점은 개발원조와 정책의 권력 중심부지만, 최종적으로는 방글라데시의 그라민은행과 브락, 레바논의 헤즈볼라 같은 다양한 남반구 개발기구가 어떻게 계속해서 소액금융의 다른 모형을 만들어내는지 보여주면서 그런 권력지형의 주변부까지 살펴볼 것이다. 그런 개발구상이 사람들의 마음을 잡아끄는 설득력이 있는지, 그런 생각이 소액금융에 관한 최초의 토착적인 발상인지, 그리고 그것이 기존의 지배적인 개발 패러다임을 대체할 수 있는 건강한 대안을 제공할 수 있는지가 바로 내가 이 책에서 다루는 핵심 주제다.

나는 자본과 개발의 민주화와 관련된 그런 질문이 중요하다고 믿는다. 그것은 펠리시타 같은 가난한 여성의 삶을 거론한다. 오늘날 그들의 삶은 좋든 나쁘든 '빈곤자본'의 형성과 서로 밀접하게 연결되어 있다. 하지만 그러한 문제는 또한 알렉스 크레인과 같은 '밀레니엄 세대'의 희망과 열정이 무엇인지도 말해준다. 그들의 삶 또한 좋든 나쁘든 개발의 재편문제와 밀접한 연관이 있다. 그런 결합과 충돌은 과연 우리가 지키고 살 만한 가치가 있는 새로운 '작은 세상'을 만들어낼까? 이 장은 새천년 개발millennial development과 그것의 주역인 밀레니엄 세대에 대해 이야기한다. 그 과정에서 자본과 개발의 민주화의 성패를 좌우할 핵심 쟁점을 확인할 것이다. 빈곤은 이제 어떻게 보이기 시작하는가? 시장은 어떻게 작동하고 멈추는가? 개발은 현대 세계의 불평등 지형을 어떻게 다룰 것인가?

## 새천년 개발

21세기가 시작되면서 세계의 양심, 좀더 자세히 말해 글로벌 빈곤에 대한 인식과 그 빈곤을 종식시키고자 하는 의지 표현의 수준이 놀랄 정도로 크게 높아졌다. 전 세계 인구 67억 명 가운데 하루에 1달러 25센트도 안 되는 상상할 수 없을 정도로 적은 소득으로 생활하는 사람이 무려 14억 명에 이른다는 엄연한 사실은 이제 누구나 아는 상식이다(World Bank, PovertyNet, 2008년 기준).

물론 빈곤에 대해 새삼스럽게 떠들 만한 사실은 아무것도 없다. 문제는 빈곤이 어떻게, 그리고 왜 어떤 특정한 역사적 시점에 날카롭게 부각되어 사회적 행동과 변화의 피뢰침 역할을 하느냐다. 이렇게 상황에 따라 빈곤이 '공적' 문제로 바뀌는 현상은 시대마다 서로 다른 형태로 나타났다. 정치적으로 보수적인 시대에 빈곤은 개인의 나태한 행동에서 기인하며, 도덕적 절제와 사회질서의 강요가 필요한 문제로 규정되었다. 대서양을 사이에 둔 양쪽 대륙의 보수정권이 가난한 사람을 복지에 기대고 일할 의지가 없는 의존적이며 무기력한 존재, 다시 말해 구조적 권력의 피해자가 아니라 스스로 나태하고 책임감이 없는 전형적인 인물이라고 널리 알렸던 적이 있었는데, 1980년대가 바로 그런 경우였다.

하지만 또 다른 역사적 시점에서는 빈곤을 국민경제와 국가 경영의 문제로 인식했다. 2차 세계대전 직후가 바로 그런 경우였다. 당시는 다자간 또는 다국적 개발체제(브레턴우즈Bretton Woods 질서)가 확립된 시점으로, 세계은행과 국제통화기금IMF이 그 중심에 있었다. 이 체제는 국민경제를 '현대화'하려고 애썼으며, 그 전제로 개발을 경제성장 단계의 여러 사다리 가운데 하나라고 생각했다. 다시 말해 경제성장의 가장 높은 곳에 일부 산업국이 자리 잡고 있으며, 나머지 다른 나라는 그 산업국을 재빨리 따라잡아야 한다고 믿었다.

현재의 역사적 시점에서 특별한 것은 빈곤이 세계적 문제로 크게 부각되었다는 사실이다. 그 초점이 국민경제의 현대화 문제로부터 '최하층 10억 명', 즉 세계적으로 빈곤선 아래의 극빈생활을 하는 펠리시타 같은 14억 명의 빈민 인구를 대상으로 하는 전 지구적 빈곤완화 문제로 옮겨간 것이다. 거기에는 또한 급속한 빈곤 대응의 세계화 문제─ '빈곤완화'를 위한 세계적 운동을 비롯해서, 빈곤완화의 '모범사례'를 전 세계로 확산시키고, 빈곤문제를 세계경제와 연결시켜 '또 다른 세상의 가능성'과 필요성을 주장하는 급진적 비판에 이르기까지─가 있다. 요컨대 내가 '새천년 개발'이라고 부르는 새로운 글로벌 질서가 만들어지는 중이다.

새천년 개발은 다양한 힘이 융합된 것이다. 우선 개발이 '더 친절하고 너그러운' 과정으로 재편되었다. 이전 시대가 경제성장에 집중했다면, 지금은 인간개발에 더 큰 관심을 가지게 된 것이다. 1990년대 세계은행은 빈곤완화를 가장 먼저 해결해야 할 문제의 우선순위로 두었다. 2000년에 유엔 회원국은 새천년 개발목표Millennium Development Goals를 채택했는데, 이는 2015년까지 국제협력을 통해 달성하기로 한 야심찬 인간개발목표다.

국제개발기구들은 인간개발목표를 다시 새롭게 고려하면서, 새로운 개발척도 또는 개발지표를 만들어냈다. 그동안 경제성장률에 초점을 맞추던 것에서 벗어나, 이제는 국제적 빈곤선을 광범위하게 적용하고 그 궤적을 관찰하는 데 주목한다. 그것은 전 세계의 가난한 사람들을 하나의 단순한 통계로 묶음으로써 공동운명체 의식을 창출한다. 게다가 새천년 개발목표는 빈곤퇴치를 향해 나아가는 진척 상황을 측정하고 도식화하는 데 없어서는 안 될 척도를 제시했다. 2003년 「인간개발 보고서Human Development Report」의 서문에서, 당시 유엔개발계획의 사무총장이었던 마크 맬럭 브라운Mark Malloch Brown은 새천년 개발목표를 "전 세계 보통 시민에 대한 개발선언으로, 그들이 금방 이해할 수 있는, 시한이 정해지고 측정이 가능한, 생계와 밀접하게 관련된 사안"(UNDP, 2003a: vi)이라고 설명한다. 산모사망률·초등교육·보건·주택은 오늘날 단순히 국민총생산을 계산하기 위한 지표가 아니라 개발의 가장 중요한 구성요소다.

빈곤 관련 데이터와 불평등 관련 데이터는 서로 별개다. 2005년 「인간개발 보고서」에서 가장 극적인 도표 가운데 하나는 세계에서 가장 부자인 500명이 가장 가난한 사람 4억 1,600만 명의 소득을 합한 것보

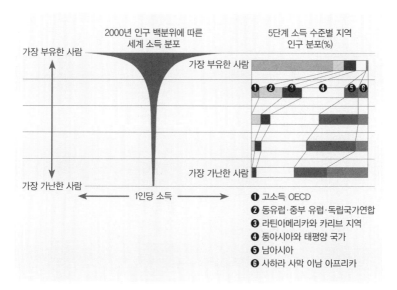

〈그림 1-2〉 돈은 어디에 있나(UNDP, 2005)

2000년 인구 백분위에 따른
세계 소득 분포

5단계 소득 수준별 지역
인구 분포(%)

가장 부유한 사람

가장 부유한 사람

❶ ❷ ❸ ❹ ❺ ❻

가장 가난한 사람

가장 가난한 사람

1인당 소득

❶ 고소득 OECD
❷ 동유럽·중부 유럽·독립국가연합
❸ 라틴아메리카와 카리브 지역
❹ 동아시아와 태평양 국가
❺ 남아시아
❻ 사하라 사막 이남 아프리카

다 더 많은 돈을 벌었다는 사실을 보여주는 '샴페인 잔 효과champagne glass effect' 그림이다(UNDP, 2005: 36). 실제로 샴페인 잔은 입이 닿는 위쪽이 폭이 넓고 아래쪽으로 갈수록 좁아지는 깔때기 모양으로 부와 소득, 소비가 아래쪽에 이르면 사라진다(〈그림 1-2〉 참조).

불평등과 관련된 초점은 새천년 개발이 단순히 가난한 사람을 구하는 것에 한정될 수 없다는 사실을 암시하기 때문에 매우 급진적이다. 그것은 결국 부와 특권, 권력의 분배라는 더 어려운 문제를 제기하는 쪽으로 나아갈 수밖에 없다. 단순히 1달러를 기부하거나 한 달 동안 현장 봉사활동을 다녀온다고 해결될 문제도 아니고, 교회에서 나온 자원봉사단이 할 수 있는 일도 아니다. 그러한 과제는 현재 국제개발기구들이 활동하고 있는 바로 그 방식에 정면으로 맞설 것을 요구한다. 따라서 새천

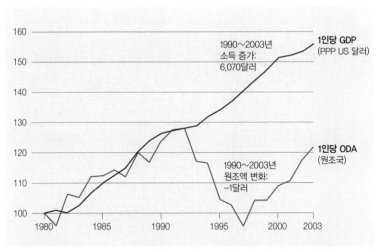

〈그림 1-3〉 더 부유하지만 덜 너그러운: 부가 원조보다 더 빨리 늘어나고 있다(UNDP, 2005)

1인당 GDP와 ODA, 개발원조위원회 국가, 지수(1980=100)

년 개발의 틀에는 이미 널리 알려진 불평등지표가 하나 있다. 북반구에서 남반구로의 원조의 흐름이 그것이다. 2005년 유엔의 「인간개발 보고서」에 나오는 〈그림 1-3〉의 "부가 원조보다 더 빨리 늘어나고 있다"는 부제는 매우 적절하다. 그것은 1인당 소득이 북아메리카와 서유럽 국가들 같은 주요 원조국에서 증가해온 반면, 1인당 해외개발원조ODA는 줄어들었다는 사실을 보여준다.

절대금액에서 가장 큰 ODA 원조국인 미국은 2005년 ODA 규모가 국민총소득의 0.22퍼센트에 불과할 정도로 매우 인색하고 실망스러운 실적을 보여주었다. 그것은 새천년 개발목표인 0.7퍼센트에 한참 못 미치는 수준이었다(UNDP, 2007: 289). 하지만 이러한 원조의 내막을 분석할 때, 부채탕감이라든가 미국의 컨설팅 전문가와 기업에 건네는 사례금 같은 것을 고려하면, 북반구에서 남반구로 가는 원조의 흐름은 훨씬 더 줄어들고 불확실해진다. 그리고 그런 원조는 또 다른 중요한 요인 때문에 무의미해진다. 북반구 국가가 자국의 농민에게 지급하는 대규모 농업보조금agricultural subsidies(〈그림 1-4〉 참조)은 남반구 농민이 국내 시장과 국제시장에서 농산물을 공정한 가격으로 팔 수 없게 만들 위험성을 크게 증가시키기 때문이다.

2001년 카타르 도하에서 열린 세계무역기구WTO 회의에서 농업보조금 제공 금지를 요구했지만, 자국 농민을 대상으로 하는 북반구 국가들의 농업보조금 지급은 계속되었고, 이는 남반구 국가들을 크게 실망시켰다. 2003년 유엔의 「인간개발 보고서」는 그런 보조금 규모를 생생하게 보여준다(〈그림 1-4〉 참조). 이 보고서에서 맬릭 브라운은 "기아와 빈곤을 절반 수준으로 줄이는 장기적인 계획은 세계 무역체계의 근본적인 재편, 특히 농업 부문에서의 재편 없이는 실패할 것이다"라고 단언한다. 그는 "부유한 국가들이 새천년 개발목표를 충족시키기 위해 할 수 있는 것은 자선이 아닌 정책이다"라고 주장한다(UNDP, 2003a: vi).

새천년 개발은 원조와 무역구조의 개혁을 수반한다. 그 과정에서 여러 개발기구가 만들어진다. 세계적인 자선활동을 펴는 재단, 글로벌 정의 운동단체, 글로벌 비정부기구NGO가 빈곤에 맞서 싸우는 최전선에 서 있다. 그 가운데 거대 규모의 단체는 대부분의 개별 국가가 할 수 있는 수준을 훨씬 뛰어넘는 자원과 동력, 영향력을 제공한다. 그 기구는 우상이 되는 상징적 인물들(빌과 멜린다 게이츠, 빌 클린턴Bill Clinton, 보노Bono)이 주도하고 있다. 이 세계적인 유명인사들은 새천년 개발에 불을 지피는 인화점이 되었다. 그들 자신과 그들이 전개하는 운동은 빈곤문

〈**그림 1-4**〉 2000년에 소와 면화가 사람보다 원조를 더 많이 받다(UNDP, 2003a)

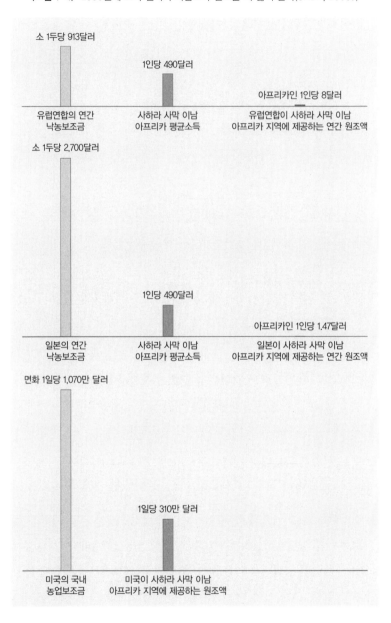

제를 크게 부각시키고, 빈곤완화의 시급성을 전 세계에 널리 알리는 계기를 마련한다. 이 상징적 인물들은 빈곤을 둘러싼 의제를 설정하는 것(게이츠재단이 하는 것처럼)에서 선진 산업국들의 개발의제에 전략적으로 영향력을 발휘하는 것(록밴드 U2의 리더인 보노가 하는 것처럼)에 이르기까지, 새천년 개발이라는 새로운 글로벌 질서에서 결정적 역할을 맡게 되었다.

이 많은 단체와 운동은 세계의 빈곤과 맞서 싸우는 투쟁에 보통 사람들을 적극적으로 끌어들이려고 애쓴다. 록밴드 U2의 공연장은 세계인권선언을 전자악기로 연주하는 듯한 느낌을 주면서 마치 글로벌학 강의가 진행되는 101호 강의실에 앉아 있는 듯한 착각에 빠지게 만든다. 보노는 전쟁과 빈곤, 박탈 때문에 야기되는 인간의 퇴보를 한탄할 때, 눈가리개를 하고 미국 국기로 몸을 감싼다. 관객은 흰색 팔목밴드를 찬다. 그것은 '빈곤을 역사의 저편으로 보내기'로 한 그들의 맹세를 상징한다. 그들은 보노가 세계적인 빈곤을 퇴치하는 데 일조하기 위해 공동 설립한 풀뿌리 운동단체인 원캠페인One Campaign에 참여한 '평범한 미국인'이다. 그들은 "우리는 풍요의 세상에서 아이가 굶주려 죽는 모습을 보는 전혀 말도 안 되는 빈곤을 몰아내는 최초의 세대가 될 수 있다"라고 주장하는 보노(Sachs, 2005: xvii)를 굳게 믿는다.

복음주의 기독교인Christian evangelicals에서 글로벌 자유주의자에 이르기까지 이념을 초월한 정치적 대중동원은 새천년 개발의 특징이다. 이런 식으로 빈곤은 전 세계 시민, 특히 북반구 시민들 사이에 폭넓게 산재된 빈곤완화에 대해 책임을 느끼는 공적 문제가 되었다. 빈곤에 대한 그러한 인식은 서양이 세계에서 차지하는 위치를 극명하게 보여

준다. 따라서 당시 세계은행 총재였던 제임스 울펀슨James Wolfensohn
이 빈곤에 맞서 벌였던 투쟁의 이야기는 이렇게 시작한다. "우리는 오
늘날 수백만의 사람이 그저 경제적으로 열악한 곳에 태어났다는 이유
만으로 죽음에 이르는 시대에 살고 있다. 어떤 지역 사람은 2달러짜리
라테를 마시고 일회용 카메라를 즐겨 쓰지만, 어떤 지역 사람은 하루에
2달러로 생계를 꾸려나가고 그 자신이 일회용 물건인 것처럼 취급당한
다."(Mallaby, 2004: 1) 이 세계적 양심은 추상적이지 않다. 오히려 그것
은 일상생활에 스며들었다. 아프리카 가정에 말라리아 방충망을 제공
하기 위한 기금을 마련하려고 줄기차게 노력하는 미국의 어린 여학생,
그렇게 모인 돈이 수많은 생명을 구하는 상황은 사심 없는 자원봉사활
동을 통해 가능해졌다.

새천년 개발에는 빈곤의 참상을 잘 이해할 뿐 아니라 책임감을 가
지고 그것을 해결하기 위해 행동할 줄 아는 오늘날 서양인들 자신의 역
할이 매우 중요하다. 프로덕트 레드는 이러한 선순환의 좋은 예다. 그
것이 던지는 메시지는 단순하다. "레드는 자선이 아니다. 그것은 일종
의 비즈니스 모델이다. 당신은 제품을 산다. 기업은 알약*을 산다. 가난
한 사람들이 그 알약을 먹고 생명을 구한다."(http://www.joinred.com,
2008년 8월 15일 현재, 〈그림 1-5〉 참조) 한편에서 갭 티셔츠나 모토롤라 레
이저폰을 사는 소비자와 다른 한편에서 에이즈에 걸려 치료약을 먹는
아프리카인이, 다양한 개발 프로그램에 재정지원을 하는 글로벌 펀드

---

•　　에이즈·결핵·말라리아 치료제를 가리킨다.

〈그림 1-5〉 프로덕트 레드는 어떻게 작동하는가(프로덕트 레드의 허가를 받아 게재)

## 프로덕트 레드가 작동하는 방법

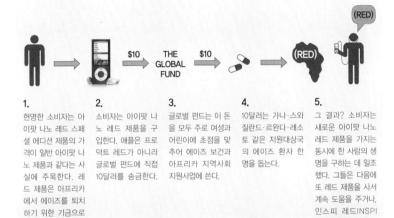

**1.**
현명한 소비자는 아이팟 나노 레드 스페셜 에디션 제품의 가격이 일반 아이팟 나노 제품과 같다는 사실에 주목한다. 레드 제품은 아프리카에서 에이즈를 퇴치하기 위한 기금으로 10달러를 기부한다.

**2.**
소비자는 아이팟 나노 레드 제품을 구입한다. 애플은 프로덕트 레드가 아니라 글로벌 펀드에 직접 10달러를 송금한다.

**3.**
글로벌 펀드는 이 돈을 모두 주로 여성과 어린이에 초점을 맞추어 에이즈 보건과 아프리카 지역사회 지원사업에 쓴다.

**4.**
10달러는 가나·스와질란드·르완다·레소토 같은 지원대상국의 에이즈 환자 한 명을 돕는다.

**5.**
그 결과? 소비자는 새로운 아이팟 나노 레드 제품을 가지는 동시에 한 사람의 생명을 구하는 데 일조했다. 그들은 다음에 또 레드 제품을 사서 계속 도움을 주거나, 인스피 레드INSPI (RED) 제품을 사서 더 많은 돈을 글로벌 펀드에 직접 기부할 수 있다.

Global Fund라는 국제기구를 매개로 서로 연결된다. 여기서도 지표는 꼭 필요하다. 그것은 '인명구제 작업'에서 '견실한 성과'와 '주목할 만한 실질적 결과'를 평가하는 기준이기 때문이다(http://www.joinred.com/Learn/HowRedWorks/GlobalFund.aspx, 2008년 8월 15일 현재).

그러나 여기서 잊지 말아야 할 것이 있다. 새천년 개발은 또 다른 강력한 힘이 있다. 세계적 사회운동이 그것이다. 이러한 운동은 눈에 띄는, 대개 격렬한 시위를 통해 새로운 글로벌 질서를 만드는 촉매역할을 했다. 따라서 1994년 브레턴우즈 협정으로 만들어진 기구(세계은행과 IMF)가 그들의 반세기 역사를 자축할 때, 그들을 비판하는 사람은 한 자리에 모여 그 50년 동안의 개발이 초래한 피해 '보상'을 요구하는 격렬한 시위를 벌였다(Danaher, 1995). 그러한 시위와 집회는 줄기차게 이어졌다. 1999년 시애틀에서는 WTO와 글로벌 무역체제에 반대하여 열린 세계사회포럼World Social Forum 연례총회에서 자유시장 세계경제의 대안을 마련하라고 강력하게 주장하면서, G8 정상회담장 밖에서는 전 세계에서 가장 가난하고 빚을 많이 진 나라들에 대한 '주빌리jubilee'[*] 또는 부채탕감을 요구했다.

이와 같은 세계적 사회운동의 목표는 바로 글로벌 익스체인지Global Exchange가 말하는 '세계경제의 민주화'를 기반으로 한 '대중의 세계화'를 만들어내는 것이다(http://www.globalexchange.org, 2008년 8월 15일 현재). 방콕에 본부가 있는 국제기구 포커스온더글로벌사우스Focus on the Global South는 이것을 약간 다른 방식으로 표현한다. "세계경제가 다국적 기업의 요구를 중심으로 돌아가던 것에서 대중과 지역사회, 국가의 요구에 초점을 맞추는 것으로 바뀔 때, 비로소 지역경제와 국민경제의 역량은 강화된다."(http://focusweb.org/who-we-are.html, 2008년 8월 15일 현재) 이것을 염두에 둔, 포커스온더글로벌사우스의 창립자이자 저명한 국제활동가인 월든 벨로Walden Bello(2007: 210)는 세계화 계획이 "기업이 주도하는 세계화의 정치적 보호막 역할을 하는 주요 다자간 기구의 정당성을 훼손"할 위기에 처해 있다고 꼬집으며 '결정적 요소'가 저항이었다고 주장한다.

---

[*] 구약시대 이스라엘에서 50년마다 부채를 탕감하고 노예를 해방시켜주던 기독교 전통의 희년을 의미한다. 여기서 착안해서 '주빌리은행'이라는 시민단체가 부채탕감운동을 벌였다.

행동은 사실을 드러나게 하는 조건이다. 내 말의 의미는 시애틀 시위 이후 10년이 넘는 동안 유엔개발계획과 같은 국제기구가 각종 구조조정 프로그램, 신자유주의 개혁, 기업 주도의 세계화가 초래한 부정적 영향을 보여주는 데이터를 계속 발표해왔다는 것이다. 그러나 그런 자료들은 이러한 조치와 긍정적인 영향을 미리 가정해서 그것을 굳게 믿는 언론·학계·정책결정자가 대체로 무시하는 쓸모없는 통계로 남고 말았다. 시위자의 강력한 메시지 전달을 통해 세계의 관심을 불러일으킨 시애틀은 그 추상적 통계수치를 엄연한 사실로 바꾸어놓았다. (……) 시애틀 시위가 일어나지 않았다면, 노벨상 수상자인 조지프 스티글리츠Joseph Stiglitz나 저명한 인기 경제학자 제프리 삭스Jeffrey Sachs, 금융가 조지 소로스George Soros 같은 사람들이 자발적으로 주류에서 떨어져 나와 기업이 주도하는 세계화를 그토록 강력하게 비판하기 시작했을지 의문이다.

(Bello, 2007: 215)


이 책에서 나는 새천년 개발이라는 대개 서로 모순적인 힘과 이념의 복잡한 어우러짐을 면밀히 살펴본다. 오늘날 특징이 된 주요 이념·견해·정책을 꼼꼼히 검토한다. 나는 '빈곤이란 무엇인가? 그것은 어떻게 완화되는가?'라고 묻기보다는 내가 근본적이라고 생각하는 그런 종류의 질문들, 예컨대 '오늘날 빈곤과 빈곤완화를 지배하는 이념은 무엇인가? 그것을 대체하는 또 다른 이념은 있는가? 있다면, 우리는 그 이념에 대해, 그리고 그 이념으로부터 어떻게 배울 수 있는가? 그러한 지배이념과 대안은 이전의 여러 개발모델과 완전히 다른 것인가?'라고 질문을 던진다. 요컨대 이 책은 새천년 개발의 시대를 관통하는 지식의 정치학을 다루는 책이다. 그것은 빈곤 전문가 사이의 특정한 세계관과 지식 패러다임이 다른 것보다 더 많은 장점이 있다는 주장을 전제로 한다. 이것은 다시 자원과 기회의 할당문제에 중대한 영향을 끼친다. 사파티스타 운동의 지도자 마르코스Marcos 부사령관(2000)이 멕시코 치아파스에서 선언한 바 있듯, "이념도 무기다."

## 역사의 종말에서 빈곤의 종말로

프랜시스 후쿠야마Francis Fukuyama는 1989년에 처음 논문이 발표되고, 1992년에 책으로 발간된 『역사의 종말The End of History and the Last Man』에서 인류는 역사의 종말에 이르렀다고 주장했다.

> 우리가 지금 목도하고 있는 것은 어쩌면 단순한 냉전의 종식이 아니라 (……) 역사의 종말일지 모른다. 다시 말해 인류가 생각해낸 이념 진화의 종착점이자 인간이 만든 정부의 마지막 형태로서 서양의 자유주의적 민주주의의 보편화를 목격하고 있는지도 모른다.
>
> (Fukuyama, 1989: 4)

후쿠야마(1992: xiii)는 또한 "자유주의 경제원칙인 '자유시장'이 확산되면서" 전 세계에 '유례없는 수준의 물질적 번영'을 낳았다고 주장했다. 후쿠야마에게 자유시장 자본주의와 자유주의적 민주주의는 단순한 현실이 아니었다. 그것은 최고의 이상이었다.

비록 후쿠야마 자신이 훗날 '역사의 종말'이라는 명제에 의문을 던지기는 했지만, 처음에 그 말을 했을 때만 해도 자유시장 세계화의 권위자들은 그 패러다임에 대한 확고한 믿음이 있었다. 1989년에 존 윌리엄슨John Williamson이 최초로 쓴 용어 '워싱턴 컨센서스'의 중심에 있었던 것은 바로 '자유주의 경제원칙' 또는 '신자유주의'의 당당한 부활이었다. 윌리엄슨(2004: 7) 자신은 '신자유주의나 시장 근본주의와 동의어'로 '그 용어가 남용'되는 것을 거부했다. 하지만 워싱턴 컨센서스는 민영화·규제 철폐·자유화를 강력하게 요구하는 엄격한 제한으로 비치게 되었다. 윌리엄슨(2000: 261)은 1989년에 "바람직할 뿐 아니라 현재의 정책의제에서 매우 중요한 몇 가지 기본적인 경제이념에 대한 매우 광범위한 합의"가 있었다고 후쿠야마와 비슷한 방식으로 지적한다. 요컨대 워싱턴 컨센서스는 내용과 형식에서 모두 이론異論의 여지가 없는 명백한 진실이었다. 그렇다면 자유시장에 대한 이와 같은 굳은 확신은 언제, 어떻게 전 세계적 고통에 대한 인식으로 바뀌었을까? '역사의 종말'에 대한 논쟁은 어떻게 '빈곤의 종말'에 대한 논쟁으로 옮겨갔을까?

1994년 후쿠야마의 책이 발간되고 2년 뒤, 저명한 프랑스 철학자 자크 데리다Jacques Derrida가 『마르크스의 유령들Specters of Marx』이라는 책을 내놓았다. 데리다는 그 책에서 후쿠야마의 주장을 반박하면서 "절대적인 수치에서, 과거 그 어느 때도 지금처럼 지구상의 많은 성인 남녀와 어린이가 예속되고 굶어 죽거나 몰살된 적이 없었다"라는 '명백한 거시적 사실'에 주목한다.

세계은행 총재로서 제임스 울펀슨은 워싱턴 DC에서 탈脫워싱턴 컨센서스를 선언했다. 그는 1998년 세계은행이사회 연례총회에서 행한 '또 다른 위기'라는 제목의 기조연설에서, 세계가 금융위기(당시 동아시아 금융위기)에 매달려 있는 동안, 또 다른 위기, 즉 빈곤이 드리워지고 있는 상황을 눈치 채지 못했다고 주장했다(Pender, 2001: 402). 곧이어 1996년부터 2000년까지 세계은행 수석 경제학자를 역임했던 조지프 스티글리츠가 그런 '워싱턴 컨센서스를 뛰어넘는 컨센서스'의 주역으로 떠올랐다. 스티글리츠는 워싱턴 컨센서스의 '시장 근본주의'에 반대하면서, 정부의 역할을 중시해 정부가 개발과정에 개입하는 새로운 형태의 개발모델을 제시했다. 그는 또한 그러한 새로운 컨센서스가 이제 더는 워싱턴 DC에 기반을 둘 수 없고, 대신에 "개발도상국들이 스스로에 대한 소유권을 가져야 한다"라고 주장했다(Stiglitz, 1998: 33). 따라서 '역사의 종말'은 끝났다. 나오미 클라인Naomi Klein(2001)은 브라질 포르투알레그레Porto Alegre에서 열린 범세계적 사회운동의 대규모 집회인 제1회 세계사회포럼 연례총회를 축하하는 순간에 대해 이렇게 쓴다. "많은 사람이 그곳에서 역사가 만들어지고 있음을 느낀다고 말했다. 내가 느낀 것은 뭐라고 딱히 꼬집어 말할 수는 없지만, '역사의 종말'의 시대가 저물었다고나 할까."

'역사의 종말'에서 '빈곤의 종말'로의 이동을 이해하기 위해서는 두 가지 중요한 변화의 방향을 이해할 필요가 있다. 첫째는 1980년대 시장 중심의 개발정책이 낳은 황폐화다. 그 위기는 맹렬한 각종 시위를 촉발한 동시에 정계와 학계에 '시장 실패'라는 새로운 담론을 불러일으켰다. 둘째는 빈곤의 현장, 특히 아프리카 지역에 대한 강렬한 지리적 상상력의 부상이다. 대다수 사람이 '어둠의 심연Heart of Darkness*•'을 떠올리는 아프리카는 이제 잘못된 개발정책으로 능욕당한 대륙, 따라서 올바른 개입정책을 통해 바로잡을 수 있는 곳으로 비쳤다. 9·11 이후 중동 또한 '또 하나'의 지리적 상상력을 떠올리는 곳(미국과 서양 세계의 본토가 안전하고 안정된 상태를 유지하려면 아랍 세계의 분노가 어떻게든 다루어지고 해결되어야 하는 '분쟁지대')이 되었다.

## 시장에서 시장 실패로

후쿠야마가 자신이 주장한 '역사의 종말'을 변호하기 위해 썼던 것처럼, 경제와 정당성의 위기는 세계의 많은 지역에서 태동하고 있었다. 10년 동안의 혹독한 구조조정 정책이 세계의 많은 곳을 극심한 혼돈에 빠뜨리는 바람에, 그에 따른 빈곤과 실업, 부채증가 문제를 해결하기 위한 1990년대의 새로운 정책 마련이 필요했다. IMF가 마침내 자신들의 통화정책이 실패했음을 인정한 것은 2001~2002년 아르헨티나의 금융위기가 발생한 뒤의 일이지만, 세계은행은 그보다 훨씬 더 일찌감치 그 무자비한 구조조정 패러다임과 거리를 두었다. 범세계적인 사회운동이 세계은행과 IMF를 반대하는 시위를 전개하자, 세계은행은 당시 총재 제임스 울펀슨의 지휘 아래, 시위자들보다 한 걸음 앞서 발 빠르게 움직였다(Elyachar, 2002). 조지프 스티글리츠 같은 세계은행 내부 인사들은 IMF가 개발도상국의 경제를 개선하기보다 오히려 악화시켰다고 주장하면서 IMF를 비난했다(Stiglitz, 2000a, 2002).

---

*   아프리카 대륙을 점령한 유럽 제국주의의 만행을 그린 조지프 콘래드의 소설 제목이다.

스티글리츠의 비판이 지나치게 급진적으로 비쳤는지 모르지만, '결전' 끝에 그는 결국 세계은행을 떠났다(Wade, 2001). 그러나 IMF에 대한 그의 두 가지 비판은 널리 회자되었다. 첫째, 그는 IMF를 제3세계의 경제주권을 위협하는 신식민주의 기관이라고 표현했다. 스티글리츠의 지적에 따르면, IMF는 "그들의 금융지원에 실제로 돈을 대는 시민이나 그런 금융지원으로 자신의 삶에 영향을 받는 사람 어느 누구에게도 직접 보고하지 않는다."(Stiglitz, 2002: 12) 둘째, 스티글리츠(2002)는 IMF가 시장 실패를 인정할 줄도 모르고, 거기에 대응할 수도 없는 '시장 근본주의'의 앞잡이라고 주장했다. 빈곤은 시장이 공공재를 제공할 수 없다는 것을 보여주는 시장 실패의 한 사례였다. 따라서 자유시장 이데올로기를 전파하는 워싱턴 컨센서스는 개발을 촉진시키는 데 성공할 수 없었다. 스티글리츠가 보기에 워싱턴 컨센서스는 강력한 정부 주도의 개발이 경제성장과 인간개발 향상에 모두 성공을 거둔 동아시아의 사례와 크게 모순되었다. 시장 근본주의와 정부 주도 개발 사이의 이러한 대비는 신자유주의적 워싱턴 컨센서스의 대체가 필요하다는 스티글리츠의 주장의 핵심 내용이다. 그가 말하는 새로운 질서는 '범세계적 공동 행동'을 위한 환경을 뒷받침하는 더 좋은 규칙이 작용하는 개혁적이고 개화된 세계화를 의미했다.

워싱턴 컨센서스가 로널드 레이건Ronald Reagan과 마거릿 대처의 자유시장 이데올로기와 밀접한 관련이 있다면, 탈워싱턴 컨센서스는 빌 클린턴과 토니 블레어Tony Blair의 제3의 길Third Way이라는 새로운 정치체제와 일치했다. 빌 클린턴(2006)은 런던에서 행한 한 연설에서 제3의 길에 대해 이렇게 말했다.

상품·서비스·자본·기회의 효율적 분배자로서 자유시장만한 것을 발견한 사람은 아직까지 없습니다. 하지만 사람들이 스스로 자신의 삶을 개척해나가고 그들의 지역사회를 형성하기 위해 필요한 환경·시스템·도구를 만들어내는 정부의 역할이 없다면 (……) 자유시장 혼자의 힘만으로는 (……) 인간의 욕구에 관심을 기울이지 못하고, 동등한 기회도 주지 못하며, 사람들의 역량을 강화하지도 못할 것입니다.

클린턴의 연설은 자유주의의 핵심에 있는 오랜 긴장관계, 다시 말해 자유와 자유기업에 대한 믿음과 일정 형태의 규제의 필요성 사이의 긴장관계를 해소시키려고 애쓴다. 애덤 스미스는 『국부론*The Wealth of Nations*』(1776)에서 자유시장의 이론을 옹호한 것으로 유명하다. 그러나 스미스는 또 다른 주요 저작인 『도덕감정론*The Theory of Moral Sentiments*』(1759)의 저자이기도 하다. 그는 이 책에서 남을 배려하고 부양하는 사회의 필요성을 역설한다. 그로부터 한 세기 뒤, 존 스튜어트 밀 또한 『자유론*On Liberty*』(1859)에서 경제의 자유를 주장했다. 그러나 그도 애덤 스미스처럼 노동자와 소비자, 사회가 입을 피해를 막을 수 있는 '공적 통제'와 '규제'를 강조했다. 이처럼 '윤리경제학'(Peet, 2003: 10)으로 이해될 수도 있는 배려와 규제의 윤리는 20세기 후반 신자유주의 정책의 시대 동안 실종되었다가 새천년 개발의 시대에 다시 되살아나고 있다.

경제사학자 칼 폴라니Karl Polanyi(1994: 3)는 자본주의의 '이중운동 double movement'에 관한 그의 유명한 논문에서, 사회에서 경제를 '제거하려는' 운동과 신자유주의 정책이 근본적으로 지향했던 '자기조정시장'이라는 '완벽한 이상향'을 창조하는 운동은 사회와 정치의 통제 안에서 경제를 되찾아 재편하려는 노력을 낳는다고 밝혔다. 따라서 '이중운동'은 '시장사회'와 '시장과 함께하는 사회' 사이의 긴장관계, 다시 말해 시장교환이 지배하는 시스템과 호혜와 재분배가 가능한 시스템 사이의 긴장관계를 의미한다. 그것은 20세기 개발의 많은 부분에서, 그리고 새천년 개발 그 자체 안에서 명백하게 볼 수 있는 투쟁이다.

제프리 삭스(2005)는 새천년 개발을 상징하는 대표적 저서 『빈곤의 종말The End of Poverty』에서 가난한 나라에 케인스 학파의 정부 개입정책을 제안하는 '착근된 자유주의embedded liberalism'*를 주장한다. 삭스가 볼 때, 지속적인 빈곤은 시장 실패를 명백하게 보여주는 증거다. 그것은 인간개발을 위한 하부구조에 대한 투자를 통해서만 막을 수 있다. 삭스의 주장에 반대하는 윌리엄 이스털리William Easterly(2006)는 저서 『백인의 짐The White Man's Burden』에서 빈곤문제는 시장 실패가 아니라 오히려 정부의 실패라고 주장한다. 이스털리(2006: 60)는 삭스를 '거대한 서방계획'을 꿈꾸는 '설계자'라고 일축하면서, "자유시장은 작동한다"라고 주장한다. 그러한 논쟁은 또한 소액금융 분야에서도 뚜렷하게 나타난다. 실리콘밸리 벤처자본가 비노드 코슬라Vinod Khosla(2004)는 소액금융이 '자본주의의 출현과 애덤 스미스 이래로 가장 중요한 경제현상'이라고 말한다(http://www.gsb.stanford.edu/news/headlines/2004globalconf_khosla_speech.shtml, 2005년 8월 5일 현재). 그

---

* 국가의 복지정책을 기반으로 하는 자유주의를 말한다.

렇다면 우리는 과연 어떤 종류의 애덤 스미스와 자유주의 철학을 참조해야 할까? 소액금융은 가난한 사람의 영세기업을 이용할 방도를 찾고 있는 자유시장 전략의 일종인가? 아니면 그것은 시장 실패에 대한 반응, 다시 말해 '사회적 관심'과 호혜와 재분배 사이의 관계와 관련된 '착근된 자유주의'의 한 사례인가?

## 아프리카는 일한다

새천년 개발이 시장 작동 여부에 대한 논쟁과 관련이 있다면, 그런 일이 일어나는 장소는 어떤 곳일까 하고 궁금해 하는 것 또한 당연하다. 그 가운데 가장 먼저 떠오르는 곳은 바로 아프리카다. 1980년대 구조조정의 환경 아래 있었던 아프리카 대륙은 부패한 정부와 실패한 시장의 늪에 허덕이는 어둠의 심연으로 비쳤다. 오늘날 사람들은 아프리카를 개발과 세계화로 황폐화되어 도움이 필요한 곳으로 생각한다. 울펀슨이 세계은행 총재로서 맨 먼저 한 행동은 아프리카를 방문하는 일이었다(Mallaby, 2004: 89). 한때 위기의 언어로만 이해되었던 아프리카는 이제 '세계가 주목하는 곳'으로 재생되고 있다(Ferguson, 2006: 6).

예컨대 아프리카 특집으로 꾸며진 잡지 『베니티페어Vanity Fair』 2007년 7월호를 살펴보자. U2의 보노가 객원편집자로 참여한 그 잡지는 아프리카를 '전쟁과 질병, 부패의 절망적인 임종의 장소'가 아니라 '매력적이고 기업가 정신이 충만한 역동적인 대륙'으로 보여주려고 애썼다(Bono, 2007: 32). 여기서 아프리카를 소개하는 사람들은 아프리카인이 아니라 아프리카에 관심이 있는 미국의 유명인사다. 사진작가 애니 레이보비츠Annie Leibovitz가 멋지게 촬영한 오프라 윈프리, 조지 클

루니, 마돈나, 빌 게이츠가 그들이다. 이 특집호 전반에 흐르는 생각, 즉 우리 모두가 아프리카인이라는 주장은 특히 인상적이다. 편집자와 유명인사로부터 채취한 DNA 샘플은 '그들 조상의 이동경로가 모두 동아프리카에서 시작된다는 것'을 보여준다. 편집자는 이렇게 말한다. "지구상의 모든 사람이 이 아프리카 부족과 연결되어 있으며, 속담에도 있듯이 우리 모두가 아프리카인이라는 사실을 아는 것은 매우 감동적인 일이다."(Carter, 2007: 28)

『베니티페어』 아프리카 특집호는 제프리 삭스와 그의 '새천년 마을 millennium villages' 프로젝트를 주요 기사로 다룬다. 그 프로젝트는 아프리카의 농촌 개발에 정부가 적극 개입함을 의미한다. '빈곤의 종말'에 대한 삭스의 주장은 또한 시장이 작동하거나 작동하지 않는 장소에 대한 주장이기도 하다. 삭스는 개발경제학자 월트 로스토Walt Rostow가 생각해낸 개념을 응용해 개발을 나라마다 서로 다른 가로대에 위치해 있는 하나의 사다리로 생각했다. 그 사다리의 가장 밑바닥에 있다고 생각되는 아프리카는 '발판을 마련'할 기회가 주어져야 한다(Sachs, 2005: 73).

그러나 이런 아프리카 재생의 그림자에 가려져 있는 또 다른 지역이 있다는 사실 또한 잊지 말아야 한다. 삭스는『베니티페어』특집호에서 "미래를 내다보는 통찰력 있는 경제학자, 볼리비아나 폴란드처럼 경제문제로 고군분투하고 있는 나라들의 구세주, 유엔과 영화배우들의 조언자"로 소개된다(Munk, 2007: 140). 볼리비아와 폴란드에 대한 그 짧고 숨 가쁜 언급이 중요한 것은 삭스가 IMF 경제 전문가의 자격으로 그 나라들의 경제를 재건하는 데 깊이 관여했기 때문이다. 나오미 클라인 (2007: 150)이 지적하는 것처럼, 그가 볼리비아 경제에 취한 '충격요법'

은 '빈곤을 오히려 심화'시켰고, '연금을 받는 수십만 개의 정규직 일자리를 (……) 없애고 보호장치가 전혀 없는 불안정한 고용상태로' 대체했다. 이것은 이미 이전부터 존재했던 무자비한 신자유주의와 시장질서의 지형이다. 새천년 개발은 아프리카와 같은 새로운 실험지대에서 그러한 충격요법의 영향을 완화할 방법을 모색한다.

그러나 신자유주의가 만들어낸 그런 지형은 황폐화의 사례가 아니라 오히려 진보의 공간으로 칭송받고 있다. 소액금융의 세계에서, 구조조정된 라틴아메리카, 특히 볼리비아는 대개 모범사례, 즉 공격적인 민영화와 상업화를 수용할 만반의 준비가 된 지역으로 소개된다. 실제로 충격요법의 역사를 경험한 라틴아메리카는 그보다 개발이 덜 된 남아시아, 특히 소액금융의 모델이 되는 그라민은행의 발상지인 방글라데시보다 발전된 곳으로 비친다. 따라서 영리를 추구하는 소액금융에 관한 어느 책의 서문은 라틴아메리카가 "소액금융 부문의 발전과 관련해서 다른 지역보다 한 세대 앞섰다"라고 선언한다(Jansen, 2002: vii).

소액금융은 아프리카를 빈곤에서 구해낼 수 있는 핵심 전략이 되었다. 그것은 아프리카를 투자와 자본축적의 신개척지로 꿈꿀 수 있게 만든다. 따라서 최근에 CNBC의 특집방송은 현재의 금융위기가 '지금까지 세계에서 가장 위험한 지역 가운데 한 곳에' 투자할 전례 없는 기회일 수 있다고 주장한다. 물론 이것은 아프리카에 매장된 원유·금·다이아몬드에 관한 지대한 관심을 반영한 것일 수도 있다. 하지만 소액금융대출을 받은 아프리카 빈민 여성의 소액창업이 오늘날 전 세계로부터 점점 큰 주목을 받고 있음을 의미할 수도 있다(http://www.cnbc.com/id/30959351, 2009년 7월 21일 현재). 최근에 세네갈 가수 유스 은두르Youssou N'Dour를 앞세운 베네통의 '글로벌 소통 캠페인'은 베네통이 지원하는 세네갈 소액금융 프로그램을 집중 조명하고 칭송한다. 은두르는 '아프리카는 자선을 바라는 것이 아니라' 소액금융을 원한다고 자랑스럽게 말한다(Benetton, 2008). 그의 선언에는 아프리카를 서방의 원조와 국가 관료정치로부터 '해방'시키고자 애쓰는 조지 아이테이George Ayittey(2004)와 담비사 모요Dambisa Moyo(2009) 같은 '아프리카인'의 새로운 외침이 담겨 있다. 베네통 캠페인에 등장하는 매우 매력적인 이미지는 아프리카의 빈곤을 상징하는 인물을 소액창업가로 변신시키며 경제적으로 자유로운 미래를 약속한다. 그들은 새로운 '베네통의 융합된 색깔united colors of Benetton', 즉 글로벌한 세련미로 재구성된 아프리카다. 그들은 베네통이 벌이는 새로운 캠페인의 슬로건인 "아프리카는 일한다"라는 사실을 상징한다(〈그림 1-6〉 참조).

　아프리카가 많은 유명인사(나미비아에서 브래드 피트와 안젤리나 졸리 부부, 말라위에서 마돈나)의 마음을 사로잡는 동안, 또 다른 지역에서는 제국주의가 우려된다. 중동이 바로 그곳이다. 9·11 이후로 정치색을 떠나 광범위한 영역에서 빈곤과 폭력 사이의 연관성에 대한 인식이 필요하다는 주장이 흘러나왔다. 다시 말해 '테러와의 전쟁'은 또한 빈곤과의 전쟁이어야 한다는 것이다. 9·11 사태가 일어나고 며칠 뒤에 발표된 「통치관리가 어려운 분쟁지역들Governance hotspots」이라는 글은 이렇게 주장한다. "2001년 9월 11일은 그 어떤 사건보다 (……) 남반구의 빈곤과 고통을 제거하고, 그에 따른 분노를 완화하기 위해서는 (……) 더 긴급하게 글로벌 통치관리가 필요하다는 사실을 전면적으로 보여준다."(Sassen, 2002: 106) 중동은 이렇게 9·11 이후 벌어진 논쟁

〈그림 1-6〉 "아프리카는 일한다", 베네통의 융합된 색깔(http://www.benetton.com/africaworks-press/en/index.html, 2009년 1월 20일 현재)

의 진원지가 되었다. 세계화의 열성 지지자인 토머스 프리드먼Thomas Friedman(2002)은 인도의 경우처럼 기술 주도의 세계화가 거대한 번영을 창조하고, 따라서 '세계체계를 파괴하기보다는 거기에 합류하는 데 더 관심이 많은 청년 세대'를 낳을 수 있다고 주장했다. 그런 논지는 삭스가 빈곤의 종말을 강력하게 요구한 것에서도 마찬가지로 두드러지게 나타난다. "테러와 싸우기 위해서는 빈곤과 착취에 맞서 싸워야 한다. 단순히 군사적 접근만으로 테러에 맞서다가는 결국 실패하고 말 것이다."(Sachs, 2005: 215)

중동에 대한 이러한 고려는 새천년 개발에 대한 이야기를 복잡하게 만든다. 비록 지금은 개혁적이고 개화된 세계화를 향한 시대적 요구가 두드러진 시기지만, 특히 이라크와 아프가니스탄에서 볼 수 있듯, 제국주의 전쟁의 시대이기도 하다. 전 세계적으로 극도의 빈곤 때문에 죽은 사람의 수가 10억 명이니 20억 명이니 하는 마당에, 이러한 제국주의의 최전선에서 죽은 군인과 민간인도 수없이 많은 것이 현실이다. 전쟁과 개발의 동시성은 하나의 질문을 던진다. 빈곤의 종말은 제국주의를 유지하기 위한 세심한 전략인가? 결국에는 19세기 식민지 시대에 식민지 국가들은 군사력뿐 아니라 개발을 통해 통치·관리되었다. 개선 의지·문명 전파의 임무·백인의 짐은 식민지 통치의 핵심이었다. 그렇다면 빈곤의 종말은 이러한 식민지 복지라는 주제의 부활을 의미하는가? 프랜시스 후쿠야마는 단순히 『역사의 종말』이라는 책을 쓴 저자가 아니다. 최근에 생각을 바꾸기는 했지만, 그전까지 그는 '새로운 미국의 세기를 위한 프로젝트'를 수행하는 핵심 지식인 가운데 한 사람이었다. 1990년대에 폴 월포위츠Paul Wolfowitz와 딕 체니Dick Cheney 같은 사람들의 주도로 시작된 그 프로젝트는 자유민주주의와 자유시장 자본주의의 가치를 전 세계에 널리 전파할 미 제국의 시대가 왔다고 주장했다. 9·11 이후 이라크와 아프가니스탄에서 전개된 전쟁은 대개 이러한 가치의 이름으로 정당화되었다. 이것 또한 새천년 하면 떠오르는 생각이다. 9·11 이후 중동에 대한 지리적 상상력에 편입된 아프가니스탄이 전쟁 전략과 테러분자 사냥뿐 아니라 소액금융 같은 왕성한 개발활동의 현장이라는 사실은 그리 놀라운 일이 아니다.

## 소액금융과 새천년 개발의 신개척지

새천년 개발의 세계는 수많은 의제와 우선과제가 있다. 그중에서도 소액금융은 특히 더 중요하다. 국제개발의 세계에서 소액금융에는 예산이 대규모로 투입되지 않는다(하부구조 개발이 여전히 큰 비중을 차지한다).

소액금융에 가장 많은 기금을 기부하는 세계은행과 유엔개발계획의 경우도 그들의 연간 총 지출액의 1퍼센트도 안 되는 돈이 소액금융 분야에 배정되는 것으로 추정된다(Rosenberg, 2006: 1). 소액금융은 국내외 비정부기구의 전문 영역(보건·인권·여성 부문이 주 영역) 가운데 큰 비중을 차지하지도 않는다. 그러나 소액금융은 어디든 있다. 그것은 모든 개발 영역의 하부 부문이기 때문이다. 소액금융은 모든 개발의 만병통치약이다. 소액금융이 어디든 있다는 이런 생각은 수많은 개발기구와 이론가가 그들이 지향하는 다양한 이념과 무관하게 모두 빈곤문제를 풀 수 있는 중요한 해법의 하나로 소액금융을 칭송하고 효과적으로 활용하고 있음을 의미한다. 따라서 삭스와 이스털리가 비록 빈곤을 이해하고 그것을 완화하는 방식에서 근본적으로 의견을 달리하면서도 소액금융과 관련해서는 둘 다 숭고하고 효과적인 정책이라고 옹호했다. 유엔은 2005년을 국제 소액신용대출의 해로 지정했다. 최근의 세계 금융위기 이후, 소액금융은 저명한 경영대학원 교수 C. K. 프라할라드가 '피라미드의 맨 밑바닥'이라고 이름 붙인 사람들을 통해 새로운 시장을 창출할 방법을 제공하면서 어쩌면 자본주의를 구할지도 모를 전략으로 각광받고 있다.

이 책에서 나는 개발의 형성과정을 살펴보기 위해 소액금융을 연구할 것이다. 처음에 '작은 세상'으로 이야기를 시작하면서 언급했듯이, 자본과 개발의 민주화는 둘 다 소액금융과 관련되어 있다. 그런 과정은 다시 앞서 간략하게 설명한 영향, 즉 '시장 실패'에 따른 위기와 기회, 그리고 아프리카와 중동 같은 지역의 후진성과 주변성에 대한 지리적 상상력에 의해서 복잡해진다.

소액금융에 대한 세간의 관심이 높아진 것은 사실이지만, 그것을 개발 목적으로 어떻게 실행하고 활용할지에 대해서는 어떤 합의도 없는 것이 현실이다. 여기서 나는 세 가지 소액금융 패러다임에 대해 간략하게 설명할 것이다. 가난한 사람들의 권리에 기반을 둔 유누스의 소액금융에 대한 강조가 그 첫 번째 패러다임이고, 빈곤층을 수익성이 좋은 시장으로 바라보는 '창조적 자본주의'의 관점이 두 번째 패러다임이다. 마지막으로 세 번째 패러다임은 소액금융이 빈곤문제 해결에 전혀 도움을 주지 않는다고 보는 비판적 관점이다. 이 세 가지 패러다임은 소액금융문제를 훨씬 넘어선 차원의 것이다. 그것은 사회적 관심·시장 규제·자본주의의 본질과 같은 쟁점을 둘러싼 개발 내부의 투쟁이 얼마나 격렬한지를 보여준다. 앞서 주장한 것처럼, 이는 경제의 방향을 결정하는 자유주의의 근본적인 문제다. 그 문제는 자유주의 자체가 처한 도덕적 딜레마를 보여준다. 이 세 가지 패러다임은 새천년 개발의 성패가 달린 문제가 무엇인지를 드러낸다. 빈곤은 과연 축적·투기·영리의 신개척지인 빈곤자본으로 바뀔 수 있을까? 그럴 수 있다면, 빈곤자본은 가난한 사람의 이익에 기여할 수 있을까?

### 인권으로서의 신용대출

소액금융의 개념이 최초로 등장하게 된 배경에 대한 이야기로 시작하자. 무하마드 유누스가 그라민은행을 설립하며 만들어낸 소액금융은 신용대출이 인권문제이며 그것을 통해 가장 가난한 사람의 삶이 개선될 수 있다는 생각을 전제로 한다. 이러한 접근방식은 소액금융을 상업적 은행 장사와는 확연히 다른, 심지어 그것에 정반대되는 것으로 바라

본다. 유누스는 소액금융이 사회경제구조의 맨 밑바닥 사람을 대상으로 돈놀이를 하는 것이 아니라는 점을 거듭 강조했다. 그것은 오히려 그 구조의 최상층에 있는 금융업의 방향을 반대로 돌리는 것에 대한 문제다. 요컨대 자본주의를 재편하는 것에 대한 문제다. '인권으로서의 신용대출credit as a human right'이라는 개념은 소액금융이 단순한 개발도구가 아니라 오히려 '윤리경제학'이라는 사실을 보여준다. 2004년 바르셀로나 만국문화포럼의 소액금융 관련 회의에서 빈곤퇴치 운동단체 플래닛 파이낸스PlaNet Finance의 창립자 자크 아탈리Jacques Attali는 소액금융이 '문명화된 세계화'를 여는 열쇠라고 선언했다. 또한 내가 재직하는 대학(캘리포니아 대학 버클리캠퍼스)˙의 클로센 국제경영정책센터Clausen Center for International Business and Policy가 개최한 소액금융 학술회의에서 핀카 인터내셔널Finca International의 창립자 존 해치John Hatch는 유누스를 '우리 시대의 간디', 소액금융을 '비폭력보다 더 강력한' 힘이라고 소개했다.

비록 유누스는 소액금융에 대한 통찰을 인권이라는 언어로 표현했지만, 그의 생각은 실제로 재분배보다는 기업가 정신, 평등보다는 기회와 관련이 있다. 자립에 대한 그의 특별한 강조는 가난한 사람을 중심에 두지만, 동시에 단순히 생활보조에 역점을 두는 후생사업에는 반대하는 새로운 빈곤완화모델을 창출했다. 따라서 유누스는 임금고용보다는 오히려 자영업이 그라민은행 대출의 목표임을 거듭 지적했다

---

•    2018년 현재는 UCLA(캘리포니아 대학 로스엔젤레스캠퍼스)에 재직하고 있다.

(Bornstein, 1996: 331). 2004년 캘리포니아 대학 버클리캠퍼스 클로센 센터의 소액금융 학술회의에서 그가 설명한 바에 따르면, "나는 그라민 은행에서 대출을 받는 사람의 자녀에게 이렇게 말합니다. 너희 어머니는 은행을 소유하고 있어. 너희는 이제 달라. 반드시 자립해야 해. 너희가 스스로 일자리를 만들어내야 해. 남에게 절대 일자리를 구걸하지 마라." 자립이라는 주제는 그라민모델이 외국의 기부자나 정부에 의존하지 않는다고 유누스가 주장하면서 다른 소액금융기관으로 확대되고 있다. 유누스와 그라민은행이 노벨평화상을 받았을 때, 그 상이 보노(또 다른 '착근된' 자유주의자)에게 가지 않은 것에 안도한 이스털리가 이것을 개발문제에서 '밑바닥에서 위로 한 번에 한 걸음씩 나아가는 토착적 접근방식의 승리'라고 칭송한 것은 그리 놀랄 일이 아니다(Tierney, 2006).

인권의 관점에서 도해된 도덕적 미적분학과 기회보장 사회의 약속이 빚어낸 적극적 기업가 정신과 훈련된 자립의 조화는 기묘한 조합이다. 2004년 8월 방글라데시에서 행한 인터뷰에서, 유누스는 경제학 이론의 거장들이 그동안 간과했다고 생각되는 '대중자본주의'에 대해 말했다. "시장은 모든 사람에게 자유로워져야 해요"라고 그는 지적했다. "그것은 일종의 도구예요. 예컨대 칼 같은 거지요. 사람들은 그걸로 목을 벨 수도 있고, 아름다운 공예품을 만들 수도 있어요. 그렇다면 시장은 어느 쪽일까요?"

'인권으로서의 신용대출'이라는 프레임은 대개 방글라데시에서 시행되는 소액금융모델과 동일시된다. 그러나 나중에 나는 이 책에서 방글라데시의 개발과 빈곤완화에 대한 이야기가 생각보다 훨씬 더 복잡하다고 주장할 것이다. 실제로 '인권으로서의 신용대출'은 각종 사회보호 장치와 인간개발을 위한 하부구조를 향해 있는 '감춰진 표현hidden transcript'*을 덮어버리고 '공식적 표현public transcript'**으로 이해될 수 있다.*** 여기서 아마도 세계에서 가장 큰 비영리기구인 브락BRAC에 대한 연구는 매우 중요하다. 브락은 그라민은행과 마찬가지로 소액금융을 빈곤완화의 핵심 도구로 활용한다. 그러나 브락은 소액금융을 매우 방대한 개발사업들 안에 끼워 넣는다. 한 인터뷰에서 유누스는 "정부를 기다릴 이유가 없다"라고 단언했지만(2004년 8월), 브락의 창립자이자 의장인 파즐 아베드Fazle Abed는 "가난한 사람의 욕구와 염원을 충족시키도록 정부 정책을 조율하는 것"이 자신의 주된 목표라고 말한다(Covington, 2009: 24). 그라민은행과 브락은 이런 차이가 있지만, 두 기구 모두 최근에 이른바 '방글라데시의 담대한 희망'으로 인정받았다(Covington, 2009). 이 책의 3장은 세계에서 가장 가난한 나라 가운데 한 곳의 개발기구가 어떻게 지속적인 빈곤에 일정 정도 도전장을 던질 수 있었는지를 들려준다. 감히 주장하건대, 그 이야기는 소액금융에 대한 '공식적 표현'이 된, 자립적 기회보장 사회라고 하는 기존의 설명과 충돌한다.

---

* 공식적인 무대 밖에서 진행되는 권력에 대한 비판을 뜻하며, 인류학에서는 '숨겨진 사본'이라는 용어로 쓰이기도 한다.
** 지배자와 피지배자 사이에 공식적으로 이루어지는 상호작용을 뜻하며, 인류학에서는 '공식적 사본'이라는 용어로 쓰이기도 한다.
*** 두 용어는 제임스 C. 스콧James C. Scott이 『지배와 저항의 기술Domination and the Arts of Resistance』에서 모든 피지배집단은 지배집단이 눈치 채지 못하는 방식으로 저항운동을 전개한다고 주장하면서 제시한 것이다.

## 창조적 자본주의

유누스(2006a)는 자신의 노벨상 수상 기념강연에서 참담한 빈곤문제를 해결하기 위해 세계는 자유시장 이념을 뒷받침하는 기본 전제 가운데 일부는 다시 생각해야 한다고 지적했다. 그는 '사회적 사업'(최종 목표를 '선을 행하는 것'에 두는 것)과 관련된 새로운 형태의 기업가 정신을 호소했다(Yunus, 2008). 언뜻 보면 그의 연설은 빈곤문제 해결을 위한 시장 기반의 접근방식을 주장하는 수많은 견해와 묘하게 비슷해 보인다. 하지만 유누스가 품고 있는 생각은 그것과 좀 다르다. 다른 사람들은 세계 자본주의에 대한 신뢰가 있지만, 유누스는 시장의 실패를 인정하고 새로운 개발대안을 찾는다. 그는 가난한 기업가가 살고 있고 소액금융이 촉진하는 대중자본주의에서 그 대안을 발견한다.

그러한 견해의 반대편에 서 있는 것이 빌 게이츠(2008: 23)가 최근에 주창한 '창조적 자본주의'다.

> 빈곤층을 위한 다양한 기술혁신을 가능하게 하는 기술을 보유하고 있는 곳은 바로 기업이다. (……) 우리는 더 창조적인 자본주의가 필요하다. 즉 더 많은 사람을 잘살게 함으로써 더 많은 기업이 이익을 얻을 수 있도록 시장의 힘이 미칠 수 있는 범위를 더욱 확장할 필요가 있다. 우리는 이제 지금까지 세상에 그토록 좋은 일을 한 시스템(자본주의)으로 훨씬 더 많은 사람을 끌어들일 수 있는 새로운 방식이 필요하다.

게이츠는 기업의 자선사업이나 사회적 책임에 대해 말하고 있는 것이 아니다. 또한 유누스가 말하는 '사회적 사업'을 이야기하고 있는 것은 더더욱 아니다. 그가 주장하는 것은 오히려 '전 세계에 기업이 놓치고 있는 시장이 있으며' 가난한 사람이 특히 중요하고 수익성이 좋은 시장을 구성하고 있다는 사실이다(Gates, 2008: 27). 그것은 시장이 실패한 것이 아니라 작동하고 있다는 주장으로, 시장에 대한 깊은 신뢰를 보내는 대담한 시각이다.

그러나 창조적 자본주의에는 여러 가지 풀어야 할 난제가 있다. 한편으로 '최하층 10억 명의 경제'는 '자본의 부족'을 상정하기 때문에 '민간자본'을 요구한다(Collier, 2007: 87). 다른 한편으로 최하층 10억 명은 '자력으로 일어서는 10억 명'을 상정한다(Smith and Thurman, 2007). 그렇다면 가난한 사람들의 기업가적 재능과 사회적 자본, 땀 흘린 노력은 어떻게 새로운 자본의 형태로 바뀔 수 있을까? 이것이 바로 '자본의 수수께끼'다(de Soto, 2000). 소액금융은 특히 이 자본의 수수께끼를 풀 수 있고, 그 최하층 10억 명을 자본축적의 신개척지로 전환시킬 수 있는 마법의 열쇠처럼 보인다.

여기서 중요한 문제는 창조적 자본주의가 새로운 형태의 소액금융, 즉 사회적 수익보다 금전적 이익에 더 관심이 많은 소액금융을 요구한다는 점이다. 따라서 세계은행 건물에 본부가 있는 원조국 포럼인 '빈곤층을 위한 금융자문그룹Consultative Group to Assist the Poor, CGAP'은 기존의 다양한 금융시장과 통합된 세계적 소액금융산업을 구축하기 위한 방법을 모색해왔다. 그러한 접근방식은 그라민은행처럼 인간개발을 중시하는 소액금융모델을 거부한다. 창조적 자본주의에서 말하는 소액금융은 주요 소액금융 전문가이자 투자자인 마이클 추Michael Chu(2007)의 「이익과 빈곤: 왜 그것이 중요한가」라는 글에 간결하게 잘 표현되어 있다. 추는 높은 수익을 올리는 영리산업만이 '최하층 10억 명'의 삶을 바꿀 수 있다고 주장한다. "기금 마련의 제약이 없어지면서, 그것을 이용하는 가난한 사람의 수도, 지출되는 자본의 규모도 폭발적으로 늘어났다." 이처럼 소액금융의 핵심 주제는 이제 시장 실패가 아니라 시장(경제적 자유와 기회에 대한 매력적인 약속)이 된다. 영리 중심의 소액금융을 지지하는 사람들은 시장이 책임성을 보장한다고 주장한다. 따라서 이베이eBay 창업자이자 오늘날 소액금융의 열렬한 지지자인 피에르 오미다이어Pierre Omidyar는 "어떤 보상도 기대하지 않는 기부금으로 축적된 부담 없는 자본과 재무보고의 투명성과 위험에 대한 적절한 보상을 요구하는 부담이 큰 자본 사이에는 커다란 차이가 있다"라고 주장한다(Bruck, 2006). '부담이 큰 자본'은 그것이 암시하는 것처럼 결국 가난한 사람을 잘살게 하는 데 기여할 것이다.

소액금융의 개념을 둘러싼 싸움은 치열하다. 90퍼센트의 이자율로 약 100만 명의 여성들에게 소액대출을 제공함으로써 연간 8,000만 달러의 높은 수익을 올리고 있는 멕시코의 소액금융기관 콤파르타모스Compartamos의 최고경영자 2인 가운데 한 사람인 카를로스 라바르테Carlos Labarthe는 '인권으로서의 신용대출'이라는 개념을 거부한다. "음, 저는 그런 생각을 믿지 않아요. 기회는 인간의 권리이자 교육입니다. 그러나 신용대출은 그것으로 생산적인 일을 할 기회가 있는 사람을 위한 것입니다. 어떤 면에서 이것은 빈곤을 퇴치하는 것보다 부를 창출하는 것에 더 큰 의미가 있습니다. 극빈자를 양육하자는 것이 아니라는 말입니다."(Bruck, 2006) 유누스의 생각은 다르다. 그는 콤파르타모스에 대해 이렇게 말한다. "소액금융은 돈을 빌려주는 사람에 대항하기 위해 탄생한 것이지 돈을 빌려주는 사람이 되기 위해 생겨난 것이 아닙니다."(*Business Week*, 2007)

## 소액고리대금업자

여기서 간략하게 설명된 다양한 소액금융들은 서로 접근방식이 다르지만 한 가지 공통점이 있다. 소액금융의 미래가 낙관적이며 그것을 통해 빈곤을 완화할 수 있다는 점이다. 소액금융이 새천년 개발의 상징으로 떠오른 반면, 소액금융의 무익함에 대해 비판하는 목소리도 꾸준히 나온다. 특히 소액금융계 내부에서 그것을 회의적으로 보는 사람이 있다는 것은 놀라운 일이 아닐 수 없다. CGAP의 한 수석 고문은 2004년 10월에 나눈 인터뷰에서 소액금융이 지속 가능하다거나 빈곤을 없앤다는 것을 보여주는 실증적 증거는 없다고 주장했다. 그는 소액금융기관이 '가난한 사람들에 대한 인정 넘치는 이미지'로 비쳐왔다고 주장하면서, 소액금융이 실제로 빈곤을 완화하는 것보다는 '사람들의 심금을 파고드는 것'에 성공했다고 그 특징을 설명했다. 실제로 CGAP 보고서는 비록 강도는 좀 약했지만 이 점을 예리하게 지적했다. 그 보고서는 세계은행과 UNDP의 소액금융 시행성과를 평가하면서, 결론적으로 "두 기관에서 진행한 소액대출에 대한 자금지원사업 가운데 성공한 것으로 평가되는 것은 4분의 1도 안 된다"라고 주장했다(Rosenberg, 2006: 1). 이러한 평가는 개발문제 컨설턴트이자 소액금융 비판가인 토머스 디히터Thomas Dichter의 주장과 거의 일치한다. 디히터는 빈민에게 돈을 빌려주는 것이 나쁜 사회정책이고 나쁜 개발전략이며 나쁜 사업이라고 비판한다. 일단 대출을 받으면 빚의 쳇바퀴에서 결코 벗어나지 못하는 경우가 허다한데, 대출을 받아 소비재를 사는 데 탕진하는 사람도 있다. 수지를 맞출 수 있는 몇몇 대출기관은 가난한 사람에게 돈을 빌려 주는 경우가 거의 없다고 그는 말한다(Mogolis, 2007).

그런 회의론은 워싱턴의 소액금융기구들 사이에 만연해 있다. 미국 국제개발처USAID 소액창업 관련부서의 한 고위급 간부는 2004년 3월에 있었던 한 인터뷰에서 오늘날 소액금융이 만병통치약인 것처럼(테러예방에서 여성의 역량강화에 이르기까지) 알려지고 있다고 지적했다. 어떻게 한 가지 개입정책으로 이 모든 문제를 구제할 수 있단 말인가? 그리고 가난한 사람은 정말로 소액금융이 필요했을까? 그들에게는 저축이나 보험과 같은 광범위한 금융서비스가 필요하지 않았을까? 그 가운데 신용대출은 그저 작은 일부일 뿐이지 않았을까? 극빈층에게는 대출보다는 보조금 지원이 더 낫지 않았을까? 그 간부는 소액금융의 인기를 인정하면서 또한 이렇게 물었다. 미 의회는 소액금융이 마법이 아니며, 임금님은 벌거숭이라는 말에 기꺼이 귀를 기울일까? 2004년과 2008년 사이에 내가 CGAP의 고위급 간부와 여러 차례 가진 인터뷰에서 이러한 우려가 되풀이되었다. 소액금융이 이룰 수 있는 것의 한계는 진정 없었는가? 소액금융이 오늘날 테러문제를 해결할 수 있다고 한다면, 문제는 빈곤보다 미국의 외교정책이 아니었을까? 그러나 또 다른 사람, 예컨대 USAID의 여성과 개발에 관련된 일을 하는 한 직원은 2005년 6월에 행한 인터뷰에서 소액금융이 여성의 빈곤문제로 주목을 받았지만, 실제로 젠더 평등과 여성의 역량강화와 관련된 여러 가지 다른 문제(여성의 글로벌 노동력 참여에서 여성의 법적 권리에 이르기까지)는 그냥 지나쳤다고 한탄했다. 그러한 한탄은 중요한 구조적 문제가 소액금융에서 다루어지지 않은 채로 남아 있다고 주장하며 워싱턴 방식의 개발을 비판하는 사람에게서도 나왔다.

> 소액창업 위주의 개발이 의미 있는 사회적 개발을 위한 (……) 그리고 세계은행과 IMF 같은 국제기구가 처방한 경제정책의 근본적 변화를 가져올 수 있는 대안으로 거론되는 한, 그것은 남반구의 빈곤문제에 대한 진정한 해답을 찾아나가는 데 걸림돌이 될 뿐이다.
>
> (Scully, 연도 불명)

개발을 반대하는 비판가와 워싱턴 DC 내부자를 하나로 묶는 듯한 소액금융에 대한 회의론은 울편슨이 세계은행 총재로 있는 동안 표면화된 새천년 개발의 더 광범위한 딜레마를 거론한다. 울편슨은 1995년부터 2005년까지 세계은행의 자금지원을 기간시설 구축에서 보건과 교육사업으로 전환시키려고 애썼다. 그러나 세계은행 직원들은 방글라데시의 농촌마을에서 다리와 도로 건설을 원하고 그런 기간시설 구축사업이 소액금융보다 자기 삶을 더 좋게 만들 거라고 믿는 가난한 사람들과 반대되는 방향으로 자신이 나아가고 있다는 것을 깨달았다. 세계은행의 일부 직원들은 울편슨이 지휘하는 세계은행이 남반구 빈민층의 이해관계를 반영하기보다는, 북반구에 기반을 둔 NGO와 사회운동, 캠페인이 정한 빈곤의제를 통해 형성되었기 때문에 이런 괴리현상이 발생했다고 믿는다. "그의 기관이 북반구의 이해당사자와 동일시되고, 정작 농촌의 고객에 대해서는 귀를 막고 있다는 사실을 이보다 더 잘 보여주는 것은 없다."(Mallaby, 2004: 338-339) 이것은 개발의 민주화에 대한 문제를 제기한다. 남반구 국가가 개발문제를 스스로 처리한다면, 그들은 과연 소액금융을 택할까? 소액금융의 확산은 개발에 대한 위임을 받은 자, 즉 개발의 의제를 정할 권력이 있는 사람에 의해 강요된 통치의 표시가 아닐까?

소액금융이 효력이 없다는 주장에서 더 나아가 소액금융이 해악을 끼친다고 주장하는 사람까지 있다. 인도에서는 '소액고리대금업자', 즉 약탈적 대출과 같은 행태를 보이는 소액금융기관에 대한 논쟁이 치열하다(Pal, 2006). 언론은 소액대출금을 갚을 수 없기 때문에 자살한 여성에 대한 기사를 쏟아낸다. 소액금융의 본거지인 이웃의 방글라데시에서도 소액금융기관이 이와 비슷한 약탈적 행위를 한다고 비판하는 사람들이 있다. 그들은 그라민은행이 빈민 여성의 대출금을 상환받기 위해 가부장적 규범을 효율적으로 이용하며, 그러한 소액금융대출은 여성에 대한 가정폭력을 부추기기도 한다고 주장한다(Rahman, 1999).

창조적 자본주의를 지지하는 사람들은 소액금융이 '영리를 통해 빈곤을 근절하는' 시장의 글로벌 정치경제학이라고 보는 반면에, 엘로이즈 웨버Heloise Weber, 줄리아 엘리어차Julia Elyachar, 캐서린 랭킨 Katharine Rankin 같은 사회학자들은 소액금융이 금융 분야의 자유화를 심화하는 동시에 사회적 정당성을 확보하기 위한 장치라고 주장한다. 소액금융은 신자유주의 세계화와 자유시장 이데올로기의 대안이 아닌 시녀로서 구조조정이라는 파괴적 프로그램들을 위한 사회적 안전망 역할을 한다. 그럴 경우, 소액금융은 '새로운 글로벌 개발구조'의 핵심적 구성요소가 된다. 따라서 가난한 사람은 신용대출과 같은 '새로운 실험'을 통해 길들여지고 회유된다(Weber, 2002). 이러한 논리는 창조적 자본주의에 대한 또 다른 이해, 즉 가난한 사람을 착취하는 시장이라는 생각을 하게 만든다. 그들은 또한 "신용대출은 인권이다"라는 슬로건에 대해서도 달리 생각하게 만든다. 그것은 가난한 사람에 대한 구조적 착취를 기업가 정신과 여성의 역량강화라는 말로 가리는 거짓 담론일 뿐이다.

## 빈곤자본

이 책에서 나는 소액금융을 '빈곤자본'이라고 개념화한다. 이것은 새천년 개발을 뛰어넘는 이야기다. 오늘날의 자본주의 자체를 이야기하기 때문이다. 20세기 말fin-de-millénaire 세계화에 관한 연구는 대개 생산자본이나 금융자본과 밀접한 관련이 있었다. 사회학자 마이클 골드먼Michael Goldman(2005: 67)의 최근 연구는 '개발자본development capital'(세계은행·미국 국제개발처·유엔과 같은 국제개발기구의 사업을 통해 운영되고, 대개 NGO와 컨설팅회사의 영향을 받는 자금)에 주목했다. 빈곤자본은 개발자본에 속한다. 소액금융을 통해 대변되는 것처럼, 새로운 개발대상이 밝혀지고 새로운 투자 영역이 활짝 열리고 통합되는 지점은 바로 개발자본과 금융자본이 합쳐지고 협력하는 비우량 신개척지subprime frontier다.

여기서 나는 '신개척지'라는 용어를 의도적으로 쓴다. CGAP가 선도하는 글로벌 소액금융산업은 가난한 사람을 위한 금융서비스를 '금융의 신개척지'라고 묘사하면서, 신개척지에 대한 특별한 상상력을 불러일으킨다. 이런 접근방식에 대한 직설적인 표현은 2005년 시카고에서 열린 소액금융 학술회의의 명칭인 '신개척지 확대하기: 소액금융을 글로벌 금융시장 도구로 바꾸기'(http://www.chicagomicrofinance.com/2005, 2005년 6월 15일 현재)에서 비롯되었다. CGAP의 최고경영자이자 세계은행 이사인 엘리자베스 리틀필드Elizabeth Littlefield(2007)가 전한 것처럼, 소액금융산업은 '국제금융공사International Finance Corporation 같은 공공 상업투자기관'뿐 아니라 '여러 민간 투자자와 거대 상업은행에서 신규 자금이 유입'됨을 목격하고 있다. 2008년 104개의 소액금융펀드에서 총 65억 달러의 자산을 관리하고 있었다(Reille and Glisovic-Mezieres, 2009).

그러한 투자의 흐름은 하나의 중요한 신개척지, 즉 극빈층 금융소비자 또는 '맨 마지막 10억 명'을 포획하려고 애쓴다(Coleman, 2008). CGAP는 2006년 현재 5억 명이 소액금융서비스를 받았고, 그 서비스를 통해 약 30억 명이 혜택을 입을 수 있었다고 전한다(World Bank, 2006b). 따라서 네덜란드에 본사를 둔 금융·보험·자산관리 기업인 ING 그룹에서 발표한 일련의 보고서의 제목은 "돈 버는 10억 명?"이다. 빙그레 웃는 모습의 빈민 여성 소상공인으로 표지를 꾸민 이 보고서는 국제적인 은행이 왜 소액금융에 참여해야 하는지―소액금융이 '10년 안에 경쟁력 있는 수익률을 올리는 틈새시장'(ING, 2008: 48)이 될 수 있다는 사실―를 설명한다. 그러나 그 보고서들은 또한 경계할 점―"국제적 은행의 소액금융 참여가 과도한 부채증가로 이어질 수 있다"(ING, 2008: 35)는 사실―에 대한 견해도 표명한다. 이런 경고성 지적은 소액금융이 특별한 종류의 글로벌 산업, 즉 사회적 책임감을 가진 개발 투자자가 주도하는 '제4섹터'로 알려진 신개척지임을 가리킨다(Otero, 2008). 이 섹터의 활력을 이용하기 위해 2004년 클로센 센터 소액금융 학술회의에서 핀카 인터내셔널의 존 해치는 새로운 동맹을 제안했다. 그는 '극빈층에 대한 접근을 통제할 수 있는' 전통적인 소액금융 제공자와 '자본에 대한 접근을 통제할 수 있는' 상업은행의 연합전선을 주장했다. '빈곤자본'의 핵심을 이루는 것이 바로 그러한 동맹이다.

해치의 통찰력은 남반구에 산재해 있는 수백만 명의 가난한 소상공인과 북반구에 있는 경제력의 중심점을 직접 연결하는 방법을 모색한다. 그러나 그러한 시각에는 개발의 금융화와 자본의 민주화라는 두 문제 간의 중대한 긴장관계 또한 담겨 있다. 소액금융은 당시 시티그룹Citygroup 부회장이었던 스탠리 피셔Stanley Fischer(2003)가 수년 전에 주장했던 것, 즉 '은행가에게는 수익성 높은 사업기회'를, 그리고 동시에 '가난한 사람에게는 그들 나라의 경제적 미래에 대한 지분'을 제공할 수 있을까? 이 책은 이런 기묘한 조합과 그 안에 내재된 투쟁에 대해 이야기한다.

소액금융의 세계화는 또한 개발의 금융화다. CGAP의 주시 아래서 소액금융은 빈민을 위한 금융서비스, 다시 말해 기존의 공식적인 금융시장으로 통합될 수 있는 새로운 글로벌 산업으로 재정립되었다. 시티그룹에서 바클레이, JP 모건에 이르기까지 세계적인 대형 은행들이 오늘날 소액금융에 상업적 관심을 보이는 것은 바로 그런 이유 때문이다(Harford, 2008). 그런 금융화를 위해서는 해야 할 일이 있다. 빈곤자본은 단순히 돈을 빌려서 부를 생산하는 일이 아니다. 그것은 또한 지식을 생산하는 일이기도 하다. 소액금융의 세계를 이해하고 설명하는 방식, 즉 내가 '빈곤지식poverty knowledge'이라고 부르는 것은 빈곤자본과 밀접한 관련이 있다. 위기 평가와 관리의 지표가 만들어지는 지점이 바로 여기다. 여기서 가난한 사람의 등급이 나뉘고 분류된다. 더 일반적으로, 빈곤사업이 결국 '금융화'되는, 다시 말해 금융 기준과 지표로 바뀌는 지점이 바로 여기다. 실제로 20세기가 끝날 무렵, 하나의 기준이 글로벌 소액금융산업을 지배하게 되었는데, 대출금 상환기한이 지난 미불잔고의 척도인 위험대출자산portfolio at risk, PAR이 그것이다. 따라서 소액금융이 풀어나가야 할 과제는 기존의 금융업계에서 차용된 이러한 금융지표가 되었다.

빈곤자본은 단순한 금융자본이 아니다. 그것은 금융자본과는 또 다른 장점과 차이점이 있다. 프랑스의 사회학자 피에르 부르디외Pierre Bourdieu(2005)에 따르면, 자본은 여러 가지 다른 종이 있다. 조직자본, 상징자본, 문화자본, 사회자본이 이에 해당한다. 그런 자본의 분배는 구조적 영향력을 발휘해서 여러 사회관계가 얽혀 있는 하나의 체계에 힘을 실어준다. 빈곤자본은 빈곤과 빈곤완화에 대한 권위 있는 지식을 생산하는 권한을 위임받은 빈곤문제 전문가 사이에서 유통되는 통화다. 이것은 단순한 지식이 아니다. 이것은 '사실'(확실하고 정당하고 부인할 수 없을 만큼 정확한 것으로 이해되는 지식의 형태)이다. 이런 형태의 지식은 강력한 기관을 통해 생산되고 전파되면서 사람들에게 익숙해진다. 그런 지식은 개발을 수행하는 사람과 개발혜택을 받는 사람에 의해 소비된다. 실제로 금융화는 '주관성과 도덕률', '자기 개발의 방식', '금융생활로의 초대'로 이해되어야 한다(Martin, 2002: 3, 9).

그러나 개발의 금융화는 신개척지 시장에 대한 관심 이상의 것을 포함한다. 그것은 또한 자본의 민주화라는 언어를 통해 발생한다. 워싱턴 DC와 월스트리트 같은 개발권력과 금융권력의 중심에 있는 전문가들은 '소액금융과 기존의 금융 사이의 장벽을 깨뜨리는 것'에 대해 매우 열정적으로 이야기한다(Littlefield and Rosenberg, 2004). 유누스는 자본주의를 인간화하고, 사회적 사업이 어떻게 더 친절하고 너그러운 세계화를 창출할 수 있는지에 대해 말한다. 존 해치는 (글로벌) 금융자본과 (지역) 소액금융 NGO 사이의 거대한 전략적 연합, 다시 말해 '세계경제의 사회화'라고 부르는 것을 꿈꾼다. 이러한 윤리적 환기장치는 이전에 다른 여러 학자가 활용했던 문구인 '신자유주의적 포퓰리즘'(Vivian, 1995; Gore, 2000)으로 이해될 수도 있다. 소액금융은 대중경제를 칭송하지만, 그것은 또한 마르크스주의 지리학자 데이비드 하비 David Harvey(2005: 3)의 말을 빌리면, "시장교환을 하나의 윤리 그 자체로 평가하는 (……) 시장의 영역으로 인간의 모든 행동을 가져오는" 것을 수반한다. 따라서 나는 '신자유주의적 포퓰리즘'에 대해 소액금융이 자본을 민주화하는 동시에, 가난한 사람의 소액자본을 새로운 글로벌 금융의 흐름으로 전환시키려는 방식이라고 이해한다. 그렇다면 가난한 사람들은 과연 그러한 통합을 통해 이익을 얻을까, 아니면 오히려 고도의 약탈적·착취적 방식으로 포섭되는 것일까? 이 문제는 이 책의 전반에 걸쳐 활발하게 논의된다.

자본의 민주화는 또한 개발의 민주화라는 더 어려운 문제를 끌어낸다. 이 책에서 나는 소액금융의 의제가 세계은행과 그 산하 전문가 집단에 의해 독점적으로 확립되고 통제된다고 주장할 것이다. 이러한 권력의 정당성에 대한 이의제기가 있지만, 그런 이의제기 또한 남반구의 영향력 있는 소수의 기관이 독점하고 있다는 것이 문제다. 그러나 소액금융과 소액자본의 민주화는 그러한 이념과 실천을 훨씬 더 많은 사람이 공유할 수 있고 우리가 모두 거기에 참여할 수 있는 가능성을 보여준다.

그러한 가능성은 새천년 개발에 대한 상세한 보고서에서 명백해진다. 제3세계 빈민 여성은 이제 더는 우리와 멀리 떨어져 있는 인물이 아니다. 그녀는 오늘날 어디서든 쉽게 보고 만날 수 있다. 새천년 개발과 관련된 포털사이트는 그녀의 생활을 알려주고, 그녀에게 소액금융대출을 제공하고, 변화를 만들어낸다. 예컨대 키바닷오알지Kiva.org의 이용자는 자신의 일상에서 늘 접하는 기술을 활용한 사회적 생활리듬을 그런 양심적 실천과 결합할 수 있다. 키바는 "페이스북에서 당신이 돈을 빌려줄 사람을 찾을 수 있게 하고, 당신의 페이스북 페이지에 당신이 빌려줄 수 있는 돈을 공개한다." 아이폰에도 키바가 있는데, "어딜 가든 당신 휴대폰에서 당신의 키바를 조작할 수 있게 한다." 또 키바 트윗은 "날마다 또는 주마다 자동으로 새로운 대출서비스를 당신의 트위터 계정에 올린다."(http://www.kiva.org, 2009년 4월 28일 현재) 이러한 새천년 윤리에 생기를 불어넣고, 세계적 양심의 닻을 내리고, 젠더와 인종의 소원함을 전 세계 빈민과의 자유로운 친근함으로 바꾸는 사람은 바로 제3세계 여성, 밀레니엄 세대 여성이다.

자본과 개발의 민주화가 새천년의 핵심 주제라면, 다음과 같은 질문을 던지는 것은 의미 있는 일이다. 이 새로운 글로벌 민주주의를 누리는 사람은 누구인가? 그래서 역량이 강화되는 사람은 누구인가? 인도주의 단체 케어CARE의 홍보 캠페인 제목은 "나는 힘이 있다"다. 그것을 알리는 잡지광고와 온라인 동영상은 제3세계 여성을 소개한다. 그여성의 삶을 짜깁기한 장면이 강력한 서사와 함께 나온다. "나는 여성이다. 가난하지만 자부심 강한, 눈에 띄지 않지만 홀로 설 수 있는, 무한

〈그림 1-7〉 "나는 힘이 있다"(케어유에스에이와 케어캐나다의 허락을 받아 게재)

한 잠재성을 지닌 천연자원이다. 기회가 주어져 선택된다면, 나는 우리 공동체를 향상시키고 사회에 기여할 것이다. 나는 힘이 있다." 그러나 그 광고가 전하는 핵심 메시지, "그녀는 자신의 세상을 바꿀 힘이 있다" 라는 똑같이 중요한 메시지, 다시 말해 민주화된 개발을 누리는 사람을 겨냥하는 메시지, "당신은 그녀가 그렇게 하도록 도울 수 있는 힘이 있다"에 기반을 두고 있다(http://www.care.org/getinvolved/iampowerful/intro.asp, 2009년 6월 16일 현재, 〈그림 1-7〉 참조). 그렇다면 경제적 여유가 있는 전 세계 수많은 시민 사이에 분산되어 있는 민주화된 개발과 중앙 집권적인 강력한 국제개발기구의 금융화된 개발은 어떤 관계인가? 소액금융에 관한 연구를 통해 우리는 이 긴급한 문제를 면밀히 들여다볼 수 있다.

## 중심성과 다양성

이 책은 빈곤에 대해 말하지만 가난한 사람의 삶에 대해 말하지는 않는다. 소액금융의 작동방식을 다루고, 그와 관련된 여러 프로그램의 효과를 평가하고, 그러한 접근방식의 가치를 논의하는 책은 많이 있다. 그런 학문적 연구도 중요하지만, 그것은 이 책의 목적이 아니다. 오히려 이 책은 빈곤자본의 역학관계를 밝히고 새천년 개발이라는 역사적 순간을 기록하려 한다. 그렇게 하기 위해 이 책은 극빈의 조건 아래서 고군분투하는 사람에게 거의 초점을 맞추지 않는다. 대신에 빈곤을 근절하기 위한 자본과 전문지식을 창출하는 사람에게 주로 초점을 맞춘다. 나는 그런 과정을 설명하면서 독점적 권력뿐 아니라 새천년 개발과 관련된 정치적 기회를 보여주기 위해 '중심성centralities'과 '다양성multiplicities' 같은 용어를 쓴다. 〈작은 세상 IV〉를 포함해서 칸딘스키의 작품은 중심성과 다양성의 앙상블이다. 나는 그것에서 영감을 받아 이 같은 방식으로 소액금융을 연구하게 되었다.

중심성과 다양성의 지도를 그리는 데 특별히 유용한 도구는 글로벌 상품사슬 분석이다. 세계화 연구에서 공통적으로 쓰이는 이 방법론은 상품의 생산·유통·소비 과정을 추적한다(Gereffi and Korzeniewicz, 1993). 예컨대 우리는 커피 같은 일상용품의 전 세계적 사슬의 관계─남반구의 저임금 영세 커피생산자로부터 뉴욕의 커피선물시장에서의 거래를 거쳐, 커피시장을 지배하는 소수의 다국적 기업, 그리고 우리 동네 거리에 줄지어 서 있는 고수익 커피소매업체에 이르기까지─에 대해 연구할 수 있다. 이런 식으로 글로벌 상품사슬은 에티오피아의 가난한 농부가 생산한 커피생두를 우리가 아침마다 마시는 지나치게 값비싼 카푸치노와 연결시킨다. 각 단계마다 커피의 가치가 만들어지고 관리된다. 이런 의미에서 글로벌 상품사슬은 가치사슬이기도 하다. 나는 개발이라는 하나의 특별한 상품, 그리고 개발과정에서 나타나는 자본과 사실의 유통을 면밀히 검토하기 위해 글로벌 상품사슬이라는 개념을 빌려 쓴다.

내 연구와 분석의 범위는 물론 전 세계지만, 그것은 또한 특정 지역과 역사와 맥락, 즉 워싱턴 DC·방글라데시·레바논·이집트에 위치해 있다. 이 장소들은 저마다 개발, 개발의 가치, 개발에 대한 사실을 구성하고 관리한다. 그러나 이 다양한 지역들은 모두 권력의 유무와 관련된 세계 지형을 드러내고, 개발이 지도상의 지역마다 서로 다른 조건에서 어떻게 생산되는지를 보여준다. 여기서 지리학자 매트 스파크Matt Sparke(2007: 117)가 한 말에 주목할 필요가 있다. "남반구는 어디에나 있다. 하지만 그것은 언제나 어딘가에 있다. 강탈과 압류의 복잡한 정치적 지형이 교차하는 지점에 있는 그 어딘가는 지속적인 지리적 책임감을 가지고 지도상에 표시되어야 한다."

이러한 개발지도를 더 잘 이해하기 위해서 나는 '지식공간space of knowledge'에 대한 연구, 즉 그런 지식의 '형성법칙'을 밝히고 그에 따른 사물의 질서를 알아내는 연구를 고집하는 프랑스 철학자 미셸 푸코(1966: xxiv, xii)에 주목한다. 지식공간은 긴밀하게 통제된다. 탈식민주의 이론가인 가야트리 차크라보르티 스피박Gayatri Chakravorty Spivak(1999: 191)이 '서사에 대한 허가permission to narrate의 문제'에 주목한 이유가 바로 그것이다. 누가 그러한 허가를 지휘하고 통제할 수 있는가? 이 책에서 나는 서사에 대한 허가를 둘러싼 투쟁에 주목하면서, 그런 주도권 다툼이 어떻게 필연적으로 점점 확대되어 글로벌 질서의 형성과 파괴에 기여하는지 보여줄 것이다. 서사에 대한 허가는 또한 자본축적, 잉여가치에 대한 지휘·통제와 연결된다. 그러나 그런 지휘와 통제는 새로운 또 다른 윤리경제학의 도전과 이의제기에 직면하게 된다. 이러한 것이 새천년 개발의 중심성과 다양성이다.

그런 지리적 문제는 어느 한 지역에 한정되지 않고 여러 지역을 가로지르는 연구를 요구한다. 2004년부터 2008년까지 4년 동안 나는 그라민은행을 비롯해서 CGAP·도이치뱅크·USAID·헤즈볼라 같은 기관, 다양한 개발단체, NGO, 재단, 기업, 로비단체, 대학, 사회운동단체, 의회기구의 소액금융 분야에서 활동하는 광범위한 인물을 대상으로 120차례 넘는 인터뷰와 다섯 건의 생활사 연구를 수행했다. 인터뷰 대상은 무작위가 아니라 신중하게 선별되었는데, 조직별로 다양한 지위(최고위층에서 중간 간부·현장 실무자·인턴 직원에 이르기까지)에 있는 활동가와 인터뷰를 진행하기 위해 대상을 세심하게 계층화했다. 어떤 경우에는 몇 년에 걸쳐 여러 차례 인터뷰를 진행할 기회가 있었는데, 그 가운데 다섯 번은 더 포괄적이고 집중적인 생활사 연구 형태로 인터뷰를 진행했다.

나는 또한 워싱턴 DC·방글라데시·이집트·레바논에서 데이터를 수집하고 주요 소액금융기관에 대한 기록연구를 수행했다. 이 시기에 나는 소액금융을 집중 조명하는 주요 정상회담과 학술회의 등에 참석했다. 2004년 바르셀로나 포럼, 2006년 마이크로크레디트 정상회의, 2005년 소액금융을 위한 이집트 국가전략 개막행사가 그런 것이다. 학생 시절에는 볼더협회·소액창업개발원Microenterprise and Development Institute, MDI·찰머스기독교 소액금융연구센터 같은 곳에서 운영하는 소액금융 연수과정에 참가했다. 개발의 민주화를 통절히 인식하고 있던 나는 대학과 기관이 운영하는 포털사이트뿐 아니라 마이크로파이낸스 게이트웨이Microfinance Gateway와 키바Kiva 같은 소액금융 관련 민간 포털사이트의 발전과정도 추적했다. 실제로 그런 포털사이트는 중요한 자료의 원천일 뿐 아니라 다양한 논쟁이 벌어지고, 블로그가 운영되고, 제품에 대한 품평이 이루어지는 지식공간이었다. 그런 연구를 통해 나는 빈곤자본에 대한 세 가지 유통을 밝혀냈다. 그것은 저마다 특정한 중심성과 다양성을 통해 구성된다.

첫 번째로 자본과 사실의 유통은 내가 '빈곤에 관한 워싱턴 컨센서스'라고 부르게 된 것이다. 나는 빈곤에 대한, 특히 소액금융에 대한 권위 있는 지식이 세계은행과 같은 워싱턴의 기관에서 과연 어떻게 생산되는지 면밀히 살핀다. 민간투자 흐름이 공적 개발원조의 규모를 훨씬 뛰어넘으면서, 세계은행이 이제 남반구의 운명과 점점 무관해지고 있고, 소액금융 분야에 대한 세계은행의 예산 배정이 여전히 미약한 수준이라는 주장이 있을 수 있지만, 그럼에도 세계은행은 '산술의 중심center of calculation'이다(Falk Moore, 2001: 178). 여기서 나는 그러한 중심성이 어떻게 생산되고 유지되는지, 그리고 바로 이 특정한 위치에서, 칭 Tsing(2004)의 용어를 빌리면 '보편적인 것'이 어떻게 생성되고 전파되는지에 특별히 주목한다. 요컨대 세계은행은 개발의 '최고 결정권자'다 (Goldman, 2005: viii). 빈곤에 관한 워싱턴 컨센서스는 모범사례와 모델을 유포하는 다양한 연수회와 벤치마크를 만들고 순위를 매기는 데이터 관리센터를 통해 적극적으로 전파된다. 그러나 나는 여기서 지배적인 개념들이 강력한 권력기관의 안팎에서 어떻게 이의제기를 받게 되는지를 살피면서, 이 '산술의 중심'이라는 개념을 근거가 박약한, 논쟁과 절충이 필요한 영역으로 재정립하려고 노력했다. 나는 이것을 염두에 두고 세계은행 내부의 몇몇 핵심 개발 담당자, 스스로를 '이중행위자'라고 소개한 사람과 생활사 연구를 수행했다. 나는 또한 연구범위를 세계은행을 훌쩍 뛰어넘어 마이크로크레디트 정상회의 같은 로비단체가 어떻게 미국 의회의 중심이 되는 또 다른 권력 축을 만들어냈는지까지 연구를 확장했다. 실제로 그런 쟁점은 지리적으로 멀리 떨어진 문제(방글라데시의 NGO)가 어떻게 바로 세계 권력의 심장부인 워싱턴 DC에서 자신의 존재감을 드러내고 목소리를 내는지를 보여준다.

두 번째로 나는 새천년 개발의 가장자리, 즉 방글라데시를 연구했다. 세계에서 가장 가난한 나라 가운데 하나인 방글라데시는 '서사에 대한 허가'의 한계점을 보여준다. 방글라데시의 소액금융은 최초의 소액금융모델임에도 오늘날 '빈곤에 관한 워싱턴 컨센서스'에 의해 무시되고 하찮게 취급받는다. 그러한 무시 또한 당연히 연구되어야 할 대상이었다. 그러나 나는 곧 방글라데시가 어떻게 자기만의 독특한 중심성과 다양성을 가지고 있는지에 관심을 갖게 되었다. 나는 방글라데시의 고유한 개발의 역사가 정부와 해외원조국으로부터 상대적으로 자율성을 누리는 적극적인 시민사회단체의 지형을 낳았다는 사실을 이해하기 시작했다. 그들의 빈곤완화 실험은 '빈곤에 관한 워싱턴 컨센서스'의 실험과는 매우 다른 '빈곤에 관한 사실'을 생성해낸다. 이러한 사실은 방글라데시에만 한정되지 않는다. 방글라데시 NGO가 매우 전략적으로 그들의 모델과 실천사례, 아이디어를 세계화하는 노력을 기울이고 있기 때문이다. 이것 또한 하나의 글로벌 질서다. 거기서 방글라데시의 수도인 다카는 치아파스·나이지리아·마닐라·뉴욕의 퀸스 같은 다양한 장소와 함께 글로벌 정책사슬을 구성하는 핵심 접속점이다.

세 번째로 9·11 이후 글로벌 질서 속에서 내 연구가 진행되고 있다는 것을 정확하게 인식하면서, 나는 제국주의의 중요한 신개척지인 중동지역을 살폈다. 나는 워싱턴 DC의 '테러와의 전쟁' 때문에 이 신개척지에 관심을 갖게 된 상황에서, '빈곤에 관한 워싱턴 컨센서스'가 아프가니스탄 재건과정과 이집트의 경제적·정치적 위기에서 스스로 확고히 자리 잡는 방식을 면밀히 검토하게 되었다. 미국의 원조와 이념에 흠뻑 젖은 이집트는 지금까지의 주요 조사대상이었다. 그러나 중동의 소액금융이 단순히 워싱턴 DC의 관리를 받는 것이 아니라, 그것과 매우 상이한 개발의 역사를 가진 다른 기관의 요구 또한 점점 크게 받고 있다는 사실을 알게 되었다. 이것은 레바논에서 아주 확연하게 드러났다. 레바논은 소액금융과 개발사업의 가장 크고 신뢰받는 제공자가 바로 시아파 민병대 헤즈볼라인 나라다. 부유한 해외의 시아파로부터 자원을 제공받으며 글로벌 움마umma˙를 꿈꾸는 헤즈볼라 역시 그 자신만의 자본과 사실의 유통체계를 가진 하나의 글로벌 질서를 만든다.

워싱턴 DC·방글라데시·중동에 닻을 내린 이 세 가지 빈곤자본의 유통에 대한 연구는 저마다 고유한 문제가 있음을 보여주었다. 초기 연

---

˙  이슬람 공동체를 가리킨다.

구에서는 주로 남반구 도시의 궁핍한 환경 아래 살고 있는 사람들에게 관심을 가졌다. 반면에 이 연구는 빈곤을 관리하는 사람, 스피박(1994)이 쓰는 용어로 표현하자면, 풍요의 시혜dispensation of bounty를 통제하는 사람에 대한 것이었다. 좀 노골적으로 말하면, 이것은 '아래를 연구하는 것'이 아니라 '위를 연구하는 것'이었다. 따라서 그것은 억압받는 빈민이 아닌, 내게는 매우 익숙한 대상, 즉 빈곤문제를 연구하고 관리하는 나와 같은 전문가와 대면하는 일이었다.

따라서 나는 잘 모르는 것을 '잘 알려고' 애쓰기(중산층 연구자가 가난한 사람을 연구할 때 취하기 쉬운 태도)보다는, 내가 평소에 당연한 것으로 여겼던 권력과 특권의 형태에 주의를 기울이면서, 잘 안다고 생각했던 것을 '잘 모르는 것'으로 만들어야 했다. 이른바 '어색한 개입지대zones of awkward engagement'(Tsing, 2004: xi)와 맞닥뜨린 셈이었다. 때로는 내가 정치적으로 급진적인 학문 연구기관으로 널리 알려진 캘리포니아대학 버클리캠퍼스 출신이라 상대방을 화나게 만드는 경우도 있었다. 또 어떤 때는 서방의 제국주의를 거부하는 정서에 확실히 공감하는 '유색인 여성'으로 보였기 때문에 환영을 받기도 했다. 그러나 대부분의 경우, 나는 그 자리와 잘 어울리지 않는 어색한 사람이었다. 워싱턴 DC의 실용적인 기술관료 사이에 있는 이론가이자 비평가였고, 방글라데시·이집트·레바논을 연구하는 미국인이었으며, 방글라데시 소액금융의 반대진영을 탐색하는 벵골인이자 경제학자의 세계에 있는 비경제학자였고, 기독교 복음주의와 정통 이슬람교에 대한 담론을 이해하려고 애쓰는 무신론자인 데다 빈곤을 연구하지만 빈민 여성과 그들의 고통, 역량강화를 연구하지 않고 거꾸로 빈곤을 관리하는 권력이 있는 여성을 연구하려고 애쓰는 학자였다. 나는 이러한 어색한 개입이 잘 아는 것을 '잘 모르는 것'으로 볼 수 있게 만들었다고 확신한다.

## 밀레니엄 세대와 지식의 정치학

거대한 규모의 기부와 투자는 소액금융의 세계에서 큰 주목을 받지 못한다. 소액금융 투자펀드에서 발행하는 유동화 증권에서 게이츠재단이 내는 할당액에 이르기까지, 이야기되는 규모는 대개 수백만 달러 수준이다. 그러나 좀더 면밀히 살펴봐야 할 기부사례가 있다. 2005년 이베이 설립자이자 자선투자사 오미다이어 네트워크Omidyar Network의 대표인 피에르 오미다이어는 터프츠 대학에 1억 달러를 기부했다. 그 기부는 특별했다. 반드시 소액금융에 투자하고 전 세계 소액창업자에게 자금을 지원해야 한다는 용도가 명확하게 명시된 기부였기 때문이다. 이것은 터프츠 대학이 그 기부금으로 투자한 소액금융이 수익을 올릴 때만 그것으로부터 보상을 받을 수 있다는 것을 의미했다. 4년 뒤, 그 기부금은 "전액 투자되고 이곳의 학생과 교수에게 큰 이익을 안겨주고" 있다(Masterson, 2009). 실제로 2008년 오미다이어 터프츠 소액금융 펀드는 12퍼센트의 투자수익률을 올려, 그 가운데 절반은 터프츠 대학으로 가고, 나머지 절반은 그 펀드에 재투자되었다. 터프츠 대학은 "교수의 연구를 지원하고, 공익사업을 하는 졸업생을 대상으로 대출금 상환 프로그램을 운영하고, 재학생 학자금을 보조하는 데" 그 수익금을 쓸 수 있었다. 따라서 보고서는 이렇게 끝을 맺는다. "경기침체로 대학의 기부금 수입이 큰 타격을 받았지만, 소액금융펀드가 올린 견실한 실적은 대학을 계속해서 성장할 수 있는 위치에 올려놓았다." 터프츠 대학 총장은 만족스럽게 말한다. "그것은 우리가 기대했던 훌륭한 성과사례다. 우리는 착한 일을 통해 번창할 것이다."(Masterson, 2009)

그것은 대학이 높은 금융수익과 사회적 성과를 낳는 자선투자사로 변신한, 주목할 만한 윈윈win-win사례다. 더군다나 그것도 금융위기가 고조된 상황에서 역경을 딛고 성공한 수익성 높은 투자라는 사실은 특히 주목할 만하다. 터프츠 대학이 교수와 학생을 지원하기 위해 할당할 수 있는 재원을 보유하고 있다는 사실은 학문기관에서 일하는 사람, 특히 재정지원이 빈약한 국공립 대학에서 근무하는 우리 같은 사람에게 매우 흥미로운 사례가 아닐 수 없다. (이 글을 쓸 당시, 내가 일하는 캘리포니아 대학은 재정이 극도로 바닥나 있는 상황이었다.) 그러나 이 책은 새천년 개발이 어떻게 신성한 학문의 세계로 진입하고, 그것이 어떻게 새로운 연구 우선순위와 교과과정에 영향을 끼치며, 터프츠 대학의 특별한 사례처럼 그것이 어떻게 오늘날 대학의 재무모델을 구성하는지에 대한 이야기가 아니다.

피터 싱어Peter Singer(2009)는 글로벌 빈곤을 '미국의 수치'라고 부른다. 그런 분위기는 오늘날 미국의 강의실에서 뚜렷하게 나타난다. 글로벌 시민이라는 새로운 세대는 봉사학습 기회, 즉 해외자원봉사 체험과 글로벌 빈곤 강의나 강좌에 떼를 지어 몰려든다. 이것은 또한 새천년 개발이라는 '지식공간'을 구성한다. 그리고 그것은 또한 '어색한 개입지대'이기도 하다. 나는 많은 연구와 분석을 통해 이 책을 저술했을 때와 마찬가지로, 버클리 대학 강의실에서도 오랜 시간을 보냈는데, 글로벌 빈곤에 관한 새로운 학부 강의가 몇몇 소수의 학생만 듣던 작은 수업에서 수백 명을 수용하는 강당에서 이루어지는 대규모 강좌로 성장하는 모습을 지켜볼 수 있었다. 이들은 '밀레니엄 세대'로 개발의 민주화를 간절히 바라는 세대다. 따라서 이 책은 이른바 '산술의 중심'(북아메리카의 엘리트 대학)에서 글로벌 빈곤에 관해 가르치는 나의 사적인 강의에 대한 이야기일 수밖에 없다.

나는 버클리 대학에서 학생들을 가르치면서 서로 대조적인 두 가지 상황에 맞닥뜨린다. 한편에는 착한 일을 하고자 하는 열정에 가득 차 있는 학생이 있다. 그는 세계를 구하기를 바란다. 그는 자신이 그렇게 할 수 있다고 믿는다. 하지만 다른 한편에는 매우 냉소적인 학생, 불평등구조에 대해 날카로운 비판을 가할 줄은 알지만 그 구조를 바꿀 수 있다고는 믿지 않는 일군의 학생이 있다. 나는 이렇게 박애의 오만과 냉소의 마비가 혼재하는 난감한 공간에서 학생들을 가르친다. 나는 밀레니엄 세대가 착한 일을 하고자 하는 그들의 열정을 비판적으로 성찰할 필요가 있고, '기부자' 또는 '자원봉사자'라는 바로 그 분류가 특권을 암시하며, 대개는 개발의 민주화 과정에서 그들이 줄 수 있는 것보다 훨씬 더 많은 것을 받게 되리라는 사실을 가르치려고 애쓴다. 영어로 자발적 행동을 뜻하는 '발런터리즘voluntarism'은 그 어원이 라틴어로 '볼룬타스voluntas'인데, 이 말은 '의지' 또는 '바람'을 의미한다. 빈곤을 역사의 저편으로 보내기 위해 스스로 발 벗고 나서는 밀레니엄 세대에게는 힘이 있다. 그들은 기꺼이 자발적으로 나설 뿐 아니라 계획적으로 의지를 관철하려고 애쓰는 주체다. 개발의 원동력인 '책임감'만으로는 충분하지 않다는 스피박(1994)의 권고를 밀레니엄 세대에 상기시켜주고자 한다.

새천년의 낙관성과 개발지원금의 수혜자에게 끼친 결과에 대해 책임을 지는 '책무성'의 윤리에 대해서도 고려할 필요가 있다. 또한 나는 밀레니엄 세대에게 그들이 세계에서 가장 강력한 기관에서도, 비록 지금까지 그들의 발언권과 접근기회가 거부되었다 할지라도, 서사에 대한 허가를 주장할 수 있다는 것을 가르치려고 애쓴다. 그리고 나는 그들에게 얀 피터세Jan Pieterse(2001: 100)가 말한 "개발은 약속을 관리하는 일이다"라는 명언을 상기시켜주려고 한다. 또한 개발은 부과되는 것일 뿐 아니라 바라는 것이기도 하다는 사실, 다시 말해 개발은 그것을 진행하는 것으로 끝나는 게 아니며 그 결과에 대한 책임까지 진지하게 고려해야 하는 일임을 알려주려고 한다. 금융포용성financial inclusion*, 자본의 민주화, 기업가 정신, 더 나은 삶, 빈곤의 종말에 대한 약속은 진지하게 받아들여져야 한다. 이러한 것은 금융자본처럼 눈에 보이지는 않지만, 어마어마한 물질적 실체를 갖기 때문이다.

나는 학생들을 가르칠 때처럼 박애의 오만과 냉소의 마비가 혼재하는 난감한 공간에서 이 책을 쓴다. 그 공간의 특징은 이중성이다. 기존의 개발개념과 공모하는 동시에 그것을 전복하는 것, 이미 잘 아는 익숙한 것과 잘 모르는 새로운 것이 공존하는 공간이다. 이 책에서 가장 자주 나타나는 내 모습은 어쩌면 우리 밀레니엄 세대 학생들이 공감하는 인물, 즉 중심성과 다양성이 만들어낸 이중행위자의 모습일지 모른다.

---

*    금융거래에 대한 접근을 용이하게 만드는 것을 의미한다.

# 2장

# 글로벌 질서

## 자본과
## 사실의 유통

우리는
돈의 바다에서 살고 있다. (……)*

그라민은행 설립자인 무하마드 유누스와 펜실베이니아 대학 와튼경영대학에서 진행한 인터뷰, 2009년
5월 27일(http://knowledge.wharton.upenn.edu/article.cfm?articleid=2243, 2009년 5월 30일 현재).

# 룩아웃 산맥의 소액금융 전도사들

수년 전 유명한 인터넷 포털사이트 마이크로파이낸스 게이트웨이에 올라온 한 행사가 내 관심을 끌었다. 미국 조지아 주 코브넌트 칼리지의 경제와 공동체 개발을 위한 찰머스 센터Chalmers Center for Economic and Community Development가 기독교인의 소액금융과 소액창업 개발에 관한 연수회를 개최한다는 공고였다. 미국 장로교를 대표하는 대학인 코브넌트 칼리지는 그들이 남반구를 일컫는 용어, '3분의 2의 세계'에서 일하는 선교사·교회·성직자를 위한 현장과 온라인 교육과정을 제공한다. 소액금융과 소액창업 개발은 이미 알려진 바와 같이, 그러한 교육과정의 중심 요소다. 실제로 찰머스 센터 책임자인 브라이언 피커트 Brian Fikkert(2003: 5)가 지적했듯이, 수많은 주요 거대 "기독교 구호와 개발 기관은 다양한 대규모 소액대출사업(예컨대 국제기아대책기구·오퍼튜니티 인터내셔널·월드컨선·월드릴리프·월드비전 인터내셔널)을 운영하고 있다." 피커트는 수백 명의 기독교 기업가가 세계 기독교 소액창업 개발회의를 위해 정기적으로 모임을 갖는다고 말한다.

해마다 약 100명 정도가 참석하는 코브넌트 칼리지 연수회는 이 분야에서 일하는 기독교 선교사에게 철저한 교육을 실시하고 있다. 아이비리그 출신의 경제학 박사 같은 전문가가 진행하는 연수회는 소액금융과 빈곤완화에 대한 가장 최근에 벌어진 학계의 논쟁과 복음선교 임무를 뒤섞은 매우 흥미로운 내용이다. 나는 더 많은 것을 알기 위해 연수회에 등록하고 멀리 외따로 떨어진 경치 좋은 룩아웃 산맥으로 가서 독실한 신자가 있고 수많은 예배가 열리는 곳에 도착했다. 인도의 세속적인 교육을 받은 내가 장로교의 교리를 공부하는 교육과정에 참여할 이유는 전혀 없었다. 하지만 나는 소액금융에 대한 아이디어가 방글라데시의 농촌마을에서 어떻게 룩아웃 산맥에 모인 선교사에게 전달되었는지 알고 싶었다. 나를 길 잃은 영혼으로 생각하고 염려하는 복음주의 기독교인의 사랑을 받으며 룩아웃 산맥에서 내가 배운 것은 이렇다.

얼핏 보면 기독교 소액금융은 이미 다 아는 내용인 것처럼 보였다. 강사들은 구호·갱생·개발·참여적 개발·보유자산 기반의 개발asset-based development·보조지원금 기반의 개발need-based development 같은 주요 원칙을 설명했다. 그러나 기독교 소액금융은 또한 기독교로 개종시키기 위한 도구이자 복음전도의 신개척지를 통합하는 수단이었다. 연수회에 참가한 선교사는 아프가니스탄에서 말레이시아에 이르기까지 신개척지에서 포교사업을 진행하고 있었다. 그들은 소액금융, 특히 연대집단모델에 주목했다. 빈곤을 완화하고 기독교 정신을 전파하는 데 그것이 매우 효과적인 것처럼 보였기 때문이다. 따라서 피커트(2003: 42)는 이렇게 기술한다. "거기에는 사람들을 집단으로 만드는 강력한 힘이 있다. 특히 기독교인은 그 집단을 복음전도와 사도훈련을 위한 좋은 기회로 삼는다." 그러나 이 연수회에 참가한 선교사는 소액금융의 문제, 특히 여성에게 돈을 빌려주는 것을 중시하는 점에 대한 우려를 표했다. 강사가 소액금융에 관계된 익히 알려진 젠더적 특성에 대해 설명했지만("빈곤을 완화하는 가장 빠른 방법은 여성에게 돈을 빌려주는 것이다"), 많은 참가자가 이렇게 물었다. "어떻게 남성을 부실자산으로 낙인찍어 그들에게 문을 닫아걸 수 있는가?" 그들은 기독교 소액금융의 문호를 남성에게도 개방해서 그들을 훈육하고 그리스도의 제자로 키워낼 의무가 있다고 주장했다.

그 밖에도 또 다른 딜레마가 있었다. 코브넌트 칼리지에서 드러난 것처럼, 기독교 소액금융은 빈곤에 대한 새로운 개념화에서 시작된다. 그것은 성경에서 주장하는 생각을 구조적으로 분석하려고 애쓰는 매우 모순적인 체계다. 성경에 따르면, 빈곤은 인간의 타락, 즉 하느님으로부터의 분리, 신과 인간의 모든 관계가 오염된 결과다. 따라서 빈곤이 보여주는 모습은 의존성과 역량박탈이다. 가난한 사람은 신의 형상으로 창조된 존재의 의미를 상실했기 때문이다. 빈곤은 경제적일 뿐 아니라 정신적이다. 따라서 물질적 개입만으로 빈곤을 줄일 수는 없다. 가난한 사람과 함께 일하는 것은 가난한 사람과 하느님의 관계를 복원하기 위해 일하는 것이다. 그러나 빈곤은 또한 자산과 소득이 없는 것을 의미한다. 그것은 로버트 챔버스Robert Chambers(1983)가 말한 빈곤의 덫deprivation trap이라는 개념을 반영한다. 그리고 그것은 세계은행의 『가난한 사람의 목소리Voices of the Poor』에서 제시된 분석이다(Narayan and Petesch, 2002). 이 두 가지 분석틀이 찰머스 센터 수업에서 활용되었다. 인간의 원죄에 대한 이야기와 구조적 취약성에 대한 이야기 사이의 이런 모순점이 서로 조화를 이룰 수 있을까? 피커트(2003: 9)는 그러한 조화를 시도한다. "성서와 실증적 증거는 모두 가난한 사람에 대한 억압이 대개 빈곤의 원인 가운데 하나임을 보여준다. 압제자를 없애기 위해서는 (……) 죄를 사해주는 예수 그리스도의 권능이 필요하다. 그의 권능이 해답인 것이다. 따라서 가난한 사람은 이러한 희망에 매달려야 한다." 그러한 모순은 기독교 소액금융에만 나타나는 고유한 현상이 아니다. 그것은 빈곤의 구조적 원인을 제거하기 위해 외부의 개입이 필요하다는 주장과 가난한 사람이 소액창업을 통해 자립해야 한다는 서로 엇갈리는 주장을 조화시키려는 고군분투 속에서 소액금융의 중심에 늘 존재하기 때문이다.

하지만 아마 기독교 소액금융에 고유한 특성이 있다면, 그것은 부채에 대한 심각한 우려일 것이다. 어쩌면 의도한 방식은 아니겠지만, 기독교 소액금융이 놀랍게도 새천년 개발의 전제에 문제를 제기하는 지점이 바로 여기다. 코브넌트 칼리지 연수과정에서 중요하게 강조하는 내용은 개발이 해를 끼칠 수 있고, 지나치게 많은 부채와 높은 이자율이 가난한 사람을 예속의 굴레 속에 가둘 수 있으며, 선의로 도와주려는 선교사가 실제로는 지역사회 전체에 피해를 입힐 수 있다는 점이다. 이 점을 염두에 둔 코브넌트의 강사들은 다양한 형태로 진행되는 개발을 반대했다. 그들은 3분의 2의 세계로 떠나는 단기적인 기독교 선교를 가난한 지역사회에 '구호물품을 아무렇게나 쏟아붓고 오는' 일종의 '재해관광disaster tourism'*이라고 일축하면서 혹독하게 비판했다. 그리고 무엇보다 그들은 기존의 지배적인 소액금융체계를 거부하면서, 상업화와 재무적 지속 가능성에 대한 강조가 현지인에게 해를 끼치지 않아야 한

---

* 지진이나 태풍, 쓰나미가 발생한 재해지역을 방문하여 단기간 봉사활동에 참여하는 관광 패키지 상품을 가리킨다.

다는 그들의 의무와 양립할 수 없다고 주장했다. 따라서 소액금융 연수회는 놀랍게도 기독교 선교사가 소액금융을 멀리하고, 대신에 현지인의 연대집단을 기반으로 만든 교회 중심의 신용저축조합을 활성화해야 한다는 권고를 내리는 것으로 끝났다. 빈곤자본이라는 멋진 신세계 앞에서 선교사는 기독교의 진리를 주장하며, 오늘날 가난한 지역사회에서 많이 볼 수 있는 원시적 형태의 계모임을 대체할 세련된 월스트리트 금융모델을 거부했다.

글로벌 소액금융산업은 기독교 선교사가 복음을 맹렬히 전파하는 것과 같은 열정으로 소액금융을 지속적으로 밀고 나갔다(Rogaly, 1996; Woller, Dunford, and Woodworth, 1999). 앞으로 보겠지만, 흥미롭게도 이 산업은 기독교가 소액금융에 대해 실존적 의심을 제기하는 것에 그다지 괘념치 않았다. 권위를 인정받는 소수의 생각과 모범사례가 소액금융의 글로벌 질서를 지배한다. 이것은 세계화의 개혁을 요구하며 스티글리츠(1998)가 비판한 '시장 근본주의'와 다르지 않은 그런 종류의 근본주의다. 실제로 소액금융의 글로벌 질서는 시장 모델과 전략을 점점 더 많이 받아들이면서, 소액금융을 일종의 자산이나 더 광범위한 금융자본의 운영 안에 포함된 투자와 투기, 이익의 유통이라는 관점에서 보려고 한다. 기독교 소액금융에서 드러난 도덕적 갈등은 이러한 글로벌 질서의 이면에 숨어 있는 도덕적 곤경의 한 단면을 보여준다. 그것은 소액금융을 둘러싼 시장 근본주의적 시각에 대한 철저한 검토가 필요함을 시사한다.

# 글로벌 질서

## 소액금융의 세계화

1995년 특별한 개발기구 하나가 워싱턴 DC 무대에 등장했다. 빈곤층을 위한 금융자문그룹CGAP이 그것이다. 처음에는 **극빈층**을 위한 금융자문그룹이라는 명칭으로 세계은행 건물에 입주했다. CGAP의 설립은 울펀슨 체제 아래서 세계은행의 활동력을 과시하는 증거이자 앞으로 빈곤의제에 전념하겠다는 공식 선언인 셈이다. 세계은행을 더 친절하고 너그러운 기관으로 재편하려는 울펀슨의 시도는 전 세계은행 총재 로버트 맥나마라Robert McNamara가 빈곤완화의제를 시행하려고 애썼던 이전 시대를 상기시켰다. CGAP의 주요 설립자 가운데 하나인 이스마일 세라겔딘Ismail Serageldin은 자신의 빈곤의제 설정이 지난날 젊은 시절에 맥나마라 체제의 세계은행에서 근무했던 개인적 경험에서 비롯되었음을 인정한다(개별 연락 확인, 2005년 12월).

CGAP의 빈곤의제는 처음부터 소액금융의제와 아주 밀접한 관련이 있었다. 이것은 아마 세라겔딘을 비롯한 CGAP의 여러 설립자가 초기에 자문위원회에 속했던 그라민은행의 창립자 무하마드 유누스의 영향을 받았기 때문일 것이다. 이것은 또한 어쩌면 소액금융이 영세업체 창업 개발, 여성의 역량강화와 같은 다양한 울펀슨의 의제가 하나로 합쳐지는 지점이기 때문일 수도 있다. 울펀슨(2000: 5)의 설명을 들어보자.

가난한 사람은 소액창업을 경제활동에 진입하는 중요한 수단으로 본다. 그는 그것을 통해 자신의 저축과 노동력을 써서 하루하루 살아남고 빈곤에서 탈출하기 위해 필요한 돈을 벌 수 있다. 소액금융은 가난한 사람들이 그러한 소액창업을 유지·성장시키고, 그들의 삶을 좌우하는 각종 변동과 위기에 대처할 수 있도록 도움을 준다.

울펀슨 체제의 세계은행은 여성을 경제활동에 진입하는 마지막 보루로 개념화하고 여성과 개발에 초점을 맞추기 시작했다(Bergeron, 2003a, 2003b). 따라서 소액금융이 빈민 여성에게 돈을 빌려주는 데 역점을 두는 것은 매우 중요하다. 소액금융은 스컬리Scully(2001)가 지적하는 것처럼, "최근에 세계은행은 여성을 위해 무엇을 했는가?"라는 질문에 대한 울펀슨의 가장 흔한 대답이 되었다.

그러나 CGAP의 소액금융의제는 궁극적으로 소액창업 개발이나 여성의 역량강화와는 거의 아무런 관련이 없었다. 오히려 그것은 금융서비스에 초점을 맞추고 가난한 사람을 금융시장에 통합하는 데 주목했다. CGAP는 그것을 '포용적 금융체계'라고 부른다. CGAP의 강령은 다음과 같다. "소액금융의 핵심은 금융서비스에 대한 접근이 가난한 사람들의 취약성을 제거하고 그들에게 선택권을 줌으로써 그들의 역량을 강화한다는 근본적인 믿음이다."(http://www.cgap.org, 2008년 6월 9일 현재) CGAP는 또한 인간개발을 강조하는 소액금융의 방글라데시 모델과는 다른 방향을 추구한다. CGAP는 금융에 대한 접근에만 관심이 있는 '최소주의'에 입각한 소액금융을 요구한다. 따라서 CGAP의 부상은 소액금융 세계의 중심이 방글라데시(그리고 그라민은행이나 브락과 같은 유명한 소액금융기관)에서 워싱턴 DC, 특히 그중에서도 세계은행으로 이동했음을 보여준다.

또한 CGAP의 설립과 관련해서 특별한 점은 CGAP와 거기에 참여하는 기부자와의 관계다. CGAP는 스스로 "33개 공공과 민간 자금지원단체(양자간·다자간 개발기구, 민간재단, 국제금융기관)의 컨소시엄"(http://www.cgap.org, 2008년 6월 9일 현재)이라고 소개한다. 그러나 CGAP는 세계은행 산하의 단체다. 한 해 예산 1,200만 달러의 절반이 세계은행에서 나오고(CGAP, 2003) 그곳의 책임자가 세계은행 이사회에 참석하기 때문이다(CGAP, 2003). CGAP를 상징하는 것은 1990년대 빈곤의제뿐 아니라 '빈곤에 관한 워싱턴 컨센서스'로 이해될 수 있는 것의 힘이다. 나는 이 새로운 용어를 '시장 근본주의'의 종말을 선언하는 새로운 합의인 스티글리츠의 '워싱턴 컨센서스를 뛰어넘는 컨센서스' 주장에 대비되는 것으로서 조심스럽게 쓴다. 실제로 빈곤에 초점을 맞춘 그런 새로운 합의가 있을 수 있다. 하지만 단언컨대 그것은 워싱턴 DC를 중심에 둔 컨센서스이며, 그것이 빈곤을 이해하는 방식은 시장을 기반으로 하는 접근법이다.

여기서 중요한 것은 예산의 통제와 할당을 훨씬 넘어서는 것이다. 그것은 세계은행에 의한 지식의 통제다. 소액금융이 바로 그런 경우에 해당한다. 알려진 바에 따르면, 세계은행이 소액금융에 배정하는 예산은(비록 CGAP의 최고경영자 엘리자베스 리틀필드는 그렇지 않다고 반박하지만) 전체 예산의 1퍼센트에 불과하다. 그녀는 세계은행의 금융 분야의 정책활동과 국제금융공사IFC의 투자규모를 고려할 때, 그 수치가 6퍼센트에 이르기 때문에 세계은행이 '세계 최대의 소액금융 개발지원기관'이라고 주장한다(Littlefield, 2006). 그러나 중요한 것은 CGAP가 자신을 "광범위한 이해당사자가 각종 기준과 규범에 관한 합의에 이르게 하기 위한 강력한 소집권한이 있는 플랫폼"이라고 소개한다는 점이다(http://www.cgap.org, 2008년 6월 9일 현재). 비록 미국 국제개발처USAID를 비롯해 영국 국제개발부DFID에 이르기까지 다양한 북반구 개발지원기구가 각자 나름의 빈곤정책을 수립해 시행하고 있지만, CGAP는 소액금융에 대해 '성과 기반의 기준'을 적용하고 있다(Wolfensohn, 2000: 7). 전 세계의 소액금융 실무자가 그 분야의 성배로 받드는 '핑크북'은 CGAP의 모범사례집이다. 따라서 소액금융을 이해하는 방식이나 우리가 소액금융에 대해 아는 것은 모두 CGAP에서 나온 지식이다. 이런 의미에서 CGAP는 소액금융에 대한 사실을 통제한다고 볼 수 있다.

CGAP의 설립자 가운데 하나로 현재 세계은행에서 일하는 모히니 말호트라Mohini Malhotra는 한 인터뷰에서 이렇게 말한다(2004년 6월). "지식관리는 초창기부터 CGAP의 목표였습니다." 그것은 지원예산을 늘리기 위한 것이 아니라 지원금을 배정하는 기준을 만들기 위한 발상이었다. CGAP는 성과를 기반으로 지원금을 할당하기 위해 적절한 기준과 지침을 마련하고, 소액금융 실무자를 교육하고, 소액금융을 둘러싼 논쟁의 조건을 정하고, 소액금융 개발지원기구가 알아야 하는 핵심 개념을 널리 전파한다. 말호트라는 소액금융 세계의 어느 부분을 돌아보든, 그 분야에서 일하는 실무자가 CGAP와 그 단체의 원칙, 주목하는 문제에 대해 잘 알고 있음을 확인할 수 있다고 지적한다. 다른 어떤 소액금융 개발지원기구도 그런 지적 영향력을 휘두를 수 없다. CGAP는 '거의 보편적 합의'를 마련하고, 그것의 '기준이 되는 소액금융 모범사례'를 만들어낸다(Helms, 2006). 따라서 어느 CGAP 고위 간부는 한 인터뷰에서 이렇게 말했다(2004년 10월). "기준에 따라 평가된다는 것은 관리된다는 것을 의미하죠. 기준을 정하고, 관리하고, 통제하는 모든 것을 우리가 합니다."

엘리자베스 리틀필드는 2005년 6월 인터뷰에서 그러한 지식의 생산을 '특별한 공익unique public good'이라고 설명했다. 그것은 세계은행이 공익이 되는 개발 관련 지식을 생산하는 '지식은행knowledge bank'이 되어야 한다는 울펀슨의 주장을 떠오르게 하는 말이다(Stiglitz, 1999). 한편으로 '특별한 공익'에 대한 주장은 개발 관련 지식의 민주화를 의미한다. 그러나 다른 한편으로 그러한 개발 관련 지식은 CGAP와 그곳의 빈곤문제 전문가가 승인할 때만 정당성과 권위를 인정받을 수 있음을 의미하기도 한다. 그렇다면 이렇게 물을 수밖에 없다. 개발과 관련된 어떤 합의도 워싱턴 DC에서 나온 것이 아니라면 성사될 수 없다는 말인가?

그런 문제는 한 소액금융 연수회에서 날카롭게 제기되었다(2004년 6월). 거기서 한 네팔인 실무자가 CGAP 소속 강사에게 다음과 같은 질문을 던지며 반발했다. "우리는 당신네 도구와 아이디어를 활용하는 대가로 얼마를 지불해야 하죠? 우리는 CGAP와 세계은행 컨설턴트를 반드시 고용해야 하나요?" 그 강사는 CGAP의 모든 지식생산물은 공익이라고 대답했다. 그러나 이 연수회에 과중한 교육비를 내고 참석한 수강생들은 모두 그 말을 믿지 않았다. 요컨대 오늘날 그들은 '빈곤에 관한 워싱턴 컨센서스'의 소비자인 셈이다.

## 자본의 민주화

이 '특별한 공익' 또는 이런 지식생산물의 중심에는 개발의 금융화가 있다. CGAP는 오늘날 소액대출의 개념과 실무 자체를 바꾸고 있다. 소액금융의 방글라데시 모델인 그라민은행이 비정부기구를 통한 서비스 제공과 인간개발체계를 창출하고 실행하려고 한다면, CGAP는 글로벌 금융산업을 구축하는 데 전력을 기울인다. 여기서 중요한 것은 사회적 서비스와 인적 자본의 향상에 초점을 맞춘 개발의 개념이, 글로벌 금융시장으로의 통합에 초점을 맞춘 개발로 바뀐 점이다. CGAP(2004a)가 2004년 G8 정상회담에서 승인받아 널리 전파한 문서 「소액금융의 주요 원칙Key Principles of Microfinance」은 소액금융의 '모범사례'를 확산시키기 위한 일련의 시장 규범(대출이자율 상한선 반대, 소액금융기관에 대한 보조금 지원, 경제적 투명성에 대한 강조 등)을 교묘하게 만들어낸다. 금융성과를 평가하고 '새로운 산술의 정치학new politics of calculation'으로 이해될 수 있는 것을 생산하는 새로운 지표와 기준이 오늘날 소액금융을 지배하고 있다(Mitchell, 2002: 8). 이런 식으로 개발의 완성과정에서 금융적 규범은 사회적 규범을 대체하게 된다.

CGAP가 주도하는 '빈곤에 관한 워싱턴 컨센서스'는 '직접적인 금융서비스 제공자가 아닌, 그런 환경을 만들어주는 조력자'로서 정부의 역할을 더욱 제한해야 한다는 점을 강조한다(CGAP, 2004a). CGAP는 소액금융의 '초기 선도단체'('비영리의 사회적 동기로 생겨난 NGO')를 '주류 금융체계'에 '완전히 통합된 일부'인 '견실한 경제 전문가 단체'에 비해 시대에 뒤떨어지고 취약한 조직이라고 설명한다(Littlefield and Rosenberg, 2004: 38). 따라서 CGAP는 금융서비스 분야에서 저축신용협동조합·상업은행·지역사회 금융기관·소비자 신용회사·보험회사에서 하는 일과 같은 중요한 역할을 하는 '기관의 다양성'을 촉진시키려고 한다. 그럼으로써 CGAP는 소액금융의 새로운 모델, 즉 일반 금융기관으로서의 모델을 제시한다. 그러나 그러한 생각은 앞서가는 소액금융기관이 "세계 최고의 상업은행보다 수익률이 거의 두 배 높고"(Hashemi, 2006) 일반 상업은행보다 금융위기를 훨씬 더 잘 이겨낼 수 있다(Rawe, 2003)는 현실 상황과 맞지 않는다.

이러한 전략은 CGAP에만 한정된 것이 아니다. 부시 행정부 시절에 만들어진 미국 국제개발처의 시범사업인 글로벌개발협력Global Development Alliance, GDA은 새로운 형태의 개발기구 사이의 제휴관계, 다시 말해 미국 국제개발처가 중간에서 개발활동을 촉진시키고 중재하면서 민간의 영리 부문과 비정부 부문이 서로 협력하는 관계를 구상했다. 2006년 국제개발기구 정상회담에서 당시 미국 대통령 조지 W. 부시George W. Bush는 GDA의 성공에 찬사를 보내면서 "빈곤과 싸우는 최선의 작업 중 일부는 민간기구와의 협력 속에서 이루어집니다"라고 말했다(http://georgewbush-whitehouse.archives.gov/news/release/2006/06/20060615.html, 2007년 4월 24일 현재). GDA는 더 큰 개발의 재편과정, 즉 해외개발원조가 해외직접투자의 증가 때문에 위축되고 있는 과정의 일부다. 미국 국제개발처의 책임자 댄 런드Dan Runde는 한 인터뷰에서 "미국 국제개발처는 어느 날 갑자기 개발사업 분야에서 소수 이해당사자가 되고 말았습니다"라고 말했다(2005년 6월).

CGAP가 비록 '견실하고 뿌리 깊은 시장 하부구조'의 구축을 바란다고 해서, 그들이 벌이는 사업이 반드시 자유시장과 영리 목적의 자본주의를 추구하는 신자유주의 이데올로기를 기반으로 한다고만 볼 필요는 없다. CGAP는 한편으로 개발에서 금융시장과 그것의 역할 같은 경제적 중요성을 강조하지만, 또 한편으로는 '자본의 민주화'라는 윤리적 중요성도 강조한다. 자본의 민주화란 기본적으로 '포용적 금융체계'를 의미한다. CGAP는 '소액금융과 공식적 금융 사이의 벽을 무너뜨리고'(Littlefield and Rosenberg, 2004), 그럼으로써 그동안 금융시장에서 지원을 받지 못했던 가난한 사람을 포용했다고 자부한다. 따라서 세계은행연구소에서 발간한 마거리트 로빈슨Marguerite Robinson의『소액금융혁명The Microfinance Revolution』(2001: 25)은 '빈곤에 관한 워싱턴 컨센서스'의 주요 문서 가운데 하나로, 소액금융을 "일반적으로 사회를 위한 금융으로의 재탄생, 즉 진정한 자본의 민주화"라고 소개한다. 다른 사람과 마찬가지로 그녀는 정부 주도의 개발은 지역유지들이 모두 차지하는 반면, 금융시장을 통한 개발은 평등주의에 더 가깝다고 주장한다. 특히 NGO나 정부가 주도하는 개발이 가난한 사람에게 수많은 의식절차와 조건을 강제로 부과하는 반면, 금융시장은 그런 다양한 형식의 감독과 감시로부터 가난한 사람을 해방시킨다는 주장은 매우 설득력이 있다. 따라서 자본의 민주화는 빈민의 경제적 자유를 의미하며, 가난한 사람에 대한 개념을 금융소비자로 재정립하는 것을 말한다. 이런 의미에서 로빈슨(2001: 92-93)은 소액금융의 그라민은행 모델이 "가난한 사람에게 저축하는 법을 가르치고 금융교육을 시켜야 한다고 가정한다"라고 지적하면서 그 모델을 거부한다.

그런 생각은 '오하이오 학파'의 경제학에서 특히 두드러진다(Hulme and Mosley, 1996: 2). 오하이오 학파 경제학자들은 정부와 그라민은행 같은 기관의 역할을 거부하지만, 비공식 금융시장에 대한 신뢰는 유지했다. 그들의 주장에 따르면, 그라민은행 같은 기관은 높은 기회비용(저축 강요)과 거래비용(주간회의와 조직원의 의무)을 강제로 부과한다. 그것은 불공평하고 비효율적이다. 그 학파의 경제학자들은 빈민 여성이 귀중한 시간을 모임에 쏟아붓고 조직에 충성을 맹세하며 마을집단의 재정을 관리해야 한다고 주장한다. 인터뷰 도중에 미국 국제개발처의 한 컨설턴트가 내게 "당신과 내가 여성으로서 은행에서 돈을 빌린다면, 뱅크오브아메리카Bank of America로부터 대출을 받을 때 이런 일을 해야 하나요?"라고 물었다(2004년 3월). "왜 빈민 여성이 그래야만 하죠?" 그녀는 끈질기게 물었다. "그리고 이것을 어떻게 여성의 역량강화라고 말할 수 있죠? 진정한 역량강화는 선택권이 있어야 해요. 이 모든 조건과 의식절차 없이 서비스를 구매할 수 있어야 한다는 말이죠."

액시온 인터내셔널 금융포용성센터Center for Financial Inclusion at Acción International의 임원이자 미국 국제개발처의 소액창업 부문 전 책임자였던 엘리자베스 라인Elizabeth Rhyne 같은 소액금융 전문가의 주장에 따르면, 그러한 자유는 훨씬 더 깊은 규범적 차원의 특성을 띤다. 라인(2001: 183)은 노벨경제학상을 수상한 아마르티아 센Amartya Sen이 개발을 자유라는 차원에서 분석한 것을 언급하면서, 금융에 대한 접근권이 궁극적으로 자유와 경제적 능력, 사회적 선택을 낳는 수단이라고 주장한다. 그러한 생각은 소액금융의 세계 어디에든 있다. 따라서 이집트의 한 소액금융기관의 책임자는 인터뷰가 진행되는 동안 매우 열정적으로 이렇게 말했다(2005년 12월).

여성들은 역량강화가 필요하지 않았어요. 그들은 이미 역량이 있었죠. 이것은 금융서비스의 문제입니다. 따라서 우리는 가능한 한 최선의 서비스를 제공해야 합니다. 당신네 미국인들은 민주주의를 이야기하고 싶어합니다. 자, 이것은 금융민주주의입니다. 여기 와서 우리 고객에게 그들이 자녀를 학교에 보내지 못하는 이유를 묻거나, 그들이 돈을 어떻게 쓰고 있는지에 대해 묻지 마세요. 그들이 스스로 선택할 수 있게 놔두세요.

그러나 개발에 관한 지식을 공익으로 생각하는 것에 모순과 역설이 있을 수밖에 없는 것처럼, 자본의 민주화 또한 모호함으로 가득 차 있다. 그라민은행이 개척한 소액금융의 NGO 모델은 주로 리스크 관리에 중점을 둔다. 이 모델은 '우량 여성'과 '불량 남성'이라는 전제 아래 또래집단과 가부장적 규율, 마을생활과 연계된 대규모 NGO를 통해 대출금 상환을 보장한다. 여기서 리스크는 젠더화된 친밀감을 통한 통제기법으로 관리된다. 그러나 '빈곤에 관한 워싱턴 컨센서스'가 구상하는 새로운 금융시장은 그런 다양한 제도적 형태·마을집단·젠더화된 친밀감 같은 데 파묻혀 있을 수만은 없다. 세계적 규모의 새로운 금융시장이 형성되기 위해서는 투명한 금융시장을 창출할 새로운 리스크 관리기법이 필요하다. 이것 또한 CGAP가 수행해야 할 중요한 임무다. 리스크 점수를 매기는 모델은 오늘날 소비자 신용제도를 뒷받침하는 평판을 기반으로 하는 대출을 모방하면서, 리스크를 서로 다른 범주에 속한 빈민의 탓으로 돌리려고 한다. 이러한 모델은 나이·성별·결혼 여부·직업 같은 변수에 점수를 매겨서 대출권한을 높이거나 제한한다. 그런 제도는 물론 예로부터 가난한 사람을 리스크가 높은 대출자로 낙인찍어 대출받을 수 있는 대상에서 제외했다. 그러나 오늘날 그 기준은 효율적으로 활용되면서 자본의 민주화를 촉진하고 있다.

## 새로운 자산의 탄생

'빈곤에 관한 워싱턴 컨센서스'는 구식 소액금융의 의식절차에 반대하는 대신, 그 자신의 독자적인 의식절차를 선언한다. 그러한 의식 가운데 하나가 해마다 '글로벌 100'('전 세계 개발도상국 최고의 소액금융기관' 순위표)을 발표하는 것이다(http://www.themix.org/publications/2007-mix-global-100-rankings-microfinance-institutions, 2008년 6월 12일 현재). CGAP가 설립하고 시티그룹재단Citygroup Foundation·도이치은행·오미다이어 네트워크·열린사회연구소Open Society Institute·록데일재단 Rockdale Foundation이 후원하는 가상 소액금융시장인 소액금융정보거래소Microfinance Information eXchange, MIX가 그 순위를 매긴다. MIX는 '투명한 정보시장' 안에서 소액금융기관을 투자자·후원자와 연결시키려고 애쓴다(http://www.mixmarket.org, 2008년 10월 13일 현재). MIX는 그러기 위해서 소액금융기관의 실시간 신용등급을 제공하는 '열지도 heat maps'를 만든다. 그러한 열지도를 만들기 위한 시각화 도구는 역설적이게도 '파놉티콘Panopticon'이라고 불린다(http://www.parnopticon.com, 2008년 10월 13일 현재). 파놉티콘은 오늘날 훈육과 징벌을 상징하는 최고의 아이콘으로, 19세기 자유주의 철학자 제러미 벤담Jeremy Bentham이 간수의 감시능력을 극대화하고 죄수가 이런 감시의 시선을 내면화해서 스스로 통제하는 태도를 갖게 하기 위해 고안해낸 원형교

도소다. 열지도는 새천년의 파놉티콘, NGO에게 금융질서를 정해주는 수단이다.

'글로벌 100' 순위표는 지원활동·규모·수익률·효율성·생산성과 보유하고 있는 투자상품의 질을 기반으로 소액금융기관의 순위를 매긴 것이다. 물론 빈곤에 끼치는 영향과 명시적으로 관련된 기준은 없다. 대개 월스트리트 창구(예컨대 뉴욕 시의 도이치은행 오찬장)에서 공개되는 글로벌 100은 CGAP의 지침에 대한 합의를 강화한다. 그것은 빈민에게 우호적인 혁신인지 아닌지에 대한 고려는 전혀 없으면서 금융적 효율성만으로 특정한 소액금융모델의 인증 여부를 결정한다. 소액금융의 개척자인 그라민은행과 브락은 그들의 지원규모 측면(수백만 명의 신용 대출자와 예금자)에서는 성공적이었는지 모르지만, 효율성 측면에서는 성공적이지 못한 것으로 평가받는다. 글로벌 100은 열지도의 압축판이다. 최고의 기관과 최고의 모범사례로 지정되면 세계적인 투자펀드의 열기가 그쪽으로 향한다. 오늘날 또 다른 순위표도 새롭게 등장했는데, 그중 하나가 2007년 포브스에서 나왔다. 포브스 50대 '최우수기관' 목록은 이 순위표가 "소액금융기관이 베푼 사회적 혜택이 아닌, 그들의 금융사업의 성과를 평가하기 위한 시도"라는 것을 노골적으로 보여준다(Swibel, 2007). 그러한 기관의 순위표는 소액금융의 세계에서 이른바 '일종의 자산' 또는 투자유통이라는 것의 새로운 탄생을 알린다.

이 순위표는 리스크 관리와 완화의 대상이 더는 가난한 사람에게만 한정되지 않음을 의미한다. 이제는 소액금융 관련 NGO의 리스크 관리 또한 똑같이 중요한 문제가 되었다. 오늘날 공식적인 금융중개기관으로 개념화된 소액금융기관은 서로 투자기금을 확보하기 위해 경쟁할 수밖에 없기 때문에 자기네 금융신용도를 입증하지 않으면 안 된다. 그들은 또한 가난한 사람에게 돈을 빌려주는 금융업체이기도 하다. 따라서 그들은 글로벌 금융시장의 규범에 따라 등급이 매겨지고 비교되며 끊임없이 평가받는다. 이것은 결국 여러 가지 상이한 투명성과 가시성 기법을 이용한 지속적인 실험을 요구한다. 이런 의미에서 가시성은 새천년 개발의 이념이자 실천이고, 피라미드의 맨 밑바닥과 그것의 리스크와 수익구조를 볼 수 있는 투시도다. 그러한 소액금융기관에 대한 열지도와 순위, 말하자면 그 새로운 파놉티콘은 이러한 시스템의 중요한 요소다. 예컨대 스탠더드앤푸어Standard & Poor는 미주개발은행이 후원하는 프로젝트로 전 세계 소액금융기관의 순위를 매기는 작업을 진행하고 있다. 스탠더드앤푸어의 한 임원은 그런 시도를 이렇게 설명한다. "국제시장과 국내시장 모두에서 이러한 자금원의 빗장을 열기 위해서는 전 세계적으로 인정받는 투명한 신용분석이 필요합니다."(*PR Newswire*, February 6, 2008)

정보기술은 소액금융의 글로벌 질서에서 중요한 역할을 한다. 오늘날 신용등급·스마트카드·생체인식·정보흐름 분석을 통해 이루어지는 거래망이 소액금융의 고객과 대출 담당 직원 사이의 일대일 대면관계를 대체하고 있다. 거대 신용카드사 비자와 마을금고village banking의 개척자인 핀카 인터내셔널이 제휴한 미국 국제개발처의 글로벌개발협력의 본보기 사업 가운데 하나가 그 예다.

비자는 금융상품 플랫폼, 기술적 처리능력과 전문지식을 제공하고 핀카의 대출 담당 직원을 교육시킬 것이다. 핀카는 마을금고의 자체 네트위크를 통해 고객이 전자지불 시스템에 접속할 수 있게 하고 그 시스템 활용법을 교육하며 전문지식을 공유할 것이다.

(http://www.usaid.gov/press/releases/2004/pr040124.html, 2005년 5월 10일 현재)

'빈곤에 관한 워싱턴 컨센서스'가 꿈꾸는 지형이 바로 여기에 있다.

일주일에 한 번, 안나 실바 발레스케스는 그녀의 자그마한 장난감 소매점에서 팔 장난감을 도매로 떼어오기 위해 볼리비아의 수도 라파스에서 칠레 도시 이키케로 간다. 그녀는 여행을 떠나기 전, 민간금융기금인 쁘로뎀Prodem*의 한 지점에 들른다. 그녀는 현금자동 인출기와 비슷하게 생긴 광학스캐너에다 스마트카드를 대고 카드스캐너에 붙어 있는 전자지문 인식기에 엄지손가락을 올려서 본인 인증을 받는다. 그녀는 현금자동 인출기에서 지폐를 꺼내 지갑에 안전하게 집어넣고 칠레로 출발한다. 그 소상공인은 "전 은행창구 앞에 줄을 설 시간이 없어요"라고 설명한다.

(Silva, 2002: 33)

글로벌 소액금융산업의 입장에서, 그러한 기간기술 기반은 신용등급·신용기록·신용거래가 투명하게 확인되는, 그래서 소액금융정보거

---

* 우리나라의 신용협동조합 같은 곳의 명칭이다.

래소 같은 기관이 볼리비아의 외딴 신개척지의 금융정보를 즉각적으로 볼 수 있게 함으로써, 지리적 경계를 넘어 서로 연결된 금융대부업의 미래를 약속한다. 생체인식으로 등록된 제3세계 여성의 신체는 이러한 자본과 사실 유통의 기반이 된다. "쁘로뎀의 기술개발 계열사인 이노바 Innova의 총책임자 프루덴시오는 '우리는 농촌지역 사람을 금융정보화하는 데 성공했습니다'라고 설명한다."(Silva, 2002: 33-34)

소액금융을 단순히 개발의 한 부문으로 이야기하는 것은 이제 적절하지 않다. 오히려 소액금융은 대출이라는 상품을 생산하고 거래하고 가치를 평가하는 산업으로 보는 것이 타당하다. CGAP의 소액금융 수석 전문가인 사이드 하세미(2006)가 언급한 바에 따르면, "소액금융은 실제로 오늘날 세상에서 가장 성공적이고 빠르게 성장하는 산업 가운데 하나로 무르익었다. 아프리카만 놓고 보더라도, 소액금융의 성장률은 아마도 휴대폰 이용 증가율 다음으로 높을 것이다." 이것은 자본축적의 신개척지다.

일종의 자산으로 소액금융이 구성되면서 소액금융산업은 바야흐로 급속하게 발전하고 있다. 새로운 소액금융펀드의 등장과 성장은 오늘날 명백한 현상으로, 2008년 말 현재 그 수가 104개에 이르렀다 (Reille and Glisovic-Mezieres, 2009). 대형 금융기관의 경우 최대 평균 8퍼센트의 수익률이 발생하지만, 일부 신생 투자신탁회사는 수익을 전혀 못 올리는 경우도 있다. 하지만 소액금융펀드는 2007년에 총 규모 35억 달러, 2008년에는 65억 달러에 이르는 급속한 성장을 거듭했다 (Swibel 2007; Reille and Glisovic-Mezieres, 2009). 이 펀드는 주로 유럽에 집중해 있는데, 그 가운데 가장 큰 기관은 새로운 '미개발' 소액금융은행에 투자하는 독일 지주회사인 프로크레디트Procredit다. 또 다른 중요한 '신개척지' 기관은 제네바에 본사를 둔 소액금융전문 자산관리회사인 블루오차드파이낸스Blue Orchard Finance다. 2006년 블루오차드 개발융자Blue Orchard's Loans for Development는 전 세계 13개국의 21개 소액금융기관에 5년 만기 대출을 제공했다. 그 거래는 2006년 마이크로크레디트 정상회의에서 모건스탠리가 정부 보증 없는 소액금융기관 최초의 '완전공개 시장 투자' 사례로 소개했다.

자유롭고 공개된 글로벌 시장에 대한 논의가 무성하지만, 실제로 시장은 그 나름의 특색이 있고 균등하지 않으며 폐쇄적이다. 소액금융의 경우도 마찬가지인데, 리스크 관리는 여전히 긴급히 처리해야 하는 문제다. 소액금융기관이 가난한 사람에게 돈을 빌려주는 리스크를 관리해야 하는 것처럼, 글로벌 투자자는 소액금융기관에 돈을 빌려주는 리스크에 대한 대가를 계산하고 완화해야 한다. 원조기관이 이 부채산업을 인수하고 높은 재무수익률을 올릴 수 없는 소액금융기관이 입힐 수 있는 손실을 처리하기 위해 나섰다. 2008년 노르웨이 정부는 1억 1,700만 달러의 소액대출펀드를 자본금으로 노르웨이 소액금융회사Nordic Microfinance Initiative를 설립했다. 기금의 50퍼센트는 노르웨이 정부가 제공하고 나머지 50퍼센트는 민간금융단체·은행단체·보험회사가 조달하는 방식이었다(Stoltz, 2008). 그 뒤를 이어 생겨난 기관이 도이치뱅크 소액대출개발기금Deutsche Bank Microcredit Development Fund이다. 도이치뱅크의 지역사회개발그룹 책임자 아사드 마흐무드 Asad Mahmood가 이끄는 사업인 5,000만 달러 규모의 이 부채기금은 원조기관이 1차 손실의 충격을 막아주는 역할을 하는 방식으로 만들어졌다. 그러한 새로운 시장 구축으로 정부가 리스크를 흡수할 필요가 있다는 사실이 밝혀졌다. 이런 의미에서 경제사학자 칼 폴라니(1944: 146)는 "시장은 계획된다"라고 멋지게 표현했다.

2004년 캘리포니아 대학 버클리캠퍼스에서 열린 소액금융회의에서, 소액금융 컨설턴트 조너선 루이스Jonathan Lewis는 리스크 회피의 확산에 주목했다. "미국인은 물을 마시기 두려운 지역에 투자하는 데 관심이 없습니다." 소액금융자본의 흐름이 광범위하게 여러 지역으로 쉽게 확산되지 않고 일부 지역에 고정해서 집중된 것은 놀라운 일이 아니다. 이른바 '소액금융의 열기'(Swibel, 2007)라고 불린 소액금융투자의 대부분은 지리적으로 동유럽과 라틴아메리카에 집중되어 있다(CGAP, 2004b; Littlefield, 2007). 그곳은 '사람들이 물을 마실 수 있는' 지역이다. 소액금융자본의 흐름은 또한 대개 전 세계적으로 투자위험 대비 수익률이 높은 일부 소수의 소액금융기관에 집중되어 있다.

소액금융이 글로벌 금융산업으로 편입되면서, 소액금융의 초기 목적이었던 가난한 사람에게 돈을 빌려주는 것에 대한 리스크 기피 현상이 날로 확산되고 있다. 여기서도 자본의 흐름은 시장의 승자(빈민 가운데 신용도가 높고 기업가 정신이 있는 것으로 여겨지는 사람)를 추구하기 마련이다. 유엔자본개발기금United Nations Capital Development Fund, UNCDF 의 한 직원과 극적으로 가진 인터뷰에서, 그는 극빈자가 '돈을 벌 줄 모르는' 사람이라고 주장했다(2005년 10월). "만일 당신이 가난한 사람 중에서도 극빈자를 받아들인다면, 그것은 좀 어리석거나 모자란 생각입니다. 당신은 이 사람이 대출이 필요하다고 생각하십니까? 아닙니다." 그는 '돈을 벌 줄 알고' '적극적으로 경제활동에 참여하는' 빈민과 '돈을 벌 줄 모르는' 빈민을 구분하는 경계선을 명확하게 그은 도표를 그렸다. 일종의 자산으로서 소액금융의 피할 수 없는 모순이 바로 여기에 있다. 그런 레드라인을 없애려고 나온 것이 바로 소액금융이기 때문이다.

　　대출과 관련된 리스크에는 대출금 회수와 관련된 위험도 있다. 상업은행과 사모펀드는 소액금융 분야에 진입하면서, 빈민에 대한 금융기강을 강화해야 하는 위험에 직면할 수밖에 없다. 따라서 월가의 한 최고위 은행가는 인터뷰를 통해 글로벌 투자은행이 대출금 회수와 관련된 매우 어려운 도전에 직면해 있다고 언급했다(2005년 3월).

　　월스트리트의 은행이 가난한 볼리비아 농촌 여성을 따라다니며 대출금 상환을 재촉하느라 애쓰는 모습을 언론과 학계가 신나서 떠들고 다니는 것을 상상할 수 있습니까? 우리는 소액금융 NGO가 했던 것처럼 가난한 사람이 대출금을 제때 상환하도록 다양한 사회적 제재를 가하는 일을 잘할 수 없어요.

　　'빈곤에 관한 워싱턴 컨센서스'는 그런 도덕적 위험을 막기 위해서 상업은행과 소액금융기관 사이의 연계를 장려한다. 상업은행은 그런 관계를 통해 대출금 상환계약 이행과 불이행 시 제재와 관련된 일을 NGO에 맡김으로써 소액금융이라는 신개척지 시장에 진입하게 된다. '빈곤에 관한 워싱턴 컨센서스'가 자립이라는 주제를 강조하고 소액금융 NGO가 초기에 자선단체에 의존했던 것을 책망하지만, 월스트리트의 번지르르한 거대 금융기관도 여전히 정부의 육성기금에 의존하고, 소액대출 기강확립과 관련해 그런 NGO의 도움을 받고 있다.

일종의 자산으로서 소액금융의 발전과정에 나타나는 다양한 역설적 상황·불확실성·모순은 바로 세계은행 방식의 개발구조에 내재된 것을 그대로 반영한다. 세계은행은 처음부터 자본시장에 의해 형성되었다. '준독립' 상태를 누리는 세계은행이 채권을 발행하고 보수적 금융투자자의 평가를 받는 곳이 바로 이 시장이기 때문이다(Miller-Adams, 1999: 25). 세계은행의 채권은 실제로 1959년부터 무디스와 스탠더드앤푸어스(오늘날 소액금융기관의 등급을 매기는 데 관심을 보이는 바로 그 평가기관)으로부터 모두가 탐내는 AAA 등급을 받았다. 세계은행(2000)이 스스로 언급하는 것처럼, 그들은 1947년부터 해마다 많은 수익을 기록했는데, 특히 지난 15년 동안 연간 10억 달러가 넘는 이익을 올렸고 최근 몇 년 동안은 20억 달러에 가까운 이익을 창출하면서 엄청나게 수익성 높은 성과를 거두었다. 북반구의 채권소유자는 그런 수익에서 나오는 이자배당금을 받는다(World Bank, 2000: 3).

그러나 세계은행은 또한 자기네 채권의 등급을 유지하기 위해 '물을 마실 수 없는' 나라들에 돈을 빌려주는 사업을 잘 조정하는 리스크관리도 해야 한다. 많은 개발학자가 다음과 같이 언급한다.

세계은행은 엄격한 금융정책을 유지하고 금융조건을 완벽하게 이행하는 견실한 역량을 갖춘 덕분에 세계에서 가장 보수적인 투자자가 다른 환경에서라면 매우 위험한 모험으로 생각할 사업을 위해 개발도상국에 자금을 투자하는 중개자 역할을 할 수 있었다.

(Miller-Adams, 1999: 25)

이런 의미에서 세계은행은 여느 소액금융기관이나 소액금융투자 펀드와 다를 바 없다. 따라서 기존의 레드라인을 넘어서 신용대출의 신개척지로 진입하려고 애쓰고 있다. 그러나 세계은행은 또한 금융수익을 보장하고 글로벌 열지도상에서 높은 등급을 받는 자본의 유통을 통해 자금을 움직여야 한다. 새천년 개발의 새로운 특징인 것처럼 보이는 개발의 금융화는 사실 CGAP의 본거지인 세계은행의 금융모델에 깊이 뿌리박혀 있는 오래된 논리임이 밝혀졌다. 그것은 이 장을 마무리하면서 다시 이야기할 내용이다.

### '기정사실화'

개발의 금융화는 여기서 대강 설명된 금융기술의 효율적 이용과 리스크 관리를 통해 적극적으로 기획된 하나의 프로젝트다. 그러나 이 프로젝트는 금융시장의 원리와 규범이 개발 실천의 중심이 되는 지식의 생산을 요구한다. 여기서 정보와 지식의 차이를 명확히 구분할 필요가 있다. 지식은 규범적 틀과 주장이 주목을 받을 수 있게 정보를 정렬하고 분류한 것이다. '빈곤에 관한 워싱턴 컨센서스'의 개요를 설명하는 가운데, 나는 '권위 있는 지식authoritative knowledge'(Falk Moore, 2001)—상식적 전문지식·지배적 패러다임·당위적 세계관이 되는 생각—으로 이해될 수 있는 것에 주목한다. 권위 있는 지식은 사실을 만들어낼 뿐 아니라 그러한 사실을 인준한다. 그러나 그런 사실의 유통은 또한 정치적 논쟁의 현장이기도 하다. 프랑스 사회학자 피에르 부르디외(1985: 729, 731)가 언급한 것처럼, 거기서는 '다수가 인정하는 명칭을 정하는 독점권'을 지키기 위해 '그것이 인식되는 범주를 유지하거나 바꿈으로써 사회적 세계를 유지하거나 변화시킬 수 있는 힘을 차지하려고' 투쟁한다. 이것이 바로 CGAP, 좀더 일반적으로 말하자면, 세계은행의 힘이다. 그러나 그것은 끊임없이 새롭게 갱신되고 유지되어야 하는 힘이다.

프랑스 철학자 미셸 푸코Michel Foucault(1969: 106)는 '지식공간'을 분석하기 위해 '이야기하는 주체'가 어떤 사람인지 연구하는 것이 필요하다고 강조한다. 그는 묻는다. "이야기하고 있는 사람이 누구인가? (……) 그의 사회적 지위는 어떠한가? (……) 그런 주장을 하기에 충분한 (……) 법적으로나 전통적으로 승인된 독점적 권리가 있는 사람인가?"(Foucault, 1969: 55) 유누스는 방글라데시에 없는 것이 바로 이런 발언의 주도권이라고 한탄한다. 2004년에 내가 유누스와 나눈 인터뷰에서, 그는 '펜을 가진 사람이 개발과 관련된 개념을 만드는' 방식과 CGAP 같은 기관이 자본주의에 대한 '월스트리트의 관점'을 어떻게 설명하고 전파하는지에 대해 매우 격정적으로 이야기했다. 나는 이 생각에 동의하면서 이제 '빈곤에 관한 워싱턴 컨센서스'를 '이야기하는 주체', 다시 말해 일반인에게 그것에 대한 자신의 이해방식을 앞장서 제시하는 기관에 대해 간략하게 설명하려고 한다.

'기정사실화accomplishments of truth'라는 표현은 마이클 추가 마거리트 로빈슨(2001)의 책, 『소액금융 혁명』을 추천하면서 한 말이다.

지난 5년 동안, 세계는 빈민을 구제하는 효과적 수단으로서 자본에 접근할 수 있는 권한을 대폭 확대하는 것이 가능하다는 인식이 널리 퍼졌다. 그러나 신화와 전설이 사실관계와 서로 복잡하게 뒤얽히는 경우가 종종 발생하면서, 오늘날 자주 되풀이되는 잘못된 정보는 기정사실화로의 진행속도를 떨어뜨릴 위험이 있다. 마거리트 로빈슨의『소액금융 혁명』은 이런 안개 속 혼미한 상황을 밝히는 등대로 다가온다.

로빈슨의 책은 사실은 등대가 아니라 이정표다. 2001년에 세계은행이 발간해서 널리 전파되고 호평을 받은 그 책은 '빈곤에 관한 워싱턴 컨센서스'의 핵심 이념을 제시한다. 따라서 그 책은 소액금융과 관련된 권위 있는 지식이 만들어지는 과정에서 나온 가장 중요한 산물 가운데 하나다. 로빈슨 자신이 사회인류학을 전공한 학자로서 대개 '컨설턴트'라는 명찰을 달고 지식생산의 현장을 누빈 터줏대감이다.

소액금융의 지식체계에서 일반적으로 '볼더Boulder'로 알려진 것만큼 중요한 현장은 아마 없을 것이다. 본디 콜로라도 주 볼더에 있는 나소파 대학에서 실시했기 때문에 통칭된 이것은 오늘날 이탈리아 토리노에서 해마다 여름에 열리는 소액금융 교육 프로그램이다. 교육 참가비는 매우 비싼 편이다. 3주 동안의 수업료와 숙식비가 1만 달러 가까이 된다. 이렇게 교육장소가 바뀐 것은 9·11 테러 이후에 일어난 현상으로, 미국 입국비자를 받기 어려울지도 모를 남반구의 교육 참가자의 참석률을 높이기 위한 조치였다. CGAP 프로젝트 가운데 하나인 볼더협회는 CGAP의 수석 고문을 역임하고 지금은 게이츠재단에서 빈민을 위한 금융서비스를 진두지휘하는 로버트 펙 크리슨Robert Peck Christen이 이끌고 있다.

크리슨은 토리노에서 가진 인터뷰에서, 볼더 교육 프로그램이 단순한 연수 프로그램이 아니라 '개념적 틀과 사고방식'을 정립하는 교육임을 강조했다(2005년 7월). 볼더 프로그램이 진행되는 3주 동안, 아침마다 크리슨은 소액금융 '모범사례'의 핵심 개념과 원칙을 설명한다. 오후 시간에 학생들은 다른 전문가가 가르치는 강의에 참석한다. 1995년 이래로 볼더 교육 프로그램을 이수한 사람의 수는 수백 명에 이른다. 그들은 '빈곤에 관한 워싱턴 컨센서스'의 기반을 다지는 원조기관(세계은행·UNCDF·USAID·CGAP)의 후원을 받는다. 그리고 그런 원조기관으로부터 지원금을 받고 있는 소액금융기관이 그들의 고위급 실무자를 볼더 교육 프로그램에 참석시키리라는 예상은 당연히 할 수 있다. 따라서 CGAP는 해마다 하계교육 프로그램을 통해, 소액금융의 '모범사례'와 '기정사실화'로 무장한, 권위 있는 새로운 전문가 집단을 배출한다.

CGAP와 마찬가지로 볼더협회는 가난한 사람을 위한 금융체계를 구축하는 문제에 주목하고 있다. 크리슨은 2005년 프로그램에서 협회의 교육목적을 "점점 커지고 있는 소액금융 공동체가 대규모로 성장하기 위한 전제조건으로 재무적 지속 가능성이 필요하다는 것을 명심하게 만드는 것"이라고 분명하게 설명했다. 따라서 볼더협회의 총회와 강좌가 소액금융을 '소액은행업microbanking'으로 새로이 자리매김하게 하려는 생각에 흠뻑 빠져 있는 것—소액금융정보거래소의 **소액금융업공보microbanking bulletin**라는 제목을 통해 알 수 있듯이—은 당연한 일이다. 그래서 볼더에서는 위험대출자산PAR을 비롯해 상업은행의 평가기준이 되는 다양한 지표에 대해서도 많이 들을 수 있다. 반면에 빈곤에 대한 언급은 거의 없다. 실제로 로빈슨은 강의에서 "우리는 빈곤에 초점을 맞추지 않고 그것을 평가하는 법을 가르친다"라고 명확하게 밝힌다. 평가문제는 소액금융이 글로벌 산업으로 자리매김하는 데 중요한 요소다. 한 소액금융 컨설턴트는 "코카콜라와 페덱스의 제품이 온 세상

어디에나 다 수출되는데, 소액금융이 그렇게 하지 못할 이유가 있습니까?"라고 묻는다.

그런 패러다임은 볼더뿐만 아니라 다른 소액금융 교육 프로그램을 모두 관통한다. 1999년에 개원한 뉴햄프셔의 소액창업개발원은 처음에는 볼더에 맞서 빈곤에 초점을 맞춘 기관으로 자신을 소개했다. 그러나 MDI의 교육과정을 보면, CGAP처럼 소액금융의 '모범사례'를 상세하게 설명하지는 않아 보이지만, 대체로 재무적 지속 가능성 문제를 매우 중요하게 다루고 있다. 2004년에 내가 참석한 MDI의 한 수업에서는 소액금융 부문을 경쟁력 있는 글로벌 산업으로 분석하고, 소액금융 기관을 위한 전략적 재무상태를 개발하는 방법을 가르쳤다. 재무벤치마킹·재무성과지표·자본비용구조·대출자산 위험측정 같은 용어는 기존의 금융산업에서 쓰는 용어였지만, 이제는 소액금융에서도 똑같이 적용되었다. 일부 학자는 그런 교과과정에 실망을 표하면서, MDI가 융통성 없고 이념적으로 편향된 볼더협회의 대안이 되어야 한다고 주장했다. 하지만 그 밖의 다른 학자는 소액금융 실무자가 볼더에서 마련한 교과과정을 요구하고 있으며, 이러한 요구사항은 충족되어야 한다는 것에 동의했다. 여기서 또다시 소액금융은 소액은행업으로 자리매김해야 할 필요성이 생겨났다.

볼더협회는 소액금융의 '모범사례'를 널리 보급하는 기관 이상의 역할을 한다. 그곳은 소액금융과 사실상 개발과 관련된 복잡하고 정교한 서사가 만들어지는 지식생산의 현장인 셈이다. 예컨대 로빈슨(2001: xxxiii)은 소액금융 혁명을 원조기관의 자금을 지원받는 남아시아의 '빈민층 대출'기관에서 인도네시아와 볼리비아의 '지속 가능한 금융 중개기관' 또는 '소액은행업'으로의 전환이라고 설명한다. 이것은 소액금융 기관뿐 아니라 특정 지역이 어떻게 작동하고 망하는지에 대한 강력한 서술이다. 크리슨은 날마다 볼더협회의 오전 수업에서 고대의 대출관행부터 근대의 은행업에 이르기까지 소액금융의 역사적 궤적을 추적한다. 그는 소액금융의 뿌리를 10세기 중국의 불교 사찰과 12세기 빈민에게 경제적 지원을 장려했던 마이모니데스Maimonides[•]의 원칙, 그리고 모험적 사업에 돈을 빌려준 15~16세기 영국의 상업자금에서 찾는다. 그의 주장은 단순하다. 모든 사회와 문화는 소액금융의 역사가 있으며, 오늘날 소액금융을 운영하는 기관은 이러한 '길이 빛나는' 역사의 일부일 뿐이라는 것이다. 크리슨은 오늘날 소액금융을 서로 비슷하지만 차별화된 세 종류로 크게 구분하여 분석한다. 첫째는 비영리단체를 통해 빈민에게 돈을 빌려주는 남아시아 모델이고, 둘째는 소액창업과 고용창출에 방점을 찍는 라틴아메리카 모델, 끝으로 특정 집단을 뛰어넘어 일반 대중을 대상으로 하는 은행과 저축모형을 잘 갖춘 인도네시아 모델이다. 이것은 또한 역사적으로 어느 지역에서 어떤 소액금융모델이 재무적 지속 가능성에 가장 적합한지를 보여주는 역사적 지형에 대한 주장이기도 하다.

로빈슨(2001: xxxi)은 그라민모델이 기부금에 의존한다고 일축하면서, 보조금에 의존하는 기관과 그렇지 않은 기관 사이에 명확한 선을 긋는다. 반면에 크리슨은 보조금을 둘러싼 논쟁에서 그와 미묘한 차이를

---

• 1135~1204. 제2의 모세로 알려진 스페인 출신의 유대교 사상가.

보인다. 그는 그라민은행이 운영비용을 자체 충당함으로써 기관의 운영자립도operational self-sufficiency, OSS를 달성한 것에 주목하면서, '수많은 사실 왜곡에도 불구하고' '빈민에게 금융서비스를 제공하는 최초의 기관'을 낳았다는 점에서 유누스를 신뢰했다. 그러나 그는 또한 그라민은행이 재정자립도financial self-sufficiency, FSS 달성에 실패하면서 실질금리를 반영하지 못하는 대출이자를 보완하기 위해 보조금 지원을 고집한다고 지적했다. 크리슨은 그라민이 재정자립도를 달성하기 위해 그동안 수용하기를 꺼려왔던 금리인상을 단행해야 한다고 주장했다. 그라민 방식은 볼리비아의 소액금융시장을 선도하는 방코솔BancoSol의 방식과 비교되었다. 방코솔의 대출금리는 46퍼센트로 그라민의 12퍼센트보다 상당히 높은 수준이다.

그런 벤치마킹은 그것이 글로벌 규범을 확립하고 특정 기관이 선택한 방식을 평가하기 위한 변수를 정한다는 점에서 일종의 강력한 지식 행위다. 크리슨은 그라민을 적극적으로 '변호'한 뒤에, 몇 가지 문제를 던지며 이야기를 매듭지었다.

빈곤완화 문제를 깊이 우려하는 사람들은 재무적 지속 가능성을 달성하는 데 전념하지 말라는 법이 있는가? 그들은 실질금리를 반영하는 노력을 기울이면 안 되는가? 수많은 빈민 가정을 돕는 일에 관심이 있는 사람들은 보조금을 가장 효과적으로 활용할 수 있게 하는 일에 관심을 갖지 말아야 하는가?

이처럼 볼더에서는 높은 이자율이 소액금융의 핵심 '모범사례'로 묘사되고, 이러한 높은 이자율의 적용은 '민주화된 자본'의 필수 요소로 비친다.

얼핏 보면 볼더협회의 '기정사실화'는 전 세계 소액금융 운영자에 의해 열성적으로, 심지어 경외의 대상으로 받아들여진다. 볼더협회 교육 참가는 일종의 확인 도장이나 권위의 표시다. 반면에 불만 가득한 MDI 교육 참가자들은 MDI의 강좌가 볼더협회의 강좌만큼 '최첨단'이거나 '엄선된' 교육이 아니라고 불평했다. 그럼에도 볼더의 이념을 수용하는 문제는 합의를 본다고 해서 해결될 수 있는 단순한 문제가 아니다. MDI에서처럼 볼더협회의 많은 교육 참가자, 특히 사하라 사막 이남 아프리카 출신들은 소액금융을 규제하는 방법을 배우려고 애쓰는 중앙은행 실무자다. 그들에게 소액금융상품 구성은 격이 떨어졌다. 그것은 그들이 중앙은행에서 더 중요한 자리로 옮겨갈 때, 빨리 그만두기를 바라는 그런 거추장스러운 업무에 불과했다. 이들 말고도 소액금융에 무심한 또 다른 집단의 사람들이 있는데, 예컨대 이라크와 아프가니스탄에서 새롭게 소액금융을 운영하는 이들이 여기에 해당한다. 전쟁과 원조가 동시에 작동하는 제국주의 최전선에서의 개발사업은 대량 살상된 중산층의 중요한 생계 수단이다. 소액금융은 그저 그 시대의 특징이 반영되어 발생한 것일 뿐이었다. 중앙은행 실무자처럼 이런 소액금융 운영자에게 그라민은행에 대한 비판이나 보조금과 지속 가능성을 둘러싼 논쟁은 모두 따분한 일이었다. 심지어 그들 가운데 많은 사람은 그라민은행에 대해 들어본 적도 없었다.

그러나 그 외의 다른 사람들에게 이념전쟁은 중요한 문제였다. 볼더협회에서 만난 한 이탈리아 은행가는 자신이 말한 '워싱턴 컨센서스의 이데올로기'라는 것에 거부반응을 보이며, 이탈리아에서는 유누스가 널리 사랑받고 있고 파슬리만큼이나 인기가 있다고 말했다. 나는 또한 그 교육 강좌에서 새천년 개발목표는 거들떠보지도 않고 침묵하는 모습을 통탄해하는 독일 출신의 개발 컨설턴트도 만났다. 그녀는 볼더협회가 빈곤문제에 대해 거의 주목하지 않는 것에 충격을 받았다고 말했다. MDI에서도 많은 교육 참가자를 만났는데, 그들 가운데 많은 사람이 인도 출신으로, 그들은 볼더협회의 교육 대신에 MDI 교육을 택했다. 볼더협회가 일방적으로 금융체계만 강조하는 것을 우려했기 때문이다. 그들은 MDI의 다양한 교육과정의 수업시간에 소액금융의 '모범사례'와 워싱턴 컨센서스의 규범에 의문을 제기하면서 강사들을 매우 곤혹스럽게 만들었다.

워싱턴 컨센서스의 더 중대한 결함은 볼더협회가 널리 퍼뜨리는 '기정사실화'와 관련이 있다. 우리의 볼더 교육 프로그램에는 프리덤프롬헝거Freedom from Hunger의 책임자 크리스 던포드Chris Dunford가 쓴 글이 하나 들어 있었다. 1998년에 발표한 「소액금융: 무엇을 위한 수단인가?Microfinance: a means to what end?」라는 글의 일부는 이렇다.

우리는 기가 죽었다. 우리는 소액금융운동의 도덕적·지적 지도력을 금융공학자에게 넘겨주었다. (……) 소액금융 원조기관은 지난 10년 동안 우리가 도움을 주려고 애쓴 사람들이 누구인지, 그들에게 어떤 영향을 줄지에 대해 충분한 지식도 없이 소액금융 실무자가 서로 경쟁적으로 새로운 방법론을 대량생산하는 데만 몰두하도록 밀어붙이고 있다. 그 결과, 오늘날 우리를 사로잡는 '모범사례'는 빈민 가정에 가장 도움이 될 수 있는 성과보다는 소액금융기관의 실적을 더 중요하게 생각한다. 그런 모범사례는 소액금융운동이 점점 상업은행 업계의 성과기준을 채택하고 있음을 상징적으로 보여준다. 따라서 오늘날 소액금융운동에는 정말 불가사의한 역설이 존재한다. 우리 비정부기구가 가난한 사람이 지금까지 그토록 갈망했던 금융서비스에 대한 요구를 충족시키는 데 실패한 바로 그 기존 금융업계의 기준을 따라가기 시작하고 있다는 것이다. (……) 시장이 가난한 사람들을 구하는 데 실패했다는 것은 글로벌 금융산업의 역사적 사실이다.

던포드의 글은 볼더협회가 만들어낸 사실에 의문을 던진다. 볼더협회의 공식적 견해, 다시 말해 소액금융이 앞으로 상업은행으로 완전히 흡수될 것이고 또 그렇게 되어야 한다는 주장은 가난한 사람이 또다시 차별받고 주변부로 밀려날 것이라는 바로 그 실제적 위협을 놓치고 있다. 로빈슨은 지금까지 굶주린 사람에게 손을 뻗는 것은 은행업이 할 일이 아니라고 반박해왔다. 오히려 브락 같은 소액금융기관이 굶주린 사람의 생활을 향상시킴으로써 그것을 통해 돈을 벌 수 있다고 주장했다. 소액금융의 높은 기회비용과 거래비용을 비판하는 한편, 또 다른 측면에서 빈민에게 돈을 빌려주는 이런 대출방식에 혁명이 움트고 있음을 인식한 오하이오 학파의 호기심을 강하게 자극한 것은 바로 이러한 확실한 돈벌이의 기폭제다. 따라서 오하이오 학파의 경제학자 클라우디오 곤살레스 베가는 그의 볼더협회 강좌에서 소액금융을 일종의 '혁명'이라고 표현했다. 그것은 "부동산을 담보로 생각하던 것에서 벗어나 이제 사람과 무형의 미래의 가능성에 관심을 가지기 시작했기" 때문이다.

또 다른 볼더협회 강사이자 오하이오 학파 경제학자인 J. D. 폰 피쉬케 Von Pischke의 말에 따르면, "유누스 박사가 동전 한 푼 만져본 적 없는 가난한 여성의 장래성을 화폐로 전환시킬 수 있었던" 덕분에 소액금융 은 자본주의의 신개척지를 활짝 열어젖혔다.

미래에는 소액금융이 상업은행에 흡수되기보다는 은행업 자체가 소액금융에 점점 더 가까워 보이게 될 것이라는 곤살레스 베가의 주장 은 매우 흥미진진하다. 물적 자산보다 인적 자본이 주도하는 글로벌 경 제에서, 다시 말해 리스크를 관리하는 기본 수단이 변동성이 매우 큰 직 업과 생계에 의해 결정되는 불확실한 글로벌 경제에서, 은행업 자체는 소액금융의 다양한 묘책과 기법에 의존해야 할 것이다. 폰 피쉬케는 그 것을 '가난한 여성의 장래성을 화폐로 전환시키는' '신비하고 초월적인 수단'이라고 부른다. 이 수단이 '빈곤자본'이다. 그것은 현대 금융자본 의 원시적 과거의 모습이 아니라 미래의 얼굴이다.


## 정치경제학의 종말

볼더협회에서의 논쟁은 침묵과 더불어 훨씬 더 광범위한 영역이라는 새천년 개발의 지적 의제를 살짝 엿볼 수 있게 한다. 이 의제를 둘러싼 중요한 질문이 세 가지 있다. 첫째, 오늘날 시장은 제대로 작동하는가? 둘째, 한 형태의 자본을 다른 형태의 자본으로 전환시킴으로써, 내가 빈 곤자본이라고 불렀던 것을 낳는 개발방식은 무엇인가? 셋째, 개발에서 빈민 여성의 역할은 무엇인가? 이 세 가지 질문은 소액금융에 대한 개념화와 성공적 시행의 성패를 좌우할 정도로 중요하기 때문에, 소액금융을 둘러싼 논쟁은 새천년 개발의 축소판처럼 보일 수 있다.

## 새천년을 위한 시장

20세기 후반 자유시장 이데올로기와 긴축경제정책으로부터 21세기 빈곤과 인간개발에 관련된 이념과 실천의 총체적 조화로의 전환은 시장실패를 둘러싼 논쟁을 촉발시켰다. 제프리 삭스(2005) 같은 새천년 개발의 주역들에게 '빈곤의 덫'은 그런 시장 실패를 보여주는 사례다. 과거 신자유주의를 상징하는 워싱턴 컨센서스를 실행에 옮기는 IMF 공작원의 역할과 단절한 삭스는 이제 시장이 빈곤을 종식시키기 위해 필요한 '빅푸시Big Push*'를 창출하기에 충분한 역할을 수행하지 못한다고 주장한다. 그런 생각은 또 다른 워싱턴 내부자 조지프 스티글리츠의 연구에 생기를 불어넣었다. 스티글리츠(2002)는 신자유주의적 워싱턴 컨센서스를 '시장 근본주의'라고 거부하면서, 경제개발과 더불어 그 개발의 혜택을 민주적으로 고르게 분배하도록 하는 일에서 정부의 역할이 필수라고 주장한다.

그러나 오늘날 소액금융은 '개발 주도 정부'에 대한 요구와 불안한 동거를 하고 있다. 소액금융체계가 비록 신용대출시장이 가난한 사람에게 다가가는 데 실패한 결과로서 발생했다고 하더라도, 정부의 역할에 대해서는 애증이 엇갈리는 태도를 보인다. 일반적으로 소액금융은

---

* 대대적인 경기 부양책을 일컫는다.

정부의 물적 또는 인적 자본 투자를 수반하지 않는다. 실제로 소액금융은 개발에 대해 기술할 때 정부의 역할을 상세하게 적지만, 가난한 소상공인의 창의력과 그러한 기업가 정신을 실현시키는 데 성공한 지역 기관에 초점을 맞춘다. 볼더협회 같은 곳에서는 빈민에게 서비스를 제공하는 금융시장의 필요성을 지나치게 강조한 나머지, 대개 시장 실패에 대한 분석을 간과한다.

'빈민을 위한 시장'에 대한 이러한 신념은 소액금융에만 있는 것이 아니다. 그것은 새천년 개발의 가장 유명한 논쟁 가운데 하나인 삭스의 '빅푸시' 요구에 대한 이스털리의 통렬한 비판의 중심에 자리 잡고 있다. 삭스가 시장 실패에 대한 자신의 해법을 제시하자, 그의 뉴욕 이웃사촌인 윌리엄 이스털리(2006)는 그러한 접근방식을 21세기 공상적 사회공학인 '거대한 서구식 계획Big Western Plan'이라며 거부했다. 이스털리의 주장에 따르면, 빈곤의 비극은 단순한 시장 실패의 문제가 아니라 서구 세계가 이런 시장 실패를 해결하기 위해 수십억 달러를 썼지만 빈곤을 완화하지 못했다는 사실이다. 이스털리는 계획하는 사람이 아닌 방법을 모색하는 사람, 조금씩이나마 점증적으로 해결책을 찾는 사람이 필요하다고 주장한다. 이스털리(2006: 27)는 "가난한 사람 자신이 바로 그런 해결책을 찾는 최선의 인물이다"라고 주장한다. 하지만 그는 그러한 해결책을 찾아내는 장치로서 시장의 작동방식을 밝히는 것에 더 관심이 많다. 따라서 이스털리(2006: 60)에 따르면, 개발은 작동하지 않지만 "자유시장은 작동한다." 빈곤에 대한 이스털리의 해법은 삭스와 스티글리츠의 해법과 매우 다르다. 그는 부자에게는 시장이 있고, 가난한 사람에게는 관료가 있다고 믿는다. 이스털리(2006: 59)가 보기에 소액금융은 이 문제를 해결할 수 있는 수단이다. 소액금융이 빈민과 관료의 유착관계를 제거하고, 빈민을 위한 시장을 창출함으로써 신용대출 문제를 해결할 수 있기 때문이다.

이스털리의 분석은 새천년 개발에 생기를 불어넣는 빈곤에 대한 중요한 개념을 설명한다. 예컨대 "빈민도 자산이 있고 빈민이 곧 자산이다"라고 개념화했다. 에르난도 데 소토Hernando de Soto(2000)는 『자본의 수수께끼The Mystery of Capital』에서 빈민은 대담한 기업가 정신을 가진 사람으로, 골칫거리가 아니라 문제해결사라고 기술한다. 그는 가난한 사람들이 수조 달러의 자산을 보유하고 있으며, 그것은 개발도상국들에 이전되었거나 이전될 수 있는 해외원조의 규모를 훨씬 뛰어넘는 금액이라고 주장한다. 그렇다면 이러한 자산 보유자들이 왜 가난한가? 데 소토는 가난한 사람들이 그들의 자산을 결함이 있는 형태, 다시 말해 비생산적 자본으로 보유하고 있고, 관료주의 국가의 비능률적인 형식주의가 그러한 가치의 포착을 더욱 어렵게 만들기 때문이라고 주장한다. 요컨대 그는 실패한 것은 정부라고 진단한다. 볼더협회 같은 단체에서 데 소토의 분석이 상식으로 통하는 것은 놀라운 일이 아니다. 그곳의 강사들은 대개 그것을 언급하며 '가난한 사람들의 저축이 지닌 엄청난 가치'를 칠판에 적는다. 이것은 여태껏 아무도 거들떠보거나 발 디뎌본 적이 없는, 빈민의 이익에 기여할 수 있는, 그런 강렬한 상상력이다.

C. K. 프라할라드는 2004년 논문에서 빈민을 위한 시장에 대해 설득력 있는 설명을 잘 요약해놓았다. 프라할라드(2004: 1)는 이제 "빈민을 피해자나 부담이 되는 존재로 생각하지 말고, 그들을 유연하고 창

조적인 기업가 정신을 지닌 사람, 가치의식이 있는 소비자로서 인식하기 시작할" 때라고 주장한다. 비록 이 말은 빈민을 위한 기회를 억지로 만들어내는 것처럼 비칠지 모르지만, 프라할라드(2004: 1, 5)는 그러한 접근방식이 "빈민이 상품과 서비스의 '잠재시장'임을 보여주기" 때문에 '새로운 기회의 세계'로 가는 길을 활짝 열어준다고 주장한다. 따라서 소액금융에 대한 그의 분석은 인도에서의 ICICI 같은 상업은행과 다양한 자립단체 사이의 새로운 제휴관계에 초점을 맞춘다. 프라할라드(2004: 129)는 이런 방식을 칭송한다. 빈민을 위한 은행업은 "이제 더는 단순히 사회적 의무로만 볼 수 없는데, 그것도 마찬가지로 금융계에서 독자적으로 생존할 수 있기" 때문이다.

'피라미드의 맨 밑바닥'이라는 개념체계는 소액금융과 관련해서 매우 중요한 점을 시사한다. 그것은 '강제적인 권한이양이 아니라 사업적 성공과 금융원리'를 중시하고 '간소한 절차로 대량생산된 금융상품'을 공급하기 위해 '규모의 경제'를 활용하는, '혁신적이고 비용에 민감한' 대출기관이 제공하는 '대량의 최소주의mass-minimalist' 소액대출의 출현으로 이어진다(Reinke, 1998: 553). 그러나 그러한 모델은 또한 가난한 사람들을 위한 것이기에 경제적 가치뿐 아니라 사회적 가치도 중시해야 한다. 따라서 21세기 소액금융의 새로운 모습으로 가장 널리 수용되는 개념 가운데 하나는 '이중순익double bottom line'이다. 이러한 정서는 소액금융계에 만연해 있다. 마이클 추(2005: 14)의 주장을 들어보자.

이렇게 기업과 사회가 교차하는 지점에서, 소액금융은 이중의 수익을 내기 위해 시장을 이용할 줄 아는 능력의 모범사례다. 한편으로 소액금융시장은 새로운 경제적 가치를 창조해냈다. 새로운 거대 산업을 일으키는 방법을 아는 초기 시장 진입자에게 생기는 엄청난 수익, 즉 총자산 이익률과 자기자본 이익률이 그것이다. 다른 한편으로 소액금융시장은 새로운 사회적 가치, 다시 말해 빈민의 가처분소득의 극대화도 만들어냈다.

새천년 개발을 격렬한 이념전쟁, 즉 시장이 가난한 사람들을 어떻게 실망시키는지를 걱정하는 사람과 빈민을 위한 시장을 옹호하는 사람 사이의 타협할 수 없는 차이라고 해석할 수도 있다. 금융의 시장전략에 대한 CGAP의 신뢰는 극단적으로 후자에 자리 잡고 있다. 그러나 좀더 자세히 들여다보면, 그 차이는 그다지 극명하지 않고, 오히려 실제로 워싱턴을 뛰어넘어 광범위하게 뿌리가 뻗어나간 '빈곤에 관한 컨센서스'가 작동되고 있는지도 모른다는 것을 보여준다. 빈민을 위한 시장이라는 용어가 이스틸리나 프라할라드, 데 소토를 비롯한 볼더협회의 전문가만의 말이 아니기 때문이다. 그것은 과거 소액금융 패러다임과 관련된 사람의 말이기도 하다. 핀카 인터내셔널의 창립자 존 해치는 소액금융과 관련된 연설과 인터뷰에서 여러 차례에 걸쳐 CGAP 체제를 거부하는 동시에 긍정한다. 그는 그라민모델과의 연대를 표명하고 그것이 이룬 사회적 성과에 대해 강조하지만, "정부는 믿지 않는다"라고 말한다. '가난한 창업가들'에 대한 그의 신뢰는 데 소토(2000: 4)의 '모험적 창업가로 가득한' 세상에 대한 이미지뿐 아니라 "우리는 돈의 바다에서 살고 있다"(http://knowledge.wharton.upenn.edu/article.cfm?articleid=2243, 2009년 5월 30일 현재)라는 유누스(2009)의 도발적 표현의 반복이다.

마찬가지로 무하마드 유누스는 자유시장을 중시하는 자본주의에 대해 회의를 나타내지만, 정부가 시장 실패를 해결하라고 요구하기보다는 오히려 영리의 극대화와 사회적 가치의 극대화를 동시에 꾀하는 새로운 독창적 형태의 자본주의가 출현하기를 바란다. 그가 주장하는 혼합된 '사회적 사업'은 '이중순익'이나 새천년 개발의 특징인 빈민을 위한 시장과 매우 비슷하게 들린다. 실제로 '이중순익'이라는 개념은 미국 그라민재단의 연구결과로 나왔고, CGAP 모델에 반대하는 것처럼 보이는 이 단체와 여러 제휴단체가 그것을 널리 알렸다. 유누스의 접근 방식은 빈곤의 원인이 자본이 없기 때문이며, 소액금융이 이런 문제를 해결함으로써 가난한 사람들이 더욱 인간화된 자본주의에 적극적으로 참여하게 할 수 있다고 주장한다(Fernando, 2006).

이런 상이한 이념의 기묘한 결합이 핀카와 그라민 같은 기관에 '빈곤에 관한 워싱턴 컨센서스'를 강요하는 것이라고 말할 수는 없다. 오히려 그것은 자본의 민주화에 대한 사회 일반의 낙관과 정부의 역할에 대한 사회 일반의 불신을 나타낸다. 이미 밝혀진 것처럼, 스티글리츠가 개발을 주도하는 정부의 역할을 강조하면서 탈脫워싱턴 컨센서스를 야심차게 주장하는 것은 새천년 개발의 중심이 아니라 변방일 뿐이다. 스티글리츠가 '탈'이라는 접두어를 붙인 것은 새천년 개발이 자신이 거부하기로 한 시장 근본주의의 압박을 여전히 받고 있기 때문에, 상황이 아직 무르익지 못했거나 지나친 희망사항을 표시한 것이라고 볼 수 있다. 자유시장은 오늘날 빈민을 위한 시장으로 재포장되고 있다. 빈곤에 관한 워싱턴 컨센서스는 실제로 글로벌 컨센서스일 수도 있다.

## 자본의 전환 가능성

자유시장이 빈민을 위한 시장으로 전환되기 위해서는 작업이 필요하다. 여기서 새천년 개발의 이념과 실천은 사회적 자본의 개념에 크게 의존한다. 국제개발의 초창기에 물적 자본(사회기반시설에 대한 투자)을 강조하고, 맥나마라 시절에 인적 자본(교육을 비롯한 기본 수요에 대한 투자)에 초점을 맞추었다면, 새천년 개발은 사회적 자본을 가장 중시한다. 세계은행은 사회적 자본을 "사회 내부의 사회문화적 일관성, 그리고 국민과 그들에게 영향을 주는 제도들 사이의 상호작용을 지배하는 다양한 규범과 가치"라고 정의한다. 세계은행은 "사회적 자본은 여러 사회를 하나로 묶는 접착제이며, 그것 없이는 어떠한 경제성장이나 인류 복지도 있을 수 없다"라고 주장한다(http://web.worldbank.org/WBSITE/EXTERNAL/TOPICS/EXTSOCIALDEVELOPMENT/EXTTSOCIAL CAPITAL/0,,contentMDK:20185164~menuPK:418217~pagePK:148956~piPK:216618~theSitePK:401015,00.html, 2008년 7월 14일 현재).

사회적 자본에 대한 폭넓은 관심은 부분적으로 특별한 형태의 시장 실패, 곧 정보문제에 대한 우려로부터 나온다. '불완전한 계약', '불완전한 시장'과 더불어 '불완전한 정보'는 노벨상을 받은 조지프 스티글리츠의 논문에서 주목을 받는다(Fine, 2001:8). 스티글리츠(2001:473)는 장황한 노벨상 수상 기념연설에서 자신이 개발도상국을 처음 방문했을 때 느낀 것과 평생 '잊을 수 없는 깊은 인상'을 남긴 케냐 체류기간 중 일어난 일을 회상한다. 그는 "정보의 결함, 시장 부재, 그리고 제대로 작동되지 않는 것처럼 보이는 제도가 만연해 있고 지속되는 모습"에 충격을 받았다고 떠올린다. 스티글리츠가 널리 주장하는 '정보 패러다임'에서 중요한 요소는 제도다. 스티글리츠(2000b: 59)가 "암묵지tacit knowledge*를 포함해 네트워크의 집합, 평판의 집결, 조직자본"으로 정의하는 사회적 자본은 바로 그런 제도적 해법으로, '도덕적 해이와 동기부여문제에 대처하는 사회적 수단'이다. 그에게 예컨대 그라민은행의 소액금융 모델에서의 '동료 간의 감시peer monitoring'는 정보의 비대칭성을 해소하는 효과적 방법을 제공하는 제도의 한 예다. 다시 말해 사회적 자본은 시장의 대안이 아니라 오히려 시장 실패를 완화하고 시장의 효율성을 향상시키기 위한 비경제적 수단이다. 그러나 스티글리츠(2000b: 68)는 사회적 자본에 양면성이 존재함을 지적한다. '사회적 자본의 증대에 중요한 공적 역할'이 있음을 인정하지만, 어떻게 해야 그런 역할을 가장 잘 추구할 수 있는지는 아직 불명확한 상태라고 말한다.

세계은행의 빈곤평가 보고서인 「푼돈과 사회성Cents and Sociability」(Narayan and Pritchett, 1997: 1)은 사회적 자본에 대해 더욱 명확하게 설명한다. 그 보고서는 사회적 자본이 소득을 향상시키는 역할을 하고, 그러한 역할이 교육 같은 인적 자본에 대한 투자 역할을 훨씬 뛰어넘는다고 강조한다. 개발 관련업계에서, 집단 기반의 소액대출과 토착적인 계모임rotating savings and credit association, RoSCA은 '사회적 자본의 풍성함'(Woolcock, 1998: 183)을 보여주는 사례로 비친다. '제3세계의 문화전통'은 이제 '수익창출과 현대화'에 장애물이 아니라 오히려 '제3세계 경제를 위한 사회적 자본의 잠재적 원천'(Bergeron, 2003a: 165)으로서 새

---

* 학습이나 경험으로 체화되어 겉으로 드러나지 않는 지식을 뜻한다.

로운 가치를 지닌다. 그러나 물론 모든 전통과 규범이 가치 있는 것으로 보이는 것은 아니다. 로버트 퍼트넘Robert Putnam(2000)의 권위 있는 분석은 '좋은' 사회적 자본과 '나쁜' 사회적 자본을 분명하게 나눈다. 그러한 생각은 모든 사회적 자본이 개발에 도움을 주는 것은 아니라는 울콕의 주장에서도 반복된다. 집단을 기반으로 하는 여성 중심의 소액금융은 '좋은' 사회적 자본을 활성화하고 동원하는 것으로 보인다.

사회적 자본은 시장 실패를 치유할 수 있는 방안이자 사회를 통합하는 비경제적 '접착제'로서 개념화될 수 있다. 따라서 이집트의 「주관적 빈곤과 사회적 자본Subjective Poverty and Social Capital」에 관한 2003년 UNDP 보고서는 "폭넓은 사회적 지원뿐 아니라 고용과 상품시장·주택·각종 서비스·개인의 안전과 보안에 대한 접근을 구조적으로 보장하는" "관습·규범·가치·종교적 신념·사회적 연대망을 포함하는 (······) 비공식적 제도 마련"에 초점을 맞춘다. 그러나 사회적 자본, 특히 '좋은' 사회적 자본은 경제적 자본으로 전환될 수도 있다(Fine, 2000: 62). 따라서 프랜시스 후쿠야마 같은 새천년 개발의 주역들은 '문화'와 '전근대적' 전통과 규범에 의존한다(Fine, 2000). 사회적 자본으로서 하나로 묶인 그런 전통과 규범은 '이중의 의무'—"규제받지 않는 시장의 독자성에 대한 평형추로서, 동시에 거기서 이익을 얻는 수단으로서"(Portes and Landolt, 2000)—를 수행할 능력 면에서 타의 추종을 불허한다. 따라서 방글라데시에서 가장 큰 개발 NGO 가운데 하나인 브락은 '과정자본process capital'*을 강조한다. "소액금융의 가장 큰 힘은 그것이 제공되는 과정에 있다."(Abed and Matin, 2007: 4) 그런 견해는 CGAP의 시장 최소주의에 이의를 제기한다. 제도적 혁신이 경제적 혁신만큼 중요하고, "개발금융은 사회적 자본을 만들어내는 것으로 정의되어야 한다"(Capital Plus, 2004: 5)라고 주장하기 때문이다.

경제적·사회적·문화적 자본 사이의 전환은 계급권력과 이익에 따라 이루어지며, 계급권력과 이익의 과정을 더욱 강화한다. 다시 말해 사회적 자본의 '자본'은 순수하지 않다(Rankin, 2002: 99). 사회적 자본에 대한 세계은행의 관심은 '개발의 비정치화', 곧 "권력 다툼과 계급관계에 뿌리박고 있는 문제를 정치 영역 밖에서 해결될 수 있는 순수한 기술적 문제인 것처럼 주장"(Harriss, 2001: 2)하려고 애쓰는 것으로 비칠 수 있다. 새천년 개발이 사회적 자본이라고 하나로 묶은 전통과 규범, 각종 계모임이 결국은 계급화·계층화된 권력 세계임이 밝혀졌다. 이스털리(2006: 79)는 사회적 자본을 '신뢰trust', "즉 어떤 강압 없이도 얼마나 많은 사람이 규칙을 따르는지의 문제"라고 정의한다. 그러나 신뢰 그 자체는 '강제할 수 있는 신뢰'다. "신뢰는 공동체의 힘을 통해 강제할 수 있기 때문에 바로 그런 상황 속에서 존재한다."(Portes and Landolt, 2000: 534) 그런 형태의 지배와 강제는 물론 소액금융에서—남아시아 빈민 여성이 금융규율을 잘 지킬 수 있게 하는 노골적이면서 교묘한 가부장제로부터 중동지역 소액금융의 징벌이 따르는 대출금 상환장치에 이르기까지—쉽게 확인된다. 사회적 자본이 경제적 자본으로, 그리고 결국에 글로벌 금융자본으로 전환되는 것은 그런 규율과 징벌을 통해 뒷받침된다. 이것이 바로 새천년 개발시대의 빈곤자본을 여는 열쇠다.

---

- 장기적으로 상품과 서비스의 부가가치를 높이는 구실을 하는 기술·운영·종업원 프로그램 같은 기업이 보유한 다양한 지식을 일컫는다.

**그녀의 이름으로**

빈민을 위한 시장과 자본의 전환 가능성을 꿈꾸는 새천년 개발의 세계질서는 젠더가 주도하는 질서이기도 하다. 새로운 빈곤의제는 상당부분이 '제3세계 여성'의 손에 달려 있기 때문이다. 제3세계 여성은 보건과 인구 프로그램에서 환경관리사업에 이르기까지 개발의 핵심 인물 또는 '매개체'로 떠올랐다(Jackson, 1996: 489). 페미니스트 학자 찬드라 탈파드 모한티Chandra Talpade Mohanty(1991)가 한때 주장한 것처럼, 개발을 바라보는 서구의 시각은 그동안 제3세계 여성을 주로 피해자로 그렸지만 이제 그들은 지칠 줄 모르는 효율성과 이타심의 상징이 되었다. 빈민 여성에 대한 이러한 관심은 '빈곤의 여성화feminization of poverty', 다시 말해 전 세계의 빈민 가운데 여성의 비율이 지나치게 높다는 생각을 많은 사람이 널리 받아들이기 시작했다는 사실과 일부 관련이 있다. 성별 통계자료를 얻기가 어렵기는 하지만, 전 세계 극빈층의 70퍼센트가 여성이라는 사실은 흔히 인용되는 통계수치다(Chant, 2008: 166). 따라서 학자들은 빈곤층 여성을 '글로벌 최하층 계급'이라고 언명했다. 빈약한 소득뿐 아니라, 특히 여성이 가장인 가정이 겪어야 할 여러 가지 심각한 취약성에 대한 부담이 만만치 않다(Buvinic, 1997). 새천년 개발은 빈곤에 관한 논의에서 젠더를 핵심 주제로 상정했다. 새천년 개발목표 여덟 가지 중 두 가지가 성의 불평등과 명백한 관련이 있다. 세 번째 목표는 초등교육과 여성의 정치참여와 같은 목표를 의무적으로 시행해서 '젠더 평등을 촉진하고 여성의 역량을 강화'하는 것이다. 다섯 번째 목표는 모성 보건을 인간개발의 핵심 지표로 삼는다. 그러한 과제 수행 지시는 일련의 유엔 공식 문서들에서 재확인된다. 여러 유엔 보고서는 "성의 불평등이 새천년 개발목표의 달성을 가로막는 핵심 요인이다"(UNIFEM, 2008: 14)라고 강력하게 주장했다.

여성 빈곤을 새로운 빈곤의제의 가시적이고 긴급한 문제로 제기하기 위한 투쟁은 '글로벌 페미니즘'의 중요한 일부다(Molyneux, 2006: 432). 그런 여성 빈곤의제에 앞서 오래전부터 '위민인디벨롭먼트Women in Development, WID'로 알려진 국제적 노력이 있었다. 1990년대 카이로 인구회의와 베이징 여성대회 같은 다양한 유엔 정상회의는 그 분야와 연계된 수많은 NGO·옹호단체·활동가가 다양한 활동을 펼치는 장이 되었다. 그러나 젠더와 빈곤의 결합에는 미묘한 문제가 있다. 한편에서 새천년 개발은 젠더 불평등을 반복적으로 만들어내는 체계적이고 구조적인 형태에 주목한다. 그러나 다른 한편에서 새천년 개발은 가난한 여성을 개발 프로그램에 흡수시키려고 하면서 젠더에 빈곤의 멍에를 씌운다. 이런 지원책을 통한 통합작업은 젠더 불평등을 해체하기보다는 더욱 강화할 수 있다. 멕시코에서 큰 호평을 받는 현금지원사업인 '오포르투니다데스Oportunidades(기회)' 같은 다양한 빈곤완화 프로그램이 모성애를 성공의 열쇠로 보는 것(Molyneux, 2006: 432)이 바로 그런 경우다. 오포르투니다데스는 '연대책임'이라는 생각이 그 중심에 있는데, 엄마에게 '기본적으로 그 프로그램의 성과에 대해 책임감을 느끼도록' 만드는 것이 무엇보다 중요하다. 그렇다면 이 '여성의 이타심이 정부의 임무'(Molyneux, 2006: 434, 437)란 말인가?

나는 이런 수단을 '정책의 여성화feminization of policy'라고 부른다. 그것은 개발이 여성 중심의 정책을 통해 작동되는 방식을 지칭하며, 전통적인 젠더의 사회적 재생산 역할을 그대로 유지시키면서, 여성에게 새로운 형태의 자발적인 무보수 3교대 노동을 강요하는 것을 의미한다. 다시 말해 그런 정책들은 '책임과 의무의 여성화'(Chant, 2006: 206)로 비칠 수 있는 것을 더욱 심화할 수 있다. 최근 연구는 "저소득 가정 내에서 여성의 지나치게 큰 '이타적 부담'이 감소하기는커녕 오히려 늘어나는 것처럼 보인다"라고 지적한다. 남반구에서 여성의 노동력 참여율이 증가하고 있음에도 빈민 여성이 '끊임없이 확대되고 있는 다양한 종류의 모성 의무'(Chant and Brickell, 2010: 2)의 부담을 지게 되면서 그런 상황을 연출하게 된다. 그러한 '이타적 부담'은 가정뿐 아니라 지역사회 안에서도 발생한다. 그러한 짐은 새천년 개발을 상징하는 인물인 밀레니엄 세대 여성의 책임이다.

젠더와 빈곤의 결합은 물론 복잡한 문제이기도 하다. 일부 페미니즘 이론가가 그런 도구적 접근방식을 비판한 것처럼, 또 어떤 학자는 그런 방식이 실제로 인간개발에 중대한 영향을 끼칠 수 있다고 주장했다. 그들은 '젠더 평등에 투자하는 도구적 사례'를 만들면서, 그런 투자가 '여성이 자기 자신과 자식의 복지를 개선하기 위한 각종 자원에 접근할 수 있는 사회적 통로'(Kabeer, 2005: 2)를 활짝 열 수 있다고 지적한다. 다음 장에서 논의되겠지만, 지금 그런 도구적 프로그램에 대한 다양한 논쟁과 협의가 진행 중이다. 예컨대 네팔의 소액금융 프로그램에 관한 한 연구는 빈민 여성이 어떻게 '여러 채권자에게 돈을 빌려 돌려가며 빚을 갚음으로써 장기부채금융을 유지하는' '대출금 돌려막기loan swapping'에 빠져들게 되었는지를 보여준다. 그런 관행은 '빚을 내어 대출금을 상환하는 것'이라는 비판을 받는다. 그러나 그런 행태는 '생계와 사회적 투자활동'을 지탱하기 위한 빈민 여성의 "능숙한 개발기술 조작'(Rankin, 2008: 1971)이라고 여겨질 수도 있다.

그런 많은 논란이 있음에도 새천년 개발이 빈민 여성을 중심에 두게 된 매우 특별한 한 가지 이유가 있음을 지적하지 않을 수 없다. 빈민 여성에게 창업가로서 타고난 재능과 능력이 있다는 사실이 널리 인정받았기 때문이다(Rankin, 2001). 소규모 비공식 경제 부문, 또는 '소규모 비공식성microinformality'(Elyachar, 2002)에서 스스로 빛을 발하는 것이 바로 모험을 두려워하지 않는 기업가 정신이다. 유누스(1999)는 그라민은행에 대한 자전적 설명서인 『가난한 사람들을 위한 은행가Banker to the Poor』에서, 자신이 강의실에서 가르치는 우아한 경제이론과 대학문을 나서자마자 부딪치는 가난한 현실 사이의 괴리에서 대안적 개발의 기원을 찾는다. 그의 해결책은 위에서 아래로 내려가는 개발이 아니라 그가 기업가로 생각한 가난한 사람들에게 돈을 빌려주는 것이었다. 이러한 설명에서 농촌의 가난한 여성이 차지하는 위상은 매우 중요하다. 유누스는 모든 문서·인터뷰·연설에서, 1970년대 말 자신이 경제학을 가르쳤던 대학이 위치한 농촌마을 조브라의 여성들에 관한 이야기를 그라민은행의 기원이라고 말한다. 그는 이 여성들이 그 황폐하고 가난한 농촌에서 희망의 상징인 등받이 없는 의자와 바구니를 만들기 위해 단단한 댓살을 엮는 모습, 그 아름다운 빛을 발하는 물건을 만드는 햇볕에 검게 그을린 작은 손을 지켜보는 장면을 묘사한다. 이 물건들과 이 여성들은 유누스가 끝장내려고 했던 수탈적인 고리대금체계에 묶여 있었다. 이 농촌의 가난한 여성들을 해방시키는 길은 변화를 이끌어내는 돈의 힘을 통해서였다.

마침내 그녀가 처음으로 대출을 신청하는, 대개 약 25달러의 돈을 빌리는 날이 왔다. 그녀는 지금 어떤 느낌일까? 두렵다. 그녀는 밤에 잠을 이룰 수 없다. (……) 마침내 25달러를 받자 전율감에 몸을 떤다. 돈을 쥔 손가락이 뜨겁다. 눈물이 얼굴을 적신다. 그녀는 평생 그렇게 많은 돈을 본 적이 없었다. (……) 그녀는 일생 동안 쓸모없고 가족에게 고통만 안겨주는 존재라서 (……) 태어날 때 죽였어야 했다는 소리를 듣고 자랐다. 그러나 오늘 태어나서 처음으로, 한 기관이 엄청난 돈을 빌려주며 그녀를 신뢰했다. 그녀는 그 기관과 그녀 자신을 실망시키지 않을 거라고 약속한다. 그녀는 빌린 돈을 한 푼도 밀리지 않고 모두 상환하기 위해 분투할 것이다.

(Yunus, 1999: 64-65)

제프리 삭스(2005: 14)는 특히 '여성의 권리와 독립심, 역량강화의 새로운 정신'을 언급하면서, 방글라데시의 인간개발 성취를 칭송한다. 이러한 삭스의 주장에서 유누스가 찬양한 가난한 여성의 기업가 정신은 역량강화로 바뀌고, 궁극적으로는 인간개발, 심지어 경제적 자본으로 전환된다.

그것은 CGAP 모델이 이러한 여성 중심의 관점을 버리고 투명성과 가시성을 확보할 수 있는 신기술을 이용해서, 특히 과거 소액금융의 '부실자산'이었던 가난한 남성들을 신용시장에 포함시키려는 시도라고 주장될 수 있다. 실제로 개발의 금융화는 부분적으로 정책의 여성화가 끝났음을 알리는 것이라고 해석될 수 있다. NGO의 재무적 지속 가능성과 서비스 제공의 최소주의가 지속적으로 강조되고 있는 가운데 가정의 금융지출과 소비패턴, 엄마의 역할, 사회적 재생산의 영역에 대한 관심이 어쩌면 점점 희미해지고 있는지도 모른다. 그럼에도 제3세계 여성은 이미지로든 문자로든, 늘 우리 주변을 맴도는 존재로 여전히 건재하고 있다. 따라서 「캐피털 플러스Capital Plus」(2004년 개발금융 포럼Development Finance Forum 보고서)는 제3세계 여성을 표지에 등장시키고, CGAP 연차 보고서는 모든 섹션에 제3세계 여성의 이미지를 배치한다. 2003년 연차 보고서의 첫 쪽에 나오는 사진 속 제3세계 여성은 '원시적' 주판과 '현대식' 계산기를 둘 다 들고 있는, 원시주의를 초월해서 현대의 계산기술을 채택하는 인물인 토착 농민 여성이다. 그녀는 물신을 숭배하는 신비한 대상이다. 개발의 금융화는 '그녀의 이름으로' 발생한다.

## 노동이 아니라 돈

프랑스 철학자 미셸 푸코는 근대 세계를 분석한 결정적 저서 『말과 사물The Order of Things』에서 부에 대한 고전적 개념이 근대적 정치경제학의 분석으로 옮겨가는 과정을 기록한다. 푸코(1966: 190)는 고전파 중상주의 시대에 돈은 '부의 표상이자 분석도구'였고, 반대로 부는 '돈으로 표현된 내용물'이었다고 말한다. 이러한 유통과 교환체계에서, 가치는 등가성(필수품이라는 등가성뿐 아니라 돈이라는 순전한 허구의 등가성)을 통해 성립되었다. 푸코(1966: 241)는 "한 인간의 노동은 실제로 주어진 일이 계속되는 한, 그와 그의 가족을 먹여 살리기 위해 필요한 분량의 양식과 그 가치가 같았다. 따라서 결국 의식주의 필요성이 시장가격의 절대치를 결정했다"라고 말한다. 19세기 경제에 대한 새로운 이해가 부상했는데, "그것의 대상은 이제 부의 교환(그리고 그것의 기반이 되는 표상의 상호작용)이 아니라 부의 실제 생산, 다시 말해 다양한 형태의 노동과 자본이 될 것"(Foucault, 1966: 245)이라는 생각이었다. 이러한 정치경제학의 틀 안에서 가치는 "기호$^*$가 되는 것을 중단했다." 그것은 '노동자의 에너지·노고·시간'으로 생산된 하나의 '상품'이 되었다(Foucault, 1966: 276).

새천년 개발에 대한 훌륭한 글이나 주장은 그런 생산의 문제에는 귀와 입을 막고 침묵하면서 노동자라는 표상을 영웅적 기업가라는 표상으로 바꾸었다. 따라서 그것은 새천년 시대의 생산 그 자체가 19세기와 20세기의 현장과 공장이 아닌 불안정한 금융자본의 유통 속에서만 실현되는 순전한 허구라고 주장될 수 있다. 실제로 데 소토(2000: 6-7)는 자본을 생산관계로서가 아니라 '표상화 과정representational process$^{**}$'으로 설명한다. 그에게 가난한 사람이란 노동자가 아니라 비록 잘못된 표상화 때문에 무력한 사람으로 인지되었음에도 자산을 보유한 잠재적 기업가다. 데 소토(2000: 216)의 주장에 따르면, "마르크스가 오늘날 개발도상국에 바글대는 대중이 합법적으로 억압받는 프롤레타리아가 아니라 법의 테두리 밖에서 억압받는, 상당한 자산을 보유한 소상공인이라는 사실을 안다면 큰 충격을 받을지도 모른다." 그런 '비생산적 자본'을 경제적 자본으로 전환시키는 일이 데 소토의 사명이다. 그의 연구작업은 '노동자의 에너지·노고·시간'에 대한 새천년 개발의 침묵을 보여

---

• 　등가성을 나타내는 것을 의미한다.
•• 　관찰대상에 대한 기본적 인식과정을 가리킨다.

준다. 그것은 정치경제학의 종말을 가리킨다.

　그러나 때때로 새천년 개발이 노동주체와 충돌하고 있는 상황이 발견된다. 스티글리츠가 공동저자로 발표한 소액금융 관련 최근 논문은 노동과 생계의 젠더적 특성에 주목한다. 그 논문은 개발도상국의 가난한 농촌 여성이 공식적인 노동시장에 참여하는 것을 막는 사회적·경제적 장애물에 직면해 있음을 보여준다. 그 논문에 따르면, 소액금융은 여성 노동이 '생산적'인 것이 되게, 다시 말해 경제적 수익을 올릴 수 있게 한다(Shahe, Morshed, Mahbub, and Stiglitz, 2007). 그 논문에서 미시경제학적 의사결정—가정과 노동시장 안에서—이라고 표현하는 것은 노동자의 고통, 토지 없는 사람에 대한 착취와 같은 새천년 개발에 의해 모호해진 잔혹한 정치경제학이다.

　최하층 10억 명의 지속되는 빈곤은 그런 정치경제학적 사실과 직면할 때 비로소 해결의 실마리를 찾을 수 있다. 특히 세 가지 문제가 소액금융 논쟁과 관련되어 있다. 시장은 어떻게 가난한 사람들에게 다가가지 못하는가? 사회적 자본은 어떻게 권력과 지배의 과정을 통해 작동하는가? 빈곤문제에 개입하는 것은 어떻게 세상에서 가장 가난한 여성들에게 이타적 부담을 안기는가? 그런 사실은 때때로 새천년 개발을 둘러싼 논쟁과 투쟁에서 어렴풋이 모습을 드러내지만, 대개는 금융포용성과 자본의 민주화에 대한 거대한 낙관론에 가려 모호한 채로 남아 있기 마련이다.

# 더 친절하고 너그러운 세계은행

새천년 개발은 이념과 실천이 총체적으로 매우 독특하게 결합되어 나온 특이한 역사적 국면을 맞이하는데, 그것의 계보는 20세기의 개발기록에서 찾아볼 수 있다. 일반적으로 새천년 개발과 울펀슨 체제의 세계은행은 특히 초기 개발 시기의 핵심 원칙 가운데 많은 것, 곧 기본적 욕구와 '성장과 재분배'의 원칙, 그리고 1968년부터 1981년까지 로버트 맥나마라가 이끌었던 이전 세계은행의 주요 원칙을 반복해서 되뇐다. 이런 역사적 선례, 빈곤과 그것의 관계, 그것이 사실의 유통을 창출하는 방식에 관해 잠시 진지하게 검토하는 것은 유용한 일이다. 그 모든 일은 새천년 개발에서 다시 한번 펼쳐진다. 그러한 역사는 또한 빈곤종식을 위해 주도적 역할을 해온 세계은행의 노력에 계속 제기되는 일련의 두드러진 문제와 모순을 적나라하게 보여준다. 새천년 개발은 세계은행이라는 단일기관의 차원을 뛰어넘는 훨씬 더 광범위한 행동의 영역에 속하지만, 여기서 나는 여전히 그 단일행위자에 초점을 맞춘다. 세계은행이 CGAP를 통해 소액금융의제를 설정함으로써 '빈곤에 관한 워싱턴 컨센서스'를 확립하는 데 결정적 영향을 끼쳤기 때문이다.

### 세계은행의 글로벌 자유주의자들

CGAP는 세계은행 환경과 사회 지속 가능성 부문의 초대 부총재를 역임한 이스마일 세라겔딘Ismail Serageldin이 1995년에 설립했다. 세라겔딘은 한 인터뷰에서 자신이 어떻게 유누스의 작업에 매료되었고, 개발의 세계에서 소액금융을 '주류로 편입시킬' 때가 되었음을 믿게 되었는지 장황하게 이야기했다(2005년 12월). CGAP는 이 임무를 수행하는 수단으로 만들어졌는데, 유누스를 그곳의 초대 정책자문위원회 위원장에, 세라겔딘을 초대 의장에 임명했다. CGAP의 초창기에 대한 세라겔딘의 회고에 따르면, 소액금융 분야를 계속 방어하는 긴장관계가 있었음을 보여준다. CGAP 의제는 '보조금 중심의 정부 프로그램에 자금을 쏟아붓고 있었던 유럽 원조기관의 악습'에 대항하는 것을 의미했지만 그 대신에 지속 가능한 개발에 초점을 맞추었다. 이런 일이 가능했던 것은 세계은행이 '금융 부문의 후견인으로서 행동하는 타고난 성향'이 있었기 때문이다. 그러나 CGAP는 또한 그라민은행에서 영감을 얻은 빈곤완화라는 기본적인 목표가 있었다. 다시 말해 CGAP는 초기에 어느 정도 기성체제에 반대하는 기관이었다.

그러나 어쩌면 세라겔딘의 설명 가운데 가장 눈에 띄는 내용은 그가 젊었을 때 맥나마라 체제의 세계은행에서 근무했던 경험과 그가 CGAP를 설립하게 된 그의 리더십과의 연관관계일 것이다.

내가 세계은행에 주저앉게 된 유일한 이유는 맥나마라였다. 나는 의구심 속에 세계은행에 왔다. 인간 교육과 관련해 내가 정말 일하고 싶었던 곳은 세계노동기구ILO였다. 세계은행은 교육에 관심이 있는 사람에게는 끔찍한 곳이었다. 세계은행의 교육 프로그램은 내가 가장 중요하게 마음에 담고 있었던 문제인 문맹퇴치나 여자 아이 대상 교육에 자금을 지원하지 않았기 때문이다. 그러나 그때 맥나마라가 나타났다. 나는 그가 나이로비에서 한 연설을 기억한다. 가난한 사람들에게 초점을 맞춘 연설이었다. 맥나마라는 530클럽(모두 젊은 직원인 100명이 530호 사무실에서 오후 5시 30분에 만났다)을 시작했다. 그리고 맥나마라는 우리가 이곳을 바꿔야 한다고 말했다. 우리는 그렇게 했다. 농촌개발사업·빈민가 환경 개선·보건·교육·여성 개발을 통해.

세라겔딘의 이야기는 맥나마라가 주도한 세계은행의 독특한 시점뿐 아니라 다양한 역사적 국면에서 스스로 개혁하고, 구습을 마감하고 새 시대를 열 줄 알며, 중심성과 다양성을 적절히 수용할 줄 아는 세계은행의 감각도 보여준다. 세라겔딘에게 중요한 시작은 나르마다 댐을 둘러싼 반대시위와 세계은행의 댐 건설 지원철회와 함께 왔다.

우리는 '50년이면 충분하다50Years is Enough ˙ 캠페인에서 집중 성토의 대상이 되었다. 우리의 이주민 정책을 재검토해야 할 시점이 된 것이었다. 이때까지 세계은행은 사람이 아니라 돈을 생각했다. 그 시위(나르마다, 50년)는 나 같은 사람이 세계은행 내부에서 전투를 벌일 수 있는 여건을 마련해주었다. 내 경력이 정점에 이른 시기가 바로 이때였다.

로버트 맥나마라는 그 자신이 더 큰 역사적 순간의 산물이었다. 그가 빈곤문제에 개입한 것은 미국의 빈곤과의 전쟁을 세계적 규모로 키운 것으로 비칠 수 있다(Finnemore, 1997: 206). 맥나마라는 J. F. 케네디에게서 영감을 받은 '글로벌 자유주의자'였다(Milobsky and Galamabos,

---

* 　1994년 세계은행과 IMF 창립 50주년을 맞아 벌어진, 그동안의 제3세계 개발정책에 대한 비판운동.

1995). 베트남전쟁의 설계자인 맥나마라는 "부유한 국가들은 그 밖의 다른 나라들의 빈곤을 완화함으로써 스스로 더 안정되고 안전한 세상을 만들 수 있다"라고 확신했다(Finnemore, 1997: 211). 맥나마라는 안보 문제를 매우 중요하게 생각했는데, 따라서 그는 많은 연설과 접근방식에서 안보와 개발 사이의 관계를 끊임없이 강조했다(Kraske 외, 1996).

맥나마라가 '선교의 열정'(Caulfield, 1996)으로 전력을 다했던 모습은 1990년대 세계은행이 빈곤완화에 초점을 맞추도록 조직을 재편하려던 울펀슨의 각종 활동에서도 찾아볼 수 있다. 울펀슨은 한 기자회견에서 '빈곤완화는 단 하나의 가장 중요한 문제'이고, 세계은행은 '사회정의'(Mallaby, 2004: 88)의 원동력이 되어야 한다고 선언했다. 울펀슨도 세라겔딘처럼 맥나마라 시대의 영향을 매우 직접적으로 받았다. 그러나 세라겔딘이 강조한 것처럼 그 시기는 빈곤에 대한 새로운 관심이 무르익는 때였다. NGO와 사회운동이 활발히 전개되는 새로운 글로벌 시민사회는 세계은행의 문 앞에서 빈곤완화를 최우선과제로 해결할 것을 요구하며 아우성치고 있었다. 세계은행 내부의 문화 자체도 직원의 높은 불만 수준과 함께 개혁의 압박을 받고 있었다. 따라서 1990년대의 세계은행은 '당면과제와의 관련성의 위기'(Rich, 2002: 28)에 직면했다.

울펀슨이 시도한 변화들은 20년 전쯤에 맥나마라가 처음 시도했던 것과 상당히 비슷하다. 맥나마라 체제의 농업과 농촌 개발부·도시 프로젝트부·인구건강영양부 같은 새로운 부서는 새로운 활동공간을 열었다(Ayres, 1983). 울펀슨의 인간개발부·빈곤감소와 경제관리부·환경농촌사회개발부(Rich, 2002: 37) 같은 새로운 혁신사업의 경우도 이와 비슷했다. 개발지식의 변화는 맥나마라와 울펀슨의 세계은행 모두에 똑같이 중요했다. 1974년 세계은행의 공식 보고서인 「성장 속 재분배 Retribution with Growth」는 맥나마라 시대의 특징을 잘 드러내주었다. 그 보고서는 빈곤문제 비판가가 제안한 생각의 결정판을 보여주었다. 그 것은 울펀슨 체제의 세계은행의 방향과 결을 같이했는데, 조지프 스티 글리츠는 1980년대의 '시장 근본주의'를 거부하고 개발문제 해결을 위 해 새로운 접근방식을 모색할 것을 강력하게 요구했다.

맥나마라 시대는 또한 오늘날 새천년 개발의 전조를 알리는 몇 가 지 모순을 미리 보여준다. 그때도 그랬던 것처럼 오늘날의 사람들도 '상 대적 빈곤'보다는 '절대적 빈곤'을 논의하는 것을 더 편안하게 여긴다. 절대적 빈곤은 인간적인 생활조건의 저하를 의미하기 때문에 우리 모 두의 긴급한 대응을 요구한다. 그러나 상대적 빈곤은 구조적 불평등의 문제이므로 그것을 완화하기 위해서는 더욱 근본적인 수단을 동원해야 한다(Ayres, 1983: 77). 그것이 바로 윗부분은 넓지만 밑바닥은 좁은 주둥 이가 넓은 깔때기다. 따라서 그 깔때기에 무언가를 부으면 밑으로 갈수 록 흘러내리는 양이 적어지게 마련이다. 맥나마라 때 발표된 세계은행 보고서 「성장 속 재분배」는 상대적 빈곤에 대한 이해가 부족하다. "상대 적 빈곤은 '단순히 (……) 특정 국가의 일부 국민이 그들의 이웃보다 개 별적으로 덜 풍족하다(……)는 것을 의미한다. 그것은 늘 그랬고, 개인 (……) 간의 격차라는 공인된 현실은 앞으로도 계속될 것이다.'"(Ayres, 1983: 77) 맥나마라는 1977년 세계은행 이사회 기조연설에서 다음과 같 이 주장했다. "격차를 없애는 것은 처음부터 현실적인 목표가 결코 아 니었습니다. (……) 오늘날도 마찬가지입니다."(Ayres, 1983: 81)

그러나 절대적 빈곤을 어떻게 완화할 것인가 하는 문제에도 또 다른 모순이 내재해 있다. 비록 맥나마라와 울펀슨의 세계은행이 단순히 경제성장을 통한 해법에 반대하기 시작했지만, 그들은 여전히 소득과 생산성, 산출량 증대를 통해 빈곤을 완화하려고 하는 시장 패러다임을 벗어나지 못했다. 맥나마라 시대의 세계은행은 '소득과 부의 재분배가 아니라 (……) 가난한 사람의 생산성 증대를 최우선과제로 생각'했다 (Caulfield, 1996: 100).

절대적 빈곤에 초점을 맞춘 이러한 글로벌 자유주의가 이후 클로센 총재 체제 아래서 신속하게 사라진 것은 놀랄 일이 아니다. '가난한 사람의 생산성'에 대한 논의와 함께, 그것은 어쩌면 이미 예상된 일이었는지도 모른다. 세계은행 총재를 맡기 이전에 세계에서 가장 큰 상업은행인 뱅크오브아메리카의 총재를 역임한 클로센은 세계은행을 '성장 속 재분배'에서 신자유주의 공급경제학의 이데올로기로 이동시켰다. 몇 년 뒤, 캘리포니아 대학 버클리캠퍼스의 클로센 국제경영정책센터에서 열린 2004년 소액금융 학술회의에서 톰 클로센Tom Clausen은 무하마드 유누스를 소개하며 빈곤의 세계에서 소액금융의 역할을 높이 평가했다. 클로센은 그 과정에서 흥미로운 족보를 따졌는데, 뱅크오브아메리카도 초기에는 한 지역사회에 소속되어 주민에게 소액을 빌려주는 소액금융기관과 다르지 않았다고 주장했다. 그의 이야기는 금융자본을 서민경제로 소개하면서, 새천년 개발의 중심 테마인 기업가 정신과 빈민을 위한 시장의 도래를 알렸다. 이것이 오늘날 세계은행의 새로운 글로벌 자유주의다.

## 지식은행

맥나마라 체제 초기와 울펀슨 체제 아래의 세계은행은 '빈곤은행'으로서 '지식은행'처럼 조직되었다. 맥나마라 체제 때 나온 일련의 정책 보고서는 다양한 분야(농촌개발·기초교육·기초건강·서민주택)에 나타난 빈곤문제의 윤곽을 그렸다(Ayres, 1983). 그때도 새천년 개발의 경우처럼 빈곤지도와 사망자 집계와 빈곤에 대한 다양한 실상에 초점을 맞추었다. 맥나마라는 스스로 이러한 강박관념에 시달리고 있음을 인정했다.

> 우리가 생산해낸 것이 서민의 발전이기 때문입니다. 단지 한 개인이 아닌 대다수 서민의 사회적·경제적 발전이기 때문입니다. (……) 우리는 많은 숫자(많은 사람·많은 돈·생산된 수많은 식량)를 다루는 일을 하고 있습니다. 이러한 조건을 생각하지 않고 도대체 당신은 어떻게 이곳을 책임질 수 있을까요?
>
> (Kraske 외, 1996: 173)

맥나마라 체제 아래 세계은행의 연구역량은 크게 늘어났고 1975년에 만들어진 운영평가부Operations Evaluation Department는 '자기비판과 평가의 결과'로 생겨났다(Ayres, 1983: 6). 맥나마라의 세계은행은 가장 중요한 의제인 대출문제와 관련해 남반구의 다양한 연구정책센터를 미국 대학과 연결한 국제농업개발연구자문기구Consultative Group on International Agricultural Resaerch, CGIAR 같은 초국가적인 자체 '지식생산기구'도 창설했다(Goldman, 2005: 85-87). 울펀슨 체제에서도 이와 비슷한 노력이 또다시 진행되었다. 울펀슨은 자신이 세계은행의 '마시

멜로 가운데 토막marshmallow middle**이라고 부른 것을 개혁하기 위한 노력의 일환으로 직원이 빈곤을 직접 경험하고 현장에서 더 많은 시간을 보내게 하는 새로운 훈련과정을 개설하고, 지식을 공유하는 네트워크와 기술자 집단을 조직하도록 장려했다(Mallaby, 2004: 165). CGAP의 역할을 이해할 때, 이러한 제도적 맥락을 중요하게 고려해야 한다.

'지식은행'의 중요성을 가장 열성적으로 주장한 사람은 조지프 스티글리츠다. 스티글리츠(1999: 588)는 시장 실패를 총체적으로 조망하면서 "산업국과 개발도상국을 구분하는 기준은 자본의 부족뿐 아니라 지식의 편차다"라고 주장한다. 세계은행 같은 기구는 "전 지구적 차원에서 집단행동을 활성화하기 위해 설계된 공적 기구"라고 그는 지적한다(Stiglitz, 1999: 578, 590). 따라서 스티글리츠(1999: 590)는 "그런 지식 격차를 좁히기 위해 더욱 광범위하게 일하는 것이 세계은행에 부여된 특별한 책임이다"라고 결론짓는다.

그러나 이러한 지식생산에는 또한 중요한 모순이 내재해 있다. 개발도상국이 개발에 대한 '소유권'을 확보하려고 애쓰고 있는 시점에 세계은행이 빈곤지식을 포함해 지식에 대한 '특별한 책임'을 진다는 것은 무엇을 의미하는가? 울펀슨이 1999년에 야심차게 내놓은 계획인 포괄적 개발 기본 방안Comprehensive Development Framework은 개발목표와 전략을 '현지 이해당사자의 참여'를 기반으로 짜고, "각국 정부는 자기 나라의 미래를 구현하기 위한 개발전략을 마련하고 집행하는 데

---

• '문제의 핵심'을 뜻한다.

앞장선다"라는 생각을 바탕으로 하고 있다(http://web.worldbank.org/
WBSITE/EXTERNAL/PROJECTS/STRATEGIES/CDF/0,,pagePK:60447~theS
itePK:140576,00.html, 2008년 6월 20일 현재). 저소득 국가들이 볼 때, 그런
소유권은 빈곤완화전략 보고서에서 물질적 형태를 취한다. 하지만 세
계은행이 볼 때는 울펀슨의 세계은행이 좋아하는 주제인 '빈민층의 목
소리에 귀 기울이기'와 같은 무형적 개념의 형태를 취한다. 울펀슨은 그
런 귀 기울임을 활성화하고 심지어 강요하기 위해 세계은행의 내부 문
화를 바꾸려고 애썼다. 울펀슨은 국가별 지부장을 포함해서 더 많은 직
원이 현장과 접촉하게 함으로써, 그가 1996년 한 연설에서 밝힌 것처럼
"우리가 빈곤을 함께 슬퍼할 수 있고, (……) 우리의 고객을 안아줄 수
있으며, 그들을 느끼는 (……) 변화를 일구어내고 있다고 우리 아이들에
게 이야기할 수 있는" '새로운 희망의 분위기'를 창조해내기를 바랐다
(Mallaby, 2004: 167).

그러나 해당 국가 소유권과 빈민층의 목소리에 귀 기울기와 같은
생각은 긴급한 문제를 제기한다. 그럼 이 민주화된 지식생산은 어떻게
지식은행이라는 개념과 서로 조화를 이룰 수 있는가? 실제로 포괄적 개
발 기본 방안은 개발 관련 지식에 대한 세계은행의 독점을 심화할 뿐이
라는 논란을 불러일으킬 수 있다. 맥나마라 체제의 세계은행도 그런 문
제로 곤란을 겪었던 듯하다. 맥나마라에 대한 설명 가운데 하나는 그
를 "그의 선량한 신도들, 즉 전 세계의 가난한 사람들을 방문하는 (……)
양심적인 목사"로 묘사하지만, "대다수의 선교사처럼 맥나마라는 자신
이 배우기 위해서가 아니라 가르치기 위해서 거기에 있다고 믿었다"라
고 평가한다(Caulfield, 1996: 97). 세계은행이 배우기보다는 가르치는 것

에 열중하고 있다면, 자신의 이념과 배치될 수도 있는 것을 포함해 다양한 생각을 받아들이고 통합할 수 있는지를 묻지 않을 수 없다. 그럴 수 없다면, 세계은행이 "동업자에게 협력하지 않고 자체적으로 연구를 진행하며 자체 프로젝트를 평가하고 전 세계에 두뇌집단을 만든다면"(Pincus and Winters, 2002: 22), 그런 기관이 생산한 지식은 무엇이란 말인가? 그것이 스티글리츠가 마음에 두고 있고, CGAP의 최고경영자였던 엘리자베스 리틀필드가 세계은행의 공적 가운데 하나로 강력하게 확신했던 '특별한 공익'이 아니라는 것은 확실하다. 실제로 세계은행을 비판하는 사람들은 '지식은행'이라는 개념이 국제개발의 불평등한 권력관계를 명백하게 보여준다고 주장했다. "은행에 갔을 때 은행원이 당신에게 모르는 것이 있으니 그것을 알려주겠다고 말하는 경우는 없다. 그러면 당신은 그것을 무례하다고 생각할 것이기 때문이다."(Standing, 2000)

## 자금이동

세계은행이 해야 할 일과 소액금융 분야 사이에는 놀라울 정도로 일치하는 부분이 있다. 세계은행은 돈을 움직여야 한다. 소액금융도 마찬가지다. 맥나마라가 세계은행을 '개발은행'으로 재편하려고 애쓰고 울펀슨이 세계은행을 '지식은행'으로 재편하려고 애쓰는 동안, 두 시대는 그 특별한 책무를 수행하는 세계은행도 은행이라는 단순한 사실을 피할 수 없다는 것을 보여준다.

세계은행은 브레턴우즈에서 설립된 초기에 주로 월스트리트에서 자금을 조달해 리스크를 명확하게 평가할 수 있는 프로젝트가 진행되는 신용도 높은 개발도상국에 시장금리로 대출을 해주는 보수적 금융 기관의 기능을 수행했다. 세계은행의 채권등급은 AAA를 계속 유지했다. 맥나마라는 많은 연설에서 세계은행이 대출이 필요한 '가장 가난한 40퍼센트의 사람들'을 외면했으며 이제 '투자금융식 개발모델'에 대해 다시 생각해볼 때가 되었다고 반복해서 지적했다(Goldman, 2005: 68). 세계은행은 국제개발협회International Development Association, IDA의 설립과 함께, 산업국에서 기부금을 받아 가난한 나라에 관대한, 다시 말해 사회적 기준에 따라 까다롭지 않은 조건으로 돈을 빌려줌으로써 빈곤에 대응하는 새로운 책무를 수행할 수 있었다. 그러한 금전거래는 세계은행이 움직이는 자금규모를 증대시켜 대출금이 1969년에 20억 달러에서 1981년에 120억 달러로 늘어나게 만들었다(Miller-Adams, 1999). 이런 개발자본의 확대는 또한 새로운 형태의 지식생산을 요구했다. 맥나마라는 '빈민에게 투자하는 것'이 남반구에서 공정한 성장을 이루는 가장 효과적인 방법이라는 새로운 사실을 입증해야 했다(Goldman, 2005: 77).

세계은행을 개발과 지식은행으로 재편하는 일에는 내부적으로 몇 가지 문제가 수반되었다. 빈곤의제 자체가 명확하지 않았다. 세계은행은 그렇게 투자를 확대하면서 그중 얼마나 많은 돈을 실제로 가장 가난한 40퍼센트의 사람들에게 빌려주었는가? 그것이 실제로 빈곤문제 해결에 끼친 영향은 어떠했는가? 마이클 골드먼Michael Goldman(2005: 87)은 맥나마라 시대에 대해 혹독하게 비판하면서 이렇게 주장한다.

세계은행의 대출상품 구성의 급격한 증가는 (……) 마침내 남반구에 치명적인 결과를 야기했다. 이는 높은 대외채무, 다양한 식량생산의 감소, 식량생산의 달러화와 미국화, 전 세계적 농산품 과잉생산에 따른 식품 가격의 급락으로 이어졌다.

그는 맥나마라의 '빈곤종식' 10년이 "남반구의 부채증가와 고도로 계층화된 농업체계를 낳았고 (……) 세계은행의 개발산업의 결과로 빈곤은 오히려 더 심화되었다"라고 결론짓는다. 마찬가지로 2001년에 울펀슨 체제의 세계은행 운영평가부는 "세계은행에 빈곤완화의 임무가 있음에도, 빈곤문제를 해결하기 위한 예산 배정은 상대적으로 매우 미미한 수준이었다"라고 판정했다(Rich, 2002: 36).

세계은행에 의한 돈의 움직임은 새천년 개발의 딜레마, 특히 투자금융모델investment banking model과 개발금융모델development banking model 사이의 긴장관계에 주목한다. 개발의 금융화를 지지하는 오늘날의 '빈곤에 관한 워싱턴 컨센서스'는 월스트리트의 평가에 따라 움직였던 세계은행의 보수주의를 떠오르게 한다. 이 경우, 금융성과는 그 밖의 다른 모든 성과보다 중요하다. 빈민에게 돈을 빌려주는 리스크 높은 행위는 그런 규범 안에서 받아들여지지 않는다. 이러한 모순점은 빈곤완화에 초점을 맞추었던 두 시기를 포함해 세계은행의 대출제도의 중심에 놓여 있다. 맥나마라는 뉴욕 채권클럽에서 행한 연설에서 이렇게 말했다.

세계은행은 단순한 금융기관이 아니라 개발기구입니다. (……) 그러나 그와 동시에 세계은행은 자선단체나 사회복지기관이 아닌 개발투자기관임을 명백히 밝히지 않을 수 없습니다. 우리의 대출정책은 두 가지 기본 원칙 위에 세워져 있습니다. 첫째로 믿을 만한 사업이어야 하고, 둘째로 돈을 빌리는 사람의 신용도가 높아야 합니다.

(Kraske 외, 1996: 173)

울펀슨은 세계은행의 '문화'를 바꾸기 위해 애쓰면서, 세계은행이 하는 일의 결과는 은행의 채권등급이 아니라 가난한 아이들의 얼굴에 나타난 웃음으로 평가받아야 한다는 생각을 내놓았다. 이것이 그가 말하는 투자금융과 구별되는 개발금융의 특성이었다. 맥나마라도 비슷한 생각이었다. 하지만 그의 참모들이 자주 그에게 상기시켜준 것처럼, 세계은행은 가난한 사람들에게 직접 돈을 빌려주지 않는다. 심지어 가난한 사람들과 함께 일하는 NGO에게도 직접 대출을 하지 않는다. 따라서 한 선임관리자는 1995년 한 회의에서 울펀슨에게 반론을 제기하며 세계은행이 각국 정부를 고객으로 하는 일개 상업은행으로서 "환경, 개발과 여성, 빈곤완화 같은 우선순위 문제에 대한 논의를 중단"해야 하는지 따져 물었다(Rich, 2002: 52).

그런 모순은 소액금융을 괴롭힌다. CGAP는 소액금융에서 인간개발의 측면을 벗겨내려고 애쓴다. 그리고 최소의 투자로 최대의 효과를 올리는 최소주의 금융모델을 고집한다. 앞서 언급한 것처럼 CGAP가 그런 주장을 하는 것은 효율성 때문이지만, 자유와 중개기관과 자주권 문제가 걸려 있기 때문이기도 하다. 빈민의 대출조건은 소액금융기관의 자유를 저해할 뿐 아니라 빈곤 전문가의 의지를 빈민에게 강요하기도 한다. 그렇다면 그러한 개발금융모델은 어떻게 평가되어야 할까? 소액금융은 자금이동이나 빈곤완화에 정말 효과가 있는가?

더 크게 보면, 개발의 민주화가 자본의 민주화보다 더 시급한 문제다. 새천년 개발은 흔치 않은 조직적 밀도와 다양성의 기회다. 원캠페인 같은 글로벌 빈곤퇴치 단체는 빈곤반대투쟁과 개발사업을 개혁하는 운동에 '평범한' 사람들을 참여시킨다. 글로벌익스체인지Global Exchange나 세계사회포럼, 포커스온더글로벌사우스 같은 더 급진적인 단체는 기업 주도의 세계화와 신제국주의적 개발의 대척점에 있는 민중 주도의 세계화와 같은 주장을 한다. 이렇게 개발의 소유권 분산을 주장하는 것은 그동안 산업국이 개발에서 해왔던 독점적 지배를 끝낸다는 것을 의미한다.

그러나 제3세계 정부는 그 새로운 빈곤의제가 새로운 헤게모니를 대변하고 경제개발에 대한 자기네 정부의 권한을 저해한다고 주장했다. 이것은 대출조건의 새로운 '과부하'다. 법의 지배, 여성과 개발문제, 환경에 대한 고려에 이르기까지 모든 것(Kapur, 2002: 69)이 그런 부담을 강화한다. 빈곤완화는 그 새로운 '글로벌 개발구조'에서 '가장 중요한 대출조건'이다(Weber, 2002: 538). 따라서 울펀슨의 수석 고문 가운데 한 명이자 훗날 유엔개발계획UNDP의 사무총장을 역임한 마크 맬럭 브라운은 이 의제를 신식민주의적이라고 간주했다. 그는 빈곤 관련 NGO가 세계은행에 끼친 영향력을 영국 동인도회사British East India Company가 기독교 선교사를 식민지 영토에 들어가게 허용한 때와 비교했다. 이 19세기 선교사 집단은 당시에 자신들이 야만적이고 미개하다고 생각한 원주민 풍습을 근절하기에 이르렀다. "그로부터 거의 200년이 지난 뒤, NGO운동의 탈을 쓴 현대판 선교사는 세계은행을 십자군으로 바꾸는 것을 목표로 삼았다.”(Mallaby, 2004: 264) 일부에서는 그 대출조건이 세계은행의 성공 가능성을 위협한다고 생각한다. 맬릭 브라운의 경고는 '중국의 반란'이라고 명명된 현상, 즉 빈곤 관련 대출조건의 부담이 없는 민간자본에 접근할 수 있는 채무국이 세계은행의 통제에서 벗어날 수 있음을 보여준다. 세계은행은 오늘날 민간금융의 흐름이 공적개발원조ODA 규모를 훨씬 초과하면서, 자금을 움직이고 개발자본의 역할을 재창조하는 새로운 도전에 직면해 있다.

## 윤리적 자본주의

이 장은 룩아웃 산맥에 있는 코브넌트 칼리지의 이야기로 시작했다. 거기서 기독교를 전파하는 선교사들은 세상의 빈민을 구하는 사명을 부여받지만, 소액금융 같은 것으로 일반 대중의 빈곤을 완화할 수 있을지에 대해서는 의문을 제기했다. 그들은 그 과정에서 윤리적 개발이라는 핵심적인 문제를 끄집어냈다. 교회가 돈을 빌려주고 돌려받는 역할을 하는 것이 과연 기독교의 가치관과 조화를 이룰 수 있는가 하는 문제였다.

개발의 윤리는 또한 더 친절하고 너그러운 세계은행의 중요한 주제이기도 하다. 울펀슨은 세계은행 직원에게 세상의 변화뿐 아니라 조직 '내부'(세계은행 같은 기구의 '관료적이고 냉소적이고 의심 많은' 내부)의 변화를 요구하는 연설을 여러 차례 했다(Mallaby, 2004: 146). 이런 요청은 더 훌륭하고 소명의식이 투철한 개발 전문가가 더 좋은 개발모델을 만들어낼 수 있다는 희망찬 도덕주의에 물들어 있기 마련이다. 그러나 앞서 지적한 것처럼, 그런 책무는 자금 움직이기와 같은 개발의 또 다른 목표와 긴장관계에 있을 수 있다. 윤리적 자본주의ethical capitalism와 같은 것은 과연 존재하는가?

소액금융의 세계에서 이러한 문제는 치열한 논쟁거리다. CGAP가 빈민을 위한 시장을 촉진하기 위해 애쓰고 있는 반면, 그런 시장의 기능에 대한 문제제기도 그에 못지않게 많다. 예컨대 멕시코의 소액금융기관 콤파르타모스에 대한 논란이 그런 것이다. 콤파르타모스는 한때 가톨릭계 NGO였지만 지금은 영리를 추구하는 금융기관이다. 콤파르타모스는 멕시코 증권시장에서 기업 공개를 통해 4억 5,800만 달러의 자금을 조달했다. 그 은행의 최고위 임원을 포함해 멕시코의 개인 투자자는 주식 매매를 통해 1억 5,000만 달러를 벌었다. 주식 공모를 통해 얻은 수익금의 절반 이상이 콤파르타모스가 2000년에 비영리기관에서 상업 벤처회사로 변모했을 때, 거기에 투자한 개발기구들에 돌아갔다. 그 가운데 한 곳이 소액금융기관에 기술지원과 자본을 제공하는 보스턴 소재 비영리기관인 액시온 인터내셔널이었다.

액시온은 2000년에 콤파르타모스에 100만 달러를 투자했는데, 기업 공개 때 18퍼센트 지분 가운데 절반을 팔아서 1억 3,500만 달러를 챙겼다. 주로 빈민층 여성이 한 해에 100만 명 가까이 돈을 빌리는 콤파르타모스의 대출규모는 약 4억 달러, 수익은 8,000만 달러에 이른다. 어쩌면 여기서 가장 주목해야 할 것은 콤파르타모스가 자본축적의 신개척지임을 명백하게 보여준다는 사실이다. 한 소액금융기금 관리자는 "이곳은 월스트리트·런던·제네바 금융계 수준의 안목이 있었습니다"

라면서 "모든 게 결국 하나로 연결된다고 볼 때, 이것은 꽤나 수익성 높은 사업일 수 있지요"라고 말했다(Malkin, 2008). 2009년 세계 금융위기가 한창일 때, 2009년 4월 21일자 『월스트리트저널』은 콤파르타모스가 25퍼센트 가까운 순익을 올렸다고 보도했다. 유누스의 말(우리는 돈의 바다에서 살고 있다)은 실제로 사실인 것처럼 보인다.

콤파르타모스의 설립자는 소액금융을 금융자본과 증권시장에 통합시키는 일이 결국 가난한 사람에게 보탬이 될 것이라고 주장한다. 그라민재단의 이사장 알렉스 카운츠Alex Counts는 콤파르타모스의 가난한 고객들이 "수익을 창출해왔지만, 정작 그들은 수익배당에서 제외되었다"라고 반박하면서 그들의 주장에 동의하지 않는다(Malkin, 2008). 그런데 놀랍게도 CGAP에서 수행한 한 연구는 콤파르타모스의 기업공개에 대해서는 변호하지만, "개인 투자자를 포함해 투자자가 더 높은 수익을 올리는 것은 돈을 빌린 사람에게 더 많은 부담을 떠넘기는 것과 상관관계가 있다"라는 점을 고려할 때, "(……) 대출 고객의 이익과 투자자의 이익 사이에는 직접적이고 명백한 갈등관계가 있다"라고 지적하면서 카운츠의 주장에 동의한다(Rosenberg, 2007: 10).

콤파르타모스가 이자를 연리 100퍼센트 가까이 부과한다는 사실은 논쟁의 중심에 있다. 라틴아메리카에서는 그 이자율이 그다지 높은 것은 아니지만, 처음에 소액금융이 공적 성격을 띠었던 남아시아의 빈민을 위한 기관보다는 엄청나게 더 높다. 따라서 유누스는 콤파르타모스를 '사채놀이'업이라고 맹렬히 비난했다. 그러나 조너선 모르두흐 Jonathan Morduch 같은 소액금융 경제학자는 그런 영리기관이 가난한 고객들을 대상으로 금융서비스를 제공하는 일은 그들에게 도움을 주는 것이라고 주장했다(Harford, 2008).

콤파르타모스를 둘러싼 논쟁은 소액금융 분야에서 오랫동안 지속되어온 '임무표류'에 대한 논쟁을 되풀이한다. 그동안 소액금융의 상업화를 적극적으로 수용해온, 소액금융 관련 기관과 은행의 글로벌 네트워크인 위민스월드뱅킹Women's World Banking은 최근에 다음과 같은 우려를 표명하는 보고서를 발표했다. "민간자본의 소액금융산업으로의 유입이 수익창출의 점증하는 압력에 직면해서 변신한 소액금융기관의 빈곤완화에 대한 초점을 희석시킬 (……) 수 있다." 그 연구 보고서는 상업화된 소액금융기관에서 돈을 빌린 여성 고객의 비율이 상당히 크게 줄었다는 것을 발견하고, 소액금융산업이 그런 추세를 반대로 돌릴 방법을 찾으라고 요구했다(Frank, 2008). 『타임』지에 실린 이 보고서 관련 기사의 제목은 "소액금융: 여성들을 속이고 있는가?"였다(Kiviat, 2008).

그런 비판에 직면한 CGAP는 현재 윤리강령의 제정을 검토하고 있다. CGAP는 도이치뱅크, 볼더협회와 함께 2008년 5월에 뉴욕에서 "소액금융이 상업화와 사회적 사명 사이를 잘 헤쳐 나가는 데 보탬이 될 공통기반과 원칙을 개발하기 위한" 회의를 개최했다. 거기서 CGAP의 최고경영자 엘리자베스 리틀필드는 이렇게 주장했다. "확고한 상업적 기반 없이, 소액금융은 살아남기 위해 필요한 수익성 있는 사업이 될 수 없습니다. 그러나 가난한 사람들의 삶을 이롭게 하는 것을 가장 중시하는 확고한 윤리적 원칙과 책무를 저버린다면, 그것은 소액금융이 아닙니다."(http://www.cgap.org/p/site/c/template.rc/1.26.1881/, 2008년 8월 28일 현재) 리틀필드는 소액금융이 단순히 북반구의 자금이 남반구로 이동하거나 새로운 자산이 창조되는 것에 대한 이야기일 수 없다고 주장하면서, 콤파르타모스 같은 겉이 번지르르한 성공담에 대한 우려를 일찌감치 표명했다. 소액금융은 "자국민을 대상으로 금융서비스를 제공하는 지역 금융시장을 개발하는 것"에 대한 이야기여야 했다(Alexander, 2007). 포칸티코 선언Pocantico Declaration이라고도 부르는 그 강령은 "소액금융산업을 움직이는 사회적 동기가 결여된 금융서비스 제공자와 소액금융을 구분"한다는 것을 의미한다. 도이치뱅크의 사회적 투자기금 총괄 책임자인 아사드 마흐무드는 소액금융산업의 '명성에 피해를 줄 위험성' 때문에 그런 조치가 필요하다고 지적한다(http://www.cgap.org/p/site/c/template.rc/1.26.1881/, 2008년 8월 28일 현재).

우리는 기업의 윤리적 책임을 강조하기 위해 써온 '윤리적 자본주의' 같은 용어를 어떻게 이해해야 할까?(Barry, 2004: 195) CGAP는 전 세계 빈민층을 금융시장이 포용할 것을 약속하면서 자본의 민주화를 외친다. 그러나 콤파르타모스 같은 기관의 작동방식은 이러한 빈민을 위한 시장이 자본축적을 위한 새로운 비우량대출시장임을 보여준다. CGAP의 '윤리강령'은 그런 형태의 빈곤자본을 규제할 방법을 모색한다. 그 강령은 또한 프라할라드(2004)의 책 표지에 나온 마지막 구절처럼, 가난한 사람도 '존엄성과 선택권을 누릴 수 있는' 길을 찾으려고 애쓰는 전 세계 최하층 10억 명으로부터 이윤을 뽑아내는 것이 어렵다는 사실도 인정한다. 요컨대 '돈의 바다'를 헤쳐 나가는 일은 그렇게 만만치 않을 수 있다.

CGAP의 윤리강령은 세계은행 내부에서 그러한 논쟁이 끊임없이 진행되고 있음을 보여주는 하나의 표시일 수 있다. 그것은 어쩌면 개발의 민주화를 나타내는 한 예일지도 모른다. 실제로 울편슨의 세계은행은 "포용과 사회정의의 의미를 둘러싸고 벌어진 치열한 논쟁을 통해 개발을 재정립하기 위한 기반을 새롭게 만들어냈을" 수 있다(Finnemore, 1997: 165). 그래서 마침내 조지프 스티글리츠 같은 워싱턴 내부자도 개발에 대한 기존의 담론과 현실에 문제를 제기하면서 계속해서 반대의 목소리를 내고 있다. 이러한 자기비판의 목소리는 종종 세계은행과 IMF에 반대하는 저항운동에 공감을 표한다. 그들은 대개 좀더 인간적이고 포용적인 개발의제를 주장한다. 그리고 빈곤과 불평등 문제를 전면에 내세운다. 다시 말해 새천년 개발은 '이중행위자'의 활동에 의해 활성화된 동시에 그들의 활동을 활성화했을 수 있다. 바로 그런 자기비판의 힘은 이런 이중행위자가 내부자 신분이라는 데서 나온다. 그들이 개발 프로젝트 안에서 발언권을 행사할 수 있기 때문이다.

그러나 빈곤에 관한 워싱턴 컨센서스의 정당성과 권위를 재확인시켜주는 것 또한 바로 이러한 이중행위자 신분의 정치다. 스티글리츠의 자기비판이 '시장 근본주의'를 따르는 개발 이데올로기에 문제를 제기하지만, 동시에 새천년 개발의 '지식은행'으로서 세계은행의 역할을 강화하는 것은 바로 그런 이유 때문이다. 집합재collective goods*의 공적 공급을 지지하는 스티글리츠는 세계은행을 그런 공적 목적을 주장할 수 있는 글로벌 기관으로 자리매김한다. 조지 부시 대통령이 폴 월포위

---

* 국방·외교·치안·초등교육 같은 순수공공재에 속하는 재화를 가리킨다.

츠를 세계은행 총재에 임명한 것에 세계은행 직원들이 반발한 것은 그런 특성 때문이다. 그 결과, 월포위츠는 총재직에서 물러났고, 따라서 그를 임명한 미국 대통령의 권한을 무력화한 셈이 되었다. 그러나 그러한 반란은 다시 한번 '정치적'인 문제의 한계를 드러냈다. 세계은행 직원들은 월포위츠가 불법적인 이라크전쟁을 기획한 사람이라서 그의 정당성을 거부한 것이 아니었다. 월포위츠가 총재직에서 쫓겨난 것은 자신의 여자 친구를 부적절하게 관리·감독하고 부당한 승진과 보수를 제공한 부패혐의 때문이었다. 그런 정실인사와 세계은행 총재로서 그의 부패척결운동 사이의 괴리는 너무도 컸기 때문에, 세계은행 임직원들이 그의 사임을 요구하는 것은 지극히 당연했다(Wolfowitz, 2007 참조). 그 사건은 세계은행 직원들이 단순히 수동적이고 순종적인 테크노크라트만은 아님을 보여주었다. 그러나 그 사건의 논쟁방식은 세계은행의 이미지를 이념과 정치에 독립적인, 즉 전쟁과 점령에 대해 아무 말도 하지 않는 기관으로 고착화했다. 그것은 또한 정직한 중개인, 부패와 싸우는 데 전력을 다하는 기관, 그리고 글로벌 규범과 규칙의 수호자로 행동할 수 있는 기관으로서 세계은행의 이미지를 강화했다. 이것은 이런 형태의 반대가 지닌 '이중성'이다. 다시 말해 기존의 세계은행의 역할에 대해 문제를 제기하는 동시에 개발의 중재자로서 새롭게 역할을 재정립하는 것이다.

같은 맥락에서 CGAP의 윤리강령은 반대와 논쟁의 신호일 수 있지만, 그것은 또한 새롭게 수정된 '빈곤에 관한 위싱턴 컨센서스'를 가리키는 것일 수도 있다. 따라서 평가의 일부로 실시된 CGAP 소속 기구에 대한 한 조사는 CGAP가 새로운 생각을 '받아들이는' 것에 큰 관심이 있음을 보여주었다(Foster, Maurer, and Mithika, 2007: iv). 실제로 CGAP가 소개한 몇몇 빈민을 위한 혁신방안을 자세히 살펴보면, 모두 방글라데시의 브락 같은 다른 기관에서 나온 것임을 알 수 있다. CGAP는 그런 기관의 공로에 대해 정당하게 대가를 지불할 수 있을 것인가? 아니면 윤리적 자본주의라는 미명 아래 그런 혁신을 무단으로 전용할 것인가? CGAP는 자신의 윤리강령을 지키기 위해 새로운 컨센서스, 새로운 의무체계와 기준을 CGAP의 '이해당사자'에게 부과할 것인가?

그런 문제는 소액금융의 영역을 넘어선다. 그것은 새로운 글로벌 자유주의 질서로서 새천년 개발의 한가운데에 놓여 있다. 그 문제는 세계은행의 오랜 역사와 변화의 순간을 떠올린다. 그것은 자금 움직이기와 지식생산을 통해 개발의 발전과정을 보여준다.

# 3장

# 주변부의 반대

## 개발과
## 방글라데시 역설

빈곤은 포르노 같습니다.
눈으로 봐야 알기 때문입니다.*

핀카 인터내셔널 설립자인 존 해치John Hatch가 2006년 11월 11일, 캐나다 핼리팩스에서 열린 마이크로크
레디트 정상회의Halifax Microcredit Summit에서 한 연설.

# 신뢰 추락?

2006년 무하마드 유누스와 그라민은행은 노벨평화상을 받았다. 그 상은 소액금융의 선구자로서 그라민은행의 역할에 새로운 관심을 불러일으켰다. 그라민의 소액금융모델의 반대편에 서 있는 다른 기관들도 그라민은행이 개발 부문에 기여한 공로에 대해서는 인정하지 않을 수 없었다. 시장 기반의 개발방식을 지지하는 세계은행 내부의 기부자 포럼인 CGAP의 최고경영자 엘리자베스 리틀필드는 "유누스는 가난한 사람들도 자립능력이 있고 자격을 갖춘 매력적인 대출 고객이라고 생각한 통찰력 있는 최초의 사람 중 하나였습니다"라고 말했다. "그 단순한 생각은 그것을 채택하고 실천하고 향상시키고 확대시킨 광범위한 모방자와 혁신자들을 움직였지요."(Dugger, 2006) CGAP 같은 기관이 주도하는 '빈곤에 관한 워싱턴 컨센서스'는 잠시 흔들리는 듯 보였다.

2006년 11월, 캐나다 핼리팩스에서 열린 마이크로크레디트 정상회의에서 대대적인 축하행사가 열렸다. 그 정상회의는 수많은 연설과 영상과 사진을 통해 인간개발에 대한 강력한 의지와 그러한 목표를 달성하기 위한 소액금융의 역할을 소개하면서, 그라민은행의 소액금융모델을 널리 알리기 위해 애썼다. 다양한 주제별 발표와 토론장마다 '소액금융의 특징'을 알리는 영상물이 회의 시작과 함께 상영되었다. 영상물은 대개 한 빈민 여성과 그녀의 삶이 소액금융을 통해 어떻게 바뀌었는지를 보여주는 것이었다. 마이크로크레디트 정상회의 캠페인의 이사 샘 데일리 해리스Sam Daley-Harris는 개막식 연설에서 "우리는 이 여성들 때문에 여기에 있습니다"라고 말했다. 그의 뒤에서는 유누스와 그라민은행에서 돈을 빌린 한 사람의 모습이 나오는 영상과 함께 세계적 밴드인 그린 칠드런이 연주하는 〈이제 내 말을 들어요Hear Me Now〉라는 노래가 흘러나왔다. 그 밴드의 리드 싱어인 밀라 수네Milla Sunde의 입에서는 이 가난한 여성의 삶의 변화를 칭송하는 노랫말이 흘러나왔다. "자신의 터전이 바뀌고 있음을 이야기하는 미소 짓는 얼굴 (……) 그녀의 목소리는 선택의 권력을 휘두르네." 스페인 왕비 소피아는 유누스가 언급한 것처럼, '위엄과 진취성의 상징'으로서 가난한 여성들이 만든 이 20센트짜리 소박한 그라민 감차gamcha를 '왕족의 어깨'에 걸치고 무대에 섰다. 캐나다의 현직 총리인 피터 맥케이Peter Mackay는 '소액금융을 빈곤이라는 전염병을 막는 백신'이라고 부르며 그것을 통해 '인권과 자유·민주주의·민간 부문 개발'의 중요한 문제를 해결할 수 있다고 주장했다. 맥케이는 심지어 아프가니스탄에서도 소액금융이 '가난한 여성들의 손에 경제력'을 쥐어줄 수 있다고 말했다.

노벨상 수상자 유누스가 무대에 서자 100개국에서 온 2,000명에 가까운 대표자들이 기립박수를 보냈다. 유누스는 강력한 어조의 연설을 통해 승리를 선언했다.

우리는 이제 세계 금융체계의 부차적 존재가 아닙니다. 그래서 한때 우리를 의심했던 사람들, 그들이 이제 우리와 함께하기를 바랍니다.

(……) 수익만 찾는 시대는 끝났습니다. 가장 가난한 사람들에게 주목할 때가 왔습니다. (……) 우리는 앞으로 투자수익률이 아니라 빈곤에서 벗어난 사람의 수로 우리의 성공 여부를 판단할 것입니다.

따라서 핀카 인터내셔널의 설립자 존 해치는 소액금융은 '산업이 아닌 운동'이며, 이 정상회의는 '역사상 가장 큰 자립행사'라고 주장할 수 있었다. "우리는 밑으로부터의 세계화를 만들어냈습니다. 그것은 위로부터의 세계화보다 더 큽니다."

'빈곤에 관한 워싱턴 컨센서스'를 대표하는 인물들도 핼리팩스에서 열린 그 정상회의에 참석했다. 그들은 경계의 말을 쏟아내며 소액금융의 한계를 지적하고 각국 대표들의 달아오른 열정을 누그러뜨리려고 애썼다. USAID 소액창업 부문장을 역임한 CGAP의 수석 고문 케이트 맥키Kate McKee는 마이크로크레디트 정상회의가 내세운 목표를 곰곰이 따져볼 것을 요구하고, 소액금융이 빈곤완화에 어떤 영향을 끼치는지 훨씬 더 많이 알아볼 필요가 있다고 주장했다. 그러나 그 정상회의는 그 문제에 거의 관심이 없었다. 방글라데시 유엔 대사 이프티카르 초두리Iftikhar Chowdhury는 방글라데시에서 인간개발이 크게 향상되었고 소액금융기관 덕분에 그런 성과를 이루었음을 보여주는 세계은행 보고서 내용을 인용하며 자신만만하게 발표했다. 초두리는 한 발 더 나아가 그러한 개발형태가 평화를 낳았고, 따라서 소액대출이 "테러리즘의 늪을 말라붙게 만들었다"라고 주장했다. 노벨상은 '소액금융의 복음전파'를 강화하는, 다시 말해 특색 있는 모습을 한 '극빈층 여성'을 배경으로 '빈곤퇴치 공식'을 '적극적으로 홍보'하는 것처럼 보인다(Rogaly, 1996).

당시 헬리팩스에서 열린 정상회의의 가장 두드러진 특징은 이러한 화려한 수사와 이미지였다.

그러나 소액금융의 노벨상 수상은 뜻밖의 사건이 아니었다. 2005년 볼더협회에서 CGAP 소속의 여러 주요 인사는 소액금융이 노벨상을 받는다면, 어째서 브락이 그 상을 받아야 하는지에 대해 이야기했다. 세계은행 컨설턴트 마거리트 로빈슨은 "내가 노벨상을 수여한다면, 파즐 아베드와 그가 설립한 훌륭한 기관 브락에게 줄 것입니다"라고 선언했다. 이러한 선언은 이미 유누스와 그라민은행이 세계적으로 소액금융을 대표하는 공식적인 얼굴이며, 따라서 그들에게 노벨상이 돌아갈 수밖에 없다는 것을 예견하고 있었다. 하지만 워싱턴 컨센서스를 훨씬 더 선호하는 브락은 전 세계적으로 그라민은행과 같은 정도의 인정을 받지 못했다. 2005년 볼더회의에 참석한 이탈리아 대표단 일행 중 하나가 매우 우아하게 언급했듯이, 브락은 이탈리아에서 파슬리만큼 사랑받지도, 널리 알려지지도 않았다. 심지어 CGAP 핵심 인물인 로버트 크리슨도 볼더협회의 한 총회에서 자신의 어머니가 PBS 방송에서 방영된 유누스와 그라민은행 다큐멘터리 프로그램을 보고 나서야 비로소 소액금융의 개념과 자신이 하는 일을 이해하게 되었음을 인정하지 않을 수 없었다.

그러나 그라민은행의 노벨상 수상 이후 소액금융에 대한 축하와 지나친 칭찬뿐 아니라 날카로운 비판도 함께 나왔다. 예컨대 『뉴요커』에 실린 한 기사는 "소액대출이 가난한 대출자의 형편에 보탬을 주기는 하지만, 가난한 나라를 부유한 나라로 바꾸지는 못한다"라고 주장했다. 그 기사를 쓴 사람은 가난한 사람이 기업가 정신이 있는 사람이라는 유누스의 주장을 반박하면서, 소액대출이 오히려 소비를 줄여 저축을 늘리는 반면, 새로운 일자리 창출에는 기여하는 경우가 드물다고 지적한다. 그는 '잃어버린 중간층'(중소 규모의 기업)이 경제적으로 큰 마법을 부릴 수 있는 진정한 엔진이라고 보았다(Surowiecki, 2008). 유누스와 그라민은행이 노벨상을 받은 다음 주에 그런 입장을 강력하게 대변하는 기사가 『뉴욕타임스』에 실렸는데, 거기서 존 티어니John Tierney(2006)는 "그라민은행은 영감과 교훈을 얻는 데 한계가 있다"라고 주장했다. 티어니의 주장에 따르면, '제3세계의 빈곤을 완화'하는 역할로 말하면 월마트가 어떤 다른 기관보다 더 많은 일을 했다. 월마트가 가난한 농촌 마을 사람들에게 공장에서 일할 수 있는 기회를 제공했기 때문이다. 비록 그 일자리가 '저임금 착취노동'으로 보일 수도 있겠지만, 그래도 노동자는 열심히 일하면 빈곤에서 벗어날 수 있었다. 같은 맥락에서 『월스트리트저널』에 실린 한 기사는 유누스의 생각을 '혁신적'이라기보다는 '개량적'인 기업가 정신이라고 소개했다. "구걸하던 사람을 바구니를 짜서 파는 사람으로 바꾼다고 방글라데시가 가난한 나라에서 벗어날 수 있을까?" 기사를 쓴 사람은 "방글라데시 같은 나라들의 빈곤은 총체적인 후진성에서 나온다"라고 결론짓는다(Bhide and Schramm, 2007). 그런 비판은 그라민은행을 시대에 뒤떨어진 토착경제, 다시 말해 세계 자본주의에 기여하는 경제조직으로 금방 대체될 원시적 생활형태로 규정한다.

소액금융은 유누스와 그라민은행이 노벨평화상을 받기 훨씬 전에 잠시 신뢰가 추락하고 있었다. '빈곤에 관한 워싱턴 컨센서스'가 소액금융을 새로운 금융산업으로 재편하려고 하면서, 빈곤에 초점을 맞춘 구식 소액금융은 공격받기 시작했다.『뉴욕타임스』는 2004년 5월에 실린 일련의 사설과 기사를 통해 "전 세계 빈곤문제를 해결할 만병통치약인 체하는 소액금융의 이 갑작스러운 대유행에 절대 현혹되지 말아야 한다"라고 경고했다(*New York Times*, May 5, 2004). 그러나 10년 전쯤에 바로 그 신문사의 사설은 소액대출을 '만병통치약'과 같은 것, "그동안 간절히 바랐던 빈곤퇴치 프로그램의 혁명"이라고 극찬을 아끼지 않았다(*New York Times*, February 16, 1997). 그리고 2003년『뉴욕타임스』는 다시 "소액대출은 입증된 개발전략이다"라고 말하며 그것에 대한 신뢰 표명을 되풀이했다.

이러한 입장의 변화는 소액금융의 추세가 그라민은행으로 대표되는 방글라데시 모델에서 '빈곤에 관한 워싱턴 컨센서스'로 바뀌었음을 보여준다. 1997년『뉴욕타임스』사설은 마이크로크레디트 정상회의의 편에 서서 2005년 소액대출자 1억 명 돌파와 전 세계 개발원조 예산에서 소액금융 부문의 증가를 적극 지지했다. 이 사설은 유누스를 '소액대출운동'을 최초로 전개한 사람으로 인정하면서, 마이크로크레디트 정상회의가 목표로 하는 것을 '미국 정부가 지지할' 만한 '가치 있는' 것이라고 거론했다. 2003년 사설은 마이크로크레디트 정상회의가 활동을 확대하는 목표를 지지하는 의사를 표명했지만, 그 목소리에는 CGAP의 주장—'진정한 소액금융 혁명', 즉 '거대 글로벌 은행'이 주도하는 금융서비스와 금융산업의 소액금융 혁명이 '전 세계 빈민의 역량강화'를 훨씬 더 촉진할 수 있다—이 담겨 있었다(*New York Times*, November 19, 2003). 2004년 사설의 논조는 단호했다. 마이크로크레디트 정상회의가 미국 의회에서 빈곤에 초점을 맞춘 소액금융 법안을 통과시키려고 애쓰는 것에 대해 신랄하게 비판했다. 이 논란에 대해서는 나중에 이 장에서 좀더 자세히 검토할 것이다. "실제로 가난한 사람이 소액대출을 통해 이익을 얻는지의 여부를 판단할 확실한 증거가 거의 없다"라고 주장한 기사는 이후에 방글라데시로부터 소송이 제기되었다(Dugger, 2004). 그 기사는 수많은 지지와 항의성 투고를 받았다. 무하마드 유누스와 파즐 아베드(2004)는 공동으로 "빈곤문제는 중요하다"라는 제목의 편지를 썼다.『뉴욕타임스』에서 게재를 거부당한 그 편지는 마이크로파이낸스 게이트웨이에 실렸다. 유누스는 한 인터뷰에서『뉴욕타임스』가 그 편지를 지면에 게재하지 않은 것에 대해 분노를 쏟아냈다(2005년 12월). 그는 이것이 바로 그의 생각이 홀대받고 있는 반면에, CGAP가 생산한 지식이 권위를 인정받게 되었다는 것을 보여주는 증거라고 생각했다.

그러나 이러한 이념싸움을 개발에 대한 방글라데시의 관점과 워싱턴 중심의 개발기구 사이의 투쟁으로 이해해서는 안 된다. 방글라데시 안에서도 유누스는 극심한 비판에 직면했기 때문이다. 유누스는 노벨상 수상으로 지지도가 급상승하자, 그것을 발판으로 공직에 진출하려고 했고, 그 결정은 논란을 유발했다. 2007년 2월 유누스가 나가리크 샤크티Nagarik Shakti(시민의 힘)라는 정당을 창당한 직후, 한 무리의 방글라데시 학자들은 소액금융이 결국 '자본주의의 보호와 확장'을 위한 도구였다고 주장하면서, 유누스에게 공식적으로 이의를 제기했다. 그들은 소액금융의 각종 대출이 빈민을 가난에서 해방시키는 것이 아니라 단순히 "빚을 지게 만들었다"라고 지적했다(*Daily Star*, February 22 and 25, 2007). 잔인한 역설인지 모르지만, 이제 유누스의 생각은 세계은행과 IMF 같은 워싱턴 기반의 국제기구가 주장하는 시장 근본주의와 동일한 것으로 여겨진다. 방글라데시에서 소액금융에 대한 비판은 이제 새롭지 않다. 방글라데시 언론과 학술기관은 그동안 자주 소액금융기관이 대출금을 회수하는 과정에서 휘두른 권력의 실상을 적나라하게 밝혀냈다. 이러한 개발과 개발수단에 대한 통렬한 자기비판 또한 방글라데시 모델의 중요한 일부인 것으로 보인다. 그러나 지금의 비판은 명백히 현재까지 도덕적 정당성을 누려온 국가적 인물인 유누스 개인을 가리켰다. 2007년 5월 유누스는 정계에서 물러나 소액금융의 세계로 복귀했다. 이 장에서는 소액금융의 방글라데시 모델, 그것과 관련된 논쟁과 그것이 기여한 공로에 대해 자세히 살펴본다.


## 방글라데시 컨센서스

### 방글라데시를 워싱턴 DC 무대에 올리다

소액금융의 복음전파가 정작 방글라데시에서는 빈민을 부채의 쳇바퀴 속에 빠뜨렸다는 비판을 받고 있는 동안, 소액금융의 방글라데시 모델은 마이크로크레디트 정상회의의 적극적인 활동을 통해 워싱턴 DC에서 널리 홍보되고 있었다. 미국의 풀뿌리 운동단체 리절츠에듀케이셔널펀드Results Educational Fund(이후 리절츠로 표기)의 프로젝트인 제1회 마이크로크레디트 정상회의가 1997년에 개최되었다. 빈곤에 초점을 맞춘 소액금융모델을 확대·발전시켜 2005년까지 전 세계 1억 가구에 소액대출을 제공하는 것을 목표로 삼았다. 그때부터 샘 데일리 해리스Sam

Daley-Harris가 이끄는 마이크로크레디트 정상회의 캠페인은 교육받은 시민의 역할을 중시하고 글로벌 빈곤에 맞서 싸우는 일에 참여했다. 데일리 해리스는 마이크로크레디트 정상회의가 '시민의 참여와 진행'을 제외하고는 유엔 정상회의를 모방한 것으로 본다. 이런 의미에서 그 정상회의는 2006년 마이크로크레디트 정상회의에서 그가 설명한 것처럼 '집단적 사회운동'으로 이해될 수 있다. 그러나 사람들은 어쩌면 마이크로크레디트 정상회의를 정기적으로 개최되는 지역별 정상회의 때마다 특정한 소액금융방식을 반복해서 전파하는 하나의 플랫폼으로 이해하고 있을지도 모른다. 특히 2006년 핼리팩스에서 개최된 '글로벌 마이크로크레디트 정상회의'에서는 두 가지 새로운 목표가 제시되었다. 하나는 2015년까지 세계에서 가장 가난한 1억 7,500만 가정, 특히 그 가정의 여성에게 소액대출을 제공하는 것이고, 다른 하나는 2015년까지 세계에서 가장 가난한 1억 가정의 빈곤선을 하루 1달러 이상으로 올리는 것이었다(http://www.microcreditsummit.org/, 2005년 12월 9일 현재).

그러한 목표는 초점을 경제적 기준에서 인간개발로 바꾸면서 '빈곤에 관한 워싱턴 컨센서스'에 정면으로 맞선다. 워싱턴 DC에 확고하게 뿌리내린 마이크로크레디트 정상회의 캠페인은 CGAP의 주도권을 약화시키기 위해 이 권력의 접속점에 유용한 도구(로비활동, 시민 지지)를 전략적으로 배치한다. 마이크로크레디트 정상회의 캠페인은 그 과정에서 워싱턴 DC 한복판에 소액금융의 방글라데시 모델을 부활시킨다. 마이크로크레디트 정상회의 캠페인의 이런 노력의 결과, 지난 10년에 걸쳐 USAID와 CGAP 같은 기관의 저항이 격렬했음에도 소액금융 법안이 미국 의회를 통과하는 커다란 성과를 거두었다.

2000년 미국 의회를 통과한 자립을 위한 소액창업법Microenterprise for Self-Reliance Act(HR 1143, PL 106-309)은 소액금융지원 프로그램을 위한 지속적인 자금조달의 흐름을 보장하고, 극빈층의 다수가 여성임을 감안할 때, 이 자금의 절반을 극빈층 여성에게 지원토록 했다. 그 법안의 초당적 공동후원자는 소액금융을 방글라데시에서 유래된 '아주 소박한 접근방식'이며 '가장 훌륭한 투자 가운데 하나'라고 묘사했다(*Seattle Times*, April 9, 1997). 당시 공화당 하원 국제관계위원회 의장 벤저민 길먼Benjamin Gilman은 그 법안에서 '자립'이라는 구성요소를 이렇게 설명했다. "소액창업지원제도는 빈곤을 완화할 뿐 아니라 의존성을 줄이고 자부심을 높입니다."(http://www.gpo.gov/fdsys/pkg/CREC-2000-10-05/pdf/CREC-2000-10-05-pt1-PgH8893.pdf, 2005년 6월 5일 현재) 그 법안이 통과되기까지 많은 세월이 흘렀다. 리절츠는 1980년대 중반부터 입법운동을 활발히 전개해왔다. 그러면서 "토지 없는 방글라데시인, 신용 있음을 입증하다", "방글라데시의 가난한 개척자에게 은행대출", "맨발의 자금관리", "서민금융", "은행업무의 국면 전환"(Bornstein, 1996: 230) 같은 제목의 소액금융과 관련된 신문 기사와 사설이 수없이 쏟아져 나왔다. 1987년 당시 미국 대통령 로널드 레이건은 소액금융에 대한 자금지원을 재가하는 법안에 서명했다. 따라서 2000년에 통과된 법안은 첫 번째 단계가 아닌, 그러한 노력이 최고조에 이르렀음을 의미했다.

그러나 2004년 마이크로크레디트 정상회의 캠페인의 압력을 받은 미국 의회는 2000년에 통과된 법안을 수정했다. 소액창업성과와책임법Microenterprise Results and Accountability Act(HR 3818, PL 108-484)이라는 이 법안은 USAID 안에 중앙에서 통제하는 소액창업 개발사무소를 재건하고, 제휴단체들이 이용할 최소 두 가지 빈곤평가수단을 개발·인증하도록 USAID에 지시했다. 또한 그 법안은 "더 많은 돈이 비싼 비용을 지불해야 하는 컨설턴트를 통하지 않고 가난한 사람들에게 직접 흘러가도록" 보장하려고 했다. 당시 국제관계위원회 부의장이자 의회 내 생존권 모임의 공동의장이었던 하원의원 크리스토퍼 스미스Christopher Smith가 제안한 이 법안은 '소액금융 복음전파'를 상징하는 모든 요소가 담겨 있었다. 스미스 하원의원의 측근 조지 필립스George Phillips는 한 인터뷰에서 소액금융이 여성의 인신매매에 맞서 싸우는 기독교인의 투쟁에서 얼마나 중요한 도구인지 지적했다(2005년 6월). 실제로 그 주제는 위원회의 법안설명서 안에 들어갔다(http://chrissmith.house.gov/lawsandresolutions/microresultsandacctact.htm, 2005년 6월 5일 현재).

그러나 그 법안에는 소액금융의 복음전파를 넘어서 더 많은 의미가 담겨 있다. 자립이 2000년 법안의 중심이 되는 이념교리였다면, 책임은 2004년 법안의 가장 중요한 특징이다. 그 법안이 가장 주목하는 것은 USAID의 활동이다. 2004년 하원 국제관계위원회 의장 헨리 하이드 Henry Hyde가 제출한 보고서에 따르면(House Report, 108-459, April 2, 2004), USAID는 컨설팅회사 같은 영리업체를 소액금융 프로그램의 많은 부분에서 '부적절하게' 배제시킨 것 때문에 많은 비난을 받았다.

최근 USAID의 자체 평가에 따르면, 2002 회계연도 동안 소액창업 관련 단체에 직접 제공된 1억 6,500만 달러 가운데 약 3,000만 달러가 컨설턴트에게 돌아갔다. (……) 가난한 고객에게 직접 서비스를 제공할 능력과 전문지식이 있는 기존의 수많은 훌륭한 컨설팅조직이 그 과정에서 배제되어 있는 상태다. USAID가 영리업체와 '무한정 계약'을 맺는 것을 막기 위해 '계약할당제'를 실시하기 때문이다.

[http://www.congress.gov/cgi_bin/cpquery/R?cp108:FLD010:@1(hr459), 2005년 3월 19일 현재]

따라서 그 법안은 USAID가 맺는 계약의 문제점을 핀카 인터내셔널·프리덤프롬헝거·그라민재단·월드비전과 같은 글로벌 소액금융 네트워크와 비영리 민간자원단체 탓으로 다시 떠넘긴다. 애리조나 주 하원의원 제프 플레이크Jeff Flake는 이것에 반대하며, "전 세계 개발과 자유시장 부문에서 기업가 정신과 영리기업을 육성하려는 프로그램이 그 프로그램을 수행할 바로 그 기업들의 참여"를 제한하는 것은 "역설적 상황이 아닐 수 없다"라고 지적했다[http://www.congress.gov/cgi_bin/cpquery/R?cp108:FLD010:@1(hr459), 2005년 3월 19일 현재].

스미스 하원의원의 측근인 필립스는 한 인터뷰에서 "USAID를 위해 싸울 준비가 되어 있다"라고 말했다(2005년 6월). "지금은 책임 accountability을 말할 때다." 이러한 책임에 대한 언급은 우파 공화당의 이념과 일치했다. 그것은 또한 2004년 법안을 지지한 하원의원 다수의 생각이기도 했다. 이것은 원조와 복지의 효과에 책임이 있는 정부의 '적극적' 시각을 고취했다. 다시 말해 양자기구뿐 아니라 유엔과 같은 다자간기구에서 미국의 이익을 촉진할 것을 주장했다. 즉 "우리는 유엔에서 더 많은 발언권을 가져야 한다"라는 입장이었다. 그리고 그것은 전 세계 빈민을 가난과 테러, 무신론적 유물론의 운명에서 구하기 위해 미국의 자유주의적 제국주의가 필요하다는 의미를 강력하게 함축했다. 크리스토퍼 스미스에서 밥 베넷Bob Bennett에 이르기까지, 2004년 법안을 입안하고 지지한 사람은 소액금융과 같은 수단을 통해 벌이는 빈곤과의 투쟁을 그들의 정통 신앙적·도덕적 입장과 완전히 일치하는 것으로, 심지어 필수 요소로 보았다. 리절츠가 소액금융의 방글라데시 모델을 널리 알리고, CGAP 컨센서스의 확산을 막고, USAID가 개발자본의 배분에 책임을 지도록 하기 위해 실용주의적 동맹관계를 맺은 상대는 바로 이 성스러운 십자군이었다.

이 다양한 입법활동은 소액창업 프로그램의 빈곤지원활동을 추적·관찰할 빈곤도구를 찾아보고 활용하도록 USAID에 요구함으로써, 그 책임소재를 분명히 하기 위한 것이다. 빈곤평가기준을 둘러싸고 격렬한 논쟁이 뒤따랐다. 2006년 국제관계위원회 증언에서 위원회의 한 간사는 USAID가 '훨씬 더 정확성을 높일' 수 있고 '경쟁을 통해 선발된 실무단체'에 의해 현장실험이 이루어질 두 가지 타당한 빈곤도구를 국제적 차원에서 정하는 데 실패한 채 '국가 차원의 도구'를 선택하는 것으로 만족했다고 지적했다(http://www.usaid.gov/press/speeches/2006/ty060727.html, 2008년 5월 19일 현재). 그러나 그 논쟁은 단순히 빈곤에 대한 타당한 평가수단에 대한 것이 아니라 빈곤에 초점을 맞춘 소액금융의 타당성에 대한 것이다.

CGAP와 USAID의 많은 직원을 포함해 그 법안을 비판하는 사람들은 빈곤지원을 할당하는 제도가 글로벌 소액금융산업의 성장을 가로막고 왜곡시킬 것이라고 주장한다. CGAP의 표현에 따르면, 이것은 "민간 부문 활동을 진전시키기 위한 민간 부문 사업"이므로 "(……) 지원활동을 더욱 심도 있게 하려면 입법행위만으로는 부족하다."(http://www.
microfinancegateway.org/p/site/m//template.rc/1.9.24201, 2005년 12월
1일 현재) 2005년 볼더협회의 교육 프로그램에서 크리슨은 마이크로크
레디트 정상회의가 "공적인 영역에서 소액금융을 말함으로써 그것을
정치화했다"라고 말하면서, 마이크로크레디트 정상회의를 강력하게
비난했다. 소액금융은 이제 이자율 상한제와 같은 억압적 규제대상이
될 것이라고 그는 주장했다. 따라서 그러한 규제는 새로운 소액금융기
관의 출현을 막을 것이다. "만일 은행이 돈을 벌지 못하면, 그들은 시장
에 진입하지 않을 것이며, 그것은 불행한 일입니다. 우리는 감시에서 벗
어날 필요가 있습니다."

　입법활동을 지지하는 사람들은 USAID 소액창업지원기금이 사실
은 공적 기금이라고 말한다. 2004년 당시 프리덤프롬헝거의 대표였던
크리스 던포드(2004)는 『뉴욕타임스』에 기고했지만 게재되지 않은 편
지에서 이렇게 주장했다. "가난한 사람 본인에게 소액대출자금 제공을
법제화하는 것은 다른 어떤 방식보다 공적 기금을 더 잘 쓰는 방식입니
다." 그라민재단 USA의 이사장 알렉스 카운츠(2004)도 같은 생각이다.
"민간투자는 대개 가난하지만 형편이 좀 나은 사람이나 빈민층이 아닌
사람을 대상으로 삼는 프로그램에 가장 적합하다는 것이 우리의 생각
입니다. 많지 않은 정부와 자선단체의 보조금은 극빈층 대상 소액대출
자금을 지원하고 영향을 끼치는 신개척지를 일구려는 사람에게 적합합
니다." 소액금융의 법제화를 지지하는 이들은 또한 글로벌 금융시장과
개발은행이 이미 빈민을 구제하는 데 실패했다고 주장했다. 따라서 그
런 할당제(그리고 그런 제도를 감시하는 것)는 가난한 사람들이 대출을 받

을 수 있도록 보장하기 위해 필요했다. 유누스와 아베드(2004)는 이렇게 썼다. "자유시장은 장려책이 없으면 전 세계의 극빈층이 요구하는 것을 제공하지 못한다. 오히려 빈민은 시장에서 버려질 최우선대상이다." 그들의 주장은 새천년 개발에서 보는 익숙한 주제(시장의 실패, 그런 심각한 시장 실패의 형태로서 지속적 빈곤, 그리고 그런 시장 실패를 완화하기 위한 개발의 중재 역할)를 되풀이한다. 그러나 그것은 또한 지리적 상상력을 반복하면서 '빈곤에 관한 워싱턴 컨센서스'에 문제를 제기한다.

> 뉴욕과 워싱턴의 전문가가 우리가 50년 넘게 살아온 방글라데시에 살면서 오직 직접 겪어봐야 아는 사실과 엄혹한 현실을 마주했다면, 바로 그 가난한 사람들의 삶에 무엇이 가능하고 무엇이 정말 필요한지 그들도 알게 될 것이다.
>
> (Yunus and Abed, 2004)

소액금융의 법제화는 마이크로크레디트 정상회의 캠페인이 일련의 성과를 거두었음을 나타낸다. 그것은 또한 그라민은행이 워싱턴 DC에 그라민은행 USA를 설립하고, 리절츠 같은 미국의 지지단체와 강력한 동맹관계를 맺는 과정을 통해 혼자 힘으로 미국의 심장 한복판에 근거지를 만든 방식을 잘 보여준다. 유누스가 CGAP와 그들의 의제 선정 작업에서 배제되고 스스로 소액금융의 '임무방기'라고 여겼던 행동에 경악하면서, 이러한 동맹의 표적은 자연스럽게 미국 의회가 되었다. 그라민-리절츠 동맹은 비록 CGAP가 정교하게 빚어낸 사실의 유통을 통해 그라민모델이 후진적이고 원시적이라고 오래전부터 선언했음에도,

대의민주주의를 활용해 그라민모델이 여전히 타당하고 중요하다는 것을 미국의 입법자들에게 확인시켜주었다. 법제화 활동은 필연적으로 초당적일 수밖에 없었는데, 빈민 여성의 역량강화에서 자유로운 기업활동의 촉진, 테러 억제에 이르기까지 광범위한 영역에 걸쳐 당파를 초월해 모든 의원에게 호소했다. 그것은 또한 레이건식 신자유주의의 도가니 속에서 주조되었지만 클린턴 시대의 복지개혁을 상당 부분 견인해낸 '책임성'이라는 용어를 만들어냈다. 이러한 호소는 기독교 근본주의자에서 사회민주주의자에 이르기까지 다양한 입법자들에게 전달되었다. 그들은 총체적으로 의회권력을 이용해 새로운 사실의 유통과 더불어 새로운 개발자본의 유통을 창출하면서 방글라데시 모델을 부활시켰다. 2004년 법안이 통과된 직후, 샘 데일리 해리스는 한 인터뷰에서 원조기관이 '자금을 제공하고 지식을 통제'하기 때문에 그들을 활용하고 개혁하는 것은 아주 중요한 일이라고 지적했다(2004년 10월). "이들 단체의 약점이 무엇인지 살펴보면, 유누스의 이념이 사라진 것을 알수 있을 겁니다. (……) 입법활동이 없다면 암울한 상황일 수밖에 없죠. (……) 마이크로크레디트 정상회의 캠페인이 없었다면 유누스는 이념싸움에서 졌을 거라는 게 제 생각입니다."

그러나 그것도 한편으로는 제한된 승리였다는 문제제기가 있다. 따라서 마이크로크레디트 정상회의 캠페인은 전투에서는 이겼는지 모르지만 전쟁에서는 진 것이 아닌가? 그런 입법활동 전술은 USAID와 그기관의 소액창업기금(2006년 USAID 공식 발표에 따르면, 2005년 회계연도에 2억 1,100만 달러)에 초점이 맞춰지게 했을 뿐, 그 개발자본은 글로벌소액금융산업에서 아주 작은 부분이었기 때문이다. 전직 CGAP 직원이 한 인터뷰에서 주장한(2006년 5월) 바에 따르면, USAID의 자금제공은 전체 소액금융산업에서 차지하는 비중이 점점 줄어들고 있다. 따라서 소액금융 법제화의 효과는 아주 적어질 것이다. 이 사실을 정확하게 간파한 마이크로크레디트 정상회의 캠페인은 의원들과 지속적인 협력관계를 구축하고 미국 안팎의 다른 개발기구(유엔개발계획을 비롯해 세계은행에 이르기까지)에 압력을 넣고 있다. 하지만 이러한 다자간기구가 미국 의회와 유권자에게 반드시 책임감을 느껴야 할 까닭은 없다.

2007년 마이크로크레디트 정상회의 캠페인이 주관한 한 회의에서 미국 의원들은 세계은행 총재 로버트 졸릭Robert Zoellick을 만나 세계은행이 소액금융에 대한 지출을 두 배로 늘리고(1퍼센트에서 2퍼센트로), 그 기금의 절반을 하루 1달러 이하로 생활하는 최하층 빈민을 위해 쓰고, 각종 빈곤평가기준을 정하고, 그것을 확실하게 준수할 것을 요구했다. 그러나 리절츠 자체 보고서에 따르면, "졸릭이 약속할 수 있었던 것은 더 자주 만나자는 것이었다."(Results, 2008) 졸릭이 리절츠의 요구에 보인 반응, 즉 가난한 사람이 요구하는 것은 소액금융이 아니라 보조금과 안전망이라는 주장은 CGAP와 볼더가 견고하게 구축해놓은 빈곤에 대한 사실을 재확인하는 수준이었다. 마거리트 로빈슨이 개요를 설명한 이 사실, 다시 말해 그녀가 적극적으로 경제활동을 하고 상인 정신이 있는 가난한 사람과 소극적으로 경제활동을 하는 가난한 사람 사이에 그어놓은 지워지지 않는 경계선은 이의를 제기할 수 없을 것처럼 보인다. 그 문제는 소액금융 법제화를 둘러싼 논쟁에 끊임없이 등장한다. 당시 소액금융정보거래소MIX 상임이사였던 디디에 다이스Didier Thys(2004)는 이례적으로 언성을 높이며 『뉴욕타임스』에 기고했지만 게재되지 않은 글에서 다소 격앙된 문제제기를 했다.

> 인도에서 '불가촉천민'으로 낙인찍힌 빈민 여성은 왜 그녀가 일하는 토
> 지의 소유주보다 투자할 만한 가치가 적어야 합니까? 우리가 소액금융
> 에 투자하는 1달러 가운데 50센트를 그녀와 그녀의 이웃을 위해 쓰면
> 안 될까요? 1달러 모두를 꼭 지주에게만 투자해야 합니까? 나는 우리
> 가 그 이상의 존재라고 생각했습니다.

### 자생단체

방글라데시의 소액금융 지형은 그라민은행·브락·사회진보협회Association of Social Advancement, ASA 같은 소수의 거대 기관이 지배하고 있다. 그 기관은 저마다 거대한 내륙의 농촌을 거점으로 고객을 보유하고 있는 동시에 글로벌한 존재감을 과시한다. 최근에 ASA는 소액금융 산업으로부터 방글라데시의 성공담으로 칭송받으며 'MIX 글로벌 100'과 『포브스』 순위의 정상에 올랐고, 아시아개발은행Asian Development Bank으로부터 '효율성'과 '생산성' 면에서 소액금융의 '포드'라는 평가를 받았다(Fernando and Meyer, 2002). 2008년 ASA는 국제금융공사 International Finance Corporation와 『파이낸셜타임스』가 주는 '피라미드의 맨 밑바닥 금융'상을 받았다. 이러한 글로벌 순위에서 그라민은행은 주로 소액금융 '지원활동', 다시 말해 소액금융 대출자가 수백만 명에 이르는 기관으로 명성을 얻고 있지만, 혁신적 소액금융모델이라는 차원에서는 거의 인정받지 못하고 있는 것이 현실이다. 반면에 브락은 CGAP와 그곳의 전문가가 혁신적이라고 평가하는 기준을 충족하는 소

액금융모델로 칭송받고 있다. 브락의 설립자 파즐 아베드는 확실하게 세계적으로 인정받았다(콘라드 N. 힐튼재단의 인본주의상을 비롯해 클린턴 글로벌이니셔티브의 제1회 글로벌시티즌상에 이르기까지). 빌 게이츠는 세계 건강에 기여한 게이츠상을 수여하는 자리에서 "브락은 어떤 단체도 하지 못한 일을 했습니다. 그들은 전 세계에서 가장 가난한 수백만의 생명을 살리는 건강 프로그램을 시행해 엄청난 규모의 대성공을 거두었습니다"라고 말했다(Covington, 2009). 최근에 발간된 브락 관련 책에 대해 새천년 개발의 유명인사들(빌 클린턴을 비롯해 조지 소로스, 제임스 울펀슨에 이르기까지)은 한결같이 '괄목할 만한 성공'이라는 찬사를 보냈다(Smillie, 2009).

브락은 1972년 일종의 소규모 구호갱생 프로젝트의 하나로 소박하게 시작했지만, 지금은 세계에서 가장 큰 비영리단체로 성장했다. 4만 명이 넘는 정규직과 16만 명이 넘는 준전문가를 거느렸으며, 그 가운데 72퍼센트가 여성이다. 브락의 한 해 예산은 4억 3,000만 달러가 넘는데, 그중 78퍼센트가 자체적으로 자금을 조달한다. 600만 명에게 돈을 빌려준 브락의 소액금융 프로그램은 지금까지 총 40조 달러를 제공했다. 현재 150만 명이 넘는 어린이가 5만 2,000개의 브락 학교에 다니고 있으며, 이미 졸업한 학생 수가 300만 명이 넘는다. 브락의 건강 프로그램은 1억 명이 넘는 방글라데시 사람에게 기초의료서비스를 제공해 폐결핵·학질·에이즈 예방에 기여하고 있다(http://www.brac.net, 2008년 8월 3일 현재). ASA 또한 자체 소액금융 프로그램을 통해 570만 명에게 돈을 빌려줄 정도로 규모가 엄청나다(http://www.asa.org, 2008년 8월 3일 현재).

하지만 이러한 세계적 명성과 통계수치로 이 기관이 어떻게 기능하고 그것이 모두 '빈곤에 관한 방글라데시 컨센서스'로 이해될 수 있는지의 여부는 알기 어렵다. 개발기구로서 그라민은행·브락·ASA는 수백만 가구에 돈을 빌려주고 있는 그들의 서비스 규모와 범위만으로도 매우 인상적이다. 방글라데시의 독립투쟁 이후인 1970년대에 설립된 이 시민사회단체들은 국가의 범위를 훨씬 뛰어넘어 앞서가는 개발기구를 대표한다. 오늘날 다카의 스카이라인은 그라민과 브락 관련 건물들이 거대한 선을 그리고 있다. 아베드의 말처럼 마치 "중요한 일을 하고자 한다면 규모가 커야 한다. 그렇지 않으면 주변에서 하릴없이 시간만 죽이기 마련이다"라고 선언하는 듯하다(Armstrong, 2008).

서비스 규모와 범위는 개발의 이념과 실천이 조화를 이루는 총체적 측면에서 보면 그것을 구성하는 일부 요소에 불과하다. 카리스마 있는 지도자가 이끄는 이 단체들은 방법론에서 서로 다를지라도 빈곤완화라는 이념과 제도적 관행에서는 한마음인 '자생단체'다(Bornstein, 1996: 249). 나는 이 이데올로기를 '빈곤에 관한 방글라데시 컨센서스'라고 부른다. 그것의 특징은 가난한 사람에게 소액금융을 포함해서 광범위한 서비스를 비영리 목적으로 제공한다는 것이다. 그것은 시장을 기반으로 하는 CGAP 컨센서스에 명백하게 반대되는 입장에서 서비스 본래의 '가치'와 '지배구조'를 왜곡하는 '상업화'를 거부한다. 그런 비판은 그라민은행뿐 아니라 ASA에서도 나온다. ASA의 프로그램 책임자는 일련의 인터뷰에서 ASA는 빈민을 지원하는 '풀뿌리' 단체이며 CGAP처럼 상부에서 결정되어 시행되고 있는 다양한 형태의 상업화를 받아들일 수 없다고 주장했다(2004년 7월). 이것은 빈곤완화보다 '영리'에 초점을 맞추는 행태라고 그는 주장했다. 그것은 'NGO'가 하는 일이 아니라 기존의 '금융기관'이 하는 일이다.

무엇보다 놀라운 것은 세계은행 다카사무소가 하는 일이 CGAP보다 그라민은행과 브락의 이념과 실천에 더 가깝다는 사실이다. 세계은행의 한 고위직은 인터뷰를 하면서, 서로 다른 부류에 속하는 빈민에 대해 간략히 설명했는데(2004년 8월), 그것은 마거리트 로빈슨이 돈을 벌 줄 아는 가난한 사람과 돈을 벌 줄 모르는 가난한 사람으로 구분한 설명을 되풀이하는 수준이었다. 그러나 그는 CGAP가 기정사실화한 것에 반대하며 세계은행이 어떻게 극빈층을 대상으로 서비스를 하고 그들의 '사업수완'을 활용하려고 애쓰는지를 화살표를 그려가며 설명했다. 최하층 10퍼센트 빈민을 위한 '탄력적 대출금 공급장치'의 필요성을 강조하는 그의 주장은 그라민은행의 두 번째 대출제도인 그라민 II와 거의 일치했다. 또한 극빈층에게는 신용대출 이상의 것이 필요할 수 있다, 즉 보조금과 교육 지원이 필수적일 수 있다는 주장은 브락의 유명한 극빈층 지원 프로그램을 희미하게나마 또 한 번 되풀이한 것이었다. 이러한 유사성 때문에 세계은행 다카사무소가 그라민이나 브락 프로그램을 모방하느라 바쁘다고 말해서는 안 된다. 오히려 그것은 방글라데시 컨센서스가 빈곤완화에 대해 누구나 인정하는 '상식'으로서 입지를 다졌음을 의미한다.

나는 '컨센서스'라는 용어를 신중하게 쓴다. 그것은 '정치적 실체로 존재하지 않고' '분석적으로 설명되지' 않는, '잠복된 남반구 컨센서스'로 확인된 것을 상기시킨다는 의미가 있다(Gore, 2000: 795). 2장에서는 빈곤에 관한 워싱턴 컨센서스에 대해 상세하게 설명했지만, 이번 장에서는 방글라데시에서 만들어져 전 세계로 전파된, 워싱턴 컨센서스에 필적하는 컨센서스가 있음을 보여줄 것이다. 그것은 잠복된 것이라기보다는 오히려 자립적이고 생기 넘치는 남반구 컨센서스다. 실제로 빈곤에 관한 방글라데시 컨센서스의 두드러진 특징은 방글라데시의 주요 기관 사이에서 하나로 통일된 방글라데시의 소액금융모델이 필요하다는 간절하고 의식적인 통찰이다. 내가 이들 기관의 담당자와 이야기하면서 '방글라데시 컨센서스'라는 용어를 썼을 때, 그들은 내가 무엇을 의미하는지 즉각 알아차렸다. 대개 그들은 그 컨센서스의 주요 특징이라고 생각하는 것을 자세하게 설명했다. 그런 이야기는 이 모델의 자생적 특성을 주장하는데, 이를테면 지독하고 극단적인 빈곤의 도가니 속에서 성장한 과정이나 빈곤에 초점을 맞춘 기구가 국가 건설의 대업 속에서 등장하게 된 독특한 개발의 역사를 예로 들 수 있다. 이런 맥락에서 CGAP의 원칙과 임무는 방글라데시라는 공간적 특성과 맞지 않고 이질적으로 보인다. 브락 연구평가 부문의 책임자로 이전에 CGAP에서 잠시 근무한 적이 있는 임란 매튼은 한 인터뷰에서 이렇게 말했다 (2004년 7월).

> [방글라데시에서] 소액금융은 우리의 자체적 판단에 따라 움직입니다. 워싱턴 DC의 일부 사람들은 강력한 발언권을 가지고 무엇이 적절하고 그렇지 않은지 말합니다. 그들은 먼저 금융기관을 세우고 그 뒤에 사회적 개발이 이루어져야 한다고 주장합니다. 하지만 그것은 우리의 역사가 아닙니다. 우리는 금융기관으로 시작하지 않았습니다. 우리는 개발기구로 시작했기 때문에 한눈팔지 않고 이 개발사업을 해나갈 것입니다.

방글라데시에서 빈곤에 주목하는 것은 원조기관의 의무감이나 전세계적 모범사례를 따르기 위함이 아니라 매튼의 말처럼 직접적으로 당면한 '도덕적 긴급성' 때문이다.

방글라데시 컨센서스는 단순히 빈곤에 관한 워싱턴 컨센서스의 대안 이상의 의미가 있다. 다시 말해 그것은 빈곤에 관한 워싱턴 컨센서스의 지역화parochialization*를 의미한다. 따라서 그것은 CGAP의 생각이 라틴아메리카의 경험에서 파생된 것이기 때문에 '아시아'의 방대한 소액금융에는 적절치 않다고 본다. 예컨대 세계은행이 설립한 최고 소액금융기관인 팔리카르마사하야크재단Palli Karma-Sahayak Foundation, PKSF의 이사 살라후딘 아흐메드Sakahuddin Ahmed는 한 인터뷰에서 CGAP의 생각을 범위가 매우 제한적이라고 일축했다(2004년 8월).

> 그들의 생각은 라틴아메리카 모델을 강조합니다. 그러나 그 모델은 대형 금융기관의 파생물에 불과합니다. 그 모델은 기업 재무를 중시하는 규범과 기준 아래서 출발합니다. 그것의 대표적 성공담인 방코솔은 사실상 엄청난 불행이었습니다. 우리의 방글라데시 모델은 풀뿌리 민중의 것입니다. 우리는 실천활동에서 출발해 그것으로부터 새로운 규범을 만들어냅니다. (……) 지금은 볼더가 소액금융의 모범사례라고 가르치는 모든 것을 잊어버려야 할 때입니다.

---

• 　중심적 요소가 지방적 요소로 현지화하는 것을 의미한다.

따라서 방글라데시 컨센서스는 세계화의 주변부에 있는 것을 강력한 중심적 역할을 수행할 수 있는 것으로 바꾼다. 방글라데시의 주요 개발기관에 소액금융의 지배권을 둘러싼 투쟁은 세계체제 자체의 위계질서를 가리킨다. 그라민은행의 한 고위직 임원은 인터뷰에서 그것에 대해 이렇게 말했다(2005년 12월).

이 문제는 지정학적으로 생각해야 합니다. 세상의 엄청난 자원을 차지하고 통제하는 사람들은 백인입니다. 우리 황인종은 우리 지역에만 갇혀 있지요. 자본은 이동합니다. 하지만 우리는 그러질 못해요. 그럼 우리는 어떻게 우리나라를 바꿔야 할까요? 더군다나 형편없는 지도자가 있는 가운데 어떻게 그 일을 할 수 있을까요?

방글라데시 컨센서스는 방글라데시에서 소액금융의 가치에 대한 어떤 합의가 있음을 의미하는 것이 아니다. 실제로 방글라데시 컨센서스의 핵심 요소는 기존의 소액금융에 대한 날카롭고 대개 공적인 일련의 비판이 소액금융의 가치를 만들어낸다는 것이다. 방글라데시 언론은 소액금융기관이 높은 이자율을 매기고 자연재해를 당해도 대출금 상환을 재촉하는 약탈적 대출업체라고 반복해서 소개한다. 방글라데시에서 홍수와 태풍이 지나가고 나면 신문의 주요 뉴스는 늘 엄청난 재해와 파괴의 소식만큼이나 빈민 가정을 차례로 돌아다니며 대출금 상환을 독촉하는 소액금융기관 직원의 이야기로 가득하다. 방글라데시의 정치인(경제부처 장관에서 국무총리에 이르기까지)은 소액금융이 가난한 사람들을 지원하기는커녕 약탈한다는 투로 비판하기 일쑤다. 따라서 방글라데시에서 소액금융기관에 따라붙는 공통된 꼬리표는 카불리왈라 kabuliwallah다. 카불리왈라란 역사적으로 지역을 떠돌며 다양한 형태로 공동체에 돈을 빌려주지만 지나치게 높은 이자를 받는 아프가니스탄 출신의 전형적인 전문 사채업자를 일컫는 말이다. 이 정형화된 인물은 벵골 고전문학으로 알려진, 한 어린 소녀와 카불리왈라의 우정을 그린 라빈드라나트 타고르Rabindranath Tagore의 감동적인 이야기에서는 매우 인간적으로 묘사되어 있다. 이는 떠돌이 장사, 사채업자와 행상, 그리고 신뢰할 수 없는 것에 대한 고정관념이다. 그러나 그것은 또한 외래성 또는 이질성, 즉 카불이라는 미지의 지역에서 만들어진 관행과 규범에 대한 틀에 박힌 생각이었다. 하지만 이러한 오명은 역설이 아닐 수 없다. 방글라데시의 소액금융기관은 적어도 자생적으로 만들어진 단체이기 때문이다. 그리고 여기서 흥미로운 반전은 아프가니스탄 카불에 점포를 개설한 금융기관이 바로 방글라데시 최고의 소액금융기관으로, 이른바 카불리왈라인 브락이라는 사실이다.

방글라데시 컨센서스가 존재한다는 사실이 또한 방글라데시 소액금융 분야가 완전히 중앙에서 통제·관리됨을 의미한다고 생각해서는 안 된다. 실제로 방글라데시의 관련 담당자의 말을 빌리자면, 이 분야의 특징은 '다양성multiple sovereignties'이다. 빈곤과 관련된 이념에서 두드러진 합의가 이루어졌다고 해서, 실무적 방법론에서도 늘 합의가 있는 것은 아니다. 예컨대 방글라데시 소액금융 분야의 여러 분파는 이자율 상한선 12.5퍼센트를 둘러싼 논쟁에서 서로의 차이를 명확하게 드러냈다. 세계은행이 설립한 대규모 소액금융기관인 PKSF가 제안한 그 이자율 상한선은 유누스와 그라민은행의 강력한 지지를 받았다. 유누스는 한 인터뷰에서 '소수의 형편없는 NGO'가 '대출환경과 공적 이미지를 엉망으로 만들지' 못하게 하기 위해 그런 상한선이 꼭 필요하다고 주장했다(2004년 8월). 그러나 브락과 ASA는 소액금융기관이 살아남기 위해서는 스스로 이자율을 정할 수 있어야 한다고 주장하면서 그 제안을 지지하지 않았다.

이자율 상한선은 결국 채택되지 않았지만, 은행을 제외한 최대 금융중개기관으로서 PKSF가 카불리왈라로 불리는 고정관념을 깨뜨리기 위해 어떤 노력을 기울였는지 보여주었다. 그러나 그것은 또한 자신을 설립한 주체가 되는 기관인 세계은행으로부터의 독립을 주장하기 위한 PKSF의 매우 과감한 행동이었다. 세계은행의 재정보증으로 설립된 PKSF는 소액금융 NGO에 돈을 빌려주는 대규모 소액금융 중개기관이다(Kkandker, 2005). 세계은행, 특히 CGAP가 이자율 상한선에 격렬하게 반대했다는 것을 잘 아는 PKSF는 그럼에도 방글라데시에서 그러한 상한선 도입을 촉구했다. 내가 PKSF의 이사 살라후딘 바흐메드(나중에 방글라데시 중앙은행장이 되었다)를 인터뷰했을 때, 그는 그 이자율 상한선이 세계은행의 주장처럼 시장을 왜곡시키지 않고, 오히려 힘없는 대출자와 강력한 힘을 가진 대출기관으로 나뉜 시장을 올바르게 교정하는 '모범가격model price'의 역할을 한다고 설명했다. PKSF가 자신의 계보를 '자생단체'라고 주장할 수 있었던 것은 바로 이런 이유 때문이다. 실제로 유누스(2002b)는 그라민은행을 비판한『월스트리트저널』의 기사에 분노하면서 PKSF가 만들어진 것은 '외자'를 공급하기 위해서가 아니라 오히려 기부자금에 저항하기 위해서라고 주장했다. 그러한 주장은 방글라데시 컨센서스의 핵심이라고 할 수 있다.

## 방글라데시 역설

방글라데시는 '국제적인 경제무능력 국가international basket case'(키신 저가 말한 유명한 문구)로 비난받은 지 오래되었다. 방글라데시는 정치불 안과 극심한 빈곤이 절망적으로 결합된 나라로 비쳤다. 따라서 방글라 데시 방식의 소액금융은 이런 거시적 저개발구조를 다루기에는 미흡 한 일련의 미시적 개입에 불과한 것으로 인식되었다. 그러나 최근 들 어 방글라데시는 적어도 저소득 국가 사이에서 인간개발과 경제개발 의 선두주자로 평가받는다. 세계은행은 특히 이러한 소위 '방글라데 시 역설'에 주목했다. 세계은행 총재 로버트 졸릭은 2007년 11월 방글 라데시를 방문해서 유누스를 만났을 때, "방글라데시는 1990년대 이 래로 상당히 높은 경제적·사회적 성과를 거두었다. 방글라데시가 이 룬 인간개발 관련 성취는 새천년 개발목표에 매우 근접한 수준에 이르 렀다"라고 인정했다. 세계은행이 발표한 통계에 따르면, 방글라데시 의 빈곤 수준이 크게 하락한(1971년 70퍼센트에서 2005년 40퍼센트로) 것 을 알 수 있다. 또한 중등학교 진학, 어린이 예방접종, 식량안보 상황은 크게 호조되고 유아와 아동의 사망률과 출생률이 떨어졌다. 세계은행 의 각종 보고서는 방글라데시가 10년 안에 '중위소득' 국가군에 진입 할 수 있을 거라고 예측한다(http://www.worldbank.org.bd/WEBSITE/ EXTERNAL/COUNTRIES/SOUTHASIAEXT/BANGLADESHEXTN/0,,conten tMDK:20195502~menuPK:295767~pagePK:141137~piPK:141127~theSite PK:295760,00.html, 2008년 5월 17일 현재).

그런 인간개발의 영향은 방글라데시 개발 공동체가 자랑스럽게 생 각하는 문제다. 파즐 아베드는 한 인터뷰에서 산모사망률의 감소는 최근 몇 년 사이에 방글라데시가 거둔 가장 중요한 성취 가운데 하나라고 말했다(2004년 12월). 아베드는 커빙턴(2009)이 설명한 것처럼 그 문제와 관련해서 개인적 사연이 있다. 1981년 그의 첫 번째 아내가 출산 중에 사망했다. "나는 그때 생각했습니다. '신이시여, 아내가 다카에 있는 병원에서도 아이를 낳다 죽을 수 있을진대, 병원이라고는 찾아볼 수 없는 농촌지역에서 아무 도움도 받지 못하고 난산의 고통을 겪는 세상에서 가장 가난한 여성은 그보다 얼마나 더 위험하겠습니까?'" 하지만 그것은 또한 기관에 대한 이야기이기도 하다. 브락의 산모사망률 프로그램은 현재 3,000만 명이 수혜를 입었고 앞으로 '전국을 포괄하는 규모로 확대될' 예정이다(Covington, 2009). 그런 지표에 대한 관심은 방글라데시 컨센서스를 빈곤에 관한 워싱턴 컨센서스와 명확히 차별화한다. 후자가 경제지표에 우선순위를 두는 반면, 전자는 인간개발과 세대 간 빈곤이전 문제에 초점을 맞춘다.

그렇다면 이런 성과를 거두기 위한 신용대출은 누가 맡는가? 젠더 문제의 변화에 초점을 맞춘 한 세계은행 보고서는 인간개발의 성과와 방글라데시 소액금융기관의 역할 사이의 직접적 연관성을 보여준다. 「귓속말에서 큰 목소리로: 방글라데시의 젠더와 사회변화Whispers to Voices: Gender and Social Transformation in Bangladesh」라는 보고서는 '건설적인 정책과 프로그램'의 결과로 "방글라데시에 광범위한 영향을 끼칠 젠더 규범의 변화가 일어났다고 결론짓는다."(Das, 2008: 3) 이러한 방글라데시 역설, 즉 '여성에게 억압적인 것으로 널리 알려진 문화적 배경'에서 일어난 젠더 평등의 진전은 더 많은 설명이 필요하다. 그 보고서는 여성 노동력에 힘입은 방글라데시의 글로벌 의류산업으로의 편입, NGO의 젠더 평등 투쟁과 함께 강력한 여성운동의 형성 같은 여러 가지 독특한 국내외적 영향력과 국면에 주목한다. 그러나 그 보고서는 또한 '여성의 지위 향상을 목적으로 한' 두 가지 프로그램 또는 정책(국가 교육정책과 'NGO 주도의 소액대출 프로그램')의 공로를 인정한다. "여성들은 그것을 통해 돈을 저축하는 법을 배우고 신용대출을 받을 수 있게 되었을 뿐 아니라 대출자 모임을 통해 함께 제공되는 가족계획 같은 부가서비스를 받으며 연대감을 형성했다."(Das, 2008: 5)

그러나 「방글라데시: 지속적 성장을 위한 전략Bangladesh: Strategy for Sustained Growth」이라는 또 다른 보고서는 '소득증가'를 '생활수준을 높이고 빈곤을 완화하기 위한 가장 강력한 엔진'으로 본다. 그러면서 또한 그라민은행과 브락 같은 '혁신적인 사회적 프로그램'의 공로도 인정한다(Mahajan, 2007: xv). 세계은행이 그런 인간개발 성과를 경제성장의 '낙수'효과로 설명하는 경향이 있지만, 이 보고서는 방글라데시에서 "사회 부문의 많은 진보가 국가가 독립되기 20년 전에, 다시 말해 성장이 가속화되기 **한참 전**에 시작되었다"라는 점을 인정한다(Mahajan, 2007: 4, 저자가 강조 표시). 실제로 그 보고서는 이러한 '사회개발'과 '여성 지위 향상의 상당한 진전'이 '더 높은 성장을 지속'하기 위한 '중요한' 요소였다고 주장한다(Mahajan, 2007: 12).

세계은행의 낙관적인 찬사의 논조는 방글라데시 정부가 제출한 「잠재력 드러내기: 빈곤완화의 가속화를 위한 국가전략Unlocking the Potential: National Strategies for Accelerated Poverty Reduction」이라는 2005년 빈곤완화전략 보고서에 이미 등장했다. '국제적인 경제무능력 국가'에서 개발 성공담으로의 변화는 '희망의 행진'으로 소개된다. 여러 기관에서 나온 이런 문서를 종합해볼 때, 소액금융의 가치와 그것이 거시경제에 끼치는 영향을 둘러싼 오랜 논쟁은 종지부를 찍을 것처럼 보인다. 하지만 방글라데시의 농촌마을 차원에서의 연구는 빈곤완화, 여성의 역량강화와 관련해 좀더 복잡한 양상을 보여준다. 이런 연구에서 주장하는 바를 여기서 일일이 다시 언급하지는 않겠지만, 그 가운데 두 가지 논점은 조금 자세히 살펴볼 필요가 있다.

소액금융이 빈곤에 끼치는 영향에 관한 사례는 세계은행연구소 빈곤완화 경제관리 부문과 세계은행 개발연구그룹을 이끄는 경제학자 샤히두르 칸드커Shahidur Khandker에 의해 가장 활발하게 연구되고 있다. 칸드커(2003: 4)는 1998년에서 2005년 사이에 발표된 일련의 연구(Khandker, 1998; Pitt and Khandker, 1998; Khandker, 2003; Khandker, 2005), 그리고 세계은행과 방글라데시 개발연구원의 공동연구를 통해 소액금융 프로그램이 "소비평탄화consumption smoothing*와 자산축적을 통해 가난한 사람을 돕고", "인적 자본에 대한 투자(학교교육 같은)를 촉진하고 빈민 가정 사이에 임신보건문제(피임약 사용과 같은)에 대한 인식을 높이며", "여성이 자기 재산을 보유하고 가족 내 의사결정에서 영향력을 행사할 수 있도록 기여한다"라는 사실을 밝힌다. 이러한 발견은 다른 학사에 의해 사실임이 증명되었는데, 그들은 "그라민과 브락이 극빈자에게 돈을 빌려주어" "가난한 사람의 소득을 높임으로써 빈곤선을 벗어날" 수 있게 한다고 주장한다(Hulme and Mosley, 1996: 115, 119).

---

* 미래의 소득감소를 대비해 소득이 많을 때 저축을 많이 한다는 이론을 가리킨다.

1990년대부터의 전문자료를 활용한 최근 연구에서 칸드커(2005: 23)는 "그 성과가 정말 엄청나다"라고 결론짓는다. "소액금융 프로그램이 실시된 지역에서 차상위 빈곤moderate poverty*의 순 감소는 18퍼센트, 소액금융 미실시 지역은 13퍼센트이고, 전체적으로는 1991~1992년과 1998~1999년 사이에 17퍼센트 감소했다."

그러나 가난한 대출자 모두가 그런 혜택을 골고루 입는가 하는 문제가 있다. 칸드커의 초기 연구결과를 비판하는 사람들은 소액금융의 정확한 표적집단이 아닐 수도 있는 차상위 빈곤 가구에 대한 통계는 결과를 왜곡할 수 있다고 주장한다(Morduch, 1998). 그 때문에 칸드커 (2005: 4)는 '표적 설정이 잘못된 가구를 제외한' 재평가 수치를 내놓고 그 결과가 여전히 유효하다고 말한다. 하지만 그 결과에 대해서도 그 밖의 다른 문제제기가 계속 이어지고 있다. 그 가운데 특히 중요한 문제는 빈곤 가정에 '대출이 야기한 위기'의 망령에 대한 것이다. 다시 말해 소액금융대출이 부채를 늘려서 결국에는 자산 수준을 낮춘다는 사실이다. 한 연구는 왜 일부 대출자(그라민의 경우 1년에 약 15퍼센트, 브락의 경우 10~15퍼센트)가 그런 소액금융기관을 떠나는지 이유를 밝히기 위해 좀더 깊은 연구가 필요하다고 주장한다(Hulme and Mosley, 1996: 122).

두 번째 논쟁은 소액금융대출이 여성의 역량을 강화한다는 기존의 주장에 문제를 제기했다. 연구자들은 비록 여성 대출자가 대출금 상환에 대한 책임을 진다고 할지라도, 대출금을 주로 가족 내 남성이 쓰

---

* 최소한의 생존이 가능한 수준의 빈곤을 의미한다.

기 때문에 소액금융 대출금에 대한 '관리·감독'을 여성이 하지 못한다고 주장한다(Goetz and Sengupta, 1996: 53). 그리고 여성이 돈을 관리·감독할 수 있다고 해도, 그 대출금은 대개 '전통적으로 여성이 했던 일에 투자'되기 일쑤다. 그런 일은 '기정사실화된 젠더 역할gender role ascription'에 도전하지 못하고 가구 소득의 '유익한 증대'도 이루지 못할 수 있다(Goetz and Sengupta, 1996: 53). 이런 연구는 소액금융기관의 성공 여부가 결국 여성에 대한 가부장적 지배를 유지시키는 금융기관의 능력, 즉 '새로운 지배형태'에 달려 있다고 결론짓는다(Rahman, 1999: 67). 그들의 지적을 살펴보자.

[여성은] 남성처럼 현지 조사원을 피하기 위해 일시적으로 소재지를 이탈하기가 훨씬 어려워서 있는 곳을 찾기가 쉽고, 언제라도 폭력으로 위협을 가할 수 있는 남성보다 대출금 상환을 독촉하기가 쉽다. 하지만 여성에게 돈을 빌려주더라도 남성에게 돈을 빌려주는 것과 같은 높은 거래비용이 대출받은 가구 내부에 내면화되어 있다. (……) 그것은 대개 남성이 대출받은 돈을 실제로 쓰는지 감시하고 대출원리금을 일정에 따라 연체하지 않고 상환하도록 강제하는 데 드는 비용이다. 여성은 주마다 갚아나가는 대출상환금을 벌충하기 위해 가정 내 남녀관계의 의무나 설득을 통해 이런 비용을 효과적으로 상쇄한다.

(Goetz and Sengupta, 1996: 55)

여성을 개발의 '도구'가 되게 하는 가부장적 이데올로기로서의 소액금융에 대한 이러한 비판은 매우 중요하다. 그것은 새천년 개발, 즉 '그녀의 이름으로' 떠맡겨진 가난한 사람을 위한 개발의 내부에 젠더문제가 감춰져 있음을 드러내기 때문이다. 이런 비판을 하는 사람들이 '대출실적에 집착하는 것'을 거부하고, 여성의 높은 상환율이 어째서 마치 '감독과 역량강화의 대용지표'인 것처럼 보이게 되었는지를 비판하는 것은 올바른 지적이다(Goetz and Sengupta, 1996: 45). 하지만 대출금 상환을 소액금융산업의 주된 성공지표로 보는 시각에 반대하는 것이 중요하다면, 페미니스트 비판가들이 여성의 역량강화, 다시 말해 대출금에 대한 관리·감독을 성공의 주된 지표로 보는 시각에 문제를 제기하는 것도 마찬가지로 중요하다. 그런 페미니스트 비판에 대한 통찰력 있는 분석을 제공하는 사회경제학자 나일라 카비르Naila Kabeer(2000)는 대출금 관리·감독에 초점을 맞추는 '역량강화'의 개념에 문제를 제기한다. 그녀는 다양한 연구(예컨대 Hashemi, Schuler, and Riley, 1996)를 통해 소액금융대출을 유치하는 여성의 능력이 가정 내 의사결정에 미치는 그들의 영향력을 크게 높인다는 것을 알 수 있다고 주장한다. 브락의 연구평가 부문이 자체 조사한 결과는 이런 발견을 확인시켜주는데, 소액금융대출을 받고 몇 년이 지난 뒤, 여성은 가정 내에서뿐 아니라 지역의 노동시장에서도 더 많은 영향력을 발휘할 수 있게 되었다(Mahbub 외, 2001).

캐서린 랭킨(2008)은 이와는 다른 각도에서 중요한 문제를 제기하는데, 네팔의 소액금융 프로그램에 나타난 일련의 모순을 조명한다. 그녀는 여성의 높은 대출상환율이 '대출금 돌려막기'로 유지되고 있는 현실, 또는 빈곤층 가정의 늘어난 부채 책임이 비판을 받아온 이유를 밝힌다. 그러나 랭킨(2008: 1968)은 그런 현실이 비록 소액금융 프로그램이 칭송해 마지않던 기업가 정신 같은 것을 낳지 못할 수는 있어도, "여성이 대출을 통해 생계를 유지하고 사회적 투자활동을 지속하기 위해 개발기술을 얼마나 잘 활용하는지"를 보여준다고 말한다. 그러나 무엇보다 놀라운 것은 가난한 여성의 '순응하는 모습'이 '기만적'일 수 있다는 사실이다. 따라서 네팔의 한 소액금융 대출자는 이렇게 말한다. "우리는 언제나 진실을 말하고 규칙을 준수할 거라고 입버릇처럼 말하죠. 하지만 여기서는 누구도 그런 문제를 진심으로 말하는 사람은 없어요. 나도 그래요."(Shakya and Rankin, 2008: 1223) 실제로 이 경우에 소액금융 프로그램의 가부장적 설계는 그런 복잡한 사정과 함께 가난한 여성들 사이에서 격렬한 비판을 불러일으키고, 그런 어쩔 수 없는 사정의 영향을 받지 않는 것 같았던 농촌의 부자에 대한 반감도 더불어 촉발시키는 것으로 보인다.

나일라 카비르의 연구(2000) 또한 여성의 역량강화와 상호 관련성이 있는 한 척도, 즉 신체적 이동성physical mobility과 관련된 모호성 문제를 강조한다. 소액금융 프로그램에 여성이 참여하면 'NGO 사무실과 보건소 같은 특정한 공간'을 오가는 여성의 이동성을 높일 수 있지만, 그렇다고 그 공간이 반드시 과거 '남성이 지배했던 공론장'이었다고 말할 수는 없다(Mahmud, 2004: 183-184). 실제로 카비르가 지적하는 바에 따르면, 여성의 경제사정이 좋아지면, 그들은 전통적인 사회경제적 신분의 상징인 '퍼다purdah'라는 칩거생활을 택함으로써, 신체적 이동성을 높이기보다 오히려 낮추는 선택을 하는 경향이 있었다. 카비르(2000: 70-71)는 그 역설을 특히 중요하게 생각한다.

역량강화가 선택의 폭을 늘릴 수 있는 능력을 수반한다면 (……) 많은 경우에 그것이 오히려 여성으로 하여금 일종의 퍼다생활을 선택하게 한다는 사실은 역설이 아닐 수 없다. 그들은 할 수만 있다면, 지역사회 안에서 자신의 사회적 지위를 나타내고 그런 선택을 하지 못하는 다른 여성과 자신을 차별화하고자 한다.

그런 논쟁은 소액금융의 가장 중요한 성공척도인 대출금 상환에 대한 의문을 던진다. 대출금 상환과 관련된 '감춰진 표현'(Rahman, 1999: 69)―여성의 대출금에 대한 관리감독권의 상실에서 대출금의 확실한 수금을 위해 정해진 가부장적 규율에 이르기까지―을 보여준다. 그러나 그것은 또한 소액금융대출이 가정 안팎의 권력과 위계질서의 협상의 장으로 역할을 수행할 수 있는 방법을 보여주기도 한다. 무엇보다 그 논쟁은 빈곤완화와 여성의 역량강화에 대한 야심찬 주장에 주목하는 역설을 밖으로 끄집어낸다. 소액금융은 극빈층 가정에 도움을 줄 수 있지만, 거꾸로 그들을 끊임없이 늘어나는 빚의 굴레에 옭아맬 수 있다. 소액금융은 여성의 선택권을 강화할 수 있지만, 실제로는 여성이 자기 남편에게 대출금을 전달하는 역할만 할 뿐, 정작 여성 자신은 공론장에서 배제되는 결과를 낳을 수 있다. 이것 또한 방글라데시 역설을 구성하는 요소다.

# 빈곤에 대한 사실

빈곤에 관한 위싱턴 컨센서스가 명확히 밝힌 것처럼, 모범적 소액금융은 방글라데시 모델을 뛰어넘기도 하고 그에 못 미치기도 한다. 한편에서 '소액금융', 오늘날 '가난한 사람을 위한 금융서비스'라는 용어는 신용대출을 넘어서 저축과 보험 같은 서비스를 포함하는 다양한 금융서비스 제공을 말한다. 다른 한편에서 CGAP는 원칙적으로 최소주의에 입각한 소액금융을 요구하는데, 사회적 개발과 금융서비스, 그리고 NGO와 금융기관의 차이를 명확히 구분한다. 방글라데시 컨센서스는 이러한 최소주의에 입각한 소액금융의 개념을 거부한다. 그 대신 빈곤에 초점을 맞춘 개발을 규정하는 기준과 가치를 중시한다. 그러나 방글라데시 모델은 그것이 '소액대출'이라는 용어를 완강하게 고수하고 그라민은행이 '대출을 하나의 인권으로' 소개하지만, 실제로 대출은 그들이 제공하는 다양한 서비스 가운데 하나일 뿐이다. 이러한 소액대출이 아닌 소액금융 혁신은 좀더 자세히 살펴볼 필요가 있다.

그라민은행은 대개 정통적인 소액금융 대출방식(대출자 집단 관리·주간모임·엄격한 상환 일정·연대책임)을 연상시킨다. 그러나 10년 전쯤, 그라민은행은 이러한 정통 대출방식의 많은 요소를 제거한 대출제도를 실시했다. 그라민 일반화제도, 또는 그라민 II라고 알려진 그라민은행의 이러한 방향 전환은 대출자에게 대출금 상환과 관련해 상당한 융통성을 제공하는데, 대출금 상환기일 연장과 맞춤형 대출상품, 심지어 '기존의 상환 일정이 있지만' 상환이 어려울 경우에 몇 달 뒤에 돌려주는 방식인 '탄력적 대출우회flexi-credit detour' 제도가 있다(Yunus, 2002a:

8). 그라민 II는 대출자 집단 관리를 여전히 유지하되, '단체기금group fund'과 같은 연대책임을 묻는 여러 방식을 없앴다. 대신에 대출금의 2.5퍼센트에 해당하는 보증금을 '의무저축'이라는 특별저축계좌에 예치한 뒤 대출금에서 공제하고 향후 3년 동안 인출할 수 없게 한다. 또 다른 대출금의 2.5퍼센트는 개인저축계좌에 예치해놓는다. 대출금이 8,000타카가 넘으면, 대출자는 의무적으로 연금예금을 들어야 한다. 그라민은행은 "어떤 종류의 물질적 담보도 허용하지 않으며 할 수도 없고 앞으로도 마찬가지다"라고 계속 말하지만, 그러한 의무저축제도는 사실상 대출보증의 일종이다. 따라서 다울라Dowla와 디팔 바루아Dipal Barua(2006)가 그라민 II에 대해 설명하면서 그것의 제목을 소액금융을 나타내는 상투적인 문구인 "가난한 사람은 언제나 빚을 갚는다"로 붙인 것은 놀라운 일이 아니다.

그라민 II는 그라민은행 내부의 자기비판과 성찰의 중요한 순간을 나타낸다. 1998년에 엄청난 피해를 입힌 대홍수가 대개 방글라데시의 높은 연체율(이에 따라 도입된 탄력적인 부채상환제도)의 이유로 거론되지만, 유누스(2002a: 3) 자신은 홍수는 부채상환과 관련해 오랫동안 지속된 구조적 문제 가운데 하나일 뿐이라고 지적한다.

1995년에 우리 은행의 수많은 대출자가 센터모임에 참석도 하지 않고 할부대출금도 상환하지 않았다. 지역 정치인의 지지에 고무된 대출자의 남편들은 이런 집단행동을 일으키면서 대출자가 은행을 떠날 때 '단체기금'에 묶인 '단체세금'을 인출할 수 있게 그라민은행 규칙을 바꿔달라고 요구했다. (……) 결국 우리 규칙의 일부를 개정함으로써 그 문제를 풀었다. 하지만 그사이에 그라민의 대출상환율은 하락했다. (……) 대출금 상환 상황이 바라는 대로 개선되지 않았을 때, 우리는 바로 그때가 그라민의 새로운 방법론을 담대하고 과감하게 설계할 좋은 기회라고 생각했다.

그라민 II는 이러한 대출금 상환과 연체 문제를 해결한 것으로 인정받는다. 그러나 이 문제는 이미 그라민은행에 상당한 오명을 안겨주었다. 2001년 『월스트리트저널』에 실린 한 기사는 소액금융을 '문제가 있는 위대한 생각'이라고 소개했다(Pearl and Phillips, 2001). 그 문제는 바로 높은 연체율, 점점 반항적으로 바뀌는 대출자, 재정 투명성의 결여로 어려움에 처한 그라민은행이었다. 그 기사가 보도한 내용은 다음과 같다.

그라민은행의 월간 통계자료에 따르면, 그라민은행의 성공사례로 주목받았던 방글라데시 북부의 두 지역에서 대출액의 절반이 적어도 1년 정도 연체되고 있다. 은행 전체로 볼 때 대출금 상환이 1년 동안 연체된 규모는 19퍼센트에 이른다.

그 기사는 그라민 II의 새로운 등장에도 긍정적이지 않았다. "그라민은행이 상당액의 연체된 대출을 새로운 '탄력적' 대출로 바꾸고 있기 때문에 (……) 상황은 현재보다 더 악화될 수 있다"라고 주장했다. 유누스는 그 기사, 특히 그 기사의 주요 필자인 당시 그 신문사의 아시아 사무소장 다니엘 펄Daniel Pearl에게 보내는 답변에서, 그라민은행이 '산업표준'을 따르지 않는다는 이유로 비난을 받았지만, '혼자 힘으로 금융의 반문화'를 창조하고 있다는 사실을 인정하는 것은 중요하다고 맞받아쳤다. 2008년 미국의 대출시장이 재정적으로 붕괴하고 있는 가운데 『월스트리트저널』은 그라민은행에 대한 또 다른 기사를 유누스와의 인터뷰 형식으로 게재했다. 이번에는 그라민은행을 '비우량대출기관'으로 묘사하고, 이 비우량대출상품이 어떻게, 그리고 왜 성공했는지에 경탄했다(Parker, 2008). 이 책 마지막 장에서 그 문제를 다시 다룰 것이다.

## 복합적인 소액금융

2001년 『월스트리트저널』 기사는 워싱턴 컨센서스와 방글라데시 컨센서스 간의 이념전쟁에 일정한 선을 그으면서, 그라민 II에서 어렴풋이 볼 수 있는 방글라데시 모델의 일부 혁신적인 모습에 주목하지 않는다. 그런 혁신적인 모습의 핵심은 저축인데, 그것은 일종의 자산형성으로 이해될 수 있다(Dowla and Barua, 2006). 이는 저축의 가치에 대해 새롭고 폭넓게 유포된 생각과 일치한다. "가난한 사람을 위한 금융서비스는 필연적으로 가난한 사람이 저축을 통해 다양한 사업과 소비, 개인적·사회적 자산형성의 욕구를 충족시킬 수 있는 큰돈을 모을 수 있도록 돕는 문제다."(Matin, Hulme, and Rutherford, 2002: 273) 만일 우리가 빈곤을 '비상사태에 처한 폭정'으로 생각한다면(Appadurai, 2001: 30), 저축의 가치는 명백해진다.

저축은 가난한 사람이 위기를 관리할 수 있게 할 뿐 아니라 사업기회로서 환영받고 있다. 가난한 사람도 기꺼이 자기 돈으로 저축할 의향을 갖고 있기 때문이다. 예컨대 2007년 CGAP 기사는 2006년에 "경제개발도상국과 자본주의 시장경제로 이행하는 국가에 평균잔고가 낮은 저축예금계좌가 13억 개 있는 반면, 대출계좌가 1억 9,000만 개" 있었다고 지적하면서 이 점을 강력하게 주장한다. 따라서 혁신적이라고 높이 평가받는 세이프세이브SafeSave의 설립자 스튜어트 러더퍼드Stuart Rutherford(Rutherford 외, 2004: 38)는 방글라데시 모델이 소액대출에서 소액금융으로 옮겨갔다고 결론짓는다. "방글라데시의 소액금융 혁명은 그라민이 선도한 소액**대출** 혁명이었다. 계약식 저축상품을 처음 도입한 것은 아니지만 그라민연금제도처럼 그런 저축상품의 대량화를 주도하고 있는 곳이 그라민은행이라는 사실은 정말 놀랍다. 하지만 다른 한편으로는 충분히 그럴 만하다."

저축은 또한 소액금융기관이 리스크를 관리할 수 있게 한다. 2004년 방글라데시의 홍수사태 때, 그라민 II가 시범적으로 시행되었다. 이 시기에 "대출자는 홍수사태를 이겨내기 위해 그들의 저축을 활용했고, 은행은 홍수사태에 대처하기 위해 예치된 막대한 저축을 이용했다."(Dowla and Barua, 2006: 123) 그러한 '대비책'은 소액대출 신화의 상징인 연대책임이 파산한 것처럼 보일 때 특히 중요하다. 그래서 브락의 연구평가 부문 이사 임란 매튼(1997: 261)은 그라민은행에서 돈을 빌린 한 사람의 말을 인용한다. "그들(한 집단 신용대출기관을 말함)은 대출금을 강제로 상환받기 위해 경찰을 부를 필요가 없습니다. 우리(센터 회원들)는 지금까지 그렇게 해왔어요. (……) 이제 더는 그렇게 할 수 없습니다." 이 '연대책임의 해제'는 매튼의 말처럼 새로운 대출 보증방식, 즉 저축으로의 전환을 필요로 한다. 따라서 매튼(1997: 265)은 이렇게 결론짓는다.

나는 대출금의 분할상환을 이해할 때, 미리 받은 돈을 나중에 저축을 통해 갚는 것이라는 개념으로 받아들이는 것이 훨씬 더 현실적인 시각이라고 생각한다. 대출받은 돈은 조금씩 저축할 수밖에 없는 가정이 (비록 비싸지만) 일시불로 미리 받은 돈이고, 꼬박꼬박 저축하는 소액은 대출금 분할상환금에 해당한다고 볼 수 있다. (……) 주간 단위의 분할상환방식은 대출 가정이 지속적으로 저축할 수밖에 없도록 '강제'하는 '규율장치'로서 작동하는 센터와 집단관리체계와 함께 대출자가 조금씩 저축한 금액을 분할상환금으로 쓸 수 있게 한다.

그런 위기관리와 규율의 혁신은 방글라데시가 소액대출에서 소액금융으로 옮겨가는 데 든든한 받침돌 역할을 한다. 권위 있는 지식을 생산하는 워싱턴 DC의 기관이 원시적이고 퇴행적인 신용대출모델이라고 기정사실화한 방글라데시 모델은 마침내 금융의 신개척지로 밝혀졌다.

방글라데시 모델은 또한 사회적 개발의 실험이다. 워싱턴 컨센서스가 최소주의 소액금융모델의 가치를 확립한다면, 방글라데시 모델은 브락의 설립자 파즐 아베드의 표현처럼 '복합적인 소액금융microfinance multiplied'으로 이해되는 것이 가장 적절하다(Microfinance Gateway, 2008). 방글라데시 모델의 수많은 혁신적 특성 세 가지를 든다면, 극빈층을 위한 '기회 사다리', 사회적 기업과 가치사슬, 그리고 경제적·정치적 자산형성을 말할 수 있다.

앞서 언급한 것처럼 CGAP의 신자유주의적 지상명령과 소액금융에 대한 좌파의 비판 사이에는 묘한 수렴관계가 존재한다. 둘 다 신용대출이 극빈층을 경제적으로 지원하기보다는 오히려 부채를 떠안게

할 위험이 있다고 경고한다. CGAP 컨센서스는 특히 적극적으로 경제활동에 참여하는 빈민과 경제활동에 소극적인 빈민 사이에 지울 수 없는 선을 긋는다. 방글라데시 컨센서스에 대해 이야기를 나누던 한 사람은 그 차이를 '일종의 카스트제도'라고 비판했다. 그라민은행의 각종 빈민구제 프로그램에서 ASA의 최하층 빈민구제 프로그램에 이르기까지, 방글라데시 기관은 극빈층에게 신용대출을 확대하는 것을 고수해왔다. 브락은 첫 번째로 취약집단 개발을 위한 소득창출IGVGD 프로그램을 통해, 최근에는 새로운 빈곤완화 조치에 대한 이의제기/극빈층 공략 CFPR/TUP 프로그램을 통해, 매우 복잡한 실험을 지속적으로 시행했다. 주로 여성이 가장이거나 자기 땅이 없는 가정과 같은 극빈층을 대상으로 하는 이 프로그램은 안전망(식량배급이나 고용보장, 의료지원 같은 형태) 제공을 취업기술 훈련과 강제 저축, 그리고 궁극적으로 소액금융과 결합함으로써, 임란 매튼(2004)이 '기회 사다리'라고 부르는 것을 만들어낸다. 그 프로그램이 극빈층에 보조금을 지급하고 브락이 그 프로그램 운영에 들어가는 금융비용과 관리비용을 기꺼이 부담한다는 것은 중요한 사실이다(Hashemi and Rosenberg, 2006: 5). 보조금은 여성 한 명당 135달러쯤 되는데, 개발의 세계에서는 '큰돈'이다(Hashemi, 2001).

  CGAP는 브락의 혁신을 칭송했다(Hashemi, 2001; Hashemi and Rosenberg, 2006). 2005년 볼더협회의 로버트 크리슨은 브락의 프로그램, 특히 안전망·자산형성·저축·신용대출을 결합하고 배열한 프로그램을 소개했다. 마거리트 로빈슨은 그녀가 맡은 강좌에서 그 프로그램을 브락이 거둔 '놀라운 성취'의 한 예로 인용했다. 그녀는 "우리가 필요로 하는 것은 굶주린 사람을 은행에 데리고 가는 것이 아니라 브락 같은 기관이 그런 굶주린 사람을 먹이고 키우는 것이다"라고 지적했다. 실제로 브락의 극빈층 프로그램은 빈곤에 관한 사실이 되었는데, 이것은 방글라데시 모델이 만들어내고 워싱턴 컨센서스에서 받아들이는 빈곤에 관한 권위 있는 사실의 드문 경우다. 그러나 그 프로그램에 대한 끊임없는 검토와 비판이 이루어지는 곳은 바로 브락 내부다. 브락 내에서 이런 일을 수행하는 조직은 권위 있는 지식생산과 자기비판을 동시에 수행하는 매우 인상적인 기구인 연구평가 부문이다. 이 조직의 연구자는 대개 자신의 1차 극빈층 프로그램이 정작 '가장 가난하고 취약한 사람'(Matin, 2004: 6)에게 어떻게 도움을 주지 못하는지, 그리고 극빈층 참가자가 어떻게 안전망 프로그램을 쉽게 '떠날' 수 없고 지속적인 지원을 필요로 하는지(Hashemi, 2001: 7; Halder and Mosley, 2002)를 비판하며 노골적으로 '불만'의 목소리를 높인다. 그 가운데 가장 급진적인 자기비판은 어쩌면 임란 매튼이 한 인터뷰에서 '가난한 사람 모두에게 개발의 혜택이 돌아갈 수 없으며', 심지어 아무리 잘 설계된 프로그램도 가장 취약한 계층의 사람을 배제한다고 인정한 것일지 모른다(2004년 7월). 그런 프로그램 설계를 둘러싼 브락 내부의 논쟁은 끊임없는 실험과 혁신을 이끈다.

브락에서 말하는 극빈층을 위한 '기회 사다리'라는 개념은 '가치사슬value chain* 프로젝트'를 적극적으로 시도하고 관리하는 브락의 더 광범위한 개발 맥락 속에 자리 잡고 있다. 이 가치사슬 프로젝트는 병

---

* 부가가치 창출에 직간접적으로 관련된 일련의 활동·기능·프로세스의 연계를 의미한다.

원과 학교 같은 인간개발과 관련된 기간시설을 제공해 '시골마을 단위로 가난한 사람을 위한 훌륭한 의료체계'를 창출하려고 애쓴다. 브락이 "소액금융·보건·교육·사회적 개발·인권과 법률 서비스·소액창업 지원을 통해 도움을 주고 있는 사람이 거의 1억 1,000만 명"에 이를 정도로 그 규모가 엄청나다(Microfinance Gateway, 2008). 경제개발과 관련된 또 다른 가치사슬 프로젝트도 있다. 이러한 브락의 프로젝트는 양계장에서 낙농업, 명주silk 생산에 이르기까지 빈농의 소상공업을 국내외 시장에 연결시켜준다. 그것은 호구지책의 생업경제를 경제적 가치를 창출할 수 있는 것으로 바꿀 방법을 꾸준히 모색한다. 이러한 가치사슬 프로젝트는 소액금융 프로그램과 분리되어 있지만, 그럼에도 소액금융 고객의 생계에 직접적으로, 아마 매우 극적으로 영향을 끼친다. 브락의 지원을 받는 영리기업의 한 해 수입은 9,000만 달러에 이르는 것으로 추정된다(Armstrong, 2008). 그 기업들은 그라민폰 같은 영리기업과 그라민텔레콤과 가장 최근의 그라민다농 식품회사 같은 '사회적 기업'을 포함한 그라민의 번창하는 기업제국과 경쟁관계에 있다.

가난한 사람을 '자산가로 만들기'(Matin and Begum, 2002)라는 개념 또한 매우 야심만만한 생각이다. 그것은 소액금융을 통해 대출자가 소비보다 저축을 많이 해서 위기를 관리할 뿐 아니라 자산을 축적하게 만드는 것을 의미한다. 여기서 특히 주목할 만한 것이 바로 그라민의 주택계획이다. 아가칸건축상Aga Khan Award(1989)과 세계해비태트상World Habitat Award(1998)을 받은 이 계획은 주택자금을 융자해주는 것으로 '소비보다는 오히려 투자'에 가까워 보인다(Diacon, 1988). 상을 받은 주택설계는 단순하지만, 튼튼한 구조물(벽돌 기초·철근 콘크리트 기둥·대나

무 지붕들보·목재 서까래·파형 지붕철판)에 초점을 맞춘다. 그러나 이 프로그램의 핵심은 주택용지를 의무적으로 소액대출자, 다시 말해 여성 명의로 등록한다는 사실이다. 그라민의 2인자 디팔 바루아는 한 인터뷰에서 그러한 관행은 가부장제의 현실에서 볼 때, 여성의 권리를 확실하게 보장하는 매우 '혁명적'인 조치라고 인정한다(2004년 8월). 이 프로그램은 그라민은행을 비판하는 페미니스트의 검열을 통과하는 몇 안 되는 사업 가운데 하나다. 여성 명의의 토지 등록 의무는 주택자산에 대한 여성의 통제권을 보장하기 때문이다(Goetz and Sengupta, 1996: 50).

브락은 자산의 범위를 사회권력과 정치권력으로 확대한다. 파즐 아베드와 임란 매튼(2007: 4)은 '소액금융의 가장 큰 힘은 그것이 제공되는 과정'에 있으며, 따라서 그것이 '사회적 중재'를 통해 '새로운 형태의 개입·관계·역할'을 어떻게 만들어내는가 하는 문제가 중요하다고 주장한다. 그들은 이것을 '과정자본'이라고 부른다. 30~40명의 여성 회원을 단위로 구성된 브락의 마을조직은 그러한 과정자본의 창출과 유통의 핵심이 되는 조직활동의 장이다. 브락이 설립한 그 마을조직은 저마다 자율권이 있는 연합체로 개발의 다양한 측면(대출금 상환을 비롯해 매튼이 2005년 12월에 가진 인터뷰에서 '지역 차원에서 각종 자원에 대한 청구권 주장'이라고 설명한 것에 이르기까지)을 관리한다. 그 마을조직은 '세계에서 가장 큰 비정부 금융중개 프로그램 중의 하나'이자 의식화운동의 실천을 통해 빈민을 조직하는 방법을 가능케 하는 기구다(Lovell, 1992: 1). 브락은 극빈층 프로그램의 경우처럼 마을조직에 대해서도 민감하게 반응한다. 매튼은 한 인터뷰에서 가난한 여성이 마을의 공적인 삶, 심지어 정치생활에 진입하는 길목으로서 그들의 역할을 제대로 하고 있는지에 대해 깊이 성찰했다(2005년 12월). 또 한편 브락 사람들은 극빈층에 개발의 혜택이 돌아가고, 그 혜택을 일부 '지역유지들이 차지'하지 못하도록 그런 마을조직이 어떤 역할을 할 수 있는지에 대해 알려고 애쓴다 (Hossain and Matin, 2004: 7). 이것은 권력구조를 대상으로 직접 이야기하는 급진적 생각이다. 방글라데시에서 '혁명을 지연시키는 요인'이라고 비난받아온 활동의 장, 바로 소액금융이 거꾸로 혁명적 변화를 불러일으키는 계기를 만들 수 있을까?

## 보호의 조건들

방글라데시 모델을 비판하는 사람들은 그것의 빈곤완화와 여성의 역량강화에 대한 '공식적 표현'이 실제로 가난한 여성에 대한 가부장적 착취라는 '감춰진 표현'과 서로 충돌한다고 주장해왔다(Rahman, 1999). 나는 그것과 완전히 다른 '감춰진 표현'이 가동되고 있다고 주장한다. 방글라데시에서, 그중에서도 특히 그라민은행이 내놓은 소액금융에 대한 '공식적 표현'은 신용대출이 인권이라고 주장하면서 신용대출을 높이 평가해왔다. 그것은 또한 가난한 사람, 특히 빈민 여성의 기업가적 자질과 능력을 칭송했다. 그러나 그라민은행뿐 아니라 브락과 ASA를 좀더 자세히 살펴보면, 신용대출도 기업가 정신도 개발의 핵심이 아니라는 논리를 발견할 수 있다. 방글라데시 컨센서스가 말하는 빈곤에 관한 사실은 '소액창업'이 아니라 각종 빈곤 관련 계획과 정책이라는 '사회적 보호'에 훨씬 더 잘 어울린다는 것이 내 생각이다. 그러한 사회적 보호 형태는 인간개발과 관련된 기반구조와 이런 기구가 창출해낸 가치사슬에 의해 크게 강화되고 심화된다.

영국에 본부를 둔 만성빈곤연구센터Chronic Poverty Research Centre 가 최근에 발표한 「만성빈곤 보고서 2008-09」(2008: 39)는 사회적 보호를 "취약성을 관리하고 극복하기 위해 애쓰는 지역사회·가정·개인을 지지하기 위한 (……) 모든 중재노력을 가리키는 폭넓은 개념"으로 정의한다. 최근 몇 년 동안 사회적 보호라는 주제는 상당한 주목을 받았다. 특히 브라질의 보우사 파밀리아Bolsa Familia와 멕시코의 오포르투니다데스 같은 최소 소득 보조금minimum income grants이나 조건부 현금이전conditional cash transfer 형태로 설계된 사회적 보호 프로그램이 널리 호평받고 있다. 일찍이 프로그레사Progresa로 알려진 오포르투니다데스 프로그램은 가난한 가정, 주로 여성에게 소액의 현금을 지급한다. 다만, 자녀를 학교에 보내고 병원에 가는 것과 같은 다양한 인간 개발활동에 반드시 참여해야 한다는 의무조건이 붙는다. 이 프로그램은 수혜대상이 될 가난한 사람을 선정하기 위해 지리적 조건과 소득 수준을 기준으로 잡는다. 혹시라도 엉뚱한 지역유지가 혜택을 입을지 모를 정실주의를 회피하기 위해 중앙정부가 직접 대상자에게 현금을 지급하고 지방정부에 현금배당의 재량권을 주지 않는다. 그런 조건부 현금이전 프로그램은 '수혜 가정의 소비를 진작하고 진학률을 높이며 건강상태를 호전시키는 데' 크게 기여하는 것으로 평가받고 있다(Chronic Poverty Research Centre, 2008: 44). 글로벌개발센터Center for Global Development의 대표 낸시 버즈올Nancy Birdsall은 이 프로그램이 "개발문제를 해결할 수 있는 마법의 특효약이 될 날이 가까워졌다"라고 선언했다. 그 프로그램이 비록 당장 그런 역할을 하지는 못한다 하더라도, 가난한 사람을 보호하는 새로운 사회계약으로 볼 수는 있을 것이다(de

Janvry and Sadoulet, 2004: 9).

빈곤완화에 관한 다양한 연구는 '보호'전략과 '촉진'전략을 구분한
다(Hulme and Mosley, 1996: 107). 소액창업 프로그램을 중심으로 하는
촉진전략은 리스크를 매우 잘 관리할 줄 아는 장래성 있는 대출자를 주
로 지원한다(Hulme and Mosley, 1996: 103, 113). 반면에 보호전략은 가
난한 가정을 대상으로 자발적 저축과 긴급소비대출 같은 서비스를 제
공한다(Hulme and Mosley, 1996: 107). 방글라데시의 빈곤구호기관은 신
용대출과 기업가 정신이라는 화려한 수사와 상관없이, 다양한 사회적
보호활동과 연계되어 있는 것으로 보인다. 이것은 개발의 스펙트럼에
서 보면, 기본적으로 차상위 빈민 대출자를 지원하는 라키야트인도네
시아은행BRI이나 방코솔 같은 영리추구형 소액금융보다는 오포르투니
다데스 같은 조건부 현금이전 프로그램에 더 가깝다. 비록 그라민은행
식의 소액금융이 대개 미국 상원의원 톰 캠벨Tom Campbell 같은 자유
시장을 열렬히 옹호하는 사람들에게 2004년 클로센 센터에서 열린 소
액금융 학술회의에서 '단순'하고 '자선이 아니면서' '무조건 기회를 창
출하는' 개발지원의 한 사례로 칭송받았지만, 그것은 사실상 일정한 조
건을 담보로 하는 복잡한 사회적 보호 프로그램이다.

방글라데시 모델은 다양한 동기유발과 제재, 대출자와 현지조사원
에 대한 조건이 어우러진 복잡한 제도다. 그라민 II는 탄력적 프로그램
으로 널리 알려졌음에도 대출자가 탄력적 대출을 받는 것을 꺼리게 만
드는 중요한 저해요소를 한 가지 품고 있다. "그녀가 기본이 되는 대출
경로에서 이탈하는 순간, 오랜 세월에 걸쳐 쌓아놓은 그녀의 신용한도
는 깨끗이 사라진다."(Yunus, 2002a: 8) 실제로 그것은 그라민은행 직원

에게 그런 탄력적 대출을 최소화할 수 있게 하는 새로운 징계수단을 제
공한다.

> 주요 수단은 '회의 날 연대책임meeting-day joint liability'이라 불릴 수 있
> 는 의무를 부과하는 것이다. 당일 상환될 돈이 모두 수금되거나 적어도
> 당일 업무가 종료되기 전에 상환을 확실하게 약속할 때까지, 회의를 끝
> 내고 회원이 집으로 돌아가는 것을 거부함으로써 다른 은행에서 업무
> 를 처리할 수 없게, 즉 대출을 신청하거나 예금인출을 승인받을 수 없
> 게 할 수 있다. 이것은 회원 간에 그날 상환될 돈을 채우기 위해 서로 돈
> 을 빌려주도록 무언의 압력을 가하는 구실을 한다.
>
> (Rutherford 외, 2004: 30)

마찬가지로 「ASA 업무지침」(ASA, 2001: 39)에는 '지역유지의 도
움으로 대출금을 회복'하려는 노력에서 '감시조직'을 만들거나, '연체
된 대출금이 수금될 때까지 밤을 새거나', 경찰서에 진정서를 넣는 것
에 이르기까지 연체 리스크를 최소화할 수 있는 방법에 대한 직원들의
업무처리 절차가 상세하게 기술되어 있다. 푸레상Fuglesang과 챈들러
Chandler(1988: 95)는 그런 장치들을 '실용적 징계'라고 부른다. 하지만
이것을 '지배와 폭력'이라고 비판하는 사람도 있다(Rahman, 1999: 151).
오하이오 학파의 주장을 되풀이하는 비판가들은 그 실용적 징계에 들
어가는 비용을 결국 가난한 사람들이 부담하게 된다고 본다.

연대책임을 지는 집단을 통해 돈을 빌려주는 데 들어가는 비용은 매우

높다. 그 집단은 계약거래를 위한 시장이 아니라 사회적 자본 위에 세워진 돈이 많이 드는 기구다. 집단의 형성과 상호작용에 들어가는 비용이 집단관리를 통해 높은 상환율로 얻는 이익보다 더 크기 때문이다. (……) 소액대출 프로그램에서 대출자는 이윤이 낮은 고객이다. 게다가 개인 서비스는 대출자가 감당할 수 없을 정도로 비용이 많이 들 수밖에 없다.

(Reinke, 1998: 553)

가난한 사람들을 주간회의나 다양한 사회적 조건 같은 여러 가지 개발의식에 얽어매는 소액금융 형태에서 벗어나게 하기 위해서는 그들을 '우리와 똑같이' 다룰 필요가 있다는 CGAP의 주장 역시 앞서 말한 것과 일맥상통한다.

인간개발목표를 달성하기 위해서는 여러 조건과 통제가 필요하다. 신중하게 배열된 브락의 극빈층 프로그램과 '16계명'으로 알려진 그라민은행의 공식적인 조건체계는 모두 대출자가 정해진 규율을 반드시 준수할 것을 요구한다. 그라민은행 직원은 대출자의 상환율을 높이는 데 기여한 그들의 공로뿐 아니라 대출자 자녀의 초등학교 입학률과 같은 인간개발목표 달성도에 따라 업무능력을 평가받는다.

그러나 나는 방글라데시 모델이 규율·조건·사회적 보호를 뛰어넘어 훨씬 더 많은 것을 수반하기 때문에 아주 특별하다고 생각한다. 사회적 보호 프로그램, 특히 여러 조건을 부과하는 프로그램의 성공 여부는 인간개발을 위한 제대로 된 기반시설이 존재하느냐에 달려 있다. 가난한 사람이 자기 자녀를 학교에 보내야 하는 의무가 있다고 한들, 그 지역에 제대로 된 학교시설이 없다면 무슨 소용이 있겠는가? 따라서 「만성빈곤 보고서」(Chronic Poverty Research Centre, 2008: x)는 사회적 보호 프로그램뿐 아니라 기반시설, '특히 수송수단·교육·정보 관련 기반시설'의 제공을 요구한다. 앞서 간략히 소개한 것처럼 방글라데시 모델에서 가장 중요한 것은 다양한 가치사슬과 인간개발 관련 기반시설의 창출이다. 파즐 아베드가 '복합적인 소액금융'이라고 이름 붙인 것이 바로 이것이다(Microfinance Gateway, 2008).

그런 형태의 기반시설은 단순한 서비스 제공보다 더 많은 성과를 이룰 수 있다. 나일라 카비르(2003: 107-108)는 소액금융이 '제도적 배제institutional exclusion'*에 초점을 맞춤으로써 '역량'과 '중재'를 강화한다고 주장한다. 대체로 비판적이고 성찰적인 브락 자체 연구는 '사회적 중재'('주변부 집단의 자립을 증대시키고 그들이 공식적인 금융중개기관에 참여할 수 있도록 준비시키기 위해 인적·제도적 자본을 모두 육성하는 투자가 이루어지는 과정')라고 부르는 변화를 제시한다(Zohir and Matin, 2002: 202). 나일라 카비르와 임란 매튼(2005: 3)은 치밀한 분석을 통해 돈을 빌려주는 대출기관을 금융규율과 사회적 조건의 집행자가 아닌, '수평적 관계를 기반으로 하는 새로운 제휴대상'으로 소개한다. 그들은 그런 기관이 가난한 사람에게 '노골적이든 암묵적이든, 후원자-수혜자 관계처럼 수직적으로 조직되기 쉬운 (……) 지배-종속 관계'의 대안이 될 수도 있다고 주장한다.

---

•     각종 사회적·경제적 제도로부터 차단되는 것을 가리킨다.

방글라데시 모델에 대한 그런 해석은 단순히 사회적 보호보다 더 많은 것이 진행 중일지도 모른다는 것을 보여준다. 파즐 아베드는 최근 인터뷰에서 "브락이 개발에 접근하는 방식의 핵심은 가난한 사람들을 조직하는 것입니다"라고 말했다(Microfinance Gateway, 2008). 따라서 소액금융은 제도적 포용을 전체적으로 뒷받침하는 기반으로서 "땅이 없는 사람들을 집단화하는 과정을 통해 풀뿌리 차원에서 역량을 축적함으로써 농촌지역의 빈곤화와 주변화"를 막는 역할을 한다(Zafar, 1988). 이러한 노력은 시민사회기관의 활동보다 더 많은 것을 요구한다는 것이 내 생각이다. 일부 브락 직원들이 믿는 것처럼 방글라데시에서 가난한 사람들을 위한 NGO의 존재는 기반시설을 제공하고 빈민을 지원해야 하는 '개념증명proof of concept'*을 통해 정부에 압력을 가하는 전시효과가 있다.

방글라데시 모델의 '감춰진 표현'은 세상에 알려진 소액금융의 신화와는 전혀 딴판이다. 그것은 우리가 더 많이 알 필요가 있는 아주 독특하고 야심만만한 개발모델 이야기다. 그러나 방글라데시 모델의 '공식적 표현'은 세계화되었고, '소액금융이라는 복음전파'는 '강매'되었다(Rogaly, 1996). 최근 『파이낸셜타임스』 기사는 "소액대출을 통해 육성하고자 했던 풀뿌리 사업에 대출자가 돈을 투자하는 경우는 절반도 안 되고, 소액대출을 받은 돈을 식품 구매에 쓴다"라는 사실을 보여줌으로써 소액금융의 이면을 폭로하려고 애썼다(Chazan, 2009). 하지만 그 비

---

• 　기술적으로 실현 가능한지를 미리 실험하여 입증하는 것을 뜻한다.

판은 부적절하다. 가난한 사람이 소액금융대출을 받아 소비하락을 진정시키고 취약성을 관리하기 위해 쓴다는 것은 사실상 소액금융의 사회적 보호 효과를 거꾸로 반증하는 것이기 때문이다. 이것은 개발의 실패가 아니라 효과적인 빈곤퇴치 전략이다. 그러나 방글라데시의 유명한 소액금융기관인 ASA는 그런 사회적 보호 역할의 성공적 수행을 주장하기보다는 그런 새로운 지적에 강력하게 이의를 제기했다. ASA는 소기업가 정신과 작은 기적이라는 용어를 써서 소액금융에 관한 '공식적 표현'을 다시 한번 널리 알리는 데 힘썼다.

## 방글라데시 컨센서스의 세계화

CGAP가 소액금융에 대한 전 세계 담론을 지배하려고 애쓰는 동안, 소액금융의 세계화는 이미 빈곤에 관한 워싱턴 컨센서스를 추월하고 있다. 그라민은행은 문을 연 지 불과 몇 년 만에 전 세계의 주목을 받았다. 실제로 앞 장에서 간략하게 언급한 것처럼, CGAP의 탄생은 그라민의 소액금융 사상이 전 세계로 뻗어나갔음을 보여주는 한 증거였다. CGAP가 금융화에 초점을 맞추면서 그라민은행은 독자적인 글로벌 네트워크를 구축하는 것으로 방향을 틀었다. 오늘날 직간접적으로 그라민은행과 제휴를 맺은 다양한 기관은 전 세계의 서로 다른 지역에서 그라민모델을 복제하는 데 힘쓰고 있다. 방글라데시에 본부를 둔 그라민트러스트는 그런 복제 프로그램을 만들고 감독하는 글로벌 대규모 기금 역할을 수행한다. 2008년 9월 현재 그라민트러스트는 38개국의 144개 프로그램을 지원했다. 이 프로그램의 혜택을 받은 대출자는 618만 명에 이르며, 그중 94퍼센트가 여성이다. 그들의 대출상환율은 96퍼센트를 자랑한다(http://www.grameentrust.org/, 2008년 10월 14일 현재).

대부분의 그라민트러스트 프로그램은 그라민은행을 모방한 소액금융모델을 확립하려고 애쓰는 지역 NGO와 공동으로 진행하고 있다. 드물지만 그라민트러스트가 직접 모델을 구축하고 운영하고 이전하거나 그냥 자체적으로 소유하면서 프로그램을 수행하는 경우도 있다. 그라민트러스트는 'USAID와 CGAP의 성과지표와 대출자 생활에 끼친 영향에 대한 프로젝트 평가'(Latifee, 2004: 26)를 이용해 모든 복제 프로그램을 세밀하게 관찰하고 감시한다. 실제로 그라민트러스트는 세계은행·USAID·시티그룹재단으로부터 보조금을 받아내서 흥미로운 방식으로 워싱턴 개발집단 쪽에 끼어든다.

워싱턴 DC에서 1997년에 설립된 그라민재단도 그라민모델을 복제하는 데 힘쓴다. 그라민재단은 전 세계 28개국에 55개 소액금융 협력단체를 거느리고 총 680만 명에게 대출서비스를 제공하는 글로벌 네트워크를 구축하고 있다(http://www.grameenfoundation.org/, 2008년 10월 14일 현재). 이 책 마지막 장에서 그라민재단이 전 세계적인 자본과 사실의 유통에 어떤 방식으로 참여하고, 또 그것을 어떻게 재편하는지 살펴볼 것이다. 가장 최근에 그라민의 글로벌 가족에 추가된 것이 그라민아메리카Grameen America다. 그라민은행이 노벨상을 받은 뒤에 설립된 그라민아메리카는 미국에서 '은행서비스를 받을 수 없는' 빈민이 이용하는 '소액단기대출회사·전당포·환전업자 같은 고리대금업체'의 대안을 찾으면서, 미국의 가난한 사람들에게 소액금융 대출서비스를 제공한다. 그라민모델을 엄격하게 고수하는 그라민아메리카는 가난한 여성 집단에 돈을 빌려주는 프로그램을 확립하기 위해 그라민은행 직원을 활용한다(http://grameenamerica.com/About-Us/Grameen-America.html, 2009년 3월 30일 현재). 방글라데시 모델이 바로 권력의 심장부에서 혼자 힘으로 근거지를 마련한 것은 바로 이런 노력의 결과다.

더 최근에는 ASA와 브락이 둘 다 독자적인 글로벌 네트워크를 구축하려고 애써왔다. ASA는 다른 소액금융 프로그램에 기술지원을 하는 중요한 소액금융 '컨설턴트'로 부상했다. 브락의 접근방식은 그것과 완전히 다르다. 브락은 자기복제가 불가능하다. 즉 기관과 그 기관이 처한 환경 사이의 고유한 관계는 축소 복사될 수 없다고 생각하고, 서로 다른 환경에서 저마다 거기에 맞는 소액금융 프로그램을 만들고 관리하고자 했다. 그 가운데 가장 유명한 것은 브락 아프가니스탄BRAC Afghanistan 이다. 2008년 4월 현재 현지 직원은 3,600명이었고 여기서 대출을 받은 사람은 14만 1,698명에 이르렀다. 브락 아프가니스탄은 방글라데시 프로그램을 모방하면서 여성 교사가 가르치는 학교와 지역사회 의료종사원이 관리하는 보건소를 여러 군데 운영하고 있다(http://www.bracafg.org/, 2008년 6월 19일 현재).

브락의 제도적 성공은 소액금융의 세계화에 흥미진진한 문제를 제기한다. 초기에는 그라민은행 모델, 지금은 그라민 II 모델의 방식을 매우 엄격하게 고수하는 그라민트러스트의 복제방식과 달리, 브락이 국제적으로 시행 중인 프로그램은 매우 유동적으로 보인다. 따라서 파즐 아베드는 아프가니스탄에서 브락이 바로 소액금융으로 들어가지 않고 지역사회 기간시설 프로젝트부터 시작해야 했다고 지적한다. "여성을 소액대출 집단으로 조직하는 작업은 재봉센터를 먼저 만든 다음 시작되었는데, 그 결과 조직작업이 손쉽게 이루어졌다." 마찬가지로 아프리카에서도 브락은 기존의 대출방식을 지역사정에 맞게 조정했다. "아프리카 고객은 교역활동이 매우 일반적입니다. 그래서 우리는 그들이 바라는 더 짧은 단기대출 욕구를 충족시켜주었습니다."(Microfinance Gateway, 2008) 임란 매튼이 한 인터뷰에서 설명한(2004년 6월) 것처럼 방글라데시에서의 활동에서 배울 수 있는 것이 있다 하더라도, 그것을 어떤 정형화된 방식으로 복제하는 것은 불가능하다는 이런 철학을 브락은 과연 계속 고수할 수 있을까? 개발자본의 유입(탄자니아에서 브락의 소액금융·농업·보건 프로그램을 복제하기 위해 게이츠재단으로부터 1,500만 달러, 탄자니아의 10대 소녀를 위한 전용센터를 설립하기 위해 나이키로부터 100만 달러)은 브락을 '모범사례' 기관으로 변신시킬 것인가?

최근에 브락은 '브락의 세계적 확장을 지원'하기 위해 런던과 뉴욕에 각각 '비영리 자원동원단체'를 설립했다. 이 단체는 그라민재단처럼 '남반구의 리더십을 지원하는 북반구의 연대'를 새롭게 구축하고 '남반구 간의 협업'을 촉진하고자 한다(http://www.brac.net/usa/about_us.php, 2009년 2월 16일 현재). 이 세계화 계획은 최근까지도 내부에서 글로벌 담론을 만들거나 통제할 의사가 없다는 비판에 시달렸던 브락을 바꾸고자 하는 몸짓의 시작인 것으로 보인다. 그들은 이것을 그라민의 문제로 보았다. "우리는 정상회의를 열지 않는다"라고 브락의 직원들은 종종 말하곤 했다. "우리는 유익한 것으로 밝혀지면 그 국제적인 전문기술과 생각, 지원이 어떤 단체에서 나왔든 수용할 것이다. 우리의 목표는 이념적이라기보다 실용적이고 기능을 중시한다." 그러나 브락

USA와 브락 UK는 필연적으로 세계화된 브락의 청사진을 분명하게 보여주지 않으면 안 된다. '맨발로 다시 시작'하는 것을 포함해서 일련의 기본 원칙, "여성과 소녀에게 투자하는 것은 지역사회에 엄청난 이익을 안겨준다"라는 설명은 또다시 방글라데시 모델에 대한 '공식적 표현'이 이제 세계화의 옷을 입고 나타나는 것처럼 보인다.

비록 방글라데시 컨센서스의 세계화가 하나의 정형화된 모범사례를 설명하고 전파하는 것을 요구하지만, 그것은 빈곤에 관한 워싱턴 컨센서스에 중대한 도전장을 던질 가능성이 있다. 방글라데시의 기관은 지식의 정치학을 아는 것만큼이나 이러한 이념전쟁에서 그들이 소외되고 있다는 사실도 잘 안다. 따라서 그들의 글로벌 복제와 네트워크 전략이 모두 소액금융에 대한 대안적 담론을 창출하고자 한다는 것은 당연한 일이다. 그라민트러스트의 라미야 모르셰드Lamiya Morshed는 "이것은 북반구의 컨설턴트가 독점해온 지식산업이다"라고 말한다(2004년 8월). 임란 매튼은 한 인터뷰에서 이렇게 말했다(2005년 12월).

CGAP는 세계적인 기관이고, 특히 각종 지표와 모니터링 도구를 통해 매우 큰 영향력을 행사합니다. 심지어 우리 그라민트러스트의 제휴기관도 대개 자금제공자로부터 기금을 조달하려면 CGAP의 지표를 따라야 합니다. 그렇다면 우리는 어떻게 대안을 만들어낼까요? (……) 우리는 마치 리플리의 믿거나 말거나 박물관에 있는 하나의 전시품 같아요. (……) 방글라데시에서는 이런 생각이 성공을 거둔 것을 보여주었지만, 전 세계의 다른 공간에서도 그것이 성공할 것이라고 믿고 싶어하는 사람은 아무도 없어요. 기운 빠지는 일입니다.

그와 같은 방글라데시 관련자는 이념전쟁에서 이기기 위한 열쇠가 방글라데시에서 개발과 관련된 권위 있는 지식을 생산하는 데 있다고 주장한다. 2001년에 브락은 이런 목적을 달성하기 위해 브락 대학을 설립했다. 그곳에서 공중보건을 비롯해 다양한 개발연구를 포함하는 광범위한 영역의 프로그램을 진행한다. 브락 대학은 '창조적 지도자' 양성과 '지식의 창조'를 통한 '국가 개발과정'의 촉진이 자신의 사명이라고 언명한다(http://www.bracuniversity.ac.bd/about/, 2008년 12월 18일 현재).

하지만 지식기관을 설립하는 것뿐 아니라 거기서 생산된 지식의 타당성과 권위를 어떻게 인정받느냐 하는 문제가 매우 중요하다. 저명한 방글라데시 학자이자 권력과 참여 연구센터Power and Participation Research Centre 설립자 호세인 질루 라흐만Hossain Zillur Rahman은 한 인터뷰에서 글로벌 체제에 근본적인 '지식의 불균형'이 존재한다고 지적했다(2004년 7월). "우리는 소액대출이 처음에 세계적으로 수용될 때 무장해제를 당했습니다. 그래서 우리는 개발과 관련된 새로운 권위 있는 지식이 오는 것을 보지 못했어요. 우리가 CGAP를 세웠지만, 그 기관을 잃어버렸습니다. 이제 CGAP는 유누스가 소액대출에 기여한 선구적 역할조차 인정하지 않습니다." 그는 빈곤에 관한 워싱턴 컨센서스가 '실천'과 맞부딪쳐야 한다고 주장했다. "실천은 논쟁이 계속해서 증거에 초점을 맞추고 빈곤에 주목하도록 하는 우리의 방식입니다. 실천은 지식을 지식자본으로 바꿔나가는 우리의 방식입니다. 우리는 실천을 통해 워싱턴 DC와 맞서야 합니다."

그러한 지식생산의 한 예가 방글라데시에서 그라민은행이 주관해서 해마다 몇 차례씩 여는 그라민다이알로그Grameen Dialogue다. 그라민트러스트 직원들이 '은행업에 대한 이념과 지식 뒤집어 보기'라고 개념화한 그라민다이알로그는 그라민의 볼더협회에 해당한다고 볼 수 있다. 방글라데시 컨센서스를 대변하는 주요 인사 몇 명(임란 매튼과 사에드 하셰미Syed Hashemi 같은 사람)이 그라민다이알로그의 조사위원 역할을 수행해왔다. 여기서 그라민 복제 프로그램에 관여된 많은 사람이 그라민모델을 교육받고 더 폭넓은 차원에서 소액금융과 개발의 이념으로 무장된다. 하지만 무엇보다 중요한 것은 모르셰드가 '현장연구'라고 부르는 것, 즉 열흘 동안 농촌마을의 그라민 대출자의 생활을 집중적으로 살펴보는 활동을 통해 기존에 알고 있던 은행업에 대한 지식을 뒤집어본다는 사실이다. 그라민다이알로그가 생산한 '데이터'를 검토하는 것은 흥미로운 일이다. 이러한 빈민 여성에 대한 사례연구는 소액금융을 통해 한 여성의 삶이 어떻게 변화되는지 보여줄 뿐 아니라, 다이알로그에서의 경험을 통해 소액운동 활동가의 삶이 어떻게 바뀌는지도 보여주기 때문이다. 따라서 그라민트러스트의 관리자는 당연히 빈곤완화를 위해 열심히 헌신하는 사람만이 열악한 생활조건의 맥락으로부터 살아남고 그 맥락을 통해 배울 수 있다고 말한다. 모르셰드는 "현장연구는 그라민트러스트에 있는 우리에게 빈곤을 심각하게 생각하는 사람과 그렇게 생각하지 않는 사람을 구별할 수 있게 해줍니다. 이것은 우리의 제휴기관에 대한 유용한 지식입니다"라고 말했다(2006년 1월).

그라민트러스트의 문서들은 변화에 대한 서술로 가득하다. 그 문서들은 방글라데시 컨센서스가 단순히 대출상환율이나 소득발생보다 인간개발에 우선순위를 두는 것을 고수함을 이야기한다. 그것들은 또한 방글라데시 기관이 반복해서 강조하는 주장, 즉 파즐 아베드가 한 인터뷰에서 말한 것처럼, 무엇보다 중요한 것이 소액금융 대출자에게 일어나는 소득빈곤의 감소가 아니라 그들의 자녀에게 미치는 영향이라는 주장을 강력하게 펼친다(2004년 12월).

> 브락에서 우리는 어떻게 하면 다음 세대, 특히 어린 소녀에게 최대한의 영향을 끼칠 수 있는지 끊임없이 묻습니다. (……) 방글라데시에서는 유아사망률을 비롯해서 여러 인간개발지표가 그동안 꾸준히 크게 향상되어왔습니다. 내 생전에 그런 광경을 볼 거라고 생각해본 적이 없습니다. 그라민과 브락은 이러한 성과에 직접적으로 기여했습니다.

그러나 그라민다이알로그가 말한 그런 성공담이 볼더협회가 제시한 권위 있는 통계와 일치할 수 있는가? 영리를 추구하는 상업은행의 실적을 평가하는 이러한 재무성과에 대한 최소주의 기준(위험대출자산 PAR이나 재정자립도FSS)은 빈곤과 사회변화에 대한 복잡한 서술과 세부사항으로 가득한 이야기를 몰아낸다. 그런 최소주의 기준이 지배력을 행사하고 있는 현실은 탈식민주의 이론가 가야트리 차크라보르티 스피박(1999: 388)이 주목한 것처럼, 남반구의 경험이 '민족지학적 문화 차이의 보고'로, 그래서 포괄적 지식체계에 추가되지 않는 산만한 이야기로만 취급되는 경향이 있음을 보여준다. 그라민트러스트가 국제 규범을 인정하고 이런 기준의 우월성과 영향력을 수용하는 것처럼, 그라민다이알로그도 그런 글로벌 재무지표를 채택한다. 2003년에 열린 제45회 그라민다이알로그의 마지막 회의에서 유누스가 다음과 같이 말한 것은 놀랄 일이 아니다. "따라서 그 과정은 이처럼 작용합니다. 우리는 우리 자신의 토착적 이념에 대한 타당성을 먼저 서방으로부터 인정받아야 합니다. 그 후에야 비로소 우리는 그것을 수용할 수 있습니다. 우리는 우리 자신의 생각을 납득시키는 방법을 모릅니다."(Grameen Trust, 2003)

## 독특한 역사

방글라데시의 독특한 개발의 역사에 주의를 기울이지 않는 한, '방글라데시 역설'이나 '방글라데시 컨센서스'를 이해하는 것은 불가능하다. 방글라데시의 유명한 거대 소액금융기관 세 곳(그라민·브락·ASA)은 실용적 차원에서 서로 차이가 있음에도 공동의 역사로 연결된다. 1972년 방글라데시는 파키스탄으로부터 독립했다. 방글라데시와 파키스탄의 그런 지정학적 조건은 두 나라가 1947년에 인도에서 갈라져 나왔을 때, 영국의 식민지 지배자가 만들어놓은 환경이었다. 독립전쟁은 엄청난 인명피해와 고통, 희생을 초래했다. 방글라데시 북동쪽 변경에서 피난민의 재정착을 돕기 위해 활동한 '민족주의 의식이 투철한 젊은 청년'으로 구성된 소수의 핵심 창립멤버와 함께 파즐 아베드가 이끌었던 브락이 바야흐로 구호기관으로 부상한 것은 바로 이런 배경에서다. 얼마 지나지 않아 아베드와 그의 조직은 "재건은 임시방편일 뿐이고 가난한 농촌사람을 항구적으로 돕기 위해서는 새로운 접근방식이 필요하다는 것을 깨닫게 되었다."(Lovell, 1992: 23; Chen, 1983도 참조) 아베드는 그 변화가 빈곤을 처리할 필요성 때문에 초래되었다고 말한다. "가난한 사람은 힘이 없기 때문에 가난하다." 구호활동은 그런 무력함의 문제를 해결하지 못하고, 부의 분배문제에 맞서지도 못한다(Armstrong, 2008). 따라서 브락은 '거의 전적으로 기금에 의존하는 소규모 구호와 재활 프로젝트'에서 '독립적이고 실제로 자립적인 지속 가능한 인간개발 패러다임이자 (……) 남반구에서 가장 큰 개발단체 중 하나'로 나아갔다(http://www.brac.net/, 2008년 7월 10일 현재). ASA의 변화는 훨씬 더 특이하다. 샤피쿠알 하크 초우두리를 포함한 일곱 명의 청년이 '가난한 농촌사람의 정치적·사회적 권리를 위해 투쟁하도록 그들을 훈련시킬 목적으로' 1978년에 결성한 ASA는 초기에 '농촌 빈곤을 없애기 위해 투쟁하는 조직'으로 이해되었다(Rutherford, 1995: 1, 4). 그러다 1990년대 ASA는 '농촌혁명가' 단체에서 '마을 개발은행가' 단체로 변신했다(Rutherford, 1995: 1).

이런 기관의 계보를 따져 들어가다 보면, 모두 소액금융 중심으로 수렴하는 것 같은 두드러진 특징이 많이 있다. 방글라데시 기관 간에 소액금융과 관련해서 상당한 다양성이 존재하고, 앞서 언급한 '복합적인 소액금융'이 단순 소액금융보다 훨씬 더 많은 일을 하지만, 그럼에도 이런 기관의 '공식적 표현'은 빈곤을 완화하는 데 신용대출의 역할이 매우 결정적이라는 점을 강조한다. 이것은 남아시아의 협동조합과 함께했던 실험의 역사와 관련이 있을 수 있다(Woolcock, 1999). 한편으로 1904년 영국 식민지 통치자는 인도 최초의 협동조합법을 통과시켰다. '마을 차원의 자조·자립을 목적으로 하는 이용자가 관리하는 조합을 위한 법적 토대'를 만든 것이다. 식민지 당국의 지역 '향상'의 사명은 그 법안이 통과되도록 이끌었다. 그것을 통해 현지 농민에게 '절약과 협동'

을 가르친다는 생각이었기 때문이다. "신용대출을 통해 자금을 구할 수 있게 해야 한다. 협동조합법과 대출을 얻으려는 노력이 대출자를 교육하고 절약하게 만들고 바른 길로 인도할 것이기 때문이다."(Rutherford, 1995: 26) 다른 한편으로 독립투쟁, 특히 간디가 계획한 투쟁은 경제적 자립의 목표와 수단을 긴밀하게 연계시키고자 했다. 협동조합은 그런 프로젝트의 중심에 있었고 남아시아 신생독립국의 경제정책에서 중요한 역할을 담당했다. 하지만 신생독립국은 대개 '소수의 지배층이 대출을 독점'하면서 지역토호의 약탈에 시달린 채로 있었다(Rutherford, 1995: 31). 1947년 인도가 독립과 함께 분할된 뒤, 새로운 개발실험이 지금의 방글라데시인 동파키스탄에서 진행되었다. 코밀라Comilla 프로젝트로 알려진 그 실험은 농촌협동조합에 초점을 맞추었다. 그것은 "협동조합에서 정치적 성향을 걷어내고, 조합원을 빈민으로 한정하고, 여성들에게 초점을 맞춤으로써 협동조합의 근본적 결함을 바로잡으려고 애쓴 아베드와 유누스 같은 선구자"를 위한 기반을 마련한 것으로 보인다 (Woolcock, 1999: 35). 그래서 의무적으로 저축하도록 했을 뿐 아니라 사회적 목표를 요구하는 '10계명'에 대한 강조 같은 코밀라 실험의 핵심 요소가 살아남았을 수 있다(Rutherford, 1995: 29-30).

ASA의 역사는 하나의 유력한 제도적 장치로서 소액금융의 부상을 바라보는 깊은 통찰을 제공한다. 러더퍼드가 지적하는 것처럼 초기에 ASA는 소액금융에 적극적으로 반대했다. '가난한 사람의 투쟁준비'에 골몰하던 초우두리 같은 사람은 브락과 그라민의 전략을 멀리하고, ASA가 조직하고 동원하는 빈민집단의 '무장투쟁'을 진지하게 고민했다. "우리는 그 당시에 신용대출을 이해하지 못했어요. 오히려 우리는 그라민은행과 모든 금융기관, 세계은행을 비판했죠. (……) 우리는 이들이 우리를 착취하고 있으며 우리 경제를 망치고 있다고 말했습니다." 프리덤프롬헝거 같은 국제자선단체의 지원을 받는 그런 활동은 '풀뿌리 NGO'에 자금을 대고, '개발을 투쟁으로' 발전시키려고 애썼다(Rutherford, 1995: 66). 그러나 브락이 구호활동에서 빈곤완화로 방향을 전환하자, ASA도 무장투쟁의 수단으로서의 개발을 '금융으로서의 개발'로 전환했다(Rutherford, 1995: 84). 그러한 변화는 1984년 「통일과 사회운동은 가난한 사람을 발전시키기에 충분한가?」라는 내부 보고서를 포함한 일련의 자기비판을 통해 촉진되었다. 그 보고서는 ASA 회원들이 정치적 무력감보다 경제적 박탈감에 더 관심이 많고, 이들 가운데 많은 사람이 그라민으로 옮겨가고 있으며, 그들 회원이 소액금융대출을 받고 싶어한다는 사실을 지적했다(Rutherford, 1995: 67). ASA의 설립자이자 대표인 샤피쿠알 하크 초우두리는 당시 상황을 이렇게 말한다.

> 우리의 기본 목표는 가난한 사람을 조직하는 것이었습니다. 그래서 그들이 더 많은 봉급과 그들의 여러 가지 권리를 협상할 수 있도록 말입니다. (……) 우리는 그런 활동을 통해 많은 문제를 풀었지만, 직접적인 경제적 역량강화를 제공하지는 못했어요. 그때부터, 그러니까 1986년부터 사람들은 그들이 어떻게 생계를 꾸려나가야 할지 묻기 시작했죠. 가난한 사람들이 우리 앞에서 제기한 질문이 바로 그것이었습니다.
>
> (*Microcapital*, 2008)

초우두리의 말은 계속된다. "우리가 그들에게 고리대금업자나 지주와 싸우러 오라고 말하면, 그들은 싫다고 말했습니다. '아니, 왜요?'라고 물으니, '그들은 적어도 어떤 식으로든 우리를 돕고 있어요. 그러나 당신네는 우리를 돕지는 않고, 설교나 강연만 하고 있어요'라고 말하더군요."(Rutherford, 1995: 61)

1992년 ASA는 회원자격을 대부분 여성 집단으로 전환시킴으로써 그라민 사례를 적극 차용하고 '자립'을 회원과 조직 모두의 새로운 좌우명으로 선언하면서 자체적으로 조직을 재편했다. 1994년 ASA의 협동조합은 단순히 대출금 회수를 위한 임시방편의 수단으로서만 언급되었다. 그러나 신용대출을 그저 개발과 역량강화를 위한 도구로만 치부할 수는 없다. 사예드 하셰미(Khandker, 2005) 같은 방글라데시 컨센서스의 주역은 "대출시장은 가난한 사람을 가장 무자비하게 착취하는 현장"이자 "각종 개입을 통해 가난한 사람이 빈곤의 굴레에서 벗어나도록 할 수 있는 가장 쉬운 무대"라고 주장한다. 실제로 칸드커(2005: 83)는 그라민은행의 신용대출이 '프로그램이 진행된 마을의 남자의 수입과 그들의 자녀에게 매우 긍정적인 영향'을 끼친 반면, 지역토호의 불만을 촉발시킨다고 주장한다.

방글라데시 이야기의 또 다른 두드러진 특징은 리더십의 사회적 성격이다. 방글라데시의 개발 부문을 상징하는 두 인물 유누스와 아베드는 전자가 중산층 집안이고 후자가 부유한 지주 집안으로 서로 사회경제적 배경이 매우 다르지만, 둘 다 해외에서의 삶을 포기하고 국가 건설에 참여하기 위해 방글라데시로 돌아왔다. 그들이 가는 길은 처음에 서로 달랐다. 유누스는 치타공 대학의 교수였고, 아베드는 셸에서 직장 경력을 쌓았다. 그러나 서로 다르게 가던 그들의 길은 방글라데시의 고난과 빈곤을 접하는 저마다의 경험을 통해 한곳에서 만났다. 1970년 방글라데시를 강타해서 50만 명이 죽은 끔찍한 태풍 피해에 큰 충격을 받은 아베드는 구호활동에 뛰어들었다. "그 사건은 제가 사물을 바라보는 방식을 완전히 바꿔놓았습니다." 방글라데시 독립전쟁과 그 여파는 그가 자신의 책무를 더 무겁게 느끼도록 만드는 계기가 되었고, 1972년 마침내 그는 런던에 있던 자신의 아파트를 팔아 브락 설립자금을 마련했다 (Armstrong, 2008). 마찬가지로 유누스는 치타공 대학 주변의 농촌마을에서 방글라데시의 빈곤과 마주쳤다. 그는 강의실에서 자신이 가르치는 우아한 경제이론과 이 끔찍한 빈곤현실 사이에 끊임없는 괴리가 발생하는 것에 충격을 받았다. 지식을 가르치는 일이 방글라데시의 환경 속에서 물질적 현실을 해결할 수 없다면 그게 무슨 소용이 있다는 말인가? 그는 몇몇 학생과 함께 포드재단의 지원금을 받아 빈곤퇴치를 위한 작업에 착수했고, 마침내 신용대출과 그라민은행이라는 금융기관을 해결책으로 결정했다(Bornstein, 1996: 33).

　유누스와 아베드는 독특한 결합의 상징이다. 가난한 사람을 위한 대규모 봉사단체의 설립과 관리에 적극적으로 참여한 민족주의 지식인 계층의 출현이 그것이다. 대개 이 계층에 속하는 사람은 정부나 글로벌 세력과 전략적 우호관계를 맺을 수 있었다. 이런 지도자와 그들의 단체는 정부의 세력 범위 밖에서 활동하면서, 반드시 정부권력에 맞서거나 정부권력의 중요성을 깎아내릴 필요는 없다. 임란 매튼(2005년 12월)은 따라서 방글라데시에서 이들 단체가 '상대적 자율성의 공간을 창조'할 수 있었다고 지적했다. 다음과 같은 상황이 이해될 수 있는 것은 이러한 개발의 정치학 때문이다.

그[유누스]는 독재 치하에서 [그라민]은행이 법정단체로 나아가는 것을 협상했다. 이 덕분에 그라민은행은 정실주의에 따라 돈을 빌려줘야 하는 부담에서 벗어나고, 독자적으로 이자율을 정할 수 있는 자유를 얻었다. 또한 법적 규제를 받더라도 기관을 제약하지는 않을 수 있는 방법을 제공받았다. 그 뒤로 그라민은행은 신중한 경영을 통해 방글라데시의 다양한 민주정부(방글라데시 민족주의낭BNP·방글라데시 아와미연맹·연립정부)로부터 공격을 피할 수 있었다. 이것은 정치 상황을 면밀히 관찰하고 지배권력 집단과의 관계를 잘 유지하면서, 은행의 유명세만큼이나 논란에 휘말리지 않도록 공적 이미지를 관리해 비정치적이라는 이미지를 만들어내려고 애쓴 결과다.

(Hulme and Moore, 2006: 20-21)

유누스(2002b)가 대개 그라민은행은 1995년 설립 때부터 "그 어떤 원조자금도 받지 않기로 했다"라고 선언했지만, 그러한 지원은 방글라데시의 개발이 보여주는 독특한 '결합력'의 핵심 요소다(Wood and Sharif, 1997: 27). 그라민의 초기 확장은 IFAD(국제농업개발기금)·포드재단·NORAD(노르웨이 국제개발기구)·SIDA(스웨덴 국제개발공사)의 보증 덕분이었다(Bornstein, 1996: 178). 유누스는 세계은행이 소액금융 프로그램에 대해 자원을 아주 조금밖에 할당하지 않는다고 늘 비판했지만, 1993년에 그라민은행이 세계은행으로부터 받은 보조금은 200만 달러였다(Bornstein, 1996: 239). 유누스는 또한 CGAP의 창립멤버로서 그곳의 정책자문그룹 의장을 맡기도 했다. 원조자금은 지금도 브락의 연간 수입의 약 20퍼센트를 차지하는 중요한 원천이며, '혁신사업을 위한 기금'을 제공한다(Smillie, 2009: 252). 방글라데시 모델의 중요한 특징은 그러한 원조자금을 지원하는데도 자금제공자의 지시에 따르지 않는다는 사실이다. 방글라데시 기관이 만들어낸 매우 독특한 '상대적 자율성의 공간'은 원조기관의 유별난 취향과 방식에서 거의 독립적인 개발모델의 형성을 가능케 했다. 따라서 방글라데시 컨센서스가 빈곤에 관한 워싱턴 컨센서스의 반대편에서 부상할 수 있었다.

또한 방글라데시 모델의 금융방식은 원조기관의 지원문제를 어렵게 만들었다. 그라민은행은 개별 지부까지 모두 자급자족으로 운영하고 원조자금에 의존하지 않는다는 주장을 되풀이했지만, 좀더 자세히 파고들면 그렇지 않다. 경제학자 조너선 모르두흐(1999a: 1591)는 1985년과 1996년 사이에 그라민은행이 8,050만 달러의 연화차관을 3.7퍼센트의 차입자본 할인율로 접근할 수 있었다고 지적한다. 그는 "그라민이 1985년부터 1996년까지 경제적으로 완벽하게 자급자족하기 위해서는 연 26퍼센트의 비율로 평균이자율을 약 65퍼센트 올려야 했을 것이다"라고 추정한다(Morduch, 1999b: 245). 그러한 싼 자본의 원천은 세월이 흐르면서 원조기관의 보조금과 연화차관에서, 1990년대 중반부터 방글라데시 정부가 보증한 사채 판매를 통해 자금을 조달한 방글라데시 은행의 할인율을 적용한 자본으로 바뀌었다(Morduch, 1999b: 240). 그것은 1년에 회원당 15달러의 보조금이 돌아간 꼴이다(Morduch, 1999b: 243). 브락은 원조자금에 대한 의존성을 공개적으로 인정하고 그런 자금 덕분에 새로운 프로그램을 실험하고 기존 프로그램의 자금을 조달할 수 있다고 솔직히 말한다. ASA의 수치는 조직자금의 30퍼센트 이상이 할인율로 자본을 제공하는 대규모 소액금융기관인 PKSF로부터 유입됨을 보여준다(Ahmed, 2002).

그런 추정은 빈곤에 관한 워싱턴 컨센서스에 상당히 유리한 공격거리를 제공했다. 그라민은행은 재정 투명성이 부족한 것으로 비판받았다. '보조금 의존도'는 '재정적 지속 가능성의 새로운 기준'으로 부상했다. 이런 기준에 비추어 볼 때, "그라민은 인도네시아의 BRI 프로그램보다 성공적이지 못한 것으로 밝혀졌다."(Woolcock, 1999) 그러나 이 데이터를 해석하는 또 다른 방식은, 보조금이 방글라데시 모델의 핵심 요소이며 방글라데시의 기관이 가난한 사람들을 지원할 수 있는 것은 그 보조금 덕분임을 인정하는 것이다. 조너선 모르두흐(1999b: 230)는 "극빈층 대출자를 대상으로 하는 소액금융 프로그램은 거기에 들어가는 전체 비용의 딱 70퍼센트에 해당하는 수입만을 발생시킨다"라고 단언한다. 모르두흐의 의견은 그라민의 자급자족 주장을 거부하려 하는 한 편의 비가悲歌처럼 읽힌다. 그러나 그 비가는 또한 가난한 사람들을 위한 소액금융의 작동방식을 꿰뚫어볼 수 있는 매우 중요한 결론을 제공한다. 이것은 거액 융자가 아닐지 모르지만, 개발을 위한 자금조달인 것은 명백하다.

빈곤에 관한 워싱턴 컨센서스가 빈민을 위한 보조금 재원의 소액금융과 영리추구의 시장 중심 소액금융을 갈라놓은 것은 명백한 거짓이다. 2008년 금융위기와 이어진 긴급구제로 극명하게 밝혀진 것처럼, 거액 융자 자체는 본디 막대한 정부 보조가 들어가는 부문으로, 정치경제학자 로버트 라이시(2008a)는 이것을 '사회화된 자본주의socialized capitalism'라고 불렀다. 그라민은행에 지원된 보조금이 수백만 달러라면, 시티그룹에 지원된 보조금은 수십억 달러에 이른다. 그러나 이것은 그라민이나 ASA가 겉으로 주장하는, 제대로 된 개발금융에 대한 주장과 다르다. 실제로는 개발금융이 제대로 역할을 하려면 정부의 보조금과 보증이 반드시 필요하기 때문이다. 여기서 다시 한번 방글라데시 모델의 '공식적 표현'은 그것의 '감춰진 표현'과 서로 충돌한다. 그라민은 자급자족의 담론을 이야기할 때, 유감스럽게도 자신들이 거부하는 거액 융자와 상업은행에서 말하는 바로 그 담론을 되풀이한다.

그렇다면 우리는 방글라데시 모델과 그것의 전략·변화·타협을 어떻게 보아야 할까? ASA 같은 기관이 개발금융으로 전환한 것은 배신행위였는가? ASA의 대표 샤피쿠알 하크 초우두리는 이렇게 말한다.

1971년 투쟁 이후 우리 대다수는 사회주의적 접근방식을 위해 준비되어 있었습니다. 그 문제를 지금 와서 보면 당혹스러운 건 사실입니다. 나는 배반자인가? 하지만 당시에는 다른 대안이 없었어요. 금융서비스가 가난한 사람들을 도울 수 있는 최선의 방법임이 쉽게 입증되었거든요. 그것이 실로 거대한 규모로 그들을 구제할 수 있는 가장 쉽고 값싼 방법이라는 뜻입니다.

(Rutherford, 1995: 166)

방글라데시의 많은 지도자는 어느 지역 지도자가 다음과 같이 말한 것에 동의한다. "소수에게 신용대출을 하면 가난한 사람들은 더 분열될 것입니다. 빈둥거리는 사람도 생길 것입니다. 그러나 혁명은 죽은 사람들과 함께 일어날 수 없어요. 적어도 그라민은행은 농촌 빈민이 잘 살아가게 계속 도와줄 겁니다."(Fuglesang and Chandler, 1988: 188)

방글라데시 모델은 또한 개발을 전문화하려고 애쓴다. 임란 매튼은 한 인터뷰에서 방글라데시에서 소액금융의 '선구자'가 '자율적'이고 '고도로 전문적인' 부문을 만들어내기 위해 고심하고 있다고 말했다(2004년 6월). 그런 전문화는 다양한 충돌을 일으킨다. 예컨대 ASA는 그런 전문화 과정에서 직원을 "현지 여성이 아닌 다른 지역의 남성으로 대체했다." 그것은 가난한 여성을 지원하려고 애쓰는 단체라는 견지에서 보면 모순되는 조치가 아닐 수 없다(Goetz, 2001: 104). 브락은 여성 직원의 '사회적으로 선도하는 역할'을 강조함으로써 이런 추세를 막으려고 애썼다(Goetz, 2001: 200). 개발의 전문화에 대한 논쟁은 NGO의 역할을 둘러싼 논쟁이기도 하다. NGO라는 용어는 기술적으로 그라민 은행의 법적 체계에 적용되지 않지만, 그럼에도 그 은행의 비정부적 지위를 함축한다. NGO, 특히 방글라데시의 비정부기구가 모두 민중단체거나 시민단체여야 하는 것은 아니다. 그들은 개발의 관리자이자 신탁기관이다. "주민의 입장에서 보면, NGO는 정부나 시장의 변형체나 (……) 새로운 종류의 '공무원 부류' 또는 (……) 특별한 영리사업처럼 보일 수 있다."(White, 1999: 321) 따라서 방글라데시 소액금융 NGO는 '급진성을 포기한 정치활동'으로 비난받고 있다(Haque, 2002: 427~428).

이 논쟁은 이들 기관 내부에서도 일어난다. 브락 내부의 비판은 홍보 부문장 아프산 초두리Afsan Chowdhury의 주장이 설득력 있고 단호하다. 초두리는 한 인터뷰에서 브락의 관료주의를 강력하게 비판하면서 가난한 사람이 브락이 만든 대출자 집단에 대한 주인의식을 가질 수 있게, 즉 고객이 아닌 정치적 주체가 되게 하는 의식화운동과 대중동원 과정을 요구했다(2004년 12월). 초두리가 보기에 신용대출을 제공하는 것은 개발모델이 아니다. 그것은 사실상 '정부 보조금에 의존하는 기관'의 관료주의가 만들어낸 '대응기제', '정선된 업무'일 뿐이다. 그는 조직화된 서비스 제공은 사회적 에너지를 약화시킨다고 주장한다. 초두리의 시각은 마을조직의 역량을 강화함으로써 그가 말하는 이러한 탈정치화와 시민권 박탈 현상을 뒤집으려고 한다. 하지만 그는 그러한 역량 강화가 브락의 영향력을 일부 약화시킬 수밖에 없으며, 결국에는 브락이 마을조직에 아무런 영향력을 행사하지 못할지도 모른다는 것을 의미할 수 있다고 말한다. 그런 주장은 브락의 '홍보' 부문에서 흘러나올 수 있다.

그러나 초두리의 주장에는 놀라운 반전이 있다. 초두리는 유누스와 아베드가 논리를 전개한 '사회적 기업가 정신' 체계와 그것의 '시장에 대한 합리적 인본주의 견해'를 일축하면서, 방글라데시에서 궁극적으로 빈곤을 완화할 수 있는 것은 소액대출이 아니라 거시경제의 성장이라고 주장한다. 그는 소액금융기관이 극빈층에 영향을 끼쳤음을 인정하지만, 인플레이션에서 교역조건에 이르기까지 거시경제의 영향력이 그러한 성과를 위협하고 압도한다고 주장한다. 그리고 그는 정치를 근본적으로 바꿀 수 있는 것은 시장이라고 믿는다. 잘 정비되어 있지만 '반봉건적' 관료주의에 의존하는 구호서비스 제공과 소액금융으로부터 가난한 사람들을 '벗어날 수 있게' 하는 것이 시장이라고 생각하기 때문이다. 따라서 이 급진적인 생각은 우리에게 새천년 개발의 핵심 주제 가운데 하나인 '경제적 자유'를 상기시킨다.

# 반대 퍼포먼스

2006년 캐나다 핼리팩스에서 열린 마이크로크레디트 정상회의는 방글라데시 컨센서스를 기념하는 행사였다. 유누스와 그라민은행의 노벨상 수상에 용기를 얻은 회의 참석 연사들은 CGAP의 모범사례들에 잇달아 의문을 던졌다. 이런 연설에 대한 가장 극적인 반전은 ASA의 설립자이자 대표인 샤피쿠알 하크 초우두리에게서 나왔다. 2006년 11월 14일에 열린 ASA 실행계획 관련 전체 회의에서 초우두리는 케냐의 빈민을 위한 소액금융기관인 자미 보라Jamii Bora(좋은 가족)의 설립자 잉그리드 먼로Ingrid Munro의 호평을 받은 발표가 끝난 뒤 연설했다. 초우두리는 브락이 24년 걸려서 이룬 성과를 그의 조직은 12년 걸려 이루었다고 주장하면서 ASA의 급성장을 자랑했다. "우리는 세계에서 가장 비용이 낮은 소액금융 제공자입니다"라고 그는 주장했다. "우리는 소액금융계의 맥도날드입니다. 우리는 표준화와 분권화를 통해 운영됩니다. 맥도날드는 값싸게 어디서나 사먹을 수 있는 모델을 제공하지만, 우리는 소액금융을 제공합니다."

　무엇보다 그의 말은 소액금융의 모범사례에 대한 글로벌 담론과 일치하는 것처럼 보인다. ASA는 오랫동안 저비용 소액금융의 총아였다. MIX가 선정하는 세계 10대 소액금융기관 가운데 하나로 계속 순위에 오른 ASA는 그라민의 위신 추락에 이어 자신의 중대한 역할을 주장하고 있는 듯 보였다. 한때 '소액금융의 포드자동차 모델'을 찬양하던(Fernando and Meyer, 2002) 초우두리의 맥도날드 비유는 이제 ASA를 소액대출을 대량 생산하는 효율적 조립라인보다는 표준화된 서비스를 신속하게 제공하는 빠른 체인망으로 소개하고 싶어하는 것처럼 보였다. 핼리팩스에서 초우두리는 CGAP가 확립한 글로벌 표준(생산성에서 재정자립에 이르기까지) 덕분에 ASA가 성공했다고 자랑스럽게 선언했다.

그러나 초우두리의 이야기는 단순히 CGAP가 ASA의 성공을 뒷받침했다는 선언 이상의 복잡한 의미가 담겨 있었다. 몇 분 뒤 그는 '서방' 컨설턴트가 개발에 관한 지식의 유통을 통제하는 것에 대한 혹독한 비난으로 옮겨갔다.

> 우리는 독자적으로 프로그램을 운영합니다. 우리는 하버드에서 프로그램을 받지 않았습니다. 우리 스스로가 프로그램을 설계했지요.(……) 우리는 미국에서 교육받은 사람을 필요로 하지 않습니다. 장부를 관리하고 재무제표를 작성하는 방법을 그들이 알려주지 않아도 됩니다. 회계장부가 무엇입니까? 차변과 대변. 왼쪽과 오른쪽. 우리는 소액금융 방식을 배우고, 조작하고, 운영하기 위해 유럽과 미국에 가서 오랫동안 비싼 돈을 내고 강의를 들을 필요가 없습니다. (……) 컨설턴트들은 서방 출신입니다. 그들은 하루에 800유로를 받고 5성급 호텔에 묵으면서 빈곤을 연구합니다.

리절츠의 설립자이자 대표인 샘 데일리 해리스를 바라보며 그는 계속 연설을 이어갔다. "당신 샘에게 1달러는 그냥 동전 한 닢입니다. 하지만 방글라데시인에게 1달러는 쌀 2킬로그램입니다." "우리는 가난한 가정을 지원하기 위해 그 일을 합니다. 우리는 누가 가난하고 빈곤이 무엇인지 압니다. 그러나 우리가 박사학위가 있는 일부 학계인사를 고용하지 않으면, 그들은 우리가 그 일을 했다고 믿지 않을 겁니다." 초우두리의 연설은 마이크로크레디트 정상회의의 청중으로부터 열렬한 박수를 받았다. 대부분 남반구에서 온 참석자들은 자리에서 일어나 큰 환호와 갈채를 보냈다. 초우두리는 방글라데시 컨센서스의 기운을 풍기며 그날 회의의 대중적 영웅으로 떠올랐다.

초우두리가 핼리팩스에서 벌인 반대 퍼포먼스를 보고 나는 놀라지 않았다. 2004년 8월에 방글라데시로 연구여행을 떠났을 때 그를 처음 만났다. 벵골어로 진행된 긴 인터뷰 동안, 초우두리는 방글라데시 소액금융모델의 강점을 주장하며 'CGAP가 강력하게 추진하는 라틴아메리카식 상업화'를 거부했다. 그는 한때 CGAP의 정책자문위원회 위원이었지만, CGAP의 이념과 임무가 방글라데시에서 이루어진 활동과 맞지 않는다고 주장했다.

> CGAP의 문제, 즉 마거리트 로빈슨이 쓴 것과 같은 책의 문제는 그들이 현지의 시각이 아닌 자기의 시각으로 방글라데시를 본다는 것입니다. 이런 시선을 볼 때, 방글라데시는 퇴보하고 있는 것처럼 보입니다. (……) 저속한 예를 들어서 죄송하지만, 미국에서는 공중 앞에서 입맞춤을 해도 괜찮습니다. 방글라데시에서는 뭇사람들 앞에서 아내와 가까이 앉는 것조차 안 됩니다. 미국에서 나온 모든 생각이 여기 방글라데시에 사는 우리에게 수용될 수는 없습니다.

실제로 초우두리의 지식 헤게모니에 대한 비판은 유누스나 아베드가 공개적으로 표명한 것보다 훨씬 더 노골적이고 급진적이다.

우리는 소액금융이 왜 방글라데시에서 그렇게 성공했는지 연구할 필요가 있습니다. 유누스와 아베드의 선구적 역할이 있었고, 또 그것을 인정할 필요가 있습니다. 방글라데시에서 우리는 그것을 기반으로 활동하고 있습니다. 그렇게 하면서 우리는 여러 문제를 이해합니다. 서방의 정책결정자는 무엇이든 먼저 문제가 무엇인지 이해하려고 합니다. 그럴 경우, 어떤 일도 끝낼 수가 없습니다. 그들은 출산을 위한 전제조건으로 100퍼센트 면역조치가 이루어지고 100퍼센트 깨끗한 음료수가 있어야 합니다. 하지만 그러면 방글라데시에서는 아무도 출산할 수 없습니다.

핼리팩스 정상회의에서처럼 초우두리는 그 인터뷰에서도 빈곤에 관한 워싱턴 컨센서스가 생산해낸 지식에 대해 특히 비판적이었다.

볼더에는 현장 실천가가 한 명도 없습니다. 나는 한때 거기서 교수진으로 있었습니다. 그 기관은 서방의 목소리를 냅니다. 참석자는 3주 동안 그것을 듣습니다. 우리는 그 연단에서 우리의 생각을 소개할 시간을 동일하게 가져야 합니다. (……) CGAP에서 펴낸 간행물을 보면 그것에 반대하는 목소리가 하나도 없어요. 똑같은 사람, 똑같은 생각이 반복될 뿐입니다. 우리는 반대자의 네트워크가 필요합니다.

초우두리가 특히 분개하는 것은 지식산업이다.

나는 CGAP가 이사회를 열 때마다 쓰는 돈이면 가난한 나라 한 곳 전체에 소액대출을 해주기에 충분하다고 엘리자베스 리틀필드에게 자주 말했습니다. (……) 아시아개발은행은 ASA를 칭찬하기를 좋아합니다. 하지만 그들은 우리의 접근방식을 진정으로 믿지 않습니다. 그들의 접근방식은 낭비가 심해요. 그들은 마닐라의 멋진 빌딩에 앉아서 한 달에 6,000달러를 받아갑니다. 왜죠?

초우두리는 유누스가 걱정한 것보다 훨씬 더 민감하게 방글라데시의 소액금융 실천가가 그들의 활동에 대한 글로벌한 정통성을 창출해내는 데 아무런 노력도 기울이지 않는다고 지적했다. "우리는 실천에 집중하느라 펜대를 잡는 데는 소홀합니다. 하지만 이런 행태는 우리에게 해를 끼쳤어요. 그 때문에 우리가 주변부로 밀려났죠. 우리는 영어로 말하고 쓸 줄 모르기 때문에 우리의 생각을 사람들에게 알리지 못합니다." 어쩌면 2004년 그날 그의 가장 날카로운 비판은 다음의 일화 형태, 즉 그 이후로 늘 내 귀에 쟁쟁한 지식의 정치학에 대한 풍자에서 나왔다.

세계는 소액금융이 가난한 사람들에게 도움을 주는지에 대해 알고 싶어합니다. 우리는 가난한 민중을 돈을 많이 버는 기업가로 바꾸지 못합니다. 우리는 그저 그들이 생계를 유지하며 살 수 있도록 도울 뿐입니다. 문제는 하루에 1,000달러를 받으면서 5성급 호텔에 묵는 컨설턴트들의 등장입니다. 그들은 한 마을을 방문해서 가난한 여성에게 그녀가 받은 소액금융대출이 도움이 되었는지 묻습니다. 그녀는 머뭇거리며 자신의 삶에 약간의 변화가 있었다고 말합니다. 이제 그녀는 전에는 한

번도 입어보지 못했던 블라우스를 사리 안에 입고 있고, 목욕할 때 쓰는 비누 한 개가 있습니다. 하버드에서 교육받은 컨설턴트들은 그것에 만족하지 못합니다. 그들은 이것을 보고 사회적 변화가 이루어졌다고 확신하지 않겠죠.

초우두리는 방글라데시 모델에 대한 열망을 솔직하게 드러내는 동시에, 빈곤에 관한 워싱턴 컨센서스에 강력한 이의를 제기한다. 그 이의 제기는 가난한 사람들을 구제할 책임문제를 거론하는 것이기에 윤리적인 동시에, 권위 있는 지식이 현장에서 실천을 통해 주조되어야 한다고 주장한다는 점에서 실용적이다. 가난한 사람들을 찾아서 경계를 정하는 워싱턴 컨센서스의 장황한 노력에 대해 존 해치는 2006년 마이크로크레디트 정상회의에서 다음과 같은 신랄한 어조로 맞선다. "빈곤은 포르노 같습니다. 눈으로 봐야 알기 때문입니다." 2004년 인터뷰에서 초우두리는 "ASA는 어떻게 가난한 사람을 확인합니까?"라는 내 질문에 웃으며 "당신이 남자와 여자를 구분할 줄 안다면, 가난한 사람과 가난하지 않은 사람도 구분할 수 있어요. (……) 방글라데시에서는 두 명에 한 명꼴로 가난합니다. 그런데 왜 그것을 알아내려고 그렇게 많은 돈을 써야 하나요?"라고 말했다.

헬리팩스에서 열린 마이크로크레디트 정상회의에서는 "믿을 만한 방법론을 찾아 시행하고, 우리의 고객이 하루 1달러의 빈곤선을 넘어서는지 측정하고, 해마다 그 결과를 마이크로크레디트 정상회의 캠페인 보고서에 반영"하기로 결정되었다. USAID의 소액창업 부문장을 역임하고 현재 CGAP의 수석 고문인 케이트 맥키는 "원조단체와 투자기관은 이런 지식에 투자해야 한다"라고 말했다. 그녀는 CGAP가 그런 도구를 개발하기 위해 그라민재단과 협력할 거라고 발표했다. 그러나 초우두리의 혹독한 비판이 지적하는 것처럼 그런 방법론은 이미 방글라데시에서 수십 년 동안 작동해왔다. 그라민은행의 '빈곤 수준을 평가하는 열 가지 지표'(Yunus, 2006b)는 정교하고 미묘한 인간개발 일람표(안전한 물과 주거 이용에서 취약성과 궁핍의 계절적 변화에 이르기까지)다. 그러나 그런 형태의 실천은 소액금융과 관련된 글로벌 컨센서스, 즉 워싱턴 DC를 무대로 하는 컨센서스를 창출하기 위해 노력하는 가운데 지엽적, 심지어 주변적인 것이 된다. 새천년에서 그런 방법론은 대개 진기하고 이국적인 유물로 새롭게 '발견'되고 있다.

초우두리가 보여준 반대 퍼포먼스는 빈곤에 관한 방글라데시 컨센서스의 '감춰진 표현'을 드러내지 않았다. 그 정상회의에서 방글라데시 역설의 형성과정에 국내외 개발금융이 한 주된 역할과 가난한 사람들이 소액금융대출을 사회적 보호로 활용한 것에 대해 초우두리가 언급한 것은 거의 없다. 방글라데시 컨센서스에 대한 '공식적 표현'만 무성할 뿐이었다.

남은 문제는 방글라데시 모델이 소액금융을 축적과 이윤의 신개척지로 바꾸려고 하는 빈곤자본의 유통을 파괴할 수 있는지 여부에 대한 것이었다. 마침내 이 반대의 현장인 2006년 마이크로크레디트 정상회의는 오미다이어 네트워크에서 시티그룹에 이르기까지 글로벌 소액금융산업의 다양한 핵심 단체의 후원을 받았다. 여러 후원업체 가운데 모든 회의자료에 두드러지게 눈에 띄는 로고는 악명 높은 농업기업 몬산토Monsanto그룹이었다. 1998년 제1회 마이크로크레디트 정상회의에서 그라민은 몬산토와의 제휴를 발표했다. 그 농업기업은 그라민의 네트워크를 이용해 "자기네 종자를 보급하고, 대금을 회수하고, 몬산토의 유전공학으로 생산한 1회용 품종의 씨앗을 사지 않고 토종 종자를 다음 해에 다시 쓰기 위해 보관하려고 하는 농부를 교육"시키기를 원했다(Elyachar, 2002: 498). 남아시아의 생태페미니스트 반다나 시바Vandana Shiva는 유누스에게 보내는 공개편지에서 몬산토와의 제휴는 가난한 여성들의 이익을 배신하는 행위라고 선언했다. "1회용 터미네이터 종자나 특허받은 종자의 확산에 대한 당신네 마이크로크레디트의 지지는 가난한 사람들을 해방시키지 못할 것입니다. 그것은 거꾸로 그들을 노예로 만들 것입니다."(Shiva, 1998) 그라민은행은 결국 몬산토와의 제휴를 철회했다. 그러나 2006년 빈곤에 관한 워싱턴 컨센서스를 대담하게 조롱한 마이크로크레디트 정상회의에서 몬산토와의 제휴는 다시 살아난 것처럼 보였다. 몬산토의 로고는 크게 다가왔고 아무도 그것의 존재를 언급하는 사람은 없었다.

# 4장

# 공짜 돈의 오염

## 중동에서의
## 부채와 규율,
## 의존성

소액금융은
외부 세력의 존재를 요구하지 않을 때 비로소
아프가니스탄에서 지속 가능하고
영속적일 수 있을 것이다.*

MISFA 이사인 암자드 아르바브Amjad Arbab의 말(CGAP, 2008d).

# 제국의 신개척지에서의 소액금융

아프가니스탄 소액금융 투자지원기관MISFA의 웹사이트를 보면, 희망을 보여주는 사진 한 장이 올라가 있다. 소액금융대출을 받은 엔자르 굴Enzar Gull의 사진이다. "오래전 아직 스물세 살 청년이었을 때인 1996년에 게레슈크에서 지뢰를 밟아 두 다리와 왼팔, 오른손가락 두 개를 잃은" 엔자르는 '진정한 생존자'로 소개된다. 소액금융 성공담으로, 그는 정원사로 일하면서 자그마한 자기 땅을 '화훼와 관상용 식물 묘목장'으로 개조해 당초 대출상환일보다 2개월 빠른 넉 달 만에 대출금을 갚았다. "그의 고객들은 헬만드 주에 있는 국제 NGO에서 일하는 직원을 포함해 그 지역의 부자다." 엔자르 굴의 사진은 '맞춤형으로 제작된 손으로 굴리는 삼륜자전거'를 타고 있는 모습이다. 그는 날마다 그것을 타고 "한 시간 넘게 4킬로미터 정도의 험한 길을 다닌다." 웹사이트에 올라온 굴의 이야기와 사진은 MISFA 설립을 도와준 서방 원조단체, 즉 세계은행·CGAP·USAID 같은 기관의 로고로 둘러싸여 있다 (http://www.misfa.org.af/, 2009년 2월 1일 현재).

또한 팔다리를 잃은 채 기반시설이 제대로 갖춰지지 않은 길을 지나다녀야 하는 삼륜자전거에 탄 엔자르가 "앞길이 늘 탄탄합니다"라고 말한 것으로 인용되어 있다. MISFA도 마찬가지로 낙관적이다. 그

〈그림 4-1〉 아프가니스탄의 소액대출 이용자 엔자르 굴의 모습(MISFA)

것은 새천년이 시작하면서 개발이 무엇을 이룰 수 있는지를 상징적으로 보여준다. 2003년 아프가니스탄 정부가 설립한 MISFA는 '2001년 12월 종전'을 상징하며 소액금융을 전후 재건의 도구로 이용하기로 했음을 의미한다. 모범사례·투명성·책임 같은 화려한 수사로 온통 둘러싸인 MISFA는 '금융시장을 크게 왜곡'할 수 있는 '보조금 성격의 신용대출' 형태를 피하려고 애쓴다. 따라서 MISFA는 원조기관의 관행과 목표를 잘 조직화해서 '아프가니스탄 전역의 가난한 사람들, 특히 여성들을 지원'할 수 있는 '지속 가능한 소액금융 부문'을 만드는 게 목적이다. CGAP(2008a)는 자못 도전적이다. "세계은행과 CGAP, 그리고 뒤따르는 원조기관은 처음부터 일이 잘 풀릴 거라는 낙관적인 시각으로 이 신개척지에서 모범적인 소액금융산업을 확립할 기회를 잡았다."

언뜻 보기에 아프가니스탄의 소액금융은 소액금융 '모범사례'의 신개척지인 것처럼 보인다. 그러나 그것은 또한 통치권이 분열되어 있고 모호성과 모순으로 가득한 복잡한 개발 영역이다. MISFA가 자금을 지원하는 많은 프로그램은 브락·펀카 인터내셔널·아가칸 개발네트워크가 운영하는 프로그램처럼, 영리를 추구하는 상업은행모델보다는 NGO에 뿌리를 두고 있다. 실제로 브락 아프가니스탄은 브락 방글라데시처럼 '복합적인 소액금융'모델을 추구하는 것처럼 보인다. 여기서 소액금융 운영은 다섯 가지 다른 프로그램(기반시설과 사회적 개발, 지역사회 기반의 보건·교육·훈련과 자원 센터, 농업과 양계 축산)과 함께 작동된다. 그 일은 지역사회 보건소 직원처럼 방글라데시 모델의 기반을 구성하는 낯익은 요소에 의존한다.

소액금융의 신개척지 아프가니스탄을 두 가지 개발 패러다임이 경쟁하는 전쟁터로 보는 것도 그럴 만하다. 한편에서는 빈곤에 관한 워싱턴 컨센서스가 이 공간에 대한 소유권을 주장하며 선제대응을 하고, 다른 한편에서는 방글라데시 모델이 갑작스러운 역습을 가한다. 그러나 현장에서의 실제 상황은 두 가지 패러다임이 고립되어 있는 것이 아니라 서로 복잡하게 얽히고설킨 모습처럼 보인다. 예컨대 브락은 아프가니스탄 공중보건부가 시행하는 기본공공의료서비스Basic Package of Health Services, BPHS의 제휴기관인데, 그 프로그램은 세계은행·USAID·유럽연합위원회가 지원하고 자금을 댄다. 따라서 서로 경합하는 정부·NGO·원조기관의 이데올로기가 단일 개발체제를 구성하고 있는 셈이다. 2002년부터 해외 NGO로 등록된 브락 아프가니스탄은 개발업무를 관리하고 수행할 아프가니스탄인을 훈련시켜 현지의 유능한 인재를 발굴하고자 애쓴다. 이 해외 NGO는 CGAP(2008d)가 소액금융 부문의 '아프가니스탄화'라고 부르는 것과 일맥상통하도록 아프가니스탄인을 대규모로 채용하면서, 아프가니스탄 정부가 시행하는 핵심 개발사업의 제휴기관으로 관계를 유지하고 있다. 브락 아프가니스탄의 좌우명 "기아·빈곤·환경파괴·나이·성별·종교·민족성을 기반으로 하는 모든 착취형태에서 해방된 정의롭고 개화되고 건강하고 민주적인 아프가니스탄"은 방글라데시 해방전쟁 이후 브락의 설립배경과 전후 아프가니스탄의 재건과 개발이 서로 맞아떨어지면서 만들어졌다.

그러나 이것은 어쨌든 '아프가니스탄 사회의 여성의 권리와 역할'을 개발의 중심에 두는 브락의 좌우명이다. 그것은 전적으로 방글라데시의 경험에서 나온 좌우명이다(http://www.bracafg.org/about1.php, 2008년 11월 18일 현재). 따라서 CGAP의 수석 소액금융 전문가 사예드 하셰미는 이렇게 말한다.

MISFA는 아프가니스탄에서 불가능할 거라고 말하는 모든 것을 철저히 무시했습니다. (……) 사람들은 말했죠. "당신들은 아프가니스탄에서 여성에게 돈을 빌려줄 수 없다." (……) 하지만 그들은 여성에게 돈을 빌려주었습니다. 사람들은 말했죠. "당신들은 아프가니스탄에서 대출업무를 담당하는 여성 직원을 고용할 수 없다." (……) 하지만 그들은 대출 담당 여직원을 뽑았어요. 또 사람들은 말했죠. "당신들은 아프가니스탄에서 여성을 관리직에 앉힐 수 없다." (……) 하지만 우리는 지금

지점장이 되고 있는 여성들을 보고 있습니다.

(CGAP, 2008d)

그러나 하셰미는 또한 방글라데시 컨센서스의 주요 인물이며, 그가 생각하는 소액금융체계는 그라민과 브락에서의 그의 경험에 뿌리를 두고 있다. 브락 아프가니스탄에서 MISFA에 이르기까지, 아프가니스탄에서의 개발은 자율성과 자주권에 대한 긴급한 문제를 제기한다.

여기서 다시 굴의 이야기로 돌아갈 필요가 있다. 그는 전후 희망과 재활, 재건의 우상이다. 그러나 그는 또한 2001년 미국의 종전선언을 비웃기라도 하는 듯, 끝이 보이지 않는 전쟁의 현장 아프가니스탄의 기괴한 상징이기도 하다. 불구인 그의 몸은 부자와 국제 NGO의 정원을 꾸미는 일을 위해 헌신한다. 소액금융과 기업가 정신이라는 찬사 속에 감춰진 오늘날 아프가니스탄의 현실이 어렴풋하게 모습을 드러내고 있다. 그 모습 속에서 우리는 타리크 알리Tariq Ali(2008: 13)가 아프가니스탄의 그러한 현실을 "NGO와 나토가 결합한 포식자 집단에 종속"되어 있고, "하미드 카르자이Hamid Karzai를 중심으로 뭉친 새로운 지배층과 점령군이 (……) 전문적으로 해외원조를 가로채는 뇌물과 정실주의로 얽힌 범죄 네트워크를 구축한" '파산국가broken country'라고 묘사한 아프가니스탄을 떠올린다. 알리(2008: 14)는 "190억 달러에 이를 것으로 추정되는 원조와 재건 자금 가운데 실제로 대다수 아프가니스탄인을 위해 쓰인 돈은 거의 없다"라고 주장한다. NGO와 1만 명의 NGO 직원은 "원조자금이라는 새로운 황금을 찾아 몰려드는 시기에 카불은 클론다이크 금광지대로 바뀌었다. (……) 그들은 먼 곳에 있는 어떤 기관으로부터만 명령을 받는다. (……) 그런데 주권국가라는 아프가니스탄 정부도 (……) 마찬가지 모습이다." 이 파산국가는 또한 초국가적인 죄수집단을 수용할 공간, 즉 CIA 비밀요원이 테러와의 전쟁에서 잡은 사람을 가두는 무법감옥인 솔트핏Salt Pit이나 다크 프리즌Dark Prison 같은 '비밀수용소black site'를 제공한다(Paglen and Thompson, 2006: 126).

따라서 아프가니스탄에서 소액금융은 필연적으로 제국의 신개척지의 일부일 수밖에 없다. 그런 제국의 점령과 지배는 전쟁·군사력·폭력을 통해서뿐 아니라 인본주의·원조·재건을 통해서도 일어난다. 여기서 명백한 사실은 지정학적 지배와 함께 자본주의가 팽창한다는 것이다. 아프가니스탄에 있는 USAID는 통치기반과 제도를 재건하고, '사람에 투자'하려고 애쓴다. 그러나 '투명한 시장 기반의 경제'를 창출하기 위해 '국가 소유의 자산을 민간 부문으로 신속히 이전'시킴으로써 아프가니스탄 경제를 민영화하고자 한다(http://afghanistan.usaid.gov/, 2008년 9월 29일 현재). 따라서 아프가니스탄과 같은 현장에서 벌어지는 '테러와의 전쟁'은 '세계화의 간극을 메우기 위한 전쟁'으로 이해해도 무방하다(Smith, 2004: xv).

그러나 아프가니스탄에서 작동 중인 것은 그냥 평범한 자본의 형태가 아니다. 그것은 개발자본이다. 소액금융은 통신 같은 산업 부문과 가난한 여성 같은 훌륭한 대의에 대한 투자를 활성화하면서 이런 자본의 유통을 작동시키는 칩이나 마이크로프로세서의 역할을 한다. 거기에는 이런 자본의 유통과 관련된 중요한 사실의 유통도 있다. 미국의 아프가니스탄 점령은 9·11 테러에 대한 보복으로서뿐 아니라 민주주의와 법치라는 미명 아래 수행되었다. 『월스트리트저널』의 전 편집장이자 아프가니스탄에 대한 점령 지지자인 맥스 부트Max Boot는 아프가니스탄 같은 '무정부' 국가에 "과거에 승마바지를 입고 헬멧을 쓴 자신만만한 영국인이 인도에서 그랬던 것처럼 개화된 외국 행정부"를 제공할 때라고 주장했다(Ferguson, 2002: xii). 불구인 굴의 몸은 이러한 역사적 맥락 속에 놓여 있음에 틀림없다. 그것은 현재의 해방된 아프가니스탄에서 기업가 정신에 담긴 밝은 미래를 보여주는 증거인 동시에 그런 해방과 기업가 정신을 가능하게 만드는 '개화된 외국 행정부'의 폭력을 상기시킨다.

1996년 굴이 스물세 살의 나이에 지뢰 폭발로 팔다리를 잃은 곳, 게레슈크는 아프가니스탄 중앙을 가로지르는 헬만드 강 인근에 있는 작은 도시다. 2002년부터 헬만드 주는 엄청난 해외원조자금을 받은 지역이자 광범위하게 아편문화가 퍼져 있는 현장이다. 그러나 그곳은 더 오래된 역사가 하나 더 있다. 게레슈크는 아프가니스탄의 오랜 식민지와 점령의 역사를 증언한다. 게레슈크 요새는 1839~1842년 앵글로-아프간 전쟁으로 영국이 장악했다. 게레슈크는 1번 고속도로에 위치해 있는데, 그 도로는 1979년부터 1989년까지 지속된 소련의 아프가니스탄 점령기에 건설된 수송로였다. 그 순간마다, 다른 나라에서도 그랬던 것처럼, 아프가니스탄은 경쟁국의 이익과 열망이 충돌하는 신개척지였다. 19세기에 팽창하는 영국 제국은 페르시아와 러시아 제국을 측면 공격하기 위해 아프가니스탄의 소유권을 주장했고, 20세기에 들어서는 이슬람 무자헤딘과 미국 CIA, 그리고 사우디 왕가의 연합 세력이 소비에트 공산주의에 맞서 아프가니스탄을 무대로 잔혹한 전쟁을 벌였다.

9·11 이후 USAID가 테러리즘과 빈곤에 맞서 싸우는 자유주의적 의제를 내놓은 것에 반대해 탈레반 정권의 형태를 띤 이민자 배척 근본주의가 번창한 것은 바로 이런 20세기 아프가니스탄의 역사적 맥락에서 이해되어야 한다. 초국가적 이슬람의 호전성과 미국의 지정학이 뒤섞이면서 21세기판 알카에다와 오사마 빈 라덴이 생겨난 것도 바로 그런 배경에서다. 게레슈크에서 불구가 된 굴의 몸은 그런 여러 세기가 교차하는 가운데 서 있다.

## '대량구제무기'

아프가니스탄은 우리가 흔히 '중동'이라고 부르며 상상하고 관리하는 영토에 있지 않다. 그런 식민지구조의 맥락에서 볼 때, 중동은 지리적 위치(예컨대 남아시아)라기보다는 지정학적 논리, 즉 권력과 헤게모니의 중심으로부터의 거리를 의미한다고 볼 수 있다. 따라서 '어디의 중간? 무엇의 동쪽?'이라는 질문을 던져볼 필요가 있다. 그러한 지정학의 중심에는 에드워드 사이드Edward Said(1979)가 식민주의를 분석한 독창적인 연구에서 '오리엔탈리즘'(산만하기 그지없는 상상 속에서 창조되었지만 나중에 실제인 것처럼 굳어진 동양의 이미지)으로 밝힌 것이 있다. 9·11 공격을 받은 뒤 미국이 아프가니스탄에 대한 보복전쟁을 개시했을 때, 중동의 국경지역은 다시 한번 팽팽한 긴장 속에 놓여 있는 것처럼 보였다. 아프가니스탄은 이라크와 함께 '이슬람 세계'와 관련된 새로운 제국주의와 오리엔탈리즘으로 연결된 가장 최근의 군사개입의 현장이다. 거기에는 새천년 제국주의의 주요 특징이 있다. 그것은 내가 앞서 지적한 것처럼, 제국의 점령을 통해 정복되고 문명화되어야 하는 무정부적이고 흉포하고 퇴행적인 사회에 대한 주장을 제기한다. 문명화 자체는 민주주의와 경제세계화 두 가지로 결정된다. 따라서 새천년을 위해 팍스 아메리카나Pax Americana˙가 필요하다고 주장하는 니얼 퍼거슨Niall Ferguson(2002: xix)은 이렇게 묻는다. "함포선 없이 세계화가 가능한가?" 그런 경제세계화는 대개 제국주의 수단과 핼리버튼Halliburton Inc.이나 블랙워터Blackwater Inc. 같은 전시 용병회사를 통한 이라크와 아프가니스탄에 대한 후안무치한 경제민영화였다. 따라서 국제적 사회운동가 아룬다티 로이Arundhati Roy(2003)는 "이라크는 이제 국가가 아니다. 하나의 자산일 뿐이다"라고 단언한다. 이 자산은 어떻게 또 다른 자산, 소액금융의 자본화를 가능하게 할까?

9·11 테러가 이라크와 아프가니스탄 점령의 원인이 되었지만, 그것은 또한 경제세계화와 제국주의 권력을 등에 업은 상인들이 '아랍의 민심'을 분노의 대상으로 여기는 것과 대면하게 했다. USAID 직원은 상원 청문회 증언에서 빈곤과의 전쟁과 테러와의 전쟁 사이의 이러한 연관관계를 자세히 설명한 부시 대통령의 말을 인용했다. "우리는 빈곤에 맞서 싸웁니다. 희망이 테러에 대한 대답이기 때문입니다."(Chamberlin, 2003) 이렇게 9·11은 우리가 빈곤완화와 소액금융, 엔자르 굴에 주목하도록 이끈다.

---

*   미국의 지배를 통한 세계평화 유지를 의미한다.

테러와 빈곤에 대한 담론은 부시 행정부와 이라크와 아프가니스탄의 제국주의 정부에만 해당하는 이야기가 아니다. 제프리 삭스(2002: 217)는 「대량구제무기」라는 글에서 "군사적 수단만 가지고 대량파괴무기에 맞서 싸우는 것은 불가능하다"라고 주장했다. 이른바 '대량파괴무기'에 대한 조사가 이라크와 아프가니스탄에 대한 군사적 점령을 정당화한 것처럼, 제프리 삭스는 '대량구제무기'(에이즈 치료제·말라리아 방제 모기장·안전한 우물 같은 것)의 중요성을 강조했다. 그의 주장에 따르면, 이런 무기는 "수백만 명의 생명을 구하고 세계안보를 위한 방호벽이 될 수 있다." 테러와의 전쟁은 빈곤과의 전쟁을 피할 수 없는 것처럼 보이게 한다. 당시 세계은행 총재였던 제임스 울펀슨은 "안보와 빈곤 사이에는 벽이 없다"라고 선언했다(Mallaby, 2004: 12). 삭스(2005: 1)는 다시 한번 이렇게 강조한다.

2001년 9월 11일 이후로 미국은 테러와의 전쟁을 개시했지만, 세계를 불안정하게 만드는 더 근원적인 문제는 무시했다. 미국이 올해 군사비로 무려 4,500억 달러를 지출한다고 해도, 만일 극도의 빈곤으로 사회가 와해되고 불안과 폭력, 심지어 글로벌 테러리즘의 천국이 되고 있는 전 세계의 극빈국이 겪는 고통을 처리하기 위해 앞으로도 계속 그것의 30분의 1에 해당하는 150억 달러밖에 쓰지 않는다면, 세계평화는 절대 이루지 못할 것이다.

소액금융은 '빈곤에 맞선 싸움에서 가장 효과적이고 비용효율성이 뛰어난 무기 가운데 하나'로 보인다. 그것은 또한 '더욱 튼튼한 경제와 안정된 사회를 구축하는 데 들어가는 착수금'이며, '훌륭한 개발정책'과 '훌륭한 안보정책'을 도모하는 접근방식이다(Hochberg, 2002). 9·11 테러가 일어나고 몇 달 뒤, 『휴스턴크로니클』(2002년 3월 18일)에서 『보스턴글로브』(2002년 3월 18일)에 이르기까지 많은 신문은 소액금융이 '적은 돈으로' 빈곤과 테러리즘에 맞서 싸우는 방법이 될 수 있다고 결론지었다. 『보스턴글로브』는 "이것은 믿을 만한 해외원조다"라고 주장했다. "그것은 거저 주는 것이 아니다. 돈은 정부가 아닌 필요한 민중에게 간다. 그래서 그 구제 상황을 쉽게 확인할 수 있다. (……) 다른 곳보다 더 많은 돈이 들어가는 곳 중 하나가 아프가니스탄이다. 그곳에서는 테러리즘이 자라나고 민중은 빈곤으로 숨이 막혀 죽을 상황이다." 몇 년 뒤에도 소액금융에 대한 열렬한 기대는 식지 않았다. 전 미 국무장관 매들린 올브라이트Madeline Albright는 소액금융의 '거시적 이익'을 언급하면서 그것이 '고통을 차근차근 희망으로 전환시키는 입증된 도구'라고 주장했다(Albright and Doerr, 2004).

소액금융이 사람들이 선호하는 대량구제무기라면, 중동은 테러와의 전쟁과 빈곤과의 전쟁이 서로 결합된 현장이다. 미 국무부가 2002년에 개시한 중동제휴구상Middle East Partnership Initiative, MEPI은 "풀뿌리 차원에서 교육기회를 창출하고, 경제기회를 촉진하고, 민간 부문 개발 육성을 지원하고, 중동 전역에 시민사회와 법치를 강화"하기 위해 중동에 각종 자원을 배당한다(http://mepi.state.gov/, 2008년 10월 13일 현재). 경제개혁과 정치민주화라는 두 가지 목표를 추구하는 MEPI는 목표를 달성하기 위해 소액금융 같은 수단을 활용하려고 애쓰는 '더 친절하고 너그러운' 제국주의의 한 예다. 여기서 다양한 힘과 활력이 서로 만난다. 새천년 개발과 그것의 빈곤완화 책무, 테러와의 전쟁이 활기를 불어넣은 제국주의의 팽창, 기업가 정신과 역량강화의 도구로서 소액금융의 세계적 인기 같은 것이 바로 그런 힘이다.

이러한 융합은 당시 부시 대통령이 착안한 구상, 즉 'USA자유주식회사USA Freedom Corp.'에서 어렴풋이 볼 수 있다. 부시가 2002년 연두교서에서 밝힌 그 계획은 '9월 11일 이후에 뒤따른 헤아릴 수 없는 봉사와 희생, 관용의 행동 위에 세워진' USA자유주식회사를 의미했다. 1년 뒤 부시는 그 USA자유주식회사의 특별한 계획 하나를 발표했다. '번영을 위한 자원봉사자Volunteers for Prosperity'는 '고도의 기술을 보유한 미국의 전문가에게 해외에 봉사할 새로운 기회를 주고' '전 세계에 미국의 활력과 이상주의를 보여주는' 것이었다(http://www.volunteersforprosperity.gov/about/, 2008년 10월 13일 현재). MEPI는 번영을 위한 자원봉사자의 제휴기관이다. MEPI는 또한 '자본시장을 구축하려고 노력하는' 금융서비스 자원봉사단Financial Service Volunteer Corps, FSVC이라는 '비영리 민관합동' 자원봉사 네트워크의 제휴기관이기도 하다. 전 미 국무장관과 전 골드먼삭스 회장이 '미국 대통령의 요청으로' 1990년에 설립한 FSVC의 좌우명 '삶의 질을 더 높이기 위한 강력한 금융체계 구축'(http://www.fsvc.org/, 2008년 10월 13일 현재)은 CGAP와 일맥상통하는 것처럼 들린다. 이집트에서의 MEPI 사업은 금융서비스 자원봉사단의 활동에 자금을 지원하는 것이 포함된다. 빈곤과의 전쟁과 테러와의 전쟁이 교차하는 이곳에는 새천년을 구성하는 핵심 요소인 자유·번영·금융서비스가 있다.

그러나 중동과 소액금융의 이러한 조합에는 중요한 모순이 있다.

그 가운데 하나는 이슬람과 고리대금업 사이의 충돌이다. 그러나 이것은 모든 딜레마 가운데 가장 단순한 것일지도 모른다. 소액금융은 이슬람의 여러 맥락(방글라데시의 농촌마을을 비롯해서 베이루트 남부 교외지역에 이르기까지) 속에서 번창하고 있기 때문이다. 실제로 석유자본에 의해 지속되고, '부유한 중동 이슬람인의 새로운 청렴성 추구'에 의해 자극받은 새로운 형태의 글로벌 '이슬람 금융'이 등장하고 있다(Maurer, 2005: 9). 이러한 이슬람 금융계는 이자소득의 문제를 융통성 있게 처리한다. 따라서 CGAP(2008a)가 발행한 한 출판물은 이슬람 소액금융을 '새로운 틈새시장'이라고 묘사한다.

그러나 대개 USAID 직원이 지속적으로 충돌하는 모순이라고 보는 문제는 소액금융의 대상과 관련이 있다. 방글라데시의 맥락에서 볼 때, 소액금융은 가난한 사람, 즉 남아시아의 인구 밀집도가 높은 농촌마을의 가부장제 가정에 철저하게 속박되어 있는 기혼 여성에게 돈을 빌려주는 대출방식이다. 하지만 9·11 이후 소액금융은 미국이 가장 주시하는 이슬람인, 즉 아랍의 거리를 활보하는 분노한 청년들을 대상으로 하는 일종의 개발방식으로 중동에 효율적으로 이용되고 있다. USAID의 관료들은 이 문제를 절실하게 인식하고 있다. USAID의 한 고위 간부가 말한(2005년 6월) 것처럼, "우리는 청년들에게 돈을 빌려주라는 압력을 받고 있어요." "우리는 이들 젊은이가 이 소액대출을 이용해서 팔라펠 falafel* 장사를 시작하든가, 아니면 그들 모두가 자살폭탄이 될 거라는

---

* 병아리콩을 으깨 만든 작은 경단을 난에 싸서 먹는 중동 음식을 가리킨다.

이야기를 듣고 있습니다." 또 다른 USAID 간부의 말에 따르면(2004년 3월), 소액금융은 '중도적인 이슬람 국가 청년들의 분노를 제어하는 안전 밸브'가 되었다.

완곡하게 표현해서 '불만을 품은 청년들'의 문제는 중동지역에서 매우 심각하다. 해마다 새천년 개발목표 보고서는 대학을 나와도 실업자가 되는 청년의 비율이 중동과 북아프리카 국가에서 가장 높다는 것을 보여준다. 이 수치는 또한 청년과 테러리즘에 대한 불안한 담론을 낳는다. 마치 중동의 젊은 남성과 여성 앞에 놓인 선택지가 이미 확정되어 있는 것(장사꾼이 되어 팔라펠을 팔든가, 아니면 자살폭탄이 되든가)처럼 말이다. 그렇다면 과연 남아시아의 가난한 농촌 여성에게 돈을 빌려주는 방식인 소액금융이 중동의 도시에 거주하는 대학을 나온 청년의 실업문제를 해결할 수단으로서 효과적일 수 있을까? 그런 질문은 이 장의 후반부에서 이집트와 레바논의 소액금융에 대한 담론과 현실을 논의할 때 가장 중요한 부분이 될 것이다. 그러나 그것은 중동에서 MEPI를 비롯한 미국의 갑작스러운 등장과 활동 전개의 주된 목표, 즉 여성의 역량 강화문제와 서로 충돌한다.

중동의 소액금융이 젊은 남성을 대상으로 엄청나게 큰 노력을 쏟아 붓고 있는 것처럼, '여성의 창업을 촉진함으로써' 중동사회를 변화시키고자 하는 논의가 광범위하게 진행되고 있는 것도 사실이다(Husseini, 1997). 그러한 책무는 제3세계 가난한 여성의 이름으로 시도되고 있는 개발형태로서 소액금융의 일반적인 주제와 일맥상통한다. 새천년 제국은 또한 '그녀의 이름으로' 존재한다. 군사적 점령을 통해 이룬 이라크와 아프가니스탄의 민주화는 여성의 해방을 의미했다. 이것은 미국이 아프가니스탄을 점령하는 초기 단계에서 아주 명백하게 드러났다.

북부 연합이 카불에서 탈레반의 최후를 재촉하자마자, 미국의 영부인 로라 부시는 남편의 주간 라디오 연설을 대신해 그 군사작전의 성공에 대한 견해를 밝혔다. 그녀는 "최근에 아프가니스탄의 여러 지역에서 거둔 우리의 군사적 성과 덕분에, 여성들은 이제 더는 집 안에만 갇혀 있지 않게 되었습니다"라고 말했다. 미국 신문은 일제히 부르카를 벗어던지는 여성의 사진을 1면에 실었다. 잡지는 학교로 돌아가는 소녀들에 관한 기사를 의기양양하게 실었다. 부시 대통령은 승전 이후 첫 연두교서에서 "이제 여성들은 해방되었습니다"라고 선언했다.

(Sevick, 2003)

『뉴욕타임스』 사설(2001년 11월 24일)은 "아프가니스탄 여성들이 자유를 되찾은 것은 미국인이 거둔 찬양할 만한 부수적 혜택이다"라고 선언했다. 예상할 수 있듯이 그 사설은 여성을 위한 소액금융을 빈곤을 퇴치하는 가장 '효과적인' 방법이라고 몹시 칭찬했다. 당시의 아프간 군사작전을 '항구적 자유작전Operation Enduring Freedom'이라고 부른 데서 알 수 있듯이 그 작전은 경제적 자유와 여성의 자유를 위한 것처럼 보인다. 소액금융은 그 두 가지를 모두 약속하기 때문이다.

자유는 「아랍 인간개발 보고서Arab Human Development Reports」의 핵심 주제다. 아랍 세계를 위해 특별히 조정된 인간개발지표에는 '자유지수'가 들어가 있다(Hasso, 2009). 2005년 「아랍 인간개발 보고서」는 "아랍 세계 여성들의 향상을 위하여Towards the Rise of Women in the

Arab World"라는 표제가 달려 있는데, 그것은 아랍 세계에서 '젠더 평등의 결여'와 관련이 있다(Abu-Lughod, 2009). 그것은 격렬한 논쟁이 지속되고 있는 보고서다. 페미니스트 학자들은 그 보고서가 아랍 여성들을 '희생양이 된 여성'(Hasso, 2009: 63)으로 소개하면서 "아랍 세계가 개화되기는 했지만 이른바 비문화적인 근대 서양의 부정적 측면을 보여준다"라는 관념을 유포시키는 것으로 해석했다(Abu-Lughod, 2009: 86). 그러나 그 보고서의 공저자 중 하나인 이슬라흐 자드Islah Jad(2009: 6)는 그 보고서를 작성하면서 부닥친 고충을 밝힌다. 그녀는 그 보고서를 제국주의에 맞서는 저항이라고 설명하면서, "그 지역을 점령한 세력(미국과 이스라엘)이 스스로 '여성을 해방시킨 자' 또는 개발 세력으로 묘사하며 여성의 권리를 자기 구미에 맞게 단정적으로 이용하려는 어떤 시도"도 거부한다. 그러나 그녀는 또한 그 보고서가 아랍 세계의 여성의 삶을 규정하는 여러 종류의 특권과 불평등에 대해 언급한 부분이 없다는 점을 인정한다. "이러한 빈틈은 여성의 자유권에 대한 신자유주의적 접근 방식에 심하게 경도되고, 여성에게 '좋은' 것이 무엇인지에 대한 신념이 '굳건한' 일부 저자가 공유한 '내면적' 생각과 관련이 있었다."(Jad, 2009: 62) 자드의 설명은 중요한 긴장관계를 드러낸다. 제국주의에 대한 거부가 신자유주의와 그것의 주제인 경제적 자유와 밀접한 관계 속에서 함께 갈 수 있다는 사실이다. 그러한 조화와 모순이 단순히 서방 세력에 의해 이슬람과 아랍 세계에 강요되는 것은 아니다. 오히려 그것은 다양한 독립국의 현장에서 적극적으로 생산된다.

# 규율과 부채

2005년 겨울에 이집트는 '소액금융을 위한 국가전략'에 착수하는 행사를 개최했다. 그 행사는 메리어트 호텔 대연회장에서 열렸는데, 나도 거기에 참석할 기회가 있었다. 거기에는 이집트의 소액금융 부문 주역들을 비롯해 USAID·UNDP·개발을 위한 사회적 기금Social Fund for Development·국내외 상업은행들이 참석했다. 이집트의 주요 개발 컨설팅회사인 EQI는 행사 조직과 계획을 진행하는 데 많은 역할을 했다. 그 행사는 또한 '아랍지역에서 기업가 정신을 칭송하고 소액금융을 촉진시키기 위해' 시티그룹재단이 후원하는 '글로벌 소상공인상Global Microentrepreneurship Award'을 수여하는 장소 역할도 했다. 대연회장은 소액금융 '전문가'(은행가·관료·컨설턴트·개발 중개업자·외교사절)와 개발 수혜자(소액금융 대출자인 가난한 여성들)로 뚜렷하게 구분되어 있었다. 수에즈 운하 개통식에 참석한, 유럽을 상징하는 프랑스의 유진 황후에게 깊은 인상을 주기 위해 19세기에 한 이집트 통치자가 건설한 웅장한 구조물인 메리어트 호텔의 긴 복도와 대연회장에서 갈라베야galabeya*를 입고 히잡을 두른 그런 가난한 이슬람 여성들을 발견하기는 드문 일이다. 이렇게 호화롭고 과시적인 카이로의 재구성은 나라를 파산시켜 영국과 프랑스의 식민지배를 위한 기반을 마련했다. 그로부터 100년이 넘어 이 궁궐 같은 곳에서 다시 새로운 개발전시회가 열리고 있었다. 불

---

* 이슬람권 여성의 민속의상을 가리킨다.

락·다브알아마르·미니야(카이로의 빈민촌)에서 온 가난한 여성들은 그 전시회의 필수 요소였다. 그들은 기업가 정신과 역량강화를 상징했다. 시티그룹재단의 대표로 참석한 한 사람은 가장 성공한 '소상공인'으로 선정된 여성들에게 상을 수여했다. 개발산업계 사람들이 공손하게 박수갈채를 보내자, 그 여성들은 '원주민의' 감격을 표현하며 내지르는 소리로 대연회장을 가득 채웠다.

그 상은 점점 늘어나고 있는 비슷한 종류의 '소상공인상'의 일부로 지역과 규모, 관할구역에 따라 복잡한 변종(플래닛 파이낸스가 운영하는 상에서 아랍 세계의 주요 소액금융망인 사나벨 네트워크Sanabel Network가 운영하는 상에 이르기까지)이 존재한다. 이 상들은 사람들에게 소액금융이 영향을 끼친 삶을 널리 알리는 구실을 한다. 예컨대 '아프가니스탄인 엄마' 자이나브 바라트 파인다 칸Zainab Barat Painda Khan은 '여섯 아이의 엄마'로 카펫을 짜서 파는 사람인데, 처음에는 소액금융대출을 받는 것을 주저했지만 결국 대출을 받아 '70퍼센트 소득증대를 이루고' 이제는 '마을의 다른 여성들에게 대출 신청을' 권유할 정도가 되었다(http://www.chfinternational.org/node/28374, 2009년 1월 17일 현재). 자이나브는 '아랍 세계로부터 들려온 복음'으로서 그라민재단의 단체 이메일(2009년 2월 27일)에서 아낌없는 칭송을 받았다. '금주의 이야기'로 소개된 자이나브의 성공담은 45달러를 대출받아 목재 부엌용품을 파는 장사로 시작된다. 장사가 점점 번창하면서 그녀가 받을 수 있는 융자규모도 커졌다. 현재 그녀의 자녀 가운데 세 명이 자이나브와 함께 장사를 하면서 일자리를 얻은 상태다. 그녀는 독자적인 공방과 원자재 창고를 소유하고 있다. 그녀가 가장 최근에 상환한 융자금은 4,000이집트파운드(700달러)였다.

그녀는 "이건 정부 관리의 두 달치 봉급보다 많은 액수예요"라고 말하며 웃는다.

그런 상들을 제정하고 수여하는 일(소액금융이 가져다준 변화, 즉 빈곤의 삶에서 희망의 삶으로의 전환을 입증해야 하는 실제 사례를 제출하기 위해 소액금융기관이 끊임없이 진행하는 작업)에 대해 진지하게 논의된 적이 거의 없다. 그것은 어떤 현상을 기정사실로 만드는 작업이다. 그것은 또한 상을 받은 여성이 정작 자기 집에서는 상 받은 것을 감춰야 하는 상황에서 보이는 것처럼 속사정이 복잡한 작업이다. 상을 받은 것이 알려지면 견고한 가부장제 속에서 어렵게 자립적으로 생계를 꾸려나가기 위해 은밀하게 애써온 여성의 비법을 남편이 알게 되기 때문이다. 이집트 소액금융기관 알타다문Al-Tadamun의 이사 레함 알파로우크Reham Al-Farouk가 내게 들려준 사나벨 소상공인상의 어느 여성 수상자의 이야기(2006년 1월)가 바로 그런 경우다. 그녀는 지금까지 소액금융대출을 받은 사실을 남편에게 숨겼기 때문에 상을 받기 위해 모로코에 올 수 없었다. 그렇다면 이 여성은 아랍 세계에서 소액금융을 통해 여성의 역량강화를 이루려던 목표가 실패했음을 상징하는가? 아니면 그녀가 남편에게 사실을 숨겼다는 것 자체가 역량강화를 입증하는 확실한 증거인가?

자립과 자주성에 대한 질문은 이집트가 소액금융을 위한 국가전략을 짤 때 고심하게 만든다. 그것은 다른 한편에서 '현실보다 한 발 앞서 나아가려는' 원조기관과 이집트 정부의 소액금융 주무기관으로서 '현실적인 문제를 신중하게 고려하는' 개발을 위한 사회적 기금 사이의 협력이 이루어져야 함을 의미했다. 그러면 이 국가전략은 누구의 것인가?

이집트 정부의 것인가, 소액금융의 세계적 모범사례를 확립하는 쌍무와 다자관계에 있는 원조기관의 것인가? 축하행사의 일부로 벌어지는 국가 주도의 개발과 원조기관 주도의 개발 사이의 차이에 대한 이러한 논쟁은 그 자체가 일종의 가식적 퍼포먼스였다. 개발을 위한 사회적 기금은 결국 따지고 보면, 정부기구이자 동시에 이집트의 자주성이 거짓임을 보여주는 원조기관의 의제가 만들어낸 산물이다. 그것은 원조기관이 국가경제를 강제로 자유화함으로써 야기한, 즉 그들이 정권에 압박을 가해 구조조정과 긴축정책을 강요함으로써 초래된 사회붕괴를 완화하기 위해 그들이 창안해내고 뒷받침한 국가관료체제다. 따라서 그 사회적 기금은 신자유주의와 국가 주도의 사회적 보호가 역설적으로 결합한 것이다. 소액금융은 그러한 역설을 수행하기에 특히 유용한 방법인 것처럼 보인다.

이집트의 소액금융을 위한 국가전략은 국제원조기관과 이집트 정부로 분리된 것처럼 보이는 두 세계를 봉합할 뿐 아니라, 자유시장 원리가 빈곤완화에도 도움을 줄 수 있다는 합의를 솜씨 있게 만들어냈다. 그 전략은 세 가지 핵심 원칙을 내놓았다.

가난한 사람이 폭넓은 범위의 서비스에 가장 싼 비용으로 접근할 수 있고 다양한 금융서비스와 금융기관을 선택할 수 있을 때 비로소 그들에게 가장 큰 도움이 될 것이다. (……) 이런 일은 이집트에 소액금융을 위한 자유시장이 존재할 때 (……) 그리고 상업자본의 동원을 통해서만 (……) 일어날 가능성이 가장 크다.

(Waly, 2005)

그러한 전략은 '소액금융의 상업화를 이집트의 개발의제의 중심에 두는' 빈곤에 관한 워싱턴 컨센서스를 노골적으로 되풀이하는 것으로 읽힐 수 있다(Government of Egypt, 2005: 1). 소액금융의 '모범사례'에 대한 논의는 그 전략의 곳곳에서 크게 다가온다. 첫 쪽에서 '적극적으로 경제활동을 하는 빈민'을 대상으로 한다는 것을 조심스레 밝히고, 부록을 통째로 소액금융에 대한 CGAP의 주요 원칙으로 채운다. 그러나 그 전략은 CGAP 컨센서스의 단순 복제 이상의 것이다. 그것은 이집트에서 개발이 다양한 역설과 협상해야 하는 독특한 사정에 대해서도 분명하게 밝힌다. "이집트의 소액금융사업 대부분, 즉 운전자본의 자금조달이 원조기관의 보조금 위주로 이루어져왔다"는 사실 앞에서 '지속 가능한 금융서비스'를 유지해야 하는 역설에 직면한다(Government of Egypt, 2005: 14, 10). 그리고 소액금융에 '자유시장'의 이미지를 입혀야 할 뿐 아니라, 특히 '비공식 주택과 부동산·동산·상업어음·동료집단의 사회적 압박·비전통적 담보장치'를 포함하는 '담보 대체물'의 형태로 '안전한 신용대출을 보장하는 광범위한 제도적 장치를 활성화'하기 위해 국가에 의존해야 하는 역설 또한 존재한다(Government of Egypt, 2005: 3). 이러한 역설은 오늘날 이집트에서 개발의 중심에 놓여 있는 부채와 규율, 의존성이라는 난제를 거론한다.

### 의존의 생태계

이집트에서 소액금융은 주로 USAID 사업이라고 말한다 해도 결코 과장이 아니다. 이집트에서 소액금융은 1988년 USAID가 알렉산드리아 기업협회Alexandria Business Association, ABA에 제공한 보조금에서 시작되었다고 볼 수 있다. 기업인 모임인 ABA는 가난한 사람에게 자선을 베푸는 이슬람 사상인 자카트zakat를 효율적으로 이용해서 1983년부터 지역사회를 지원하는 기능을 수행했다. USAID의 보조금은 ABA를 소액금융기관으로 전환시켰고, ABA는 자신의 활동방향을 자선에서 전문화된 개발로 바꾸는 데 동의했다. USAID가 제공하는 기금을 이용해서 ABA는 이제 장사와 창업자금 마련을 위한 대출을 제공할 수 있었다. '대출방식의 설계'는 이집트 최대의 개발컨설팅회사인 EQI가 맡았다. EQI 최고위 간부 중 한 사람이 상세히 설명한(2006년 5월) 것처럼, 그 회사는 ABA를 소액금융기관으로 정하는 입찰계약을 따내는 데 성공했다. 그 과정에서 EQI는 이집트의 비공식 신용조합이나 주로 중소업체의 신용대출방식인 감마야트gammayat의 대안으로 역할하면서 신용대출을 활성화할 수 있는 라틴아메리카 형태의 기관을 만들려고 애썼다. USAID는 EQI와 계약을 체결해 이러한 금융기법을 여러 차례 복제함으로써 궁극적으로 다양한 이집트 행정 단위들에 널리 확산시키고, 소액금융기금을 중개하는 비영리 기업단체와 지역개발단체로 구성된 소액금융 생태계를 만들고자 했다.

그것은 USAID가 철저하게 지배하는 생태계다. 이집트 소액금융 '시장을 주도하는 기관'으로서 전 세계적으로 인정받은 ABA는 사실 계속해서 바뀌는 USAID 의제의 직접적 산물이다. 처음에 중소업체에 돈을 빌려주는 것에 초점을 맞추었던 ABA는 2001년에 완전히 가난한 여성에게 초점을 맞추는 새로운 프로그램을 개시했다. '블로섬Blossom(개화)'이라는 이름의 그 프로그램은 집단대출방식으로 또다시 EQI가 설계한 방식이었다(Brandsma and Burjrjee, 2004: 42). ABA의 한 간부는 그것을 'USAID의 요구조건'에 따른 결과라고 설명했다. 그는 블로섬이 대출상환율도 높고 대출자가 빠르게 늘고 있는데도 운영하기 어려운 프로그램이라고 말했다(2005년 7월).

> USAID가 만족해하는지를 걱정해야 합니까, 아니면 우리 지역민이 만족해하는지를 걱정해야 합니까? 여성들에게 돈을 빌려주는 것은 문제가 많아요. 반대하는 사람이 많았습니다. 심지어 정부 내에서도 반대가 있었어요. 결국 무바라크 영부인은 이렇게 질문을 던짐으로써 그 생각을 현실화할 수 있었죠. 여러분의 딸과 아내, 손녀, 여동생이나 누이를 돕는 것이 당신에게 해가 됩니까? 그러나 명백히 짚고 넘어갈 게 있습니다. 이 프로그램을 시행하라고 우리에게 압박을 가하는 기관이 바로 USAID라는 사실입니다.

블로섬은 이른바 아랍의 민주화 과정에 대한 미국의 이해관계라는 맥락에서 이해해야 한다. 아랍 여성의 해방과 역량강화는 그러한 과정에서 중심이 되는 상징이다. 그러나 블로섬은 또한 미국 의회가 USAID에 부과한 요구조건을 고려해서 이해해야 한다. 빈곤대출은 그런 요구조건 가운데 중요한 기준이다. 미국 의회는 "빈곤대출(350달러 미만) 융자규모를 전체 대출자산의 50퍼센트까지 늘릴 것을 요구했다."(EQI/NCBA, 2005: 4) 이러한 요구조건은 3장에서 설명한 것처럼, 마이크로크레디트 정상회의의 적극적인 로비활동의 결과다. 이집트에서 그런 빈민층을 대상으로 하는 대출은 주로 여성에게 돈을 빌려주는 블로섬과 같은 집단대출 프로그램을 통해 진행되었다. 기업가 정신이 있는 남성은 그런 고비용(소액대출·집단모임·빈곤층 대상 대출이라는 사회적 오명)을 감당할 거래의 후보자로 적절해 보이지 않는다.

2006년 ABA에서 두 번째 인터뷰를 진행하고 있을 때, 분위기가 다시 바뀌었다. ABA의 자금조달 재원은 모두 여전히 USAID였지만, 점점 성장 중이던 상업기금들이 ABA에 이제 USAID로부터 '독립할 것'을 요구했다. 원조기관이 교육훈련을 통해 '역량을 키우려고' 애쓸 뿐, 프로그램에는 자금을 지원하지 않는 이 새로운 방향에 비판적인 ABA의 간부는 ABA가 '시장을 주도하는 기관'임에도 자금이 풍부한 상업기금에 접근하는 것이 어려울 수 있다고 우려를 표했다. ABA를 비롯한 이집트의 소액금융기관은 스스로 이러지도 저러지도 못하는 몹시 난처한 상황에 빠져 있다는 사실을 인식했다. 한편으로 USAID가 이집트 소액금융시장을 지배하고 있지만 더 많은 자금을 푸는 것은 거부하고 있고, 다른 한편으로 그런 USAID의 존재 때문에 그 밖의 다른 원조기관이나 투자기관이 시장에 진입하지 못하고 있었다. 그러나 ABA의 간부는 빈곤에 관한 워싱턴 컨센서스의 다른 요소, 특히 볼더에서 생산해낸 권위 있는 지식의 형태를 여전히 확신하고 있었다. 그는 자신이 볼더 연수회에 참석해서 '최고의 트레이너'로 인정받은 것을 자랑스럽게 이야기했다(2006년 6월). 그와 또 다른 간부는 소액금융의 '모범사례'의 필요성을 강조하면서 가장 효과적인 소액금융모델이 고도로 상업화된 볼리비아의 방코솔이라고 주장했다. 그들은 USAID의 상황에 대한 그들의 불만과 달리, 부당한 관행과 정치적 조작으로 모호해진 개발의 세계에서 자신들이 이 모델을 자유롭게 선택했다고 설명했다. 그들은 개발을 위한 사회적 기금을 '정치적 기금'이라고 반복해서 일축하는 대신, 방코솔 같은 '소액금융의 모범사례'를 발로 뛰며 홍보하면서 스스로 개발 전문가로서의 지식과 기술을 자랑스러워했다.

USAID의 이집트 소액금융 생태계는 딜레마를 보여준다. 빈곤에 관한 워싱턴 컨센서스는 '지속 가능한 소액금융'을 지지하고, 운영자립도와 재정자립도 같은 지속 가능성을 측정하는 척도를 정한다. 워싱턴 컨센서스의 방글라데시 소액금융모델에 대한 거부는 보조금 지수와 같은 의존도를 나타내는 증거로 짜 맞추어진다. 그러나 이집트에서 소액금융 산업은 여전히 재정과 기술 지원 모두에서 USAID에 절대적으로 의존한다. 그런 의존성은 CGAP가 제시한 세계적 '모범사례'에 역행할 뿐 아니라, USAID가 이집트에서 이루려던 목적, 즉 '금융 민영화'를 지지하는 것과도 충돌한다. 따라서 최근 몇 년 동안 워싱턴 DC의 개발 주류 세력이 생산한 보고서는 이집트의 소액금융 상황에 대해 탄식했다. 그 보고서는 USAID가 1989년부터 이집트의 소액금융 부문에 1억 4,100만 달러를 투입했지만, 그 결과 "전망과 성장 측면에서 모두 USAID에 극도로 의존적인 기관을 만들어냈을" 뿐이라고 지적한다. 원조기관에 대한 그러한 의존성은 더 큰 문제의 징후로 보인다. "USAID와 제휴한 기관의 다수는 미래에 대한 전망이 제한적이고, 건강한 관리방식이 부재하며, 매우 비효율적이다. (……) 그들은 원조기관을 대출자의 반대편에 있는 존재로 바라봄으로써 시장 중심이 아닌 공급자 중심의 시각을 갖고 있다."(AVID Consulting Corporation, 2004: 1) 따라서 MIX가 발행하는 「아랍 소액금융의 벤치마킹Benchmarking Arab Microfinance」이라는 보고서(2003: 4)는 "아랍의 소액금융기관이 거의 완전히 원조기관의 기금에 의존하고 있다"라고 일반화한다.

그것은 그런 의존의 생태계를 확립한 바로 그 개발 세력이 주장하는 실패한 기관에 대한 담론이다. 따라서 카이로에 있는 USAID 본부 건물 안에 편안하게 틀어박혀 있는 USAID의 한 최고위 간부는 소액금융기관의 USAID에 대한 의존이 '개발수혜국의 분권화된 개발계획과 확고한 주인의식 고취'를 가로막는다고 내게 단언할 수 있었다(2004년 8월). 그는 "이제 이 부문에서 우리의 보조금에 의존하지 않는 사업모델을 마련할 때가 되었습니다"라고 주장했다. 그는 그 과정에서 이집트 소액금융이 빈곤완화에 초점을 맞추던 것에서 벗어나야 할지도 모른다고 지적했다. USAID가 ABA 같은 기관에 가난한 여성을 대상으로 돈을 빌려주도록 강요한 지 몇 년 만에, 바로 그 USAID 최고위 간부는 그런 초점이 '주의를 산만'하게 하고 'CGAP의 모범사례'와도 일치하지 않는다고 분명하게 말했다. 그러나 무엇보다 문제가 되는 것은 USAID 기금에 절대적으로 의존하는 개발환경이라고 그는 지적했다. 그는 "그것은 공짜 돈의 오염입니다"라고 단언했다. 지금까지 USAID가 긴밀하게 통제하고 감독해온 이집트 소액금융기관과 주로 연락하는 업무를 맡은 그의 이집트인 보좌역도 "맞아요. 그것은 공짜 돈의 오염입니다"라고 되풀이하며 강력한 공감을 표했다.

　　'공짜 돈의 오염'에 대한 우려는 만연해 있다. USAID가 자신이 만들어낸 바로 그 소액금융기관의 역량을 강화하려고 애쓰는 것처럼, 그 소액금융기관도 자기네 직원과 고객을 대상으로 하는 교육을 강화하려고 노력했다. 이러한 부채와 규율, 의존성의 사슬은 국제개발기구에서 시작해서 NGO를 통해 가난한 사람에게로 길게 이어진다. USAID가 자기네 소속 NGO를 훈련시키기 위해 애써야 하는 것처럼, 그 NGO도

가난한 사람을 훈련시키기 위해 애쓴다. "구조조정 프로그램은 말을 잘 듣지 않는 국가의 기강을 바로잡는다. NGO의 중재로 가난한 사람에게 대출이 이루어질 때, 사회적 네트워크는 가난한 사람이 스스로 기강을 세우도록 보장하는 장치 역할을 할 수 있다."(Elyachar, 2002: 509) 이집트에서 소액금융의 정치학을 구성하는 것은 바로 이 거듭되는 작업, 반복적인 기강확립의 의식과 그런 규율의 파열이다. 공짜 돈의 오염이라는 말 자체에 바로 이런 우려가 명백하게 드러나 있다.

글로벌 소액금융은 담보·보증·상환의 성가신 문제를 해결함으로써 '빈곤자본'으로 이해될 수도 있는 자본축적의 신개척지를 활짝 연 것처럼 보이지만, 이집트의 소액금융은 금융사기나 채무불이행 문제와 끊임없이 힘겨루기를 하고 있다. 나는 처음에 개인대출 프로그램과 블로섬 같은 집단대출 프로그램 사이에 차이가 있다고 생각했다. 연대책임이나 적어도 동료의 압력이라는 효력이 입증된 바 있는 후자는 대출금 상환을 좀더 쉽게 보장할 수 있을까? 그러나 그라민재단에 소속된 소액금융 NGO인 알타다문과 레이드RADE의 작동방식은 둘 다 USAID 생태계 밖에 있으면서 그라민 소액금융모델을 철저히 따르고 있는데도, 그러한 차이가 거짓임을 보여준다.

세이브더칠드런 USA의 사업으로 1996년에 설립된 그라민재단의 제휴기관 알타다문은 카이로의 도시빈민지역에서 활동한다. RADE 또한 그라민재단의 제휴기관으로서 1997년에 가톨릭구제서비스Catholic Relief Services가 설립했는데, 가난한 농촌지역 소하그Sohag를 기반으로 활동 중이다. 알타다문과 RADE는 모두 이집트의 소액금융구조에 속해 있지만(이집트의 유명한 NGO는 다 국제개발기구나 국제 NGO가 세웠다),

USAID가 설립한 기관과는 완전히 달랐다. 빈곤완화를 명백한 목표로 내세우는 이들 기관은 주로 집단대출방식과 동료의 보증을 통해 가난한 여성을 지원한다. USAID 소액금융기관이 빈곤에 관한 워싱턴 컨센서스와 거기서 제공하는 전문기법을 철저하게 신봉하는 반면, 알타다문과 RADE는 그라민은행이 생산해낸 지식과 자본의 유통에 푹 빠져 있다. 직원들은 방글라데시에서 열리는 그라민다이알로그 행사에 참석하고, 두 단체는 그라민자밀 이니셔티브Grameen-Jameel Initiative로부터 보조금을 받으며 그라민 네트워크의 전문가에게 의존한다. 알타다문의 고위 간부는 볼더협회의 연수과정에 참석하는데, 그라민재단은 제휴기관이 재무적 지속 가능성에 대해 교육받을 수 있도록 후원한다. 그들은 그라민이 자신에게 변화를 이루어낼 수 있는 '기회'를 주었다고 생각한다. 그들은 저축을 매우 중시하는 방글라데시 모델의 작동방식을 잘 안다. 그리고 NGO가 저축을 활용할 수 없는 이집트에서 그런 모델을 수행하는 것이 얼마나 어려운지도 잘 안다. 이집트의 소액금융에 대한 국가전략을 짜기 위한 논의에서 배제된 알타다문과 RADE의 핵심 간부는 그러한 전략이 상업화된 금융에 초점을 맞추기보다는 오히려 사회적 개발에 더 많은 관심을 기울여야 한다고 지적했다. 레함 알파로우크는 인터뷰가 진행되는 동안, "저는 소액금융에서 활동을 시작할 때까지 그 사실을 알지 못했어요. 하지만 이것은 선행을 쌓는 일입니다. 그 일은 가난한 고객에게 도움을 주고, 죽을 때 신 앞에서 부끄럽지 않을 수 있게 하는 일입니다"라고 말했다(2006년 1월).

그러나 알타다문과 RADE를 지치게 만드는 문제가 하나 있다. 바로 금융사기와 채무불이행 문제다. 내가 RADE의 한 이사를 만났을 때

(2005년 8월), 그녀는 두 가지 측면에서 조치를 검토하기 위해 변호사를 만나러 카이로에 와 있었다. 그 첫 번째는 대출상환금의 강제집행이었다. 여성들은 대출금 원금을 갚아야 했다. 그녀는 이렇게 물었다.

그라민은행 같은 조직이 법원에 기대지 않으면서 어떻게 그런 높은 상환율을 유지할까요? 강제집행이 법원보다 더 가혹합니까? 그것은 어떻게 법원이 할 수 있는 것보다 훨씬 더 여성을 위협하는 데 성공했을까요? 따지고 보면, 사람은 천사가 아닙니다. 실제로 사람과 돈은 늘 문제를 일으키기 마련입니다.

그녀가 방글라데시의 그라민다이알로그 행사에 참석한 것은 아주 최근이었기 때문에, 그 질문은 나를 깜짝 놀라게 했다. 그러나 그녀가 던진 질문은 대출금 상환문제를 놓고 끊임없이 싸우고 있는 이집트의 현실을 보여주었다. 이집트 소액금융기관은 심지어 그라민 방식을 고수하는 알타다문과 RADE조차 대출자 본인이나 제3자 보증인이 서명한 '보증수표security check'를 담보물로 요구한다. 그 수표는 그것이 보장하는 자금에 대한 약속으로서뿐 아니라, 그 안에 포함된 범죄행위에 대한 위협으로서도 중요한 구실을 한다. 그 수표는 소액금융거래를 이집트의 형사법정과 파산법이라는 더 광범위한 제도 안에 포함시킨다. 인류학자 줄리아 엘리어차(2006: 199)는 이집트의 소액금융이 다음과 같은 방식으로 구성되었다고 설명한다.

채무불이행 문제를 민사소송이 아닌 형사소송으로 처리하게 만들었다. (……) NGO는 이권을 돌려받을 필요가 있을 때 국가의 강압장치에 기댈 수 있었다. 그들은 더 나아가 대출자가 요구하면 언제든 지불해야 하는 일종의 무기한 개인수표를 갖고 있었다. 만일 수표에 기재된 금액이 통장에 예치되어 있지 않으면, 형사소송 절차가 개시된다. 다시 말해 이집트 경찰은 대출금 상환을 위해 동원될 수 있는 조직이었다.

엘리어차의 주장에 따르면, 그런 제도는 이집트에서 소액금융 부문의 컨설턴트로 활동하고 민사소송의 여러 문제를 피하려고 고심했던 '전임 이집트 은행가'가 고안해냈다. 소액대출금을 확실하게 받아낼 수 있는 방법은 형사소송법의 위력을 최대한 이용하는 것이었다.

이것은 규율을 세우는 매우 뛰어난 방식이다. 가난한 문맹 여성이 대출금을 상환하지 못할 경우 감옥에 끌려갈 거라는 위협을 보증하는 백지수표에 지장을 찍는다. 하지만 그 정도는 남편과 집안사람들 몰래 소액금융대출을 받을 수 있는 여성에게는 크게 두렵지 않은 위협이다. 알타다문의 직원은 만일 대출금을 상환하지 못할 경우, 대개 대출받은 개별 여성뿐 아니라 여성이 속한 집단에도 그러한 위협이 가해진다고 지적했다(2005년 8월).

우리가 직접 그 위협을 가하지는 않지만 이집트에서 소액금융은 이렇게 작동됩니다. 우리는 담보가 없어요. 그래서 이런 위협을 동원해야 합니다. 우리는 대출금을 꼭 회수하며, 알타다문은 절대로 연체를 하루도 허용하지 않는다는 평판을 확립해야 합니다. 이것은 사람들이 채무 불이행을 하지 않는 대출문화를 위해 반드시 필요합니다. 그리고 만일 그들이 다른 기관에서 돈을 빌리면, 먼저 우리 대출금부터 갚으라고 요구합니다.

이 소액금융은 지금 위협의 퍼포먼스로 연결된 국가가 보장하는 폭력과 가부장제도의 투박하고 원초적인 결합 속에 존재하는가? 아니면 그것은 더 친절하고 너그러운 모델로 진화하기 위해 필연적으로 거쳐야 할 규율방식이 적용된 발전된 단계의 소액금융인가?

알타다문과 RADE는 여성 대출자를 대출금 상환을 거부함으로써 소액금융기관을 사취하는 금융사기의 원흉으로 생각할 뿐 아니라, 자기네 직원이 저지르는 사기행각에 대해서도 걱정했다. RADE 직원들의 인터뷰는 조직 내에서 '운영과 재무위기 관리모델'을 점검하고 대출 담당 직원이 저지르는 사기행각을 줄이기 위해 애쓰고 있을 때 이루어졌다. 고위 간부는 부패한 대출 담당 직원이 가난한 대출자에게 여러 건의 대출을 해주고 기록을 조작해서 매번 대출금의 50퍼센트를 떼어먹었다고 설명했다. 대출상환율은 85퍼센트로 떨어졌고, 내부감시체계는 붕괴되었다. RADE는 그 여성 대출자와 대출 담당 직원 네 명을 형사 고발하고 대출금을 회수하려고 애썼다. 그러나 더 중요한 것은 직원의 기강을 세우는 새로운 시스템을 만들어내는 일이었다. 따라서 알타다문의 관리자는 위험대출자산PAR을 월 단위가 아니라 일 단위로 점검한다고 말했다. 그들은 CGAP의 모범사례를 고수하기 위해서가 아니라 관리·감독을 위해 그런 방식을 쓴다. 레함 알파로우크는 "우린 우수 영업과 대출 담당 직원을 위한 우대책이 있어요"라고 말했다(2006년 1월). "고객 수와 그들의 PAR 수치에 따라 상여금이 결정됩니다. 미불잔고가 하루라도 일치하지 않으면, 한 달치 상여금이 날아갑니다." 그녀는 "우리만 그런 건 아닙니다"라고 주장했다. "늘 칭송이 자자한 ABA의 블로섬 프로그램도 대출 담당 직원이 뇌물을 받았다는 소문 때문에 네 차례나 중단되었지요. 사실은 USAID가 그들에게 새로운 방법론을 도입하도록 지시했지만, 그들은 그 프로그램을 어떻게 운영할지 몰랐던 겁니다." 알타다문의 PAR에 대한 일일 점검은 명백하게 계층적인 조직에서나 가능하다. 알파로우크는 비록 알타다문의 최고위 관리가 여성들이지만, 나머지 위계조직은 여전히 남성이 지배하고 있다고 지적했다. 대출 담당 직원은 압도적으로 남성이 많고 여성들은 주로 영업사원이었다. 그녀는 '그라민모델은 선의와 좋은 목적에 기초'하고 있다고 주장했다. "이집트에서는 그런 선의가 적용되지 않습니다. 우리는 기강을 확립해야 합니다." 사기·채무불이행과의 그러한 투쟁은 이집트에서 소액금융의 실패, 즉 USAID가 강요하거나 방글라데시에서 도입된 생경한 개발방식으로 비칠 수 있다. 그러나 그러한 투쟁은 바로 소액금융의 한 가운데에 자리 잡고 있다. 이 투쟁은 소액금융이 제대로 작동하기 위해서는 바로 그런 규율의 퍼포먼스가 불가피하다는 사실을 보여준다.

### 공짜 돈의 오염

규율의 퍼포먼스는 개발의 퍼포먼스로 간주될 수 있는 더 광범위한 맥락에서 이해되어야 한다. 개발을 위한 사회적 기금에서보다 이것을 더 명확하게 볼 수 있는 데는 없다. '공짜 돈의 오염'과 관련된 딜레마와 우려가 구체적으로 드러나는 곳이 바로 여기다.

1991년에 설립된 개발을 위한 사회적 기금은 "사회적 배제의 위기를 최소화하고 빈곤완화를 지원하며 실업문제와 싸우기 위해 (……) 광범위한 경제개혁과 구조조정 프로그램ERASP을 펼치는, 이집트 정부가 동의한 사회안전망"이라고 스스로를 소개한다(http://www.sfdegypt.org/about.asp, 2008년 8월 18일 현재). 이집트에 자유화 바람이 불자, USAID는 '이집트의 사회적 조건이 악화될 것'을 경계했다(Bayat, 2002: 4). 이집트의 사회적 기금은 다양한 국가에서 구조조정을 진행하기 위한 '필수' 구성요소로서 설립된 기관들 중 하나다. 그런 조치는 자유화의 '충격요법', 즉 "구조조정이라는 '쓴 약'을 삼키기 쉽게 만드는 매우 가시적인 조치"로 여겨졌다(Cornia and Reddy, 2001: 10). 1996년 세계은행은 32개국에서 51개의 사회적 기금을 승인했다(Weber, 2006: 48). 이 사회적 기금은 원조기관이 '긴축정책을 쉽게 채택'할 수 있도록 만들고, 정부가 '정실에 따라 (……) 차별적으로' 기금을 분배함으로써 '유권자 집단을 선택적으로 지원'할 수 있게 한다(Tendler, 2000: 121). 사회적 기금의 첫 번째 국면이 응급 상황에서 '빈민을 구조조정하는 것'을 목표로 했다면, 두 번째 국면에서는 '만성적 빈민'을 해결하는 작업으로 임무가 확대되었다. 더욱 야심만만한 세 번째 국면은 '보상' 프로그램이 아닌 '촉진' 프로그램으로서 사회적 기금을 창출해 '장기적인 서비스 제공체계'로 발전시키는 것이었다(Cornia and Reddy, 2001: 8). 이집트의 사회적 기금은 이 세 번째 국면에 속한다.

사회적 기금은 흥미로운 역설을 보여준다. 사회적 기금은 신자유주의의 산물임에도 고용을 창출하고 각종 서비스를 제공하기 위해 정부의 경제개입 책무를 구체적으로 보여준다. 그 기금은 또한 대부분 외부 자금으로 재원을 조달하는 원조사업이다. 이집트의 사회적 기금은 세계은행·UNDP·유럽연합·아랍기금 같은 다양한 곳에서 5억 7,200만 달러의 자금을 제공받아 세워졌다. 엘리어차(2002: 501)는 따라서 그것이 '국가 내부와 외부에 동시에 자리 잡은 새로운 기관'이었다고 지적한다.

한 연구결과에 따르면, 사회적 기금이 빈곤을 완화하는 일에서 '단역'만 맡을 뿐이라고 단언한다(Cornia and Reddy, 2001: 1). 그러나 사회적 기금은 혹독한 구조조정을 보충하기 위해 그 과정에 개입해서 빈곤을 완화하는 방법을 찾으려고 애쓰는 원조기관이 선택할 수 있는 수단이다. 학자들은 사회적 기금이 인기가 있는 것은 그것이 '경제와 사회기반시설의 효율적 제공자'로서 분권화·민영화된 수요 중심의 개발과 서비스 제공의 새로운 모델로 비치기 때문이라고 설명한다(Tendler and Serrano, 1999: 25). 따라서 사회적 기금은 공공서비스 제공과 인간개발의 관료주의 체계라는 전통적 모델의 반대편에 있다. 사회적 기금은 정부 안에 위치해 있지만, 정부의 규제를 건너뛰고, '공무원 봉급규정 적용 제외와 정부의 일상적 구매와 지출 절차의 면제'를 통해 '특별한 자율성'을 즐기는 예외적 기관으로 활동한다(Narayan and Ebbe, 1997: 2). 사회적 기금은 또한 새로운 개발모델, '민주적 절차의 훈련장', '신자유주의적 시장 기반의 사회적 자원 관리모델을 이전의 '대안적' 참여와 역량강화방식에' 연결시킬 수 있는 제도 형태의 구체적 사례로 여겨진다(Vivian, 1995: 4, 19).

그러나 대부분의 사회적 기금은 '진정한 분권화와 정반대'인 것으로 밝혀졌다(Tendler, 2000: 115). 사회적 기금은 중앙정부에 부속된 기관이 관리하고 원조기관이 자금을 제공하며 지역사회와 NGO, 민간 계약자에게 개발자본을 분배하는 개발 '중개기관'이다(Vivian, 1995: 5). 이집트의 경우, 사회적 기금에 자금을 지원하는 원조기관이 개발의제를 정함으로써, 사회적 기금을 통해 도움을 받게 되는 표적집단(여성·신규 대학 졸업자·공기업 해고자·걸프전 때 이집트로 넘어온 저임금 이주노동자)을 선정하고(Elyacha, 2002: 501), 사회적 기금의 개발사업을 수행할 수단(예컨대 소액금융)을 선택했다.

이집트 사회적 기금Egyptian Social Fund은 빈곤완화와 고용창출이라는 전혀 다른 두 가지 활동을 한다. 여러 차례 인터뷰에서, 이집트 사회적 기금의 직원은 이 두 가지 개발 세계를 구분하는 데 각별히 신경을 썼다. 그 한편에 중소기업개발단체Small Enterprise Development Organization, SEDO라는 중소기업을 대상으로 하는 개발 세계가 있는데, 그곳은 청년 실업자를 지원대상으로 삼고, 사업개발서비스와 이커머스 같은 다양한 서비스를 통해 '기업가 정신을 촉진'함으로써, '거시경제적 성장'을 창출하는 일을 했다. 또 다른 한편에 인간과 지역사회 개발그룹Human and Community Development Group이라는 소액금융 세계가 있는데, 여기서는 궁핍한 지역이 빈민 여성을 지원대상으로 하여 여성의 역량을 강화하고 소득을 창출하는 일을 목표로 삼았다. 이 두 세계 사이의 경계선은 2004년 6월에 통과된 소기업개발법으로 그어졌다. 그 법에 따라 소액금융의 대출규모는 1만 이집트파운드 이하로 정해졌다. 그런데 그 기준은 사회적 기금 직원이 적극적으로 유지하고 관리했다. 따라서 한 대출자산 관리자는 소액금융이 주로 NGO를 통해 제공된 반면, 중소기업은 기존의 은행과 기업협회의 지원을 받았다고 주장했다(2005년 5월). 후자는 합리적 거래의 세계로 설명된 반면, 전자는 '사회적 압력과 문화적 신용'의 논리, 즉 대개 여성들이 '보증수표'를 제출해야 하지만, 그러한 수표가 기대는 것은 결국 대출금을 상환하지 못했을 때 자기 아내를 결코 경찰서에 보내려고 하지 않을 빈민 남편의 '남성성'이라는 사실을 통해 작동되는 것으로 묘사되었다. 중소기업과 관련해서 연체율이나 보조금에 대한 논의는 거의 없었다. 소액금융의 높은 연체율에 대한 우려를 표명하는 사회적 기금 직원은 NGO와 그들에게서 대출을 받는 가난한 여성들에 대해 주간 단위로 세심하게 감시할 필요가 있다고 주장했다. 사회적 기금으로부터 자금을 받기 때문에 그들의 정기적인 감사를 받는 알타다문 같은 소액금융기관은 당연히 그러한 요구를 받아들였다. 그러나 사회적 기금 직원은 '인도주의적 사례'를 감안해서 대출금을 탕감하거나 상환기간을 연기해줄 필요가 있다는 점도 지적했다.

보조금 문제도 이와 비슷하게 모호한 점이 있었다. 사회적 기금 직원은 소액금융 부문의 노력을 글로벌 모범사례의 한 예로 열심히 소개했다. 그들은 보조금을 지원해 대출이자율을 낮춰주는 것에 반대했다. 따라서 2006년 사회적 기금 보고서는 이처럼 단호하게 말한다.

> 소액금융 부문은 국제적으로 용인된 소액금융의 모범사례를 널리 알리는 데 헌신하고 있다. 따라서 소액금융의 중개기관인 NGO에게 더는 신용대부를 위한 보조금을 제공하지 않을 것이다. 더 나아가 소액금융 부문은 시장의 이자율을 부과함으로써 장기적으로 지속 가능성을 확보하는 NGO하고만 협력할 것이다.
>
> (Badr El-Din, 2006: 5)

그러나 사회적 기금 직원은 인터뷰를 통해 이집트 안에서 그리고 이슬람펀드·아랍펀드·쿠웨이트펀드 같은 원조기관으로부터 보조금 지원으로 이자율을 낮추라는 '정치적 압력'을 무수히 받았음을 확인해 주었다. 특히 소액금융 같은 빈곤완화 프로그램의 경우 더욱 압박이 심했다. 거꾸로 소액금융에 종사하는 사람들, 특히 USAID 소액금융 생태계에 기거하는 사람들은 사회적 기금의 보조금 제공 관행이 '공짜 돈'을 통해서 얼마나 대출문화를 오염시키고 업계 규범을 약화시켰는지 한탄했다. 그중에서도 ABA의 한 최고위 관리자가 언급한(2006년 1월) 것처럼, 사회적 기금이 채무불이행을 허용하고 보조금을 배정함으로써 "자유시장의 본질을 이집트 국민에게 교육시키는 데 실패했다"라는 말은 매우 인상적이다.

사회적 기금의 노력은 이집트의 개발이라는 더 광범위한 맥락에서 이해되어야 한다. 사회적 기금의 SEDO는 거시경제의 성장과 고용, 즉 공식적인 일자리를 창출할 수 있는 세계에 대한 책임을 진다. 그러나 엘리어차(2006: 30)가 지적하는 것처럼, "경제자유화는 이집트인을 '비공식 경제'라고 부르는 공간에 '풀어놓았다.'" 그런데 무엇보다 중요한 것은 그것이 이집트 중산층 생활의 주 요소인 공공 부문의 고용을 약화시켰다는 사실이다. 어쨌든 이집트는 1960년대 말 국민 네 명 중 한 명이 직간접으로 정부로부터 봉급을 받고 살았던 그런 경제다(Luciani, 1990: xx). 경제자유화를 통한 이집트 정부의 공동화는 공공서비스의 감소보다는 (늘 빈약한 수준이었기 때문에) 공공 부문 고용의 축소문제를 더 중요한 화두로 불러냈다. 오늘날 정규직 채용은 그저 꿈이며, 그것에 대한 약속은 SEDO와 소액금융 간의 세심한 구분을 통해 간신히 명맥을 유지하고 있을 뿐이다. 그 약속은 이집트처럼 공동화된 경제에서는 결코 이행될 수 없다.

그러나 SEDO와 소액금융 간의 구분은 중요하다. 그것은 그 나름의 의미가 있기 때문이다. 식민지 이집트에 관한 중요한 논문을 쓴 티모시 미첼Timothy Mitchell(1988: 163)은 식민주의가 그 도시를 둘로 나누었다고 말한다. 도시는 "한편에서는 하나의 구경거리가 되고, 다른 한편에서는 그 자체가 박물관"으로 나뉘었다. 후자는 오랫동안 보존된 독특한 토착적 무질서인 반면, 전자는 질서정연하고 합리적이며 효율적이고 근대화된 공간이었다. 미첼(1988: 165)이 말하는 '근대도시의 정체성'은 "근대도시가 금지하는 것에 의해 창조된다. 어떤 것의 근대성이란 그것과 반대되는 것의 차단과 관련이 있다." 오늘날 이집트에서 NGO의 영역인 소액금융은 여성에게 돈을 빌려주고 대출금 회수를 위해 문화적 수치심과 사회적 압력을 효율적으로 활용하는 문화적 관행의 '박물관'이라 할 수 있다. 그 반면에 '전시'로 비유될 수 있는 것은 영원히 이루어질 수 없지만 반드시 수행되어야 하는 미래인 SEDO다. 따라서 엘리어차(2005: 2)는 사회적 기금이 자금을 지원한 청년소산업제품전시회Exhibition of the Products of the Youth Micro Industries를 언급한다. 사회적 기금의 관리자들은 그런 전시회를 SEDO 활동의 결정적 도구라고 극찬했다. 여기서 전시되는 것은 '노동의 퍼포먼스'다(Elyachar, 2002: 503). 그런 전시는 성공한 중소기업이 대학을 졸업한 청년을 위한 공식부문의 일자리를 창출하는 발전된 경제와 가난한 가정이 사회적 네트워크와 소액창업을 통해 살아남는 비공식 경제를 서로 대조해서 보여준다. 그러나 이집트의 미래상을 보여주는 것은 소액금융에 의해 활성화되는 비공식 경제라고 볼 수 있다. 하지만 무엇보다 중요한 퍼포먼스는 어쩌면 원조기관의 보조금을 받아 싼 대출을 제공하는 사회적 기금과 무분별하게 확산되는 공공 부문의 관료주의가 자유시장 기업가가 활동하는 이집트의 신경제를 감독하는 것처럼 여겨진다는 사실일지도 모른다.

이러한 퍼포먼스는 개발의 퍼포먼스 안에 들어 있다. 원조기관이 보증하고 이집트 정부가 철저히 관리하는 사회적 기금은 분권화·민영화된 시장 중심의 개발모델을 전파하고 실행에 옮기는 것으로 여겨진다. 그것은 USAID의 한 임원이 '문호개방정책이라는 훌륭한 선택'이라고 말한(2005년 12월) 것을 실행한 대가이자 원조기관의 요구사항과 일치하는 그런 경제를 관리하기 위한 도구로 이집트에 준 자주권을 상징하는 퍼포먼스다. 그것은 또한 '사회적 계약'을 상징하는 퍼포먼스다. 정부는 여전히 개발자본의 중심이며, 대학을 나온 청년은 항구적인 정규사무직에 대한 기대를 버리지 않고 있지만, '공공복지는 민간 부문과 NGO 같은 시민사회단체로 이전'되고 있다(Ismail, 2006: 67). 그런 퍼포먼스는 이집트의 새천년 개발의 중요한 구조적 특징을 가리킨다. 그 가운데 특히 두 가지, 원조의 군사화와 개발의 민영화는 주목할 만하다.

이스라엘 옆에 위치한 이집트는 지정학적으로 중동에서 미국의 가장 중요한 동맹국이다. 따라서 이집트에 관한 USAID 2005년 연차 보고서에는 두 나라가 "테러와의 싸움을 포함해서 전략적 이해관계를 공유한다"라고 나와 있다. 이러한 동맹관계는 1978년 이집트 대통령 안와르 사다트와 이스라엘 총리 메나헴 베긴Menachem Begin이 서명하고 미국 대통령 지미 카터Jimmy Carter가 중재한 캠프데이비드 협정Camp

David Accords으로 강화되었다. 캠프데이비드 협정은 이스라엘이 시나이 반도에서 철수하고 미국이 이집트와 이스라엘 양국에 해마다 보조금과 원조를 수십억 달러씩 제공하기로 한 1979년 이집트-이스라엘 평화조약 체결의 무대를 마련했다. 따라서 USAID는 지난 30년 동안 이집트에 280억 달러의 원조를 제공했다. 이것은 "지금까지 미국이 전 세계 단일국가에 제공한 개발원조 금액으로는 가장 큰 규모"였다(http://www.usaid.gov/our_work/features/egypt/, 2009년 1월 16일 현재).

USAID를 통해 이집트에 들어온 개발기금은 전체 규모의 일부에 불과하다. 1975년 이후 이집트가 '미국의 기부금'으로 받은 돈은 500억 달러가 넘는다(Levinson, 2004). 아랍과 이스라엘 간의 끊임없는 적대행위, 그리고 오늘날 테러와의 전쟁이라는 냉전의 맥락에 비추어 볼 때, "이집트가 미국으로부터 수십억 달러의 원조를 받은 것은 그만한 가치가 있었다"라고 이해할 수 있다(Alterman, 2006). 그러나 많은 평론가는 이 수십억 달러가 "이집트의 서민에게 실질적인 도움은 거의 주지 않았다"라고 개탄한다(Alterman, 2006). 따라서 그러한 원조구조를 더 면밀히 살펴볼 필요가 있다. 1975년부터 2005년까지 지난 30년 동안 이집트에 제공된 500억 달러 가운데 해마다 13억 달러, 다시 말해 30년 동안 총 390억 달러는 군사원조로, 이집트 군사예산의 80퍼센트에 해당하는 금액인데, 대부분이 '독재정권'을 뒷받침하는 데 쓰인 것으로 보인다(Kelly, 2006). 미 국무부는 그러한 원조를 '이집트와의 전략적 동맹관계'를 지원하는 '우리의 중동 대외정책의 초석'이라고 정당화한다. 그러한 군사원조는 그야말로 이집트 영공을 미군이 이용하고, 수에즈 운하를 미 해군 함정이 우선적으로 통과하고, '테러와의 전쟁'에서 중요한 부분이 된 '테러 용의자 특별 인도extraordinary rendition'와 고문 프로그램에 이집트 보안요원을 차출할 수 있는 권한을 돈으로 산 것이다(Kelly, 2006). 이러한 거래는 『워싱턴포스트』 사설(2006년 5월 4일)이 제기한 질문, 즉 "왜 미 행정부는 부시 대통령의 민주주의 구상을 조롱하는 정부에 해마다 20억 달러를 계속 지원하는가?"에 대한 답을 제공한다. 2008년 미국은 이집트에 향후 10년간 130억 달러, 이스라엘에 300억 달러의 군사원조를 약속했다고 밝히면서 두 나라와 맺은 기존의 협약내용을 갱신했다(Yom, 2008).

'원조'라는 용어는 좀더 철저하게 검토해볼 필요가 있다. 미국이 이집트에 제공하는 원조는 대외군사차관Foreign Military Financing, FMF 보조금, 다시 말해 '의회의 승인을 받은 현대식 전투장비 구매기금'으로만 구성된다. "(……) 법적으로 FMF 자금은 미국산 무기 구매에만 써야 한다."(Yom, 2008) 실제로 이집트에 대한 군사원조 삭감에 대한 논의가 있을 때마다, 거대 방위산업체는 그러한 움직임에 반대하는 로비활동을 벌인다. 이집트의 FMF 원조는 또 다른 특징이 있다. 현금흐름 자금조달cash-flow financing*이 그것이다. 그런 방식은 이집트가 확정된 FMF 금액을 초과해서 신용대출로 무기를 구매할 수 있게 한다(Yom, 2008). 원조처럼 보이는 것이 실은 이집트에 미국산 물품을 구매하게 하는 것일 뿐 아니라, 돈까지 빌려주며 더 많이 살 것을 강요하는 셈이다. '공짜 돈의 오염'이 여기서도 발생하는데, 이번에는 워싱턴 DC의 의사당 로비

---

* 미래의 예상되는 현금흐름을 기초로 자금을 대출받는 것을 가리킨다.

를 통해서다.

그러한 논리는 군사원조에만 있는 것이 아니다. 그것은 이집트에 대한 경제원조에도 만연해 있다. 티모시 미첼(2006: 238)은 실제 거래 상황을 계산한 결과, 놀랍게도 USAID를 통한 이집트 경제원조의 많은 부분이 미국 기업에 돌아갔다는 것을 보여준다. 이집트는 상품수입 프로그램Commodity Import Program과 같은 제도를 통해 곡물을 비롯한 농산품과 농산업 장비를 미국 기업으로부터 구매하는데, 그들이 받는 경제원조의 58퍼센트가 이집트 내의 개발사업이 아닌 미국 내에서 소비되었다. 미첼의 주장에 따르면, 나머지 42퍼센트 가운데 상당 부분도 미국 내와 이집트의 미국업체와 건설에서 컨설팅에 이르기까지 다양한 분야에서 계약을 맺었다. 다시 말해 USAID가 이집트에 제공한 경제원조는 '미국 기업 부문에 대한 국가 지원 형태'로 기능했지만, "이집트에서는 국가의 토대를 허무는 역할을 했다."(Mitchell, 2006: 240) 그것은 또한 이집트가 '미국의 식품·기계장치·기술의 수입'에 '극도로 의존'하는 결과를 낳았다(Mitchell, 2006: 240). 따라서 USAID가 이집트에 수십억 달러를 지원했다고 아무리 자랑을 늘어놓는다고 해도, 그것 또한 개발의 퍼포먼스라는 것은 명백한 사실이다. 이집트로 흘러들어가는 것처럼 보이는 원조가 사실은 다시 미국으로 되돌아감으로써 빈곤에 관한 워싱턴 컨센서스를 완성시킨다.

이집트에서 개발의 또 다른 결정적 요소는 지나친 종교성의 부상이다. 그것은 내가 그동안 수행한 많은 인터뷰와 연구·조사한 각종 보고서, 기관 발표 자료와 학술회의 자료에 거의 등장하지 않는 문제다. 이집트의 경제자유화는 비공식화 과정과 경제불안을 자극할 뿐 아니라 '종교적 자선 명부'를 활성화시켰다(Ismail, 2006: 74). 이집트의 이슬람교는 "풀뿌리에서부터 사회를 이슬람 세계로 바꾸고자 하는 무슬림 형제단으로 구현된 독특한 핵심 세력을 중심으로 널리 흩어져 있는 서로 다른 조직과 활동, 동조의 복잡한 거미줄"이라고 볼 수 있다(Bayat, 2007: 137). 이슬람교는 국가가 더는 하지 않는 일을 하는 종교적 복지 협회를 만들어냈다. 다시 말해 개발의 민영화는 개발의 이슬람화가 된 것이다. 따라서 알타다문 같은 소액금융 NGO가 빈민 여성을 고객으로 유치하고, 자유화가 정규직 일자리를 무너뜨린 불라크알다크루르 Bulaq-al-Dakrur 같은 카이로 빈민가에는 '빈곤구제'·'사회복지'·'자선'을 제공하려고 애쓰는 견고한 이슬람 단체 네트워크가 있다(Ismail, 2006: xiiii). 이집트의 그러한 이슬람식 자선형태가 신자유주의적 담론과 관행에 맞서는 종교적 행위로 대비될 수 없다는 점은 주목할 필요가 있다. 실제로 "도덕정치와 이념전쟁에 사로잡힌 전투적 이슬람주의 중산층 운동은 오직 조건부로 이슬람주의자를 지지할 수밖에 없는 도시 빈민의 사회운동 역할을 수행하기 어렵다"라는 주장도 있다(Bayat, 2007: 580).

따라서 그것은 빈민의 사회운동이나 동맹이라기보다는 빈곤을 신자유주의적 해법에 맡기는 민영화된 네트워크로서의 개발의 이슬람화로 보는 편이 오히려 더 합당할 것이다. 이슬람식 자선은 가난한 사람이 스스로 기업가 정신이 있고 규율을 준수하는 사람임을 보여주어야 한다고 주장하면서 '자격을 갖춘 빈민'을 대상으로 삼는다(Ismail, 2006; Atia, 2008). 여기서도 '공짜 돈의 오염'이라는 공포가 스며들어 있다. USAID의 한 관리자가 인터뷰하는 동안 단언한 것처럼, 소액금융은 오로지 '적극적으로 경제활동에 참여하는 빈민'을 위한 것이지, '노상의 게으른 이집트 빈민'을 위한 것일 수 없었다(2005년 12월). 이슬람식 자선은 또한 기업가 정신과 절제력, 개인적 책임의식의 자질을 보여주고, 게으르고 의존적이며 태만한 모습을 거부하는 개발의 적격자를 찾는 데 힘쓴다.

그러한 자질과 사고방식에 대한 판단은 그 계보가 매우 광범위하다. 그것은 19세기 말에 널리 유포되었던 에드워드 레인Edward Lane의 식민지 민족지『근대 이집트인의 풍습과 관습Manners and Customs of the Modern Egyptians』으로까지 거슬러 올라갈 수 있는데, 그 책은 특히 이집트인의 '나태함'과 '호색'에 주목했다(Mitchell, 1988: 106). 그러나 그것은 또한 티모시 미첼(1988: 107)이 훌륭하게 지적하는 것처럼, 이집트인의 근면성과 자립, 생산적 노동을 학문연구의 주된 주제로 삼은 학자 타흐타위Tahtawi 같은 19세기 말 이집트의 자유주의 대변자에게서도 그 근원을 찾을 수 있다. 그런 이집트 지배층은 국가 발전을 '근면성'과 동일시하고, 자립에 관한 책들을 번역하면서 1886년 알렉산드리아에 '자립협회Self-Help Society'를 세웠다. 식민지 자유주의의 주역이었던 이 엘리트들은 이러한 자립이라는 말로 이집트 민족주의를 구축했다(Mitchell, 1988: 108). 그들의 담론과 관행은 오늘날 이집트의 기업계와 이슬람 자선단체의 중심에 자리 잡고 있다.

개발을 위한 사회적 기금은 스스로를 분권화와 민영화의 도구라고 소개한다. 그러나 오늘날 이집트의 민간 자원봉사단체와 NGO, 복지단체의 대부분은 이슬람 계통이다. 한 UNDP(2003b: 109) 보고서는 카이로에 있는 많은 '빈민지역'의 "NGO는 모두 이슬람 사원에 기반을 둔 단체에 속한다"라고 지적한다. 지정학적으로 중요한 수많은 세력이 서로 부딪치는 공간인 세속적인 정부가 어떻게 그런 복잡한 관계를 관리할 수 있겠는가? 이집트 정부가 사회부에 의무적 등록, 감찰과 감시, NGO법, 검열과 체포를 통해 NGO를 탄압하는 독재정권이라는 점은 인권과 민주화에 대한 우려로 읽힐 수 있다(Fouad 외, 2005 참조). 하지만 다른 한편으로 USAID 같은 원조기관이 '서비스 중심의 NGO에 의존함으로써 서서히 민주화를 촉진'할 수 있다고 주장하는 것도 가능하다 (Denoux, 2005: 94). 그러나 오늘날 이집트의 시민사회는 이슬람주의에 푹 빠져 있다. 소액금융을 통해, 그리고 사회적 기금 같은 기관을 통해 수행되는 이집트 정부의 세속적 개발의 퍼포먼스는 이슬람교도의 도전에 맞서는 것으로 비친다. 그렇게 하는 것은 그 도전이 이슬람교 교리에 따른 것이라서가 아니라, 그것이 정권을 가장 지속적으로 위협하는 정치적 도전이기 때문이다. 그러나 이집트 정부는 군사원조와 경제적 지원을 제공하는 후원자와 마찬가지로, 이 이슬람주의가 궁극적으로 이집트의 민주화와 민영화의 측면이라는 사실을 잘 알고 있다.

나는 이집트의 소액금융과 개발에 대해 분석하면서 반복적으로 '퍼포먼스'라는 용어를 썼다. 그것이 이집트에서의 개발이 다른 지역보다 현실적이지 않고 믿을 만하지 못하다는 것을 의미하지는 않는다. 개발의 퍼포먼스는 오히려 하나의 실체다. 그것이 상식으로 인정받고 정당화될 뿐 아니라, 그러한 퍼포먼스로 얻어지는 '지대'가 있기 때문이다. 요컨대 개발의 퍼포먼스는 자본을 낳는다.

'지대주의rentierism'의 개념은 중동의 정치경제학 연구에 잘 확립되어 있다. 지대는 '모든 천연자원의 소유권에 대한 보상'이다(Beblawi,

1990: 85). 대체로 석유 같은 천연자원과 밀접한 관련이 있는 지대경제는 '막대한 외부 지대에 의존하는' 경제다. 지대국가는 '정부가 외부 지대 수입의 주된 수혜자'인 나라다(Beblawi, 1990: 87-88). 이집트의 개발과 의존의 오랜 역사는 미국으로부터 엄청난 원조에 의존한 지대경제 가운데 하나로서 해석될 수 있다(Luciani, 1990: 81). 그러한 미국 원조는 새로운 지대계급을 낳았다. "원조와 관련된 법적·기술적·경제적 고려사항을 자문하고 제안하는 컨설팅사업이 번창"하면서 등장한 "새로운 사회계급(변호사·컨설턴트·재무분석가·로비스트·중개업자)은 오늘날 모든 곳에서 성장하고 있다."(Beblawi, 1990: 97-98) 이것은 '2개 국어를 할 줄 아는 지식인층'이 개발의제를 수행함으로써 돈을 벌 수 있는 '달러시장'이다. 그것은 일종의 '지대를 추구하는 NGO' 형태로 이해될 수 있다(Carapico, 2000).

지대는 대개 부패의 표상 또는 비생산적 경제의 증거로 비친다. 비판가들은 이것이 바로 USAID가 '공짜 돈'으로 개발 분야를 어떻게 '오염시켰는지'를 보여주는 증거라고 주장한다. 나는 이런 관점에서 이집트 개발을 지대주의로만 보는 것은 잘못이라고 생각한다. 개발의 퍼포먼스가 하나의 실체인 것처럼, 개발에 대한 지대는 사회계급과 자본축적, 그리고 오늘날 이집트에서 보기 드문 것, 바로 사무직 봉급생활자를 만들어낸다. 엘리어차(2006: 417)는 "개발정책의 표적인 젊은 소상공인들이 이런 사실을 잘 알게 되었고, (……) 조건만 맞는다면, 돈으로 교환될 수 있는 생산물에 대한 지배력을 얻기 위해 (……) 스스로 연구대상에서 연구의 주체이자 생산자로 변신하고자 간절히 원했다"라고 지적한다. 개발지식의 생산이 수익성 높은 사업이 될 수 있다는 것은 이제 명확해졌다. 이집트 정부의 입장에서 볼 때, 개발의 퍼포먼스는 개발자본의 흐름을 보장한다. 그것은 '장대한 축적spectacular accumulation'이라고 불릴 수 있는, '투자기금 모집을 위한 필요한 지원으로서 의식적인 장관의 연출'의 한 예다(Tsing, 2004: 57). 따라서 그렇게 본다면, 이것은 공짜 돈의 오염이 아니라 생산력이다.

## 자애로운 대출

CGAP가 설립한 워싱턴 DC 소재의 MIX는 소액금융에 대한 전지적 관점으로 해마다 「아랍 소액금융의 벤치마킹」이라는 보고서를 낸다. 그 보고서들은 MIX의 '수익성과 지속 가능성' 기준을 가지고 소액금융산업의 권위 있는 지침서로 널리 유포·활용되고 있다. 마찬가지로 CGAP가 설립한 아랍 소액금융망인 사나벨 네트워크와 공동으로 2008년에 발표한 「2006년 아랍 소액금융의 벤치마킹」은 아랍의 9개국에 있는 37개 아랍 소액금융기관의 현황을 보여준다. 거기에는 아랍 소액금융의 다양한 모범사례와 성공담이 실려 있다. 그 보고서는 또한 국제 빈곤선에 못 미치는 삶을 살고 있는 사람이 전체 인구의 40퍼센트가 넘는 나라에서 지원규모가 빈민의 2퍼센트에 불과한 이집트 소액금융기관의 제한된 구제활동을 개관한다. 그 보고서는 아랍 소액금융기관이 글로벌 성과기준과 비교할 때, '2006년에 낮은 수익으로 적자'를 기록함으로써 "더 발전된 아시아와 라틴아메리카 지역은 물론이고, 비슷한 성장 수준의 동유럽과 중앙아시아 지역보다 더 못한" 신통치 않은 결과를 낳았다고 결론짓는다(MIX, 2008: 7). 적자상태의 아랍 소액금융기관들이 보유한 "대출자산의 채무불이행 위험률(5.7퍼센트)은 (……) 글로벌 기준(1.4퍼센트)보다 훨씬 더 높은" 것으로 밝혀졌다. MIX는 그러한 문제의 원인을 '레바논과 팔레스타인의 갈등' 때문에 발생한 대출금 연체의 증가와 이집트처럼 소액금융기관이 상업기금을 이용하려고 허우적거리는 나라의 높은 금리 탓으로 돌린다(MIX, 2008: 8). 후자의 경우는 물론 변화하는 개발의제를 배경으로 이해될 수 있다. USAID가 이집트의 소액금융기관을 '독립시키려고' 애쓰고 그런 기관에 들어가는 보조금을 줄이고 있기 때문이다.

보고서에 개략적으로 제시된 그런 추세는 레바논에서 사실로 확인되고 있다. 여기서도 방글라데시에서처럼, 국가를 재건하고 전후(오랜 내전과 1983~1984년 이스라엘 침공 이후) 인도적 지원을 위해 애쓰고 있는 시민사회단체는 1990년대 초에 '개발'로 방향을 전환했다. 가톨릭 구호단체 카리타스Caritas, 공제조합 AEP(상호부조협회), 자선단체 맥조미 재단Makhzoumi Foundation이 그런 단체에 속한다. 이런 단체 가운데 많은 곳이 그라민은행에서 영감을 받아 소액금융을 개발전략으로 채택했다. 그러나 레바논의 유명한 소액금융기관은 방글라데시와 달리 미국 NGO가 실립한 것(세이브더칠드런이 설립한 알마즈무아Al-Majmoua, 지금의 CHF 인터내셔널인 협동조합주택재단CHF이 설립한 아민Ameen)으로 모두 USAID의 보조금을 받고 있다.

그러한 소액금융기관의 유형은 이집트와 놀랄 정도로 닮았다. 레바논 소액금융기관은 USAID가 전적으로 개입해서 만든 산물은 아니지만, 그럼에도 USAID의 기금에 의존하고 있다. USAID 레바논의 고위 관리는 한 인터뷰에서 2002년에 소액금융기관에 제공하던 보조금과 융자를 중단한 것을 자랑스럽게 이야기했다(2006년 5월). "우리의 목적은 지속 가능성을 확보하는 것입니다. 이제는 소액금융기관이 상업기금을 이용할 때입니다. 돈을 쓰려면 비용이 들기 마련입니다. 소액금융기관도 이제 그런 비용을 부담해야 합니다." 실제로 2006년 여름에 내가 레바논 소액금융기관의 직원을 인터뷰했을 때, 그러한 자금확보방식은 레바논에서 주류를 이루고 있었다. 알마즈무아를 예로 들어보자. 1998년에 USAID으로부터 보조금을 지원받고 세이브더칠드런에서 분사해서 만들어진 알마즈무아는 이제 그라민재단의 제휴기관이다. 2006년 USAID의 기금에 더는 의존할 수 없게 된 알마즈무아는 새로운 재원을 찾기 시작했다. 그 기관의 이사인 유세프 파와즈Youssef Fawaz 박사는 "현재 우리 경제는 은행의 과포화 상태입니다. 이 작은 나라에 상업은행 지점이 800개가 넘습니다. 하지만 우리에게 자금을 제공할 곳은 거의 없습니다. 레바논은 현금이 흘러넘치고 있지만, 은행과 자본시장은 거꾸로 위기에 처해 있습니다"라고 말했다(2006년 5월).

그러나 또 다른 개발자본의 지형이 있다. 국제원조단체가 레바논 국내에서 벌이는 초대형 프로젝트가 그것이다. 세계은행이 주도하는 2,000만 달러 규모의 지역사회개발 프로그램CDP, 유럽연합이 지원하는 3,100만 달러 규모(실제로는 유럽연합이 2,500만 달러, 레바논 정부가 600만 달러 부담)의 경제사회개발기금ESFD이 그런 프로젝트에 속한다. 둘 다 2002년에 개시되었다. CDP는 소액금융에 자금을 제공하지 않음을 명확히 했지만, ESFD는 지역사회 개발과 일자리 창출을 위해 중요한 부문인 소액금융과 역할을 분담할 거라고 분명히 말했다. 이집트를 비롯해서 다른 나라의 사회적 기금과 마찬가지로, ESFD는 국가 내부와 외부에 동시에 위치하고 있다. 그것은 '세계화와 민영화의 역효과를 완화하기 위해' 만들어졌지만, 동시에 그 사업의 한 최고위 관리자가 말한(2006년 7월) 것처럼, '레바논이 세계무역기구에 진입할 때 연착륙'을 제공하기 위한 목적도 있었다. 그의 주장을 들어보자.

우리는 일자리를 창출하기 위해 소액금융과 중소기업전략을 모두 구사하는 이집트 방식을 우리에게 맞게 뜯어고치고 있습니다. 이것은 매우 수준 높은 기업가의 사고방식이지만, 현실적으로 자본이 부족합니다. SFD(개발을 위한 사회적 기금)는 은행에 저금리 자금을 빌려주어 은행이 기업가에게 대출하도록 보장함으로써 이 문제를 해결할 수 있습니다.

ESFD는 입찰과정을 통해 120만 유로의 '저금리 자금'을 지출하기로 결정했다. "입찰과정에서 최종대출자에게 최저금리를 제시하고, 동시에 그 이자율로 은행의 모든 운영과 재무비용을 충당한다는 것을 보여주는 소액금융기관이 대출용으로 쓰일 유럽연합 기금을 제공받았다."(Brandsma and Burjrjee, 2004: 54) 알마즈무아는 응찰에 성공했다. 그러나 그 입찰은 얼마 안 있어 알마즈무아 이사 유세프 파와즈가 말한(2006년 6월) 것처럼, '재정파탄'을 초래했다. ESFD가 요구한 저금리는 알마즈무아의 다른 사업으로 채산성을 맞춰야 할 뿐 아니라, 매달 모니터링과 감사를 포함해서 고금리의 은행지급보증과 복잡한 융자조건이 따랐다. 이것은 저금리 자금도 아니고 자애로운 대출도 아니다. ESFD

의 최고위 관리는 한 인터뷰에서, 자기를 비롯한 ESFD 직원이 유럽연합 의회 의원에게 소액금융에 대해 '교육시키는' 것에 실패했다고 말하면서, 일정 부분 자신의 책임을 인정했다(2006년 6월).

유럽연합은 소액금융기관에 대출 관련 은행지급보증을 원했지만, 소액금융의 핵심은 소액금융 대출자와 소액금융기관 사이, 그리고 소액금융기관과 원조기관 사이의 그런 보증이나 담보가 아닙니다. 우리는 그런 보증을 요구함으로써 소액금융기관의 신뢰를 잃었습니다.

여기서 다시 부채와 규율, 의존성이 서로 복잡하게 얽힌다. 알마즈무아 같은 소액금융기관은 USAID로부터 수익률을 높이고 지속 가능한 방안을 찾을 것을 강요받는다. MIX는 그들의 실적을 그런 글로벌 기준과 관련된 척도로 삼는다. 그러나 그들은 대출 재원이 되는 개발자본을 확보하기 위해 실제로 들어가는 사업비용보다 낮은 금리로 응찰해야 한다. 그래야 유럽연합이 자신들은 가난한 여성에게 저금리로 돈을 빌려주는 시민사회단체를 지지한다고 주장할 수 있기 때문이다. ESFD와 아민의 이사인 지아드 할라비Ziad Halaby는 "모범사례와 상식에 반하는 그런 대출조건을 부과하는 단체를 어떻게 원조기관이라고 부를 수 있습니까?"라고 반문했다(2006년 6월). 그러나 ESFD 임원들은 또한 레바논의 소액금융 부문에 대해 상당한 회의를 표명했다. 그들 가운데 하나가 이렇게 말했다.

CGAP는 고금리를 찬성하며 그래도 괜찮다고 말합니다. 그것은 수요로 입증됩니다. 대개 가난한 사람에게 유일한 대안은 사채업자입니다. 그러나 저는 소액금융기관이 지금보다 더 낮은 금리로 돈을 빌려줄 수 있다고 봅니다. 그들이 좀더 절약하고, 국제회의에 덜 참석하고, 항공권을 일반석으로 끊고, 라스 베이루트 같은 비싼 동네에서 좀더 싼 동네로 사무실을 옮긴다면 (······) 소액금융기관이 저금리로 대출해줄 수 있지만, 레바논에서 그들은 그렇게 할 생각이 없다는 것을 알마즈무아와 함께 일하면서 알게 되었습니다.

의구심은 더 커져만 갔다.

원조기관은 봉사활동과 채무연체로 소액금융기관의 실적을 평가하는 실수를 저지릅니다. 그러나 우리가 정말 주시해야 하는 것은 소액금융 대출자가 이러한 대출을 어떻게 활용하고(텔레비전 시청료·학자금·상품 소비) 있는가 하는 것입니다. 하지만 소액금융기관은 이 모든 것을 못 본 체합니다. 우리가 정말 일자리 창출에 관심이 있다면, 그런 대출로 어떻게 일자리를 만들어낼 수 있겠습니까?

그러한 의구심의 확산이 이어서 개발자본의 유통을 가로막을 것은 당연하다. 레바논 소액금융기관은 지속적인 자본 부족 상황에 직면해 새로운 운영방식을 개발해냈다. 알마즈무아는 처음에 200달러에서 1,800달러까지 집단에 대출하는 방식을 운영하다가 최근에는 개인에게 500달러에서 7,500달러까지 대출하는 방식으로 대출규모를 확대했다. 다만 이러한 개인대출방식은 차상위 빈곤층을 대상으로 한다.

2006년 말 알마즈무아의 적극적인 대출자 가운데 75퍼센트가 개인대출방식에 속했다. 2003년에 아민은 영리기업으로 변신하면서 '상업은행처럼 서비스 수수료 기반의 소액대출상품'을 출시했다(Brandsma and Burjrjee, 2004: 54). 따라서 아민의 이사 할라비는 자기 단체를 재무적으로 매우 보수적인 은행을 위해 대출자를 모집하고 대출 리스크를 평가하는 '촉진기관'이라고 소개했다. 그러나 그는 여전히 USAID가 더는 레바논에서 소액금융을 뒷받침하지 않는 이유가 무엇인지 물었다. "소액금융이 개발의 기적이라면, 그건 왜 그런가요?" 마치 자문자답하듯이, 그는 원조기관의 담론과 관행을 적나라하게 보여주는 몇 가지 첨예한 모순을 언급했다. "그들은 우리가 상업적 투자를 끌어들여 우량의 대출자산을 보유하기를 바랍니다. 그래서 우리가 지속 가능한 운영체계를 갖추어 가난한 사람에게 도움을 주기를 원합니다." 2006년 ESFD의 경영진이 여러 차례 인터뷰를 통해 일자리 창출에서 더 중요한 일은 '은행의 문화를 바꾸는 것', 즉 은행이 비공식 부문과 중소기업에 존재하는 '새로운 시장'을 발견하도록 장려하는 것일 수 있다고 말하면서, ESFD는 소액금융기관을 외면하는 것처럼 보였다.

2006년은 물론 레바논전쟁이 절정에 이른 때였다. MIX 보고서는 그런 문제에 불가사의할 정도로 침묵을 유지하면서, 레바논의 '분쟁 상황'을 거의 언급하지 않았다. 알마즈무아는 제휴기관인 그라민재단 USA가 2006년 7월에 위험대출자산이 "거의 70퍼센트까지 치솟았다"라고 보고한다. '많은 대출자가 장사를 중단했기' 때문이었다(http://www.grameenfoundation.org/where_we_work/middle_east_north_africa/lebanon/al_majmoua/, 2009년 3월 11일 현재). 그 '분쟁 상황'은 레바논에 대한 USAID의 설명에 등장하는데, 거기서는 부시 행정부가 레바논에 약속한 '인도주의적 재건과 안보지원'을 위한 2억 3,000만 달러를 강조한다. 그 원조는 박애와 자유라는 미명으로 장식되어 있었다. "미국은 레바논 국민을 돕기 위해 장기적으로 헌신하고 있다. 우리는 모든 사람이 당연히 모든 권리를 존중받는 자유롭고 개방된 사회에서 살아야 한다고 믿기 때문이다."(http://www.usaid.gov/lb/, 2008년 1월 30일 현재) 그것은 한 국민국가가 아닌 민병대가 승리를 선언한 2006년 이스라엘과 헤즈볼라 간 전쟁의 복잡한 상황을 생략한 채 한 말이다.

실제로 MIX의 아랍 소액금융에 관한 보고서에서 가장 심각하게 빠져 있는 내용은 헤즈볼라에 대한 것이다. 헤즈볼라 소액금융 프로그램이 레바논뿐 아니라 아마 중동 전역에서 가장 크다는 것은 잘 알려진 기정사실이다. 헤즈볼라 소액금융은 2006년에 대출자가 4만 명에 이르렀는데, 오늘날 그 밖의 모든 소액금융기관과 개발기구로부터 높은 찬사를 받고 있다. 기독교계 구제단체인 카리타스의 임원은 한 인터뷰에서 헤즈볼라가 레바논의 많은 지역에서 패권을 잡고 있지만, 다른 단체의 프로젝트를 방해하지 않고 있으며, 무엇보다 훌륭하게 임무를 수행하고 있다고 말했다(2006년 6월). ESFD 경영진은 헤즈볼라와 제휴관계를 맺으려고 했지만 이자율 조건을 맞출 수 없었다고 말하면서, 헤즈볼라에 대해 공개적으로 칭찬을 아끼지 않았다. 아민과 알마즈무아의 이사는 모두 자기네 기관의 소액금융 운영 규모와 범위가 헤즈볼라에 비하면 무색할 정도라는 점을 인정했다. 고위 임원이 헤즈볼라의 소액금융 프로그램은 전혀 들어보지 못했다고 주장하면서 그 문제에 대해 입을 다문 채로 있는 곳은 USAID뿐이다. 그러나 베이루트에 있는

USAID에 어두운 그림자를 드리우는 것은 1983년 미 해군 막사를 폭파시킨 헤즈볼라에 대한 두려운 기억이다. 헤즈볼라 시아파 지역과 멀리 떨어져 있는 베이루트 기독교 구역 드베이히Dbeyhi의 언덕에 위치한 USAID 구내는 기관총·망루·무장차량이 완벽하게 갖추어진 일종의 병영이다. 그곳은 끊임없이 테러에 대비해야 하는 공간이다. 하지만 '레바논 남부와 베카 계곡에 헤즈볼라의 사회경제 활동에 맞설 견제 세력'(USAID, 2002: 8)을 구축한다고 해서 헤즈볼라의 복합적이고 다양한 개발전략의 기선을 제압할 수는 없다는 것이 내 생각이다. 결국 '자애로운 대출'이라는 명칭이 어울리는 단체는 헤즈볼라의 소액금융기관인 알카르드 알하산Al-Qard Al-Hassan이다.

2006년 여름, 세계는 이스라엘과 레바논 간의 새로운 전쟁으로 얼어붙었다. 그러나 그 전쟁은 실제로 이스라엘과 헤즈볼라 간의 싸움이었다. 그 전쟁은 헤즈볼라가 레바논 남부와 베이루트 남부 외곽에 있는 사실상의 국가로 부상하게 된 과정을 엿볼 수 있는 결정적 계기를 제공했다. 1984년에 창설된 '신의 당'이라는 뜻의 헤즈볼라는 종교 민병대가 정치결사체로 발전한 것이다. 미국이 관리하는 테러조직 명단의 상위에 있는 헤즈볼라는 민병대지만 레바논 정부 내에서 대표성이 있는 정당이기도 하다. 또한 헤즈볼라는 방대한 사회복지와 개발기구를 관리하는데, 그들이 가난한 시아파 유민을 위해 하는 일은 '급진적 계획'으로 인식된다(Saliba, 2000). 2006년 전쟁이 끝나고 난 뒤, 전 세계 언론은 레바논 정부와 해외의 원조·지원의 허점을 쉽게 공략한 헤즈볼라의 신속하고 효율적인 '구호'사례로 온통 떠들썩했다. 워스Worth와 파타Fattah(2006)는 헤즈볼라가 "지난달 가옥이 파괴된 가정을 돕기 위한 활발한 캠페인의 일환으로 미국 달러로 1만 2,000달러의 보조금"을 나눠주고 있었다고 전했다. 수백 명의 자원봉사자가 신속한 재건에 착수하기 위해 현장에 배치되었다(Worth and Fattah, 2006). 이로써 헤즈볼라가 전쟁을 위한 조직체일 뿐 아니라 개발을 위한 기구임이 밝혀졌다.

헤즈볼라는 처음부터 두 집단의 개발기구―선별된 수혜대상자(미망인·순교자 가족·게릴라 부상병)를 지원하는 조직과 더 광범위한 영역에서 지원활동을 펼치는 조직―를 운영했다. 지하드 알비나Jihad al-Binaa(건설을 위한 성전)·알임다드Al-Imdad(지원)·이슬람보건회Islamic Society for Health·알카르드 알하산(자애로운 대출) 같은 단체가 후자에 속한다(Harb and Leenders, 2005). 헤즈볼라의 소액금융 프로그램인 알카르드 알하산은 대출자가 4만 명이 넘는 것으로 명성이 자자한데, 레바논은 물론 아마도 중동 전역에서 가장 큰 소액금융기관일 것이다. 예컨대 『월스트리트저널』은 이러한 재무운영의 효율성과 범위에 찬탄하는 기사를 실었다(Higgins, 2006). 그 기사는 미 재무부가 '특별 국제테러분자'로 지명 수배했지만, "미국이 정상적으로 지지하는 기업을 운영하는, 다시 말해 자립하는 자본주의 문화를 육성하기 위해 소액융자를 활용할 줄 아는" 소액대출의 황제로 불리는 인물, 후세인 알샤미Hussein Al-Shami를 대서특필한다.

헤즈볼라의 활동은 드루즈파Druze*를 비롯해 마론파Maronite**에 이르기까지 다양한 민병대가 '준법률적 공공사회서비스' 체계를 만들

---

어(Harik 1994: 28; Sawalha, 2001) 국가 기간시설을 대체한 레바논에서 내전의 정치경제학이 남긴 유산으로 비칠 수 있다. 헤즈볼라가 제공하는 모든 서비스는 전쟁이 끝난 뒤에도 지속되었다. 오늘날 헤즈볼라의 구제활동과 개발활동은 그들의 이념과 무력투쟁 속에, 그리고 그들이 '저항사회'라고 부르는 것을 창조하는 과정 속에 계속해서 굳건히 자리 잡아가고 있다(Harb and Leenders, 2005). 헤즈볼라는 이를 위해 그들의 개발활동을 저항의 토대를 마련하는 요소로 개념화한다. 그것은 1985년 글로벌 움마를 향한 공개서한과 연속선상에 있는 '레바논과 전 세계의 탄압받는 자들의 선언'이었다(Norton, 1999: 12). 따라서 헤즈볼라의 지하드 알비나(건설을 위한 성전)의 책임자는 헤즈볼라가 '레바논의 개발'을 통해 이스라엘과 싸운다고 말한다. 주택과 기반시설을 건설하는 일을 하는 지하드 알비나는 일종의 '투쟁의 무기'다(Sachs, 2000). 헤즈볼라와 '민중' 사이의 관계가 무엇보다 중요한 열쇠다. 레바논 남부의 한 자동차 정비공은 헤즈볼라가 무엇이냐는 질문에 헤즈볼라와 지역사회 사이에 어떤 경계도 있을 수 없다고 주장한다. "남부에 있는 나무가 말합니다. 우리가 헤즈볼라다. 돌이 말합니다. 우리가 헤즈볼라다. 민중이 말할 수 없다면, 돌이 그렇게 말할 겁니다."(Tavernise, 2006) 실제로 그러한 관계는 생각보다 훨씬 더 광범위할 수도 있다. 헤즈볼라는 시아파가 압도적으로 많은 마을이나 지역사회에서 활동하는 시아파 단체지만, 헤즈볼라에 대한 실증적 연구에 따르면, 그 마을에 사는 사람이 기독교인이든 이슬람교인이든 상관없이 모두에게 헤즈볼라의 서비스가 제공되고 있음을 보여준다(Norton, 1999).

그 지역의 개발 NGO가 대부분 해외원조의 산물이라는 점을 고려할 때, 헤즈볼라는 순전히 토착적인 현지의 개발기구라고 볼 수 있다. 헤즈볼라의 최고 간부인 알리 파야드Ali Fayyad는 한 인터뷰에서 '사회적 부양자'로서의 헤즈볼라의 역할이 바로 그 조직이 어떻게 '지역사회 내부'에 굳건히 뿌리내리는지를 보여준다고 주장했다(2006년 6월). "우리는 지역사회의 일부입니다. 우리는 사람들이 무엇을 요구하는지 이해합니다." 이런 의미에서 헤즈볼라의 대출은 이집트에 이미 깊숙이 스며들고 레바논을 뚫고 들어가려고 애쓰는 개발자본의 흐름과 긴밀하게 연계되어 있는 지정학적 융자조건과 무관한, 진정으로 '좋은 대출'이라고 이해될 수 있다. 그러나 헤즈볼라의 군사·구제·개발 활동은 모두 자금을 제공하는 시리아와 이란에 의존한다. 레바논 자체는 수많은 지정학적 세력의 꼭두각시이므로, 겉으로는 자율적이고 급진적으로 보이는 헤즈볼라도 그것과 전혀 다르지 않을지도 모른다. 결국 헤즈볼라가 설립하고 운영하는 다양한 NGO는 "레바논에 대한 이란의 해외정책을 통해 성장했다." 그들은 모두 "이란이 제공하는 자금에 전적으로 의존하며 이란에 본부가 있는 모⾝단체의 주도로 만들어졌다."(Fawaz, 2000: 23) 다시 말해 '해외의 본부가 현지에 하향식으로 만든 비대중적 단체에서' 서비스 제공을 구상·설계·이행하는 과정에 '주민 참여를 이끌어내는 단체'로 헤즈볼라의 NGO가 발전할 수 있었는지는 모르지만 그 단체가 '해외'원조에 의존했다는 것은 부인할 수 없는 사실이다(Fawaz, 1998: 18).

나는 이전의 연구에서 헤즈볼라가 다양한 기법과 규범을 통해 국민을 통치하고 공간을 지배할 수 있는 '대중에 영합하는 중재의 하부구조'로 이해되어야 한다고 주장했다(Roy, 2009). 가장 중요한 통치기술은 권위 있는 지식의 생산이다. 권력과 지식의 밀접한 상관관계를 잘 아는 헤즈볼라는 그들의 지역사회에 대한 정제된 지식을 생산하고 유지한다. 2006년 전쟁이 끝나고 헤즈볼라가 베이루트 남부 외곽과 레바논 남부를 재건하기 시작했을 때, 그 단체가 신속하고 효율적으로 피해 상황을 조사하고 전쟁 희생자에 대한 보상체계를 만들어, 궁극적으로 야심차게 '국가재건'의제를 실천에 옮기는 데 깊은 관심과 능력이 있음이 명백해졌다. 그런 지식을 생산하는 과정에서 헤즈볼라는 핵심 전문가 집단(건축가·공학자·조사연구원·다양한 분야의 박사)을 적극적으로 활용한다. 1988년 베이루트 남부 외곽 시아파 구역에 설립한 현대사회개발센터 Center for Contemporary Society and Development, CCSD는 빈곤과 배제 문제를 기록하고 진단하며, 대안적 개발형태를 위한 의제를 구체화하는 작업을 한다. CCSD 책임자인 알리 파야드 박사는 중동지역에 널리 알려진 공인이자 지식인이다. 그의 생각은 레바논의 지리적 경계를 뛰어넘어 이집트 무슬림 동포단의 저명한 지식인 사이에서도 널리 회자되고 논의된다. 파야드는 한 인터뷰에서 레바논의 빈곤과 미개발 문제를 '외세'에 대한 의존 증상이라고 진단했다(2006년 6월). 레바논은 '지역적 이해관계가 있는' 세력과 '그 지역을 돌고 도는 수많은 자본'에 둘러싸여 있지만, 이들 세력은 "실업이나 빈곤을 제거하는 데 전혀 관심이 없다." 따라서 그는 "변화를 이루어내는 것은 NGO·지역사회단체·시민사회의 몫이다"라고 주장했다.

특히 헤즈볼라의 구제와 개발 조직이 보여주는 놀라운 점은 '자아에 대한 윤리의식'의 함양, 다시 말해 금융규율을 포함해서 규율준수를 요구하고 강화하는 존재방식이다. 이것은 헤즈볼라가 자체 소액금융 프로그램인 알카르드 알하산을 개념화하고 관리하는 방식에서 특히 명백하게 드러난다. 파야드가 "이슬람의 원리를 지키면서 가난한 사람들을 돕는 지역사회 지도자 집단"으로 설명한(2006년 6월) 것에 따라, 그 프로그램은 1982년부터 활동의 중심을 구제에서 개발로 바꾸었다. 알카르드 알하산은 다른 소액금융기관과 마찬가지로 대출금 분할상환과 회수를 중요하게 생각한다. 총 대출자 수가 4만여 명에 이르고 해마다 평균 1인당 1,000달러 정도를 2만 5,000명에게 대출하는 알카르드 알하산은 다양한 기법을 활용해 대출자가 융자조건을 준수하게 한다. 대출자는 남자든 여자든 회원 '가입비'를 내고 조직원으로 등록해야 한다. 그러면 그들은 대출을 받을 수 있는 자격을 갖추게 된다. 알카르드 알하산의 책임자는 그것이 대출을 받기 위한 유일한 담보형태라고 주장했지만, 레바논의 다른 소액금융기관 직원은 알카르드 알하산이 의례적으로 여성의 장신구를 대출 담보물로 요구한다고 지적했다. 알카르드 알하산이 가난한 여성에게 대출을 해주고 "대출금 상환에 거의 문제가 없다"라고 주장할 수 있는 것은 바로 그런 이유 때문이다. 그런 형태의 규율은 '여성 자원봉사단'에 의해 강화된다. 그들은 헤즈볼라의 여성 조직원으로 대개 남성 중심의 봉급을 받는 개발 전문가 집단에 속하지 않지만, 그들 '자원봉사자'의 활동은 그러한 제도적 장치가 제대로 기능하기 위해 없어서는 안 될 중요한 요소다. 처음에는 이란의 '모기관'이 반대한 이 여성 조직은 '대출자 가정의 문제를 알기 위해' 주간 단위로 해당 가정을 방문한다(Fawaz, 1998: 56~59). 알카르드 알하산의 책임자가 "우리는 민중을 신뢰한다"라고 말할 때, 그 신뢰는 정교한 제도적 장치(보증인·담보물·여성 자원봉사단)가 만들어내고 강화한 것이다. 그 신뢰는 또한 구제활동과 개발활동을 명확하게 구분케 한다. 따라서 극빈층은 알카르드 알하산의 서비스 대상이 아니다. 그들의 문제는 타카풀Takaful(상호부조)과 알임다드(지원) 같은 헤즈볼라의 구호기관으로 넘어간다. 그 기관의 운영은 알카르드 알하산과 완전히 다르다. 알임다드도 마찬가지로 자급자족과 기업가 정신을 장려하지만, 80퍼센트에 가까운 연체율을 감당한다(Fawaz, 1998: 40). 이것은 알카르드 알하산에서는 생각할 수도 없는 규율의 부재다.

헤즈볼라는 스스로를 미 제국과 시온주의에 맞서는 이슬람 세력으로 소개한다. 따라서 CCSD와 알카르드 알하산 같은 헤즈볼라 조직의 본부가 있는 베이루트 남부의 거리는 헤즈볼라의 '순교자들'(저항사회를 위해 목숨을 바친 전사들)의 초상화가 줄지어 늘어서 있다. 이것은 진짜 전쟁(헤즈볼라가 이스라엘 방위군에 맞서 벌이는 전쟁에서 미국이 헤즈볼라 같은 세력들에 맞서 벌이는 '테러와의 전쟁'에 이르기까지)이다. 미국이 테러와의 전쟁에서 무기로 쓰는 것 가운데 하나는 이슬람 구호기관으로 흘러들어가는 자금을 범죄시하는 것이다. 파야드는 그러한 제한이 헤즈볼라의 구호활동과 개발활동에 필요한 자금마련 능력을 약화시켰다고 주장했다. 그러나 헤즈볼라가 신자유주의를 대체할 이슬람의 대안이라고까지 볼 수는 없다. 헤즈볼라의 소액금융 프로그램은 빈곤에 관한 워싱턴 컨센서스와 관련된 주제와 매우 흡사해 보인다. 그것은 가난한 이웃과 지역사회를 투명하게 밝히는 '데이터 공간'을 구축해 그들을 금융 고객으로 만든다. 그것은 기업가 정신·개인의 책임성·자립의 가치관 위에 세워진 자아에 대한 윤리의식을 안정되게 유지시킨다. 그것은 또한 여성들을 '여성 자원봉사단'으로 효율적으로 활용하지만, 그들의 참여를

'모성문화'라는 '합법적 공간'으로 제한하면서, 하나의 개발도구로 이용한다(Zaatari, 2006: 58). 그것은 구호활동과 그런 형태의 개발사업을 철저하게 서로 구분하면서 소액금융을 전문화하려고 애쓴다.

언뜻 보기에 그런 주제는 신자유주의의 이데올로기를 강화하는 것처럼 보인다. 하지만 헤즈볼라에 그런 꼬리표를 갖다 붙이는 것은 부적절하다. 내부의 싸움이 매우 복잡하기 때문이다. 헤즈볼라의 개발 프로그램은 타칼루프takhalluf, 즉 후진성과 싸우기 위해 애쓰지만, 그 과정에서 오히려 '의존성의 형태로 타칼루프가 생겨나지' 않을까 걱정한다(Deeb, 2006: 183). 따라서 구호활동과 개발사업 사이의 구분이 필요해진다. 의존성에 대한 그러한 우려는 헤즈볼라가 시아파의 빈민가, 즉 베이루트 남부 외곽의 알다히야al-Dahiya의 운명을 개념화하는 과정을 거슬러 올라가면서 확인해볼 수 있다. 헤즈볼라는 시아파의 문제를 박탈당한 것(마흐루민mahrumin)이 아니라 억압받는 것(무스타다핀mustada'afin)이라고 프레임을 바꾸었다. "거기서 느껴지는 미묘한 차이가 중요하다. 후자는 변화와 변신의 기회를 생각나게 하지만, 전자는 정체를 뜻한다."(Harb and Leenders, 2005: 189) 소액금융은 헤즈볼라에게 중요한 전략이다. 그것은 경제적 독립과 변화의 촉진을 약속하기 때문이다.

헤즈볼라의 개발방식에 대한 학자들의 평가는 양분되어 있다. 일부 학자는 헤즈볼라가 세상을 '억압하는 자(무스타크비린mustakbirin)와 억압받는 자(무스타다핀)'로 나누어 보는 것이 '이슬람식 계급분석'이라고 주장한다. 그러한 분석은 시아파를 '소작농과 농부, 노동자와 빈민, 억압받는 자와 빼앗긴 자, 일꾼과 노숙자'와 하나의 '공동체 계급community class'으로 묶는다(Saad-Ghorayeb, 2002: 16-18). 반면에 그것이 전하는 주된 메시지가 계급투쟁에 대한 것이 아니라 오히려 '도덕적 행위'에 대한 것이라고 주장하는 학자도 있다. 헤즈볼라는 그러한 도덕성을 확보하기 위해 이슬람교의 '성직자 우월주의'의 질서를 만들어낸다(Hamzeh, 2004: 42, 134). 실제로 레바논 안팎에 있는 부유한 시아파 사람들이 가난한 시아파 공동체 계급이라는 이념을 유지하기는 어려울 것이다. 이 부유한 시아파 유민들은 헤즈볼라의 개발활동과 구호활동의 상당 부분을 뒷받침한다(Harik, 1996; Fawaz, 2000).

헤즈볼라의 저항사회에 새겨진 저항은 현재 레바논에서 진행 중인 자본축적방식에까지 확장되지는 않는다. 실제로 헤즈볼라가 대개 무산자를 대변하는 것처럼 보이지만, 도시학자 모나 하브Mona Harb(2001)의 연구는 헤즈볼라가 도시 재개발에 맞서 싸우는 것에 관심이 없었다는 것을 보여준다. 심지어 도시 재개발 때문에 가난한 사람들이 살던 곳에서 쫓겨날 때도 전혀 관여하지 않았다. 오히려 헤즈볼라는 재정착과 보상조건을 조정하는 일에만 매달리며, 베이루트의 시아파 지역에 대한 그들의 권력을 유지하고 지배하는 일에 몰두했다. 도시 빈민은 헤즈볼라의 중재로 그런 협상을 벌인다. 그런 협상에서 개발계획의 미명으로 작성되는 진보의 이념에 대한 문제제기는 거의 없다. 하브(2001: 118)는 도시 재개발이 국익을 위한 것이기 때문에 가난한 사람들은 베이루트를 세계적인 도시로 바꾸기 위해 필요한 현대화 사업에 협조해야 한다는 것이 그동안의 헤즈볼라의 주장이었다고 지적한다. 그러한 논의 과정에서 헤즈볼라가 언급한 타마둔tamaddun이라는 용어를 주목할 필요가 있다. 하브는 타마둔을 현대화라고 번역하지만, 그 용어는 아마 '문명화'라고 번역하는 것이 더 타당할 것이다(Deeb, 2006: 17 참조). 그것은 '메디나medina'라는 말에서 왔는데, 아랍어로 도시와 문명화를 의미한다. 그것은 현대화하는 방식을 나타낸다. 이제 여기서 타칼루프, 즉 후진성은 '진보를 의미하는 두 가지 유사 개념, 즉 현대화 증진과 신앙심 강화'로 극복된다(Deeb, 2006: 30).

그렇다면 현대화와 신앙심은 서로 조화를 이룰 수 있는가? 우리는 헤즈볼라가 자본주의의 규범이나 관행들과 복잡하게 얽힌 관계를 어떻게 이해해야 할까? 인류학자 사바 마흐무드는 이집트의 '신앙심의 정치학'적 맥락 속에서 그런 관계를 이렇게 말한다.

> 그러한 맞물림은 역사적으로 뚜렷이 다른 두 적수 간의 싸움으로 분석될 수 없다. (……) 오늘날 이슬람교의 다양한 활동은 세속적 자유주의를 이슬람 사회 내부를 갉아먹는 강력한 힘이라고 말하지만, 그런 담론은 (……) 그들이 벌이는 세속적 자유주의 사업 그 자체의 확대에 기인한 바가 크다.

우리는 이런 관점에서 전 세계적으로 점점 부상하는 '이슬람 금융' 현상을 해석할 수 있다. 그런 사업은 자본주의를 이슬람 율법인 샤리아와 화해시키려고 애쓴다. 따라서 이슬람 채권 수쿠크sukuk는 21세기 자본주의의 신개척지, 황량한 서부(마나마와 두바이라는 연안의 '섬' 개발)에 자금을 대고 있다. 인도네시아를 비롯해 영국과 프랑스에 이르기까지 이슬람 투자자를 끌어들이기에 혈안이 되어 있는 각국 정부 또한 수쿠크를 발행하면서 '도덕적이면서 동시에 활기차 보이는' 새로운 금융시장에서 한몫을 건지려고 애쓰고 있다. 샤리아를 준수하는 새로운 헤지펀드를 창출하려는 바클레이즈캐피털Barclays Capital과 손잡은 '샤리아캐피털Shariah Capital' 같은 컨설턴트업체와 함께 새로운 산업이 '이슬람 금융'을 중심으로 결정체를 이루었다. 그것은 신앙심과 영리추구를 조화시키는 독자적인 회계체계와 감사체계를 갖추고 있다. 그 신산업은 채권유동화 같은 대형 금융거래수단에 의존하는데, 그것들이 '진정으로 이슬람적'—채권유동화의 경우는 눈에 보이지 않는 외래의 파생금융상품이 아닌 유형자산에 의해 뒷받침되는 자금조달이기 때문에—이라고 주장한다(Blease, 2008). 예컨대 '이슬람 연대기금Islamic Solidarity Fund'은 빈곤문제를 다루기 위해 이슬람개발은행Islamic Development Bank이 조성한 100억 달러 규모의 와크프waqf* 기금이다(AME Info, 2008). 소액금융은 그 기금의 중요한 전략으로, 와크프라는 종교적 관습으로 창출된 기부행위를 기업가 정신과 경제개발, 사회발전이라는 세속적이고 자유주의적인 관행으로 바꾼다.

헤즈볼라는 훨씬 더 야심차게 탄압받는 시아파의 목소리로 생동하는 글로벌 움마를 향한 꿈과 범세계적인 자본주의 경제를 서로 조화시키기 위해 애쓴다. 알리 파야드는 나와의 인터뷰를 끝낼 때쯤 타마둔으로 이해될 수 있는 것(도시의 현대화 과정에서 명백하게 드러나는 문명화의 충격)을 자랑스럽게 이야기하기 시작했다. 그는 알다히야에 생겨난 새로운 공간, '아샤하Assaha'라는 전통마을을 매우 상세하게 설명했다(http://www.assahavillage.com, 2006년 9월 15일 현재). 대중음식점이자

---

* 이슬람교에서 주로 공익 목적의 재단을 설립하기 위해 재산을 사회에 환원하는 것을 일컫는다.

유흥복합단지인 아샤하는 구호단체 알마바라트al-Mabarrat의 프로젝트로 헤즈볼라와 직접적으로 관련이 있다기보다는 시아파의 정신적 지도자인 파들알라Fadlallah와 연관되어 있었다(Khechen, 2007). 그러나 파야드는 아샤하를 헤즈볼라가 해야 할 일인 현대화의 핵심 요소, 범세계주의를 표방하는 도시의 이정표라고 주장했다. "베이루트는 본디 도심지가 있었습니다. 우리가 있는 곳은 도시 외곽이라서 도심지에 가면 늘 불안했지요. 이제 우리도 우리의 도심지가 생겼어요. 모든 사람이 우리 도심지로 곧 올 겁니다. 이곳은 모두를 위한 도심지가 될 겁니다." 그는 오락과 유흥, 휴식과 소비(술을 제외한 맛있는 음식, 가잘ghazal*, 낭송회, 남녀의 조화로운 어울림, '이슬람식 차도르를 입은 사람과 서양식 복장을 한 사람'의 교류, 축구경기가 나오는 거대한 화면, 무선통신, 디즈니랜드에서 파는 것 같은 헤즈볼라 지도자 나스랄라Nasrallah 모형의 싸구려 기념품)를 불편해하기보다는 감탄하는 마음을 드러냈다.

파야드의 말은 그가 지난해에 했던 인터뷰를 떠올리게 했다. "우리 나라는 아직도 '우리'와 '그들'로 구분되어 있습니다. 이것은 엄연한 현실입니다. 하지만 우리는 그렇게 구분되는 것을 좋아하지 않아요. 그것을 원치 않습니다. 우리는 거기서 빨리 벗어나기를 원합니다."(Ignatius, 2005) 파야드에게 레바논 국가의 과거를 떠올려주는 건축양식과 유산이 뒤섞인 아샤하 유흥복합단지Assaha entertainment complex는 시아파가 "국가에 충성심을 품고 있다"라는 것을 보여주는 증거다. "모두들 우

---

* 페르시아권의 4행 서정시를 가리킨다.

리가 국가보다 종교에 더 충성한다고 생각합니다. 하지만 그건 사실이 아니에요. 아샤하는 문화적 조화의 상징입니다." 아샤하는 2006년 여름 알다히야에 비 오듯 쏟아진 폭탄세례를 피해 살아남았다. 헤즈볼라는 전쟁으로부터 시아파의 빈민가뿐 아니라 레바논 자체를 지켜낸 승리자로 떠올랐다.

## 난민촌

레바논은 오랫동안 지리적으로 소수민족 거주지로 연상되고 관리되어 왔다. 정치적으로는 다양한 종파가 정치권력과 관직을 나눠 갖는 종파적 정치체제로, 서로 느슨하게 결합된 하나의 국민국가다. 그런 토대 위에서 각 정당은 서로 다른 종교집단을 대변할 뿐 아니라 서로 별개의 영토를 다스린다. 드루즈파는 산악지대인 슈프Chouf를 관할하고, 베이루트 남부 알다히야는 시아파 헤즈볼라가 통치한다. 그러나 그런 통치체계와 영토권은 팔레스타인 난민 때문에 혼란에 빠진 상태다. 레바논 인구의 10퍼센트에 해당하는 40만 명이 넘는 팔레스타인 난민의 절반 이상이 레바논 전역에 흩어져 있는 12개 난민촌에 살고 있다. 이들 난민은 대부분 이슬람교 수니파인데 레바논의 종파적 정치체제를 위협하는 존재로 비친다. 그들의 주변화는 '영역이 제한되고 격리된 채 감시받는 난민촌 안에 갇혀 있는 상태'를 포함한다(Peteet, 1996: 27). 이런 난민촌에서, 팔레스타인 난민은 '교육·보건·구호·사회적 지원의 주된 제공자'인 유엔팔레스타인난민구호기구United Nations Relief and Works

Agency for Palestine Refugees, UNRWA에 의존한다(http://www.un.org/unrwa/overview/, 2008년 11월 11일 현재). 특례지역으로 구획된 난민촌은 '인민위원회'가 운영하는 자치공간으로 여겨진다. 이 인민위원회는 거꾸로 "레바논 당국과 팔레스타인 정치집단에게는 여전히 부차적인 제3자, 특히 시리아의 이해관계와 얽힌 영향력이 존재하고 있음을 보여준다."(Knudsen, 2005: 219) 그러나 그 인민위원회는 또한 레바논 정부의 통치권 아래 있으므로, 레바논의 법치영역 안에 있지 그 범위를 뛰어넘지는 못한다(Suleiman, 1999: 72). 따라서 팔레스타인 난민촌은 복수의 통치권이 존재하는 공간인 셈이다.

난민촌이라는 소수민족 거주지에 갇힌 레바논의 팔레스타인 난민은 공식적이고 실질적인 시민권의 기본 요소에 접근할 방법이 없다.

시민으로서 당연히 누릴 사회적 권리가 없고, 정부의 공중보건이나 교육시설을 매우 제한적으로만 이용할 수 있으며, 공공사회복지서비스도 누릴 수 없다. (……) 팔레스타인 난민은 외국인으로 보기 때문에 70개가 넘는 교역과 전문직에 종사하는 것이 법으로 금지되어 있다.

(http://www.un.org/unrwa/refugees/lebanon.html,

2009년 2월 10일 현재)

일할 수 있는 업종의 제한문제는 특히 중요하다. 1969년 카이로 협정Cairo Accords으로 레바논 난민촌에 있는 팔레스타인인이 취업하고, 지역위원회를 구성하고, 무장투쟁에 참여할 수 있는 권한을 받았지만, 1987년에 그 협정이 파기되면서, 그때부터 레바논의 노동사회부는 '이

발업에서 금융업에 이르기까지' '외국인'에게 금지되는 직업을 정해 엄격하게 고용제한을 실시하도록 강제했다(Peteet, 1996: 30). 따라서 팔레스타인 난민은 '가장 하찮고 보수가 낮은 직종'에 의지해 살 수밖에 없었다(Peteet, 1996: 30). 1999년에 이런 노동법의 일부가 개정되었지만, 팔레스타인인에게 발급되는 노동허가증은 이집트 출신 같은 외국인 노동자에게 발급되는 것보다 훨씬 더 제약이 많았다(Knudsen, 2007: 8).

무엇보다 레바논의 팔레스타인 난민은 치명적인 '보호공백'에 직면한다(Knudsen, 2007: 2). 1982년 이스라엘 침공의 촉매제 역할을 한 것으로 인식되고, 악명 높은 샤브라와 샤틸라 난민촌에서 레바논 팔랑지당의 기독교 민병대에게 대량 학살당한 팔레스타인인은 귀화도 전혀 허용되지 않았다. 레바논 내전의 종식을 알린 타이프 협정Taif Agreement (1조 h항)은 "레바논 안에 비레바논인의 어떠한 분할공간이나 구획, 정착지도 허용하지 않는다"라고 명시했다. 따라서 레바논의 팔레스타인 난민촌이 다른 지역에 있는 난민촌보다 더 높은 빈곤율과 실업률에 시달린다는 사실은 그리 놀라운 일이 아니다. 1995년 UNRWA는 팔레스타인 난민의 실업률이 시리아 15퍼센트, 요르단 19퍼센트인 데 비해 레바논에서는 40퍼센트에 이른다고 추산했다(Suleiman, 1997: 399). 실제로 UNRWA는 그들의 다양한 현지공관(요르단·시리아·서안지구·가자지구) 가운데 레바논이 "극빈상태 속에 살면서 UNRWA의 '특별관리' 프로그램에 등록되어 있는 팔레스타인 난민의 비율이 가장 높다"라고 말한다(http://www.un.org/unrwa/refugees/lebanon.html, 2009년 2월 10일 현재). 그러한 취약성은 레바논의 팔레스타인 난민이 겪은 여러 차례의 추방으로 더욱 악화되었다.

UNRWA는 긴급구호와 인간개발을 통해 레바논을 비롯한 다른 현지에 거주하는 난민을 지원하기 위해 애쓴다. 1991년부터 소액금융은 UNRWA 활동의 핵심 부분이 되었다. 소액금융 프로그램은 걸프전과 제1차 인티파다intifadah*에 뒤이어 처음 시도되었는데, 중소기업체 설립을 유도하는 쪽으로 설계되었다. 1994년 프로그램의 중심점이 여성 소상공인을 겨냥한 '새로운 연대집단 대출상품 출시'와 함께 '소액금융 중개'와 '비공식 부문 대출'로 옮겨갔다(UNRWA, 2003: 4). 가자지구에서 시범적으로 실시된 그 프로그램은 나중에 다른 UNRWA 지역으로 확대 시행되었다. 레바논의 UNRWA 관리는 여러 차례 인터뷰하는 동안, 그들의 소액금융 프로그램이 '특별관리 대상 가정'의 여성을 대상으로 (저축이 필요 없는) 집단대출방식의 그라민은행 모델을 따랐다고 특별히 언급했다(2006년 5월). 그들은 "소액금융과 소액창업 프로그램Microfinance and Microenterprises Programme, MMP은 팔레스타인인을 독립시킬 수 있습니다"라고 주장했다.

그러나 이집트와 마찬가지로 레바논에서도 그 방글라데시 모델은 실패한 것처럼 보인다. UNRWA 관리는 대출연체와 강제집행제도를 고안하기 위한 그들의 노력과 관련된 문제의식을 상당히 미세한 부분까지 공유했다. "문제는 난민촌이 소수민족 거주지라는 겁니다. 정부의 손이 그들에게 닿지 않아요. 그곳은 사법체계의 예외지역입니다. 법과 질서가 없는 그런 상황에서, 우리가 어떻게 약속어음을 강제집행하고

----

* '봉기'라는 뜻으로 팔레스타인의 반이스라엘 투쟁을 통칭한다.

대출자에게 법적 조치를 취할 수 있겠습니까?" 이것은 또 다른 형태의 부채와 규율, 의존성의 결합이다. 가자지구의 소액금융 NGO 대출자에게 "지정된 기일보다 늦게 대출금을 상환하는 대출자는 곧바로 팔레스타인 보안경찰에 의해 감옥에 들어갈 것이다"라고 명기된 계약서에 서명할 것을 요구한다. 인류학자 줄리아 엘리어차(2002: 511)가 지적하는 것처럼, "국가가 아닌 보안기구가 (……) 직접 NGO를 위해 일했다. 은행을 위해 국제기구에서 나온 자금은 반드시 수금한다는 것을 보여주기 위해서다."

UNRWA는 레바논의 난민촌에 상이한 제도를 시행했다. 여기서는 UNRWA 직원이 대출보증을 한다. 그들 대부분이 팔레스타인 난민 자신이다. "우리는 직원의 봉급을 이용합니다. 대출금이 제때 상환되지 않으면 봉급에서 그 금액만큼 차감할 수 있습니다. 그건 아주 단순한 제도입니다." UNRWA의 설명은 레바논의 소액금융 프로그램이 10퍼센트 안밖의 연체율로 운영되는데, 그러한 연체 리스크는 직원 봉급을 차감함으로써 충분히 보완된다는 것을 의미한다. 그것은 "UNRWA가 어떤 리스크도 떠안지 않는" 독특한 제도다. 연체 시 직원 봉급으로 보상하기 때문에 UNRWA의 대출자산은 전혀 피해를 보지 않지만, UNRWA 직원은 대신 변상한 돈을 벌충하기 위해 시간과 노력을 들여야 한다. UNRWA 소액금융을 관리하는 한 책임자의 말을 들어보자.

담보를 제공하는 여러 가지 방법이 있습니다. 우리는 NGO와 지역사회 기반 단체를 통해 그렇게 할 수 있지만, 그들은 너무 많은 대출을 탕감합니다. 그것은 이제 소액금융이 아닙니다. (……) 우리는 또한 채무자를 법정에 데리고 갈 수 있지만, UNRWA로서 법정에 가지는 않을 겁니다. 우리가 부채를 은행에 팔면, 은행이 법정에 가서 대출금을 회수할 겁니다. 집단대출모델 그 자체만으로는 충분하지 않다는 것은 명백한 사실입니다. 우리는 강력한 담보, 집단대출모델을 시행하기 위한 파산자 명단이 필요합니다. 직원 봉급은 그 같은 가장 효과적이고 효율적인 담보입니다.

레바논 난민촌은 부채와 규율의 중재 없는 협상을 상징한다. 나는 처음에 난민촌의 '인민위원회'나 NGO가 관리하는 복잡한 협의구조를 예상했다. 이것은 그런 경우가 아니었다. 논리는 더 단순하고 훨씬 더 냉혹했다. 난민집단이 대출자이자 대출금 수금자로서 이중역할을 했다. 심각한 경제적 궁핍화와 정치적 특권 박탈의 맥락에서, 이 이중 역할은 비록 개발이라는 언어와 수사로 가장했을지라도 자기 착취로 이해되어야 한다. 레바논 난민촌에 있는 사람을 포함해 팔레스타인 난민은 팔레스타인 영토에서 정치적 영향력과 영토 주권을 상실하면서 각종 재원들, 특히 과거 팔레스타인해방기구PLO의 관리에게 흘러들어갔던 봉급과 연금을 이용할 수 없게 되었다. 그리고 이스라엘의 군사 포위작전은 그야말로 서안지구와 가자지구에서 경제적 활동을 중단시켰다. 그것은 UNRWA가 '경제적 억압'이라고 부르는 위기였다(UNRWA, 2003). 이런 총체적인 자금동결의 상황 속에서, 유일한 자본의 흐름은 가자지구에서는 경찰력을 통해, 레바논 난민촌에서는 '아주 단순한' 담보제도를 통해 대출금 상환을 보장받을 수 있는 UNRWA의 소액금융 대출인 것처럼 보인다.

그러나 UNRWA는 자기네 소액금융을 "CGAP와 USAID 같은 기구가 공식적으로 인정한 떠오르는 소액금융산업의 새로운 표준과 모범사례를 따르는" 지속 가능하고 자립적인 프로그램이라고 칭송한다(UNRWA, 2003: 5). 그 프로그램이 "제도적 개발이나 역량 배양을 위해 외부 자금 조달 없이" 성장했다고 자랑스럽게 말한다. 이것은 "(……) 볼더의 세계 최고의 소액금융 교육 프로그램에서 핵심 요원을 배출해냄으로써 강화"되었다(UNRWA, 2003: 4). 이것은 또한 새천년 개발의 신개척지, 즉 오늘날 피로 얼룩진 공포의 땅 가자지구가 "상품 시험장, (……) 극빈자의 곤궁함을 지원하는 다양한 금융상품을 설계하고 개발하기 위한 이상적 환경"으로 여겨지는 지점이다(UNRWA, 2003: 5). 그것은 중동에서 가장 애달픈 개발의 퍼포먼스이자 부채와 규율, 의존성이 가슴 아프게 얽힌 결정체다.

그러나 그것은 또한 사회적·경제적·정치적 정의실현의 지체를 의미한다. UNRWA 자체는 팔레스타인 난민이라는 초국가적 문제를 풀 현실적 대안이다. 이스라엘 국가 수립과 팔레스타인인 추방에 이어서 1949년에 설립된 UNRWA는 처음에 일시적인 미봉책이었지만 이제는 중동 전역에 흩어져 있는 4,500만 명이 넘는 팔레스타인 난민에게 각종 지원과 구호를 제공하는 상설 개발기구가 되었다. 오늘날 그것은 중동에서 가장 큰 유엔기관이다. 레바논 같은 현장에서 UNRWA의 소액금융과 소액창업 프로그램은 팔레스타인 난민의 구조적 주변화에 대한 하나의 대안이다. 개발의 모범사례와 '지속 가능한 소액금융'의 반복은 당면한 근본적 문제를 놓친다. 다시 말해 시민권을 받지 못해 일자리·주택·법적 보호·영토를 하염없이 기다려야 하는 팔레스타인 난민의 고통은 그러한 논의구조에서 찾아볼 수 없다.

레바논에서 그러한 팔레스타인 사람에 대한 거부는 오히려 팔레스타인 난민이 자기네 땅으로 '돌아갈 권리'를 계속해서 주장하게 하는 명목으로 정당화되었다. 불가능한 의존상태를 유지하게 하는 것은 바로 정의실현의 지체인 것이다. 이른바 민족화합헌장이라고 부른 타이프 협정이 체결된 직후, 레바논 국무총리 라피크 하리리Rafik Hariri 는 "레바논은 절대로 팔레스타인인을 통합시키지 않을 것입니다. 그들은 시민권이나 경제권, 심지어 취업허가증도 받지 못할 겁니다"라고 선언했다. 그는 "통합은 1948년부터 팔레스타인인을 지원해왔던 국제기구 UNRWA의 어깨에서 그들을 내려오게 할 것"이라고 주장했다(Knudsen, 2007: 8). 따라서 UNRWA는 요르단 왕비 라니아Rania가 공표한 것처럼 팔레스타인 난민에게 '교사이자 의사, 식량 공급자'인 존재가 되었다(http://www.un.org/unrwa/english.html, 2009년 2월 10일 현재). 난민은 난민촌 경계 안에 있어야만 UNRWA가 제공하는 지원금을 받을 수 있는 권리를 보장받는다(Knudsen, 2005). 그러나 "난민은 UNRWA로부터 집단적인 지원을 받게 되면, 유엔난민기구United Nations High Commissioner for Refugees, UNHCR가 제공하는 개별 보호에서는 배제된다."(Knudsen, 2007: 15) 유엔난민기구는 난민의 법적 보호·망명·본국송환과 관련된 일을 하는 유엔난민고등판무관사무소를 말한다.

2005년 헤즈볼라는 레바논 내각에 합류했다. 노동농업부 장관 트라드 하마데Trad Hamadeh는 팔레스타인인이 육체노동과 사무직에 취업하는 것을 막는 금지령을 해제하는 각서를 발표했다. 그 각서는 레바논의 팔레스타인 난민의 신분변화에 아무런 영향도 끼치지 않았다. 거기에 "1964년부터 레바논 시민에게만 허용된 전문직 단체(예컨대 의사·기술자·약사)의 자격증을 요구하는 사회적 지위가 높은 직업"은 포함되지 않았다. 또한 취업허가증을 받기 위해서는 여전히 '엄청나게 높은 수수료'와 고용주 세금을 부담해야 했다(Knudsen, 2007: 13-14). 그러나 그것은 상징적으로 오랫동안 팔레스타인 난민의 귀화에 반대해온 헤즈볼라가 이제 '난민기록'에 대한 마음을 바꿀 생각이 있는지에 대한 질문을 던졌다. 실제로 헤즈볼라는 UNRWA와 협력해서 팔레스타인 난민촌으로 자체 구호활동과 개발지원을 확대하려고 하는 것 같아 보였다(Khalili, 2007: 283). 그래서 헤즈볼라의 '자애로운 대출'은 이제 인간다움의 끄트머리에 서 있는 사람들, 팔레스타인 난민도 이용할 수 있게 되었을까?

그러나 헤즈볼라는 신자유주의에 대한 이슬람의 대안이 아닌 것처럼 지정학적으로 관련된 외부 세력에 대한 토착적 대안도 아니다. 헤즈볼라는 바로 이런 세력의 산물이며 헤즈볼라의 개발사업은 수단에 불과하다. 따라서 헤즈볼라가 레바논의 팔레스타인 난민을 통합하려는 노력은 제한적일 수밖에 없다. 그리고 헤즈볼라는 자기네가 지향하는 '저항사회'를 정교하게 다듬기 위해 팔레스타인 난민의 상징과 현장, 대의를 도용했다. 1982년 팔레스타인 난민 대학살이 벌어졌던 샤브라와 샤틸라의 난민촌에는 오늘날 팔레스타인의 희생과 투쟁에 대한 기억은 완전히 지워진 채, 승리한 보호자로서 헤즈볼라의 이야기만 남아 있다(Khalili, 2007: 286). 형제애로 포장된 연대감은 일종의 퍼포먼스에 불과했음이 적나라하게 드러나고 있다.

난민촌 이야기는 제국의 신개척지에서 벌어지는 새천년 개발에 대한 풍자로 다루어질 수 있다. 그것은 부채와 규율, 의존성의 잔인한 결합, 세상에서 가장 큰 구멍이 뚫린 경제 가운데 일부에서 벌어지는 끔찍한 퍼포먼스다. 소액금융은 그런 퍼포먼스를 가능하게 만든다. 이러한 개발의 퍼포먼스는 어쩌면 난민촌이 개발(봉급을 받는 일자리와 공공 부문의 고용)의 혜택을 받을 수 있는 최선의 방법이었는지도 모른다. 비록 소액금융 대출금이 정상적으로 상환될 때까지 봉급 지급이 보류된다는 조건이 붙지만 말이다. 여기서 '공짜 돈'은 없다. 그러한 구조적이고 상징적인 폭력을 제국주의 탓으로만 돌릴 수는 없다. 그러한 폭력은 형제애로 포장된 연대감을 통해 직조되고, '저항사회'를 정교하게 다듬고, 신의 이름으로 도덕질서와 금융규율을 부과하는 다양한 형태의 자생적 권력과 지배를 모두 망라한다.

# 5장

# 비우량시장

## 빈곤자본의
## 형성

자본에 접근하지 못한다면
자본주의가 무슨 소용이 있는가?*

그라민재단 이사장인 알렉스 카운츠Alex Counts가 2006년 캐나다 핼리팩스에서 열린 마이크로크레디트
정상회의에서 한 말.

# 죽은 원조

개발 현장에 나타난 가장 최근의 '유명인사' 중 하나가 담비사 모요인데, 그녀는 『타임』지가 선정한 세계에서 가장 영향력 있는 인물 100인에 들었다. 『뉴욕타임스』는 그녀에게 '안티 보노anti-Bono'*라는 별명을 붙인 인터뷰 기사를 실었다. 모요는 출간 예정인 자신의 책『죽은 원조Dead Aid』로 언론의 주목을 크게 받고 있었다. 그녀는 아프리카인이 앞으로 나아가는 것을 막고 권리를 박탈시키는 것은 다름 아닌 서구의 원조라고 강력하게 주장한다. 그녀의 주장에 따르면, 원조는 '성장을 죽이는 침묵의 살인마'다(Moyo, 2009: 49). 반면에 그녀는 원조의 부담을 떠안지 않은 나라가 이룬 성취를 칭송한다. "40년 전, 중국은 많은 아프리카 국가보다 더 가난했습니다. 그래요. 오늘날 그들은 돈이 있어요. 그런데 그 돈이 어디서 왔지요? 그들은 돈을 축적했어요. 그들은 원조에 의존하지 않는 상황을 만들어내기 위해 매우 열심히 일했습니다."(Solomon, 2009) 삭스와 보노 같은 전 세계 빈곤퇴치 운동가에 맞서 내지르는 그녀의 이야기는 원조와 개발에 대한 윌리엄 이스털리의 혹

---

* 세계적으로 열심히 공익활동을 펼치는 아일랜드 출신의 록그룹 'U2'의 리더 보노에 반대한다는 의미다.

독한 비판에 보내는 답신이다. 그동안 보노(2009)는 원조는 "구호품이 아니라 투자다. 그것은 자선이 아니라 정의다"라고 주장하기를 멈추지 않았다. 그는 원조를 배상과 비슷한 것처럼 보이게 한다. '자본주의를 심판'해서 오류를 바로잡는 것이라는 말이다.

모요의 갑작스러운 인기는 새천년 개발의 일부 핵심 주제에 사람들이 주목하게 만들었다. 첫째, 전 세계 언론은 모요를 원조에 반대하는 아프리카인의 자리에 올려놓았다. 그녀는 탈식민주의 비평가인 가야트리 차크라보르티 스피박(1999: 49)의 표현에 따르면, '토착정보원Native Informant'*이다. 역사학자 니얼 퍼거슨(2009: ix)은 모요의 책 서문에서 '아프리카 흑인 여성'인 그녀가 과거에 식민지였던 아프리카 대륙 자체만큼이나 확실하게 '비아프리카 백인 남성들', 즉 지금은 '경제학자(폴 콜리어Paul Collier, 윌리엄 이스털리, 제프리 삭스)에서 심지어 록스타(보노, 밥 겔도프Bob Geldof)'에 의해 '식민화'된 '아프리카 경제문제를 논쟁하는 공론장'에 과감하게 뛰어들고 있다고 말한다. 이 말을 한 사람은 물론 식민주의가 그런 식민지에 중요한 혜택, 특히 시장과 민주주의를 선사했다고 주장하는 『제국Empire』을 저술한 바로 그 니얼 퍼거슨이다.

그러나 모요의 경력은 월스트리트와 워싱턴 DC와 복잡하게 얽혀 있다. 『파이낸셜타임스』는 그녀에 대해 이렇게 설명한다.

30대 여성인 모요는 잠비아 태생이다. 그녀의 아버지는 남아프리카공

---

* 원주민 출신의 정보제공자를 의미한다.

화국 광산노동자의 아들로 학자이자 반부패 운동가다. 그녀의 어머니는 인도-잠비아은행의 은행장이다. 하버드에서 석사학위를 받고 옥스퍼드에서 박사학위를 받은 것을 포함해서 많은 학식을 갖춘 그녀는 지난8년 동안 골드먼삭스에서 글로벌 경제학자로 근무했다.

(Wallis, 2009)

모요는 또한 여러 해 동안 세계은행에서 일했다. 그녀는 세계은행이 시도한 여러 '개혁조치'를 칭송하지만, 원조의 단계적 축소를 더욱 공세적으로 밀어붙이지 못한 점을 비판한다. 그녀는 서로 분리된 영역처럼 보이는 아프리카 비판가와 서구의 개발은행가 사이를 가로지르는 인물이다. 그러한 혼합 유형의 인물은 새천년 개발기구에 아주 많다. 그들 가운데 일부는 자신의 권력과 특권적 지위를 소송과 협상의 영역에서 활용하는 '이중행위자'도 있다.

둘째, 새천년 개발의 대다수 주역들의 경우처럼 그녀는 소액금융을 사랑한다. 그녀는 『뉴욕타임스』와 가진 인터뷰에서 "사람들이 누군가를 도와주려고 할 때, 돈을 기부하지 않으면 그 돈으로 무엇을 해야 한다고 생각합니까?"라는 질문을 받고, 곧바로 아주 간단하면서도 극적인 답변을 했다. "소액금융이요. 사람들에게 일자리를 주는 것이죠." 그러한 응답은 오늘날 주류를 이루는 개발에 반대자든 지지자든 모두 소액금융에 대해 흔들리지 않는 믿음이 있다는 것을 보여준다. 실제로 소액금융은 수많은 열망·의제·관심·희망을 구체화하는 새천년 개발의 상징이다. 모요에게 소액금융은 자영업과 자립의 마법과 같다. 키바닷오알지에서 그라민은행에 이르기까지 모요의 소액금융에 대한 찬양은 내가 이전에 '신자유주의적 포퓰리즘'이라고 지적했던 것, 즉 자유시장 이데올로기와 최하층 10억 명의 이해관계가 맞아떨어진 조합의 한 예다. 따라서 그녀는 '기부금을 안 받는' 정책을 펴는 그라민은행을 칭찬한다(Moyo, 2009: 136). 그런 모델을 가능하게 만드는 데 중요한 역할을 하는 보조금에 의존하지 않기 때문이다. 에르난도 데 소토를 따르는 그녀는 가장 중요한 문제가 가난한 사람이 재산이나 저축한 돈이 없는 게 아니라, '비효율적' 금융시장 때문에 그런 돈을 제대로 쓰지 못하는 점이라고 주장한다. 그녀가 말하는 '떠돌고 있는 수십 억 달러'는 "우리는 돈의 바다에서 살고 있다"라는 유누스(2009)의 말을 연상시킨다(http://knowledge.wharton.upenn.edu/article.cfm?articleid=2243, 2009년 5월 30일 현재). 니얼 퍼거슨(2008: 2, 280)은 저서 『금융의 지배The Ascent of Money』에서 그라민을 '가정주부'라고 칭송할 뿐 아니라 돈(금융혁신과 금융의 세계화)이 '거의 모든 진보의 뿌리'라고 주장한다.

셋째, 모요는 글로벌 금융시장에 대해 큰 신뢰를 나타낸다. 그녀는 골드먼삭스에 재직할 당시 주로 신흥국가가 채권을 발행하는 일을 돕는 자본시장에서 일했다(Solomon, 2009). 그녀는 『파이낸셜타임스』와 가진 인터뷰에서 "채권시장은 악성 채무자의 삶을 어렵게 만듦으로써 정부가 돈을 더욱 현명하게 쓰도록 강요합니다. 반면에 원조는 계속 유입되기 때문에 그것과 정반대의 효과를 가져옵니다"라고 주장한다(Wallis, 2009). 이것은 물론 기업가 정신이 있는 가난한 사람뿐 아니라 나라 전체에 적용되는 뚜렷한 자립의 이데올로기다. 모요는 CGAP의 담론에서 중요한 요소인 책임성과 규율(채권시장은 그러한 책임성과 규율을 스며들게 한다)이라는 주제를 강력하게 주장한다. 그녀가 제안하는 것처럼 보이는 이것은 아프리카를 움직이게 만드는 열쇠다. 그녀의 이야기는 퍼거슨이 밝힌 '백인 남성' 가운데 하나인 폴 콜리어의 이야기와 비슷하다. 그의 저서 『최하층 10억 명The Bottom Billion』도 아프리카가 어떻게 작동하고 작동하지 않는지를 곰곰이 되씹는다. 콜리어(2007)는 모요처럼 결정적인 군사개입과 일정한 형태의 원조가 필요하다고 말하지만, 가난한 나라와 그들의 최하층 10억 명의 가장 큰 질병 가운데 하나는 경제성장을 하지 못하는 것이라고 주장한다. 모요는 채권시장에 주목하는 반면, 콜리어는 국제법과 면허를 중시하는데, 그것은 모두 투명성을 보장하고 투자를 끌어들인다.

월스트리트가 우리 주변에서 붕괴하고 있을 때 나온 모요의 선언은 좀더 자세히 살펴볼 필요가 있다. 금융시장은 과연 규율과 책임감이 있는가, 아니면 무모하고 베일 속에 가려져 있는가? 몇 년 전, 국제활동가이자 포커스온더글로벌사우스의 창립자인 월든 벨로(2006)는 "오늘날 기성 사회가 소액대출에 대해 그렇게 열성인 이유 중 하나는 그것이 다른 시장 기반의 프로그램이 실패한 곳에서 일정 정도 성공을 거둔 시장 기반의 방식이기 때문이다"라고 주장했다. 이것은 어쩌면 지금 훨씬 더 잘 들어맞는 말인지도 모른다. 오늘날 원조의 세계는 부패하고 중독성이 강하다고 비난하면서, 금융시장은 품성을 기르고 경쟁을 독려한다고 치켜세우는 것은 좋게 말해 순진한 것이고 나쁘게 말하면 허점이 가득하다. 실제로 이런 글로벌 시장은 극단적이고 파괴적인 형태의 투기에 노출되어 있었던 것이 사실이다. 미국 코미디언 존 스튜어트Jon Stewart는 이런 현실에 끓어오르는 분노를 표현하면서 이러한 시스템을 '두 개의 시장'—'401(k) 퇴직연금은 절대 망하지 않을 거라고 미국인이 철석같이 믿었던 장기시장과 내부 투기꾼이 '거금'을 걸고 도박판을 벌이면서 다른 모든 사람까지 파멸시킨 밀실의 빠르게 움직이는 단기시장'—이라고 묘사했다(Rich, 2009). 따라서 심지어 『파이낸셜타임스』의 기자 윌리엄 월리스William Wallis(2009)도 모요의 아프리카 치유방식에 회의를 표명한다. "내가 런던에서 마주친 이론 가운데 가장 냉소적인 것은 지난해 아프리카에 대한 과열현상 자체가 지나친 투자열풍과 거대한 글로벌 거품이 터질 것에 대한 아주 확실한 경고였다는 이야기다."

이 마지막 장에서는 이중행위자와 소액금융, 글로벌 금융시장의 기이한 결합에 대해 살펴본다. 빈곤에 관한 워싱턴 컨센서스는 소액금융을 월스트리트의 이미지로 다시 만들고자 애쓴다. 그러한 합의는 대안을 찾고자 하는 기관뿐 아니라 워싱턴-월스트리트 복합체 내부에서 활동하는 이중행위자로부터 제기되는 비판에 직면한다. 월스트리트의 붕괴 이후에 소액금융에 대한 새로운 이해와 실천방안이 나오지 않으면 안 된다. 오늘날 소액금융은 CGAP와 그라민은행 양쪽으로부터 글로벌 금융시장을 건강하고 유익하게 만든다는 것을 입증할 수도 있고, 가난한 사람에게 인간적 위엄을 돌려줄 수도 있는 성공한 비우량대출의 한 유형으로 소개되고 있다. 이런 의미에서 소액금융은 새천년의 '빈곤자본'인 것이다.

빈곤자본의 발전과정은 자본과 개발의 민주화에 중요하고 긴급한 문제를 제기한다. 비록 이 책의 많은 부분이 그런 주제를 연구하는 데 할애되었지만, 이 마지막 장에서는 오늘날 금융위기를 새로운 관점에서 그 주제를 검토할 기회로 삼는다. 소액금융의 대안적 관점이 현재

CGAP의 헤게모니를 약화시키면서 중심무대를 차지하고 있다면, 이러한 관점이 빈곤에 관한 워싱턴 컨센서스를 거부하는 것인지, 아니면 그것을 단순히 반복하고 복제하는 것인지를 확인해야 한다. 그런 조사과정에서 나는 특히 '이중행위자', 즉 권력체계의 안팎에 동시에 존재하면서 대개 현재의 상황에 연루되어 있지만, 때때로 기존의 사회통념에 도전하려고 애쓰기도 하는 개인과 기관의 역할에 주목한다. 이중행위자를 이해하기 위해 나는 탈식민주의 이론가 가야트리 차크라보르티 스피박(1999:91)의 연구에 기댄다. 그녀는 이러한 도덕적 위치를 "비판하지만 은밀하게 깃든 구조에는 '아니다'라고 말할 수 없는 것"이라고 요약한다. 이 마지막 장은 이런 종류의 비판 계보와 거부할 수 없는 거주 공간을 좀더 자세히 살펴본다.

## 이중행위자

스피박(1994: 53)은 「책임」이라는 글에서 세계은행이 주도하는 국제개발기구의 '진정한 관심사'는 '글로벌 자본의 생성'이라고 날카롭게 주장한다. 그녀는 따라서 세계은행에 대해 정교하고 비판적으로 분석할 필요는 없다고 결론짓는다. "거기에는 그런 책임이 전혀 없다." 그녀의 말은 설득력이 있다. 하지만 나는 생각이 다르다. '글로벌 자본의 생성'은 스피박이 말하는 것처럼 그렇게 쉽지 않다. 서로 상충되는 문제와 제약 사항이 많기 때문이다. 그것은 국제적 통제와 관리가 필요하며 권위 있고 보편적인 지식의 생산이 요구된다. 앞서 확인한 것처럼 그런 노력은 다양한 반대편 패러다임의 도전에 직면하고 논쟁에 휘말린다. 이전의 장에서는 워싱턴의 개발기제 밖에 남아 있는 기구가 제기한 문제를 집중 조명했다면, 여기서는 그 기제 안에 있는 전문가가 말과 행동으로 어떻게 비판하는지 살펴본다. 스피박은 글로벌 자본의 생성이 '컨설턴트와 도급업자' 같은 인물을 통해 일어난다고 말한다. 실제로 그런 경우도 있을 수 있다. 하지만 그런 인물은 글로벌 자본의 생성뿐 아니라 반대의견을 내는 '이중행위자'일 수 있다.

이 책을 쓰기 위해 워싱턴 DC에 있는 개발권력의 한복판에 줄지어 선 크고 작은 사무실에서 자료를 조사하는 동안, 여러 유형의 '컨설턴트와 도급업자'와 마주쳤다. 그중에는 기관의 현 상태에 전폭적으로 지지 의사를 표명함으로써 자신의 권력을 지키려고 애쓰는 여성 유력인사들이 있었다. 그들은 '기정사실화된 것'만 말하려고 했다. 그들은 자기네 기관이 대외적으로 공식 발표한 의제에서 거의 벗어나지 않았다. 반대의견도 거의 말하는 법이 없었다. 내가 질문하는 내용이 반대의견을 묻거나 비판을 요구할 때, 그들은 허둥지둥 일축하거나 심지어 적대적인 모습을 보이기까지 했다. 물론 그런 질문에는 기존 권력에 대한 비판이나 저항의 이야기를 찾아 이야기하고 싶은 나 자신의 특별한 바람이 담겨 있었다. 그러면 나는 서둘러 사무실에서 쫓기듯 나와야 했고, 인터뷰는 갑자기 중단되었다. 그런 인터뷰는 나를 실망시켰는데, 가공할 성과를 올리는 이 여성들이 조직 내에서 자신이 벌이는 투쟁, 즉 권력을 만들기도 하고 부수기도 하는 자신의 노력을 모호하게 만들고 있다는 것을 알았기 때문이다. 그런 인터뷰는 또한 여성이 권력의 프로젝트 안과 밖 양쪽에서 모두 어떻게 살아남는지 내게 보여주었다. 그들은 어디를 통제할지 지시할 수 있지만, 그런 권위가 얼마나 지속될 수 있을지 늘 걱정했다. 나는 이런 중단된 인터뷰와 대개 사교적 대화이기 마련인 유력한 남성과의 인터뷰가 서로 대조되는 것이 흥미로웠다. 여성 유력인사가 한 버클리 연구원이 던진 질문에 불안한 모습을 보이며 '기정사실화된 것'만 되풀이함으로써 그들의 정당성을 강화하려고 애쓴 반면, 남성 유력인사는 조직 규범과 사실을 향해 위험을 무릅쓰고 비판적으로 접근해가려고 했다. 그런 독립적인 퍼포먼스는 결국 권력의 퍼포먼스였는데, 그 이유는 어쩌면 남성 유력인사의 권위는 너무도 확실하고 의문의 여지가 없기 때문이었을지 모른다.

그중에는 또한 명문 대학원을 갓 졸업하고 진보적인 생각으로 가득하지만, USAID나 미국 의회에서 새롭게 경력을 쌓으려고 애쓰며 워싱턴 DC에 있는 청년 남성들도 있다. 그들은 자신이 하는 일을 전략적이라고 설명하지만(예컨대 빈곤에 대한 우려가 사람들의 관심을 끌기 위해서는 테러라는 용어와 함께 얽혀야 한다고 생각하는 것), 자신이 생각했던 것보다 협상하고 처리하는 능력이 매우 미흡했다. 이 젊은 남성들은 외교정책과 개발 프로그램의 직무에 빠르게 안주했다. 그들은 불안하게 왔다 갔다 하는 생각에 익숙해지고 이제 '기정사실화'를 쉽게 받아들였다. 그들은 지고한 목표(빈곤종식, 개발과 원조에서 책임의식 창출)를 가지고 계속해서 자신이 하는 일을 정당화했지만, 그런 목표를 추구하기 위해 워싱턴 DC에서 진행되는 거래·계약·협력 관계는 문제 삼지 않았다. 이것은 시스템이었고, 이 젊은 남성들은 그 안에서 자신의 틈새를 발견했다. 나는 그들을 지켜보면서 스피박이 '공모complicity'(항복이나 실패로서가 아니라 오히려 '서로 이해가 맞아떨어지는 것'으로서)라고 했던 말의 의미를 이해할 수 있었다. 이 젊고 똑똑한 남성들의 생활은 이 시스템과 이해관계가 서로 맞았다. 공모는 배반이 아니라 귀속의식이라는 것을 나는 깨달았다. 그들은 내가 대학 세계에 속한 것처럼, 자본을 차지하고 사실을 창출하려고 애쓰는 세계에 속했다.

세계은행이 주관한 '지식관리' 교육연수회에는 남반구 출신의 '컨설턴트와 도급업자'가 있었다. 그들 가운데 많은 사람이 개발 분야에 몸담고 있는 사람들이었다. 대다수가 빈곤완화에 대한 열정이 있었다. 그러나 그들은 또한 자신이 세계은행이 주관하는 교육을 받고 있다는 사실을 자랑스럽게 여기며, 빈곤에 관한 워싱턴 컨센서스에 열광했다. 그들은 대개 그러한 교육연수회에 참석하도록 요청받았지만, 그것이 강요에 의한 참석이든 자발적 참석이든 중요하지 않았다. 그들은 볼더협회가 발행하는 자격증을 원했다. 그것은 그들의 경력 가운데 하나로 인정되기 때문이다. 그들은 아주 중요한 주장을 내게 일깨워주었다. "IMF와 세계은행의 영향력은 채무국의 능력 있고 적극적인 담당자를 상대할 때 가장 설득력이 큽니다."(Woods, 2006: 6) 그들이 해외를 돌아다니고, 연수회와 학술회의에 참석하고, 일반적으로 하나의 계층 신분을 강화할 수 있는 것은 바로 이런 사정 때문이었다. 그들은 부유한 지배층과 거리를 두고 그들에 대해 비판적 자세를 취했지만, 또한 소액금융을 통해 지원하는 가난한 사람과도 거리를 두었다. 따라서 필리핀의 한 소액금융기관의 여성 책임자는 자기 같은 중산층 가정도 집을 구할 수 없는데, 도시 빈민은 마닐라의 땅을 '훔쳤다'고 주장하며 '무단점거'를 맹렬히 비난했다. 그 의견에 동조하는 파키스탄 출신의 한 동료는 도시 빈민이 오늘날 카라치의 '가장 좋은 동네'에 살고 있다고 한탄했다. 그녀는 그들의 '값싼 노동력' 때문에 그들이 필요하다는 것을 인정했다. 그녀 자신도 결국 집안일을 위해 가정부 세 명을 고용했다. 필리핀 출신의 소액금융 책임자는 "그들은 마땅히 해야 할 일을 열심히 하지 않아요. 그들을 고용해서 쓰는 것이 자선을 베푸는 건 아닌가 하는 느낌이 들어요"라고 말했다. 파키스탄의 개발 담당 간부는 한 예를 들어 설명했다. "우리 집 정원사는 부인이 둘이에요. 그래서 저는 두 집을 도와주어야 합니다." 그런 사례가 일반적인 것은 아니지만 충분히 눈여겨볼 만한 일이다. 그것은 거주의 형태, 즉 중산층의 정체성이 '예속의 문화'를 통해 어떻게 구성되는지를 보여준다(Ray and Qayum, 2009). 이런 설명에 나타난 품삯노동은 노역처럼 비치고, 임금은 자선처럼 묘사된다. 빈민은 이런 식으로(노동하는 주체로서가 아니라 도덕적 대상으로서, 다시 말해 입지전적 기업가나 게으른 침입자로서) 소액금융의 구조 속에 편입된다.

그들 자신이 중산층 신분인 빈곤 전문가가 벌이는 교섭은 V. S. 나이폴Naipaul이 1961년에 발표한 소설 『비스와스 씨를 위한 집A Housing for Mr. Biswas』에 나오는 가슴 아픈 구절을 종종 생각나게 했다. 그 내용은 좀 자세히 공유할 만한 가치가 있다. 빈곤과 사회적 모멸로부터 완충 역할을 할 중산층 일자리를 간절히 찾고 있던 비스와스 씨는 마침내 선정적 기사를 주로 다루는 신문사 '트리니다드 센티널Trinidad Sentinel'에 취직하는데, 그 신문사는 최근에 가난을 소재로 한 이야기를 새로운 기삿거리로 정했다. 비스와스 씨는 새로 시작된 '극빈자 기금'의 조사관으로 임명되었다.

극빈자들이 쓴 신청서를 읽고, 자격이 안 되는 사람은 기각하고, 자격이 되는 사람은 직접 방문해서 실제 사정이 얼마나 어려운 상황인지를 살펴보고, 여러 조건이 부합한다면, 그들의 끔찍한 궁핍 상황에 대해 사람들이 충분히 기금을 낼 수 있을 정도로 글을 쓰는 것이 그의 일이었다. 그는 하루에 한 명씩 그런 극빈자를 찾아야 했다. (……) 그는 아내 M. 비스와스에게 극빈자 조사관이라는 직업이 그런 극빈자 1호라고 말했다. 그러나 그런 일은 이루어지지 않을 것이다. (……) 날마다 그는 불구자와 실패한 사람, 무능한 사람들을 방문했다. (……) 그는 그렇게 망가지고 무기력해진 사람들과 마주쳤다. 그들을 다시 일어서게 하려면 평생을 바쳐야 할지도 모른다. 하지만 그는 바짓단을 접어 올리고 진흙탕 길을 미꾸라지처럼 요리조리 피해가며 현장을 방문조사하고 문서를 작성하고 또 다른 곳으로 이동할 수밖에 없다. (……) 그러나 때때로 어떤 극빈자는 볼멘 표정으로 비스와스 씨가 묻는 말에 대답하지 않고 비스와스 씨가 작성할 끔찍한 사정을 자세히 알려주기를 거부할 때도 있었다. 그런 경우에 비스와스 씨는 부자나 생활의 여유를 즐기는 사람, 정부와 작당한 사람이라고 비난을 받았다. 또 어떤 때는 폭력의 위협을 받는 경우도 있었다. 그럴 때면 그는 신발 신는 것도 바짓단을 올리는 것도 까먹고 뒤통수로 욕을 들으며 서둘러 거리로 뛰쳐나왔다. (……) "극빈이 극단으로 돌변하다"라고 그는 내일 아침 1면 머리기사 표제를 상상해보았다. (물론 그런 일은 절대 일어나지 않을 것이다. 신문은 단지 끔찍한 빈곤에 대한 끔찍한 세부 묘사, 비굴하게 고마워하는 모습만을 원했다.)

(Naipaul, 1961: 423-425)

비스와스 씨가 마침내 늘 갈망했던 자기 집을 가진 중산층 신분을 얻을 수 있게 된 것은 바로 이 '극빈자 조사관'이라는 직업 덕분이다. 사실을 만들어내는 일은 특권을 만드는 일이다. 그 특권이 아무리 미미한 것일지라도 말이다.

그러나 새천년 개발의 과정에 이러한 귀속의식이나 공동의 이해관계, 공모가 아닌 다른 중요한 것을 만들 수 있는 사람이 꽤 있다. 그들은 그런 공모관계를 해체하려고 애쓰는 것이 아니라, 귀속의식에 안주하는 지형에서 의문을 제기하고 심지어 반대의견을 내는 더욱 급진적인 프로젝트로 전환시키려고 했다. CGAP가 도입한 소액금융의 모의시장인 MIX에서 나는 '이념의 정치학politics of ideas'에 대해 웅변을 토한 한 임원을 발견했다. 빈곤에 관한 워싱턴 컨센서스의 중심에 있는 그는 그러한 합의가 형성되는 과정에서 유누스와 그라민은행이 주변으로 밀려나는 것을 밝혀내고, 지식생산의 중앙집권화와 통제과정에서 세계은행이 지배력을 행사한 것을 정확하게 지적하며 그 합의를 면밀히 검토할 줄 아는 능력이 있었다. 그는 CGAP와 볼더협회의 강좌의 각종 간행물에서 숨 가쁘게 언급되었던 '혁신'에 신비하게 덧씌워져 있던 금융화와 시장 구축의 일상적인 도구를 걷어냈다. 그는 사실을 만들어내는 일을 하는 볼더협회를 '상업화 입문과정commercialization 101'이라고 묘사했다. 그는 더 나아가 그런 상업화의 기본 체제가 이중순익에 관심이 있는 오늘날 이미 시대에 뒤처졌다고 주장했다. 그의 지적에 따르면, "공공 부문이 월스트리트보다 더 기업적인 반면, 기업 세계에서 오늘날 중요한 것은 사회적 충격, 다시 말해 빈곤에 끼치는 사회적 영향력과 투자에 대한 사회적 평가기준의 적용이다"라는 사실은 역설이 아닐 수 없다. 이 MIX 임원은 자신이 책임지고 있는 바로 그 시장을 단칼에 부적절하고 시대에 뒤처진 것으로 만들었다. 그것은 '기정사실화'에 헌신하는 기관에서 거꾸로 사실을 해체하는 일을 한 것이다.

월스트리트에서 나는 '원조기관'의 '오만'에 대해 비판적으로 이야기하는 도이치뱅크의 한 최고위급 은행가를 발견했다. "누가 그런 자격을 가질 수 있습니까? 그 자격이 의미하는 것이 무엇입니까?"라고 묻는 그의 질문은 스피박(1994)이 원조기관이라는 호칭에 대해 깊이 생각하고 던진 "누가 그런 칭호를 부여하는가?"라는 복잡한 질문을 떠올리게 했다. 월스트리트의 은행가가 어떻게 탈식민주의 이론가와 같은 말을 할 수 있을까? 물론 이 월스트리트 은행가는 금융자본의 오만을 반성하는 것에 별 관심이 없었다. 실제로 그에게 빈곤에 대한 해법은 자본을 이용하는 것이었다. 그는 시티그룹과 도이치뱅크 같은 상업은행이 지원하는 소액금융모델을 통해 그런 자본에 가장 잘 접근할 수 있다고 주장했다. 그의 임무는 소액금융을 '일종의 자산'으로 변환시키는 것이고, 그것을 위해 리스크를 관리하고 소액금융대출을 위한 증권을 발행하는 제도를 만들어내는 것이었다. 그는 세계은행보다 월스트리트가 그런 새로운 개발금융모델을 더 잘 전파할 수 있다고 주장했다. 사실 만들기의 교과서라 할 수 있는 프라할라드의 저서 『피라미드 맨 밑바닥의 부*The Fortune at the Bottom of the Pyramid*』가 그의 책장에서 눈에 잘 보이는 곳에 꽂혀 있었다. 유명한 월스트리트의 상징인 황소 위로 40층쯤 높이에 있는 이 책 또한 낙관적인 자신감(빈곤은 어떻게 관리될 수 있고, 시장은 어떻게 작동되도록 만들 수 있는지에 대한)이었다. 여기에는 귀속의식과 공동의 이해관계와 은밀하게 깃든 구조가 있었다. 그러나 여기에는 또한 끊임없는 와해도 있었다. 내가 그 월스트리트 은행가를 이해했다고 생각하고 그를 자본과 사실을 돌리는 하나의 톱니라고 생각할 때마다, 그는 개발에 대해 탈식민지의 관점에서 비판하곤 했다. 그는 이렇게 말했다.

오늘날 칭송받고 있는 이 모든 이념은 방글라데시에 그 뿌리가 있습니다. 이것은 모두 개발도상국 세계에서 온 토착모델입니다. 이 뿌리, 이 근원은 중요합니다. 우리가 이러한 이념이 방글라데시에서 발원했다는 사실을 까먹게 만들고 있는 것은 바로 인종주의라고 생각합니다.

그가 이런 정반대 지형의 지식을 갖게 된 것은 아마도 남아시아 출신이기 때문일 것이다.

나는 세계은행의 연구 분야에서 일하는 뛰어난 한 경제학자를 발견했는데, 그는 소액금융이 빈곤완화에 성공한 사례와 실패한 사례를 밝히는 일을 했다. 방법론과 평가에 대한 학문적 논쟁에 깊이 빠져 있던 그는 조사방법의 복잡한 내용을 설명하고 혁신적인 빈곤평가기준을 고안해낼 수 있었다. 그의 연구 세계는 사실을 더욱 정교하게 생산하는 것처럼 보였다. 거기서 이루어지는 논쟁은 권력이나 이해관계가 아닌 방법론적 기법에 관한 것이 전부였다. 얼핏 보면 그것은 정치의 영역과는 거리가 먼 학술적 연구의 세계였다. 하지만 이 세계은행 소속 경제학자는 지식의 정치학을 아주 잘 알고 있었다. 방글라데시 소액금융기관에 대해 폭넓게 공감하는 그는 소액금융산업의 '치안을 유지하려는' CGAP의 노력에 대해 날카롭게 비판했다. 그는 CGAP가 "전 세계에 광범위하게 적용될 수 있는 규칙과 규제를 만들려고" 애쓰지만, "실제로 그 규칙과 규제가 제대로 작동하는지를 평가하는 것에는 관심이 없습니다"라고 주장했다. "그런 것이 소액금융을 더 잘 돌아가게 합니까? 이러한 금융화 추세가 과연 빈곤완화에 더 큰 도움을 줄까요?" 그러나 그의 비판은 소액금융에 대한 금융적 접근방식과 빈곤완화에 중점을 둔 접근방식으로 단순 분리하는 것보다 더 복잡한 의미를 담고 있었다. 그는 소액금융이 빈곤퇴치의 도구이자 동시에 금융수단이라는 사실이 소액금융이 안고 있는 역설이라고 주장했다. "이것은 방글라데시의 소액금융기관이 그 사실을 알든 모르든, 방글라데시에서 지금까지 진행되고 있는 일입니다."

나는 CGAP 조직 내에서 가장 설득력 있는 이중행위자를 발견했다. 세계은행의 전초기지인 CGAP에서 금융과 기술에 대한 이야기만 나올 거라고 예상했던 나는 처음 CGAP를 방문했다가 우연히 발을 들여놓은 한 경제학자의 사무실에서 그가 내 예상과는 매우 다른 이야기를 하는 것을 듣고 깜짝 놀랐다. 다른 CGAP 직원이 소액금융의 긴급성에 대해 이야기하며 자신이 하는 일을 더 나은 미래를 만드는 것으로 규정짓고 있을 때, 이 CGAP의 이중행위자는 소액금융의 복잡한 지식과 조직의 역사, 실제로 CGAP 자체의 역사를 도표로 만들어 보여주었다. 그는 CGAP가 신고전주의 경제학의 부활과정에서 생겨났다고 설명하면서 '오하이오 학파'가 정부의 역할을 불신하고 시장의 역할을 칭송하면서 어떻게 개발금융의 개념을 재정립하는 데 결정적 영향력을 행사했는지 하나씩 되짚어주었다. CGAP가 그들의 이념을 지리적 특수성에 얽매이지 않는 보편적인 것으로 설명하지만, 이 CGAP의 이중행위자는 개발과 관련된 이념의 지형도를 그렸다. 그는 CGAP가 홍보하는 재무적 지속 가능성에 대한 많은 관념이 라틴아메리카의 경험에서 나왔다고 지적했다. 무엇보다도 그는 남아시아의 소액금융방식은 독특한 특징이 있는데, 그것이 '빈민 여성의 역량강화를 위한 투쟁 그리고 빈곤완화를 위한 투쟁과 깊은 연관'이 있다고 주장했다. 그의 주장에 따르면, "이것은 완전히 다른 형태의 개발 노력입니다. 신용대출시장의 지배에 맞서 싸울 방법을 찾으려는 노력인 것이죠. 따라서 그것을 CGAP가 만든 용어로 이해할 수 없는 것은 당연합니다. 이들 기관은 자신을 금융업체라고 생각하지 않습니다." 그러한 분석은 CGAP의 전문가가 주장하는 보편성을 허물어뜨렸다. 그러나 그것은 또한 방글라데시의 소액금융기관을 새로운 관점에서 보게 만들었다. 그 CGAP의 이중행위자는 그라민 은행을 계급투쟁의 맥락에서 바라보아야 한다고 주장했다. 개혁자본주의와 사회적 기업을 중시하는 유누스와 극명한 대조를 이루는 그의 주장은 그라민식 소액금융을 경제정의를 실현하기 위한 도구로 본다. "방글라데시의 소액금융을 이해하기 위한 적절한 틀은 신용대출시장이 아니라 계급갈등입니다"라고 그는 주장했다. 따라서 그는 그라민 기구를 워싱턴 DC로 확대하는 시도를 '실물을 서툴게 모방한 것들'로 보았다. "워싱턴 DC로 확대된 이 기구들은 중요하며 그라민이 만든 이념을 옹호합니다. 하지만 그 기구들은 방글라데시의 현장에서 작동되고 있는 것과는 완전히 다른 기관입니다."

다른 이중행위자의 경우와 마찬가지로, 이 CGAP의 이중행위자는 소액금융과 개발의 정치학을 발가벗겼다. 그러한 폭로의 중심에는 지식의 정치학에 대한 그의 분석과 빈곤에 관한 워싱턴 컨센서스의 헤게모니에 대한 그의 정확한 인식이 있었다. 그는 한 회의에서 "소액금융은 지식 전유專有*의 좋은 예입니다"라고 말했다. "그게 어떻게 방글라데시에서 볼더로 넘어갔죠? 우리가 소액금융을 만들어냈는데, 그러고는 그것을 놓쳐버렸어요." 그가 '우리'라는 말을 쓴 것에는 특별히 중요한 의미가 담겨 있었다. 그 추운 3월의 어느 날 오후 워싱턴 DC에서 그는 '남반구에서 일한 경력'이 있는 혼혈아라고 자기소개를 했다.

우리는 단편적인 묘사나 이야기를 잘합니다. 그것은 시 같아요. 그러나 그것은 기술적으로 보이지 않습니다. 경제적 합리성이 없는 것처럼 보이죠. 일반성이 없어요. 그것은 보편적인 것이 되지 못합니다. 그래서 우리는 이런 시를 기술적이고 보편적인 것으로 바꿀 수 있는 사람들에게 주도권을 빼앗기고 말았습니다.

그 분석은 내가 방글라데시(그라민과 브락, 심지어 ASA)에서 들었던 익숙한 내용이었다. 그러나 CGAP의 사무실, 빈곤에 관한 워싱턴 컨센서스의 심장 한가운데서 그 말을 또렷이 들었을 때, 그것은 완전히 다른 의미가 되어 있었다. 이 CGAP의 이중행위자는 방글라데시로 돌아가서 남반구의 지식창출기관을 설립하고 그런 지식의 전유형태를 역전시키는 것에 대해 장황하게 이야기했다. 그런 상상력은 워싱턴 DC에 그렇게 확고하게 뿌리내려 있는 기정사실화된 고정관념을 혼란에 빠뜨리

---

* 어떤 것을 인수해서 그것의 원소유주에게 적대적으로 만드는 행위를 일컫는다.

고, 방글라데시를 개발과 관련된 전문지식의 중심지로 재배치한다.

그런 비판적 상상력은 어떻게 벼려지는가? CGAP의 이중행위자의 경우에 이것은 방글라데시의 탈식민주의 투쟁과 얽히고설킨 생활사다. 그러나 그것은 또한 한 지역에 국한된 것이 아니라 지역을 옮겨가며 초국가적 횡단을 통해 구체화된 생활사다. 그 CGAP의 이중행위자는 10대 때, 방글라데시 독립전쟁에 참전했다. 이 어린 시절은 반식민주의 의식으로 가득 찼을 뿐 아니라, '문명과 야만의 미세한 차이'를 깨닫게 되면서 이 의식은 더욱 뚜렷해졌다. '전쟁의 폭력'은 그의 형성기에 겪은 경험으로, 결국 그는 방글라데시를 떠나 미국으로 향했다. 그 전쟁은 또한 내가 만난 CGAP의 이중행위자의 인생에서 늘 중심에 있게 될 다양한 모순을 명백하게 드러냈다. 좌파는 방글라데시 독립을 위한 무장투쟁에 참여하지 않았다고 그는 말한다. 그러나 1970년대 초 미국의 한 작은 주립 단과대학에서 그는 좌파 이데올로기에 푹 빠졌고 급진적인 사회운동에 몰두하다 마침내 마르크스주의를 본격적으로 연구하는 일에 최종 안착한다. 그는 1980년대 초에 방글라데시로 돌아가서 그러한 이념을 실천에 옮기려고 애썼다.

농업 노동자, 항만 노동자를 조직화하는 사업이 다양하게 진행되고 있었어요. 소액대출도 그중 하나였습니다. 그것은 가난한 사람들이 어떻게든 먹고살 수 있도록 돕는 일이었어요. 그러나 좌파는 그 일을 업신여겼죠. 좌파 세력은 대규모 반란을 꿈꾸는 학자들로 구성되어 있었습니다. 그런 지식인의 실천활동은 가난한 민중의 삶과는 동떨어져 있었어요. 나는 이런 당파노선을 견인할 생각이 없었습니다.

그 CGAP의 이중행위자는 다시 방글라데시를 떠났다. 이번에는 미국 대학에서 경제학 박사학위를 받았다. 그가 방글라데시로 되돌아왔을 때, 그에게 깊은 인상을 남긴 NGO의 세계로 복귀했다. 좌파 세력은 그들을 거부했다. 그는 그라민은행에 합류했다.

당시 유누스는 방글라데시의 대안을 제시할 수 있을 정도로 강력한 영향력을 가진 것처럼 보였습니다. 그는 신고전주의 경제학에 맞섰죠. 그는 원조기관에 문제를 제기했어요. 그라민에서 우리는 이 두꺼운 나무 탁자에 앉아 일하면서 자부심을 느꼈습니다. 이것은 우리 조직이고, 우리 조국이라고 생각했어요.

세계은행 건물을 굽어보는 그의 사무실 책상 뒤편에 유명한 마르크스주의 철학자 안토니오 그람시Antonio Gramsci의 포스터를 걸어놓고 앉아 있는 이 CGAP의 이중행위자를 이해하기란 쉽지 않다. 하나의 지배형태로서 동의의 획득을 강조하는 그람시의 '헤게모니' 분석이 새천년 개발과 관련된 이러한 논의와 연관이 있다는 사실이 소름 끼칠 정도로 기이한 것은 물론이다. 이 CGAP 경제학자를 그저 빈곤에 관한 워싱턴 컨센서스의 심장부에서 방글라데시 컨센서스를 용감하게 옹호하는 사람으로만 볼 수는 없다. 왜냐하면 그는 또한 CGAP가 하는 일에 확신을 가지고 있기 때문이다. 그는 자신이 CGAP에 어떻게 그리고 왜 채용되었는지 잘 알고 있다. "1990년대 후반이었어요. 유누스는 CGAP가 본래의 임무에서 벗어났다고 혹독하게 비판하고 있었습니다. CGAP가 제게 함께 일하자고 연락을 해왔어요. 저는 처음에 싫다고 했죠. 세계은행을 위해 일하고 싶지 않았거든요. (……) 하지만 여기에 있으면서 많은 것을 배웠습니다. 이곳은 진실로 사람을 배려하는 인간적인 장소입니다." CGAP는 또 다른 매력적인 점이 많다. 그는 CGAP가 하는 일을 자랑스러워했다. 그는 "CGAP가 다른 어떤 기관보다 빈곤의제를 발전시켜나가는 일에 더 많은 역할을 했습니다"라고 말할 때도 있었다. 이것은 CGAP에서 그가 여전히 빈곤에 초점을 맞추고 있다는 자신의 진취성을 부각시키려고 한 말보다 더 큰 의미가 있었다. 그것은 CGAP 자체를 재구성하는 일이었다.

CGAP III는 금융의 카스트제도를 종식시키기 위해 금융서비스를 이용할 수 있는 범위를 극적으로 확대하는 것에 초점이 맞추어져 있습니다. 그렇게 하기 위해서는 NGO 모델을 넘어서야 한다고 생각합니다. 규모를 키워야 합니다. 은행과 협력해야 합니다. 신용대출을 초월해서 생각해야 합니다. 저축과 보험, 송금액을 고려해야 합니다. (……) CGAP가 관심을 갖고 추진하는 일은 빈곤완화입니다. 그것은 온전히 빈곤에만 초점을 맞춥니다. (……) 이 문제에 대해서는 CGAP 내부에서도 이견이 전혀 없습니다.

CGAP의 최고경영자인 엘리자베스 리틀필드는 CGAP의 소임을 금융민주주의라는 말로 표현하지만, 그 CGAP의 이중행위자는 한발 더 나아가 금융차별의 구조 자체에 문제를 제기하는 것이 바로 CGAP의 일이라고 설명한다. "그라민이 신용대출시장의 불의에 맞서 싸우듯, CGAP도 그렇게 합니다."

그러한 이야기는 CGAP와 그들의 소액금융에 대한 이념에 동의한다는 것을 의미한다. 그것은 스피박이 공모라고 지적하는 것처럼 서로 이해관계가 맞아떨어진다는 말이다. 그것은 허위의식도 배신도 아니다. 오히려 그것은 우리가 하는 일이 그 일을 낳는 구조의 방어를 통해서만 의미를 얻는 구조적 현실을 말한다. CGAP 이중행위자의 전복과 반대의견이 갖는 중요성은 CGAP와 소액금융의 의미가 의심받는다면, 크게 감소할 것이다. 그 이중행위자는 반드시 그 구조를 박살내고 해체하고 태워버리려고 애쓸 필요는 없지만, 자신의 활동영역을 발굴하고 주장하고 행동범위를 표시함으로써 그 구조를 차지할 수 있다.

그 CGAP 이중행위자는 실제로 그 구조를 차지했다. CGAP 안에서 그의 빈곤과 관련된 업무는 정착지를 찾았고 얼마 안 있어 빈곤에 관한 워싱턴 컨센서스의 네트워크를 통해 그 일이 널리 확산되기 시작했다. 그가 가르치는 빈곤 관련 강좌는 볼더협회의 정규과목이 되었다. CGAP의 개념문서와 중점시책에 빈곤과 새천년 개발목표, 사회적 보호에 관한 내용이 들어갔다. MIX는 금융성과지표와 함께 사회적 성과지표를 포함시키는 데 관심을 보였다. 기존에 고정관념화된 사실만이 유포되는 상황이 지속되었다면 새로운 상식이 과연 나올 수 있었을까?

**새로운 상식**

새로운 상식의 가장 구체적인 형태는 소액금융의 측정과 평가의 중요한 척도로서 '사회적 성과social performance'의 등장이다. CGAP가 과거에 금융성과지표만을 부각시켰다면, 지금은 사회적 성과지표도 널리 장려하고 있다. 학교교육·건강·여성의 역량강화 같은 지표는 새천년 개발목표에 의해 확정된 우선순위뿐 아니라 방글라데시 컨센서스가 위임한 사항도 반영한다. 마이크로파이낸스 게이트웨이에는 오늘날 '사회적 성과 자원센터'가 있는데, 거기서는 사회적 성과지표를 활용하는 기관 사이의 네트워크를 구축하기 위해 적극적으로 노력하고 있다. 워싱턴 컨센서스와 방글라데시 컨센서스 간의 극명한 차이를 없애려는 것처럼 보이는 동맹의 일환으로, 그라민재단은 사회적 성과지수를 만들기 위해 포드재단과 CGAP와 힘을 합쳤다. 일종의 '공익'으로 만들어진 '빈곤탈피진보지수Progress Out of Poverty Index'라는 이 국가별 평가 도구는 소액금융기관이 빈곤에 관한 영향력을 측정할 수 있게 하고, 소액금융계에서 비금융적 지표의 중요성을 강조한다. CGAP와 아르지디우스Argidius, 포드재단이 소집한 사회적 성과 대책반Social Performance Task Force은 사회적 성과를 다음과 같이 규정한다.

> 소액금융기관의 사회적 임무를 더 많은 수의 가난하고 소외된 사람을 지원하는 것과 관련하여 일반적으로 용인된 사회적 가치에 따라 효과적으로 실천하는 것. 다시 말해 금융서비스의 질과 당위성을 개선하고, 고객을 위한 다양한 혜택을 창출하며, 소액금융기관의 사회적 책임을 향상시키는 일.
>
> (http://www.microfinancegateway.org/p/site/m/template.rc/
> 1.11.48260/1.26.9228, 2008년 8월 15일 현재)

그라민재단의 사회적 성과 관리센터는 그러한 '산업혁신'을 홍보하면서, 그것이 빈곤에 관한 워싱턴 컨센서스의 심장부에서 나오는 반대와 비판을 제어한다고 말한다. 그러한 혁신은 빈곤에 초점을 맞춘 남아시아의 개발 패러다임이 소액금융을 재전유하는 것을 의미하기도 한다. 그러나 그 이야기는 필연적으로 더 복잡하다. 그 CGAP 이중행위자는 그 여정이 믿기 어려울 정도로 매우 힘들었다고 말한다. "몇 년 전만해도, 우리가 사회적 성과에 대해 설명하면 원조기관으로부터 거의 죽일 듯한 공격을 받았습니다. 현재 우리 대책반 인원은 150명입니다. 하지만 여기까지 오는 길은 쉽지 않았습니다." 실제로 사회적 성과를 비판하는 사람들은 사회적 성과라는 개념 자체가 아직 불분명하고 소액금융기관이 그런 정보를 수집하는 데 부당하게 많은 비용과 부담을 떠안아야 한다고 공격한다(Jacquand, 2005).

사회적 성과를 지지하는 집단에서도 반대의 목소리가 있다. 2006년 핼리팩스에서 열린 마이크로크레디트 정상회의에서 핀카 인터내셔널의 존 해치는 재무적 회계감사와 함께 '사회적 회계감사'의 중요성을 강조했다. "고객이 주도하는 산업이 되기 위해, 우리의 임무를 확고히 하기 위해 우리는 사회적 회계감사를 해야 합니다." 케냐의 자미 보라의 잉그리드 먼로도 동의했다. 그러나 그녀는 해치를 비롯해 사회적 성과 운동을 벌이는 사람들에게 다음과 같은 문제를 제기했다.

우리는 왜 우리의 빈곤을 연구하고 부자가 되기 위해 외부의 컨설턴트를 고용해서 우리나라에 오게 합니까? 각 단체는 자체적으로 사회적 성과를 평가해야 합니다. 이것이 또 다른 컨설팅산업이 되어서는 안 됩니다. 케냐에도 뛰어난 젊은 남녀가 많이 있습니다. 그들이 이런 평가 작업을 해야 합니다.

먼로의 사회적 성과운동에 대한 자기비판은 운동 외부에서 제기된 비판과 만난다.

> 사람들은 이중순익에 대한 이러한 보고 요구가 오히려 수많은 컨설턴 트와 연구단체가 그들의 존재를 정당화하는 노골적인 방법이 아닌지 에 대해 의아해할 수도 있다. (……) 원조기관은 대개 그 건을 둘러싸고 일어나는 지나친 문제제기의 적극적 공모자다. 그러한 문제제기를 통 해 해당 지역에서 자신이 하는 일의 존재가치를 정당화할 수 있기 때문 이다. 금융지원이 가난한 사람의 삶에 어떻게 영향을 끼치는지에 대한 더 강력한 이해를 받고 싶다는 진정한 바람에서 이러한 공모가 진행된 다고 주장하는 사람도 있을 것이다.
>
> (Jacquand, 2005)

실제로 사회적 성과운동이 빈곤에 관한 워싱턴 컨센서스의 중심 역 할을 강화하는 쪽으로 작동한다는 주장이 나올 수 있다. 따라서 USAID 의 최고관리자와 가진 인터뷰에서 그들은 사회적 성과운동이 어떻게 새로운 투자자 세대에 의해 주도되고 있는지를 특별히 언급했다. 이 사 실은 사회적 성과운동이 '소액금융을 빈민촌에 한정'시키고 '투자자 를 겁주어 쫓아버릴' 수 있다는 비판에 역행한다(Jacquand, 2005). 따라 서 USAID의 한 관리는 "원조기관은 교황보다 더 독실하게 상업화에 만 주목했습니다. 그러나 사회적으로 책임 있는 투자자는 빈곤에 미치 는 영향력에 대해 더 많이 알고 싶어합니다"라고 말했다(2006년 11월). 실제로 그라민재단이 주장하는 것처럼 사회적 성과운동은 '글로벌 기업 공동체'로부터 많은 영감을 얻는다. "시민에 대한 기업의 책임의식이 점점 커지면서 기업은 사회적 투자수익률 같은 사회적 책임 보고와 개념을 더욱 광범위하게 받아들이는 쪽으로 나아갔다."(http://www.grameenfoundation.org/, 2008년 5월 20일 현재)

사회적 성과운동은 '빈곤자본'을 만드는 새로운 노력이 전개될 것임을 보여준다. 그것은 한때 CGAP가 널리 홍보했던 개발의 금융화와 단절하는 것이다. 사회적 성과는 이제 보고·감사·평가·벤치마킹·연결시키기와 같은 익숙한 과정을 통해 제도화된다. 현실은 사회적으로 책임 있는 투자가 총 4조 달러가 넘는 거대 규모의 글로벌 산업이라는 것이다(CGAP, 2008b: 1). 미국에서 전문가가 관리하는 돈 9달러 가운데 1달러는 늘 사회적 성과를 고려해서 투자된다(Tulchin, 2003). 소액금융의 대규모 민간투자는 이런 투자자에게서 나왔다(CGAP, 2008b). 따라서 그라민재단은 사회적 성과와 관련해서 그들이 하는 일을 '새로운 사회적 투자지침'이라고 소개한다(Grameen Foundation, 2009). 그것은 '그라민재단이 소액금융의 선도적인 사회적 투자기관인 오이코크레딧 Oikocredit과 함께 진행 중인 작업'에서 나온다.

2006년 마이크로크레디트 정상회의에서 투자와 금융시장 분과회의에 참여한 토론자들은 만장일치로 사회적 성과지표의 필요성에 동의했다. 심지어 USAID 소액창업 부문장을 맡았을 때 빈곤의 대상 선정과 영향을 평가하려는 의회의 압력을 맹비난했던 케이트 맥키도 투자자가 더 자세한 사회적 성과지표를 요구해야 한다고 주장했다. CGAP의 주역들이 한때 금융지표에 대해 "사람들은 대개 중요하다고 생각하는 것을 평가한다"라고 말했지만, 지금은 월스트리트 주역들도 빈곤에 대한 지원활동과 영향력에 대해 똑같은 말을 하기 시작했다. 그날 분과회의에서는 여기가 어쩌면 모든 금융 부문에서 가장 '투명한' 금융의 신개척지인지도 모른다는 생생한 인식이 깔려 있었다. 마침내 한 청중이 그 토론회에서 "얼마나 많은 은행이 자기네 여성 고객이 실제로 몇 명이나 되는지에 대한 정보를 공개합니까?"라고 물었다. 따라서 CGAP는 사회적 성과 측정을 '광고 속 진실'이라고 설명한다(Hashemi, 2007: 1).

## 채권유동화

일부 개발 전문가를 이중행위자로 해석할 수 있는 것처럼, NGO 같은 개발기관도 이중의 역할을 수행한다고 생각할 수 있다. 여기서 방글라데시 컨센서스로 되돌아갈 필요가 있다. 이런 기관이 하는 일을 워싱턴식 개발과 월스트리트식 자본주의에 반대되는 힘으로 이해하기 쉽지만, 최근 몇 년 사이에 그들은 오히려 그런 자본의 유통 속으로 들어가려고 애써왔다. 소액금융의 채권유동화 추세가 눈에 띄게 늘어난 것이 바로 이런 상황을 명백히 보여준다. 2006년에 최초로 브락은 이런 방식으로 126억 타카, 다시 말해 1억 8,000만 달러의 자금을 지원받았다. RSA캐피털·시티그룹·FMO(네덜란드 개발금융회사)·KfW개발은행이 출자해서 성사된 그 거래는 "브락이 제공한 소액대출에서 발생하는 미수채권의 유동화와 (……) 브락의 미수채권을 사는 투자자에게 그런 미수채권의 수익권을 의미하는 증명서를 발행하는 특수 목적의 신탁상품을 만들어내는 것을 수반한다." 브락의 창립자이자 의장인 파즐 아베드는 그런 채권유동화를 '소액금융산업을 위한 획기적인 사건'이라고 칭송했다. "우리는 글로벌 금융시장을 방글라데시의 120만 가까운 가구의

문턱으로 가져왔습니다."(http://www.brac.net/, 2006년 12월 17일 현재)

채권유동화는 방글라데시 컨센서스의 새로운 전략처럼 보일 수도 있다. 중국·콜롬비아·가나·인도·인도네시아·나이지리아·파키스탄·필리핀·스리랑카에 걸쳐 글로벌 네트워크를 구축한 ASA 인터내셔널International은 2008년에 ASA와 세쿼이아Sequoia 투자사가 관리하는 사모투자펀드인 카탈리스트 마이크로파이낸스 인베스터스Catalyst Microfinance Investors로부터 1억 2,500만 달러의 자기자본금을 확보했다(*Business Wire*, 2008). 이런 채권유동화를 통해 소액금융기관이 저렴한 비용으로 자본을 조달할 수 있게 됨으로써, 브락이 주장하는 것처럼 '변덕스러운 원조기관으로부터의 자금조달에 대한 의존성을 줄일' 수 있었다. 소액금융기관은 그런 채권유동화 방식을 통해 자금조달 능력을 강화함으로써 국내외 거래의 불균형 문제를 해소하려고 애쓴다. 예컨대 브락의 채권유동화의 경우, "그 거래의 모든 환율변동성 위기는 글로벌 투자자에 의해 생긴다."(http://www.brac.net, 2006년 12월 17일 현재) 실제로 소액금융과 마찬가지로, 채권유동화는 자본에 대한 접근권이 개발의 핵심 열쇠라는 것을 굳게 믿는다.

그라민재단의 전략이 이와 같다. 그라민재단은 시티그룹과 협력한 성장보장 프로그램Growth Guarantee Program을 통해서 벤처캐피털을 동원하고 소액금융기관의 주식을 샀다. 이전에 사모투자와 펀드 매니저 일을 했던 사람이 이끄는 그라민재단 자본시장그룹Grameen Foundation's Capital Markets Group은 소액금융을 위한 자본을 공격적으로 발굴한다. 이것은 민간자본을 이용해 소액금융기관이 성장할 수 있게 하려는 것으로, 그라민재단 이사장인 알렉스 카운츠의 말로 표현하면 '소액금융을 사회변화의 발판으로 이용'하기 위한 것이다(Grameen Foundation, 2007b). 최초의 그런 투자는 카스포르CASPOR와 SKS 같은 인도에 있는 그라민재단의 제휴기관에서 일어났다. 2007년에는 ICICI 은행과 셰어 마이크로핀Share Microfin이라는 그라민 제휴기관 사이에 430만 달러의 새로운 차입자본을 창출하는 '획기적인 채권유동화 거래'가 있었다(http://grameencapital.in/, 2008년 2월 1일 현재). 그 뒤로 촉망받는 소액금융기관(파키스탄의 카쉬프재단Kashf Foundation·필리핀의 카드CARD·나이지리아의 라포LAPO·페루의 프로 뮤헤르Pro Mujer·모로코의 자쿠라재단Foundation Zakoura과 폰데프FONDEP)의 채권유동화 거래가 빈번하게 일어났다(http://www.grameenfoundation.org/, 2008년 5월 20일 현재).

이 영역에서 광범위한 작업은 중동에서 일어나고 있다. 그라민재단과 사우디아라비아의 기업집단 압둘 라티프 자밀그룹Abdul Latif Jameel Group의 협력사업인 그라민자밀 이니셔티브는 소액금융기관에 대한 상업은행의 투자를 따내고 보증하는 역할을 한다. 이집트의 지역사회 개발을 위한 다칼리야 기업인협회Dakahlya Businessmen Association for Community Development, DBACD가 BNP파리바은행에서 250만 달러의 현지통화 대출을 받을 수 있었던 것은 바로 그런 방식을 통해서였다. 그라민자밀 이니셔티브·시티은행·사우디프랑스은행Banque Saudi Fransi이 보증한 그 거래는 해당 소액금융기관이 1만 6,000명의 고객에게 새로 대출을 해줄 수 있게 했다. 알렉스 카운츠는 그 거래를 "이집트 소액금융의 수요와 공급의 엄청난 격차를 메우는 데 상업은행의 역할이 점점 커지고 있음을 보여주는, 이집트 소액금융의 신기원"을 여는 것이라고 묘사했다(CSRwire, 2006). 오늘날 그라민자밀은 유누스가 꿈꾸는 '사회적 목적을 가진 영리추구 기업'인 사회적 기업을 본떠서 만든 일종의 합작투자회사다. 그라민재단은 인도에서 채권유동화 거래를 시작하고 관리하기 위해, 그라민자밀과 비슷한 성격의 그라민캐피털 인도유한회사Grameen Capital India Private Limited를 설립했다. 그라민재단은 2007년 12월경 파키스탄에서 페루에 이르기까지 2,050만 달러를 보증금으로 해서 소액금융기관을 위한 자금으로 현지통화 1억 1,260만 달러를 조달했다고 발표했다(http://www.grameenfoundation.org/, 2008년 5월 20일 현재).

레바논 베이루트에 본사를 둔 그라민자밀은 중동의 개발 생태계에 대한 중대한 개입처럼 비칠 수 있다. 그것은 USAID에 대한 소액금융기관의 의존을 끊고, 새로운 자본을 이용할 수 있는 대안을 만들어낸다. 그라민자밀의 한 직원은 인터뷰에서 그 상황을 '금융적 노예상태', 즉 원조기관이 부과하는 조건에 NGO가 갇힌 상태라고 묘사했다(2006년 6월). 그 직원은 '공짜 돈의 오염'이라는 주제를 떠올리게 하는 표현으로 "USAID가 시장을 오염시켰습니다"라고 말했다. "USAID 같은 원조기관은 변덕이 심합니다. 지금까지 USAID는 이런 NGO에 자금을 공급했지만, 이제는 USAID가 빠져나가고 있습니다. USAID는 어떻게 지금까지 자금지원을 받던 NGO가 갑자기 독립할 수 있기를 기대합니까?" 그라민자밀이 하고자 하는 일은 자율적 자본의 유통체계를 만들고, 특히 그라민식 소액금융모델을 따르는 기관을 지원하는 것이다. 예컨대 그라민자밀은 그라민의 제휴기관이 여전히 USAID 집단의 주변부에 있는 이집트 같은 나라에서 '빈곤에 초점을 맞추고 있음을 명시한' 소액금융기관, 다시 말해 '그라민의 가치관'과 일치하는 기관을 지원하려고 애쓴다(http://www.grameen-jameel.com/, 2008년 5월 20일 현재). 마찬가지로 그라민자밀의 임원 해서 헤니온Heather Henyon은 인터뷰에서 '이중순익'이 성장을 보장하는 데 쓰인다고 강조했다(2006년 6월). "우리는 확실히 빈곤에 초점을 맞추고 있습니다. 우리의 전략적 목표 가운데 하나는 우리 제휴기관의 지원을 받은 소액금융 대출자가 확실하게 빈곤선을 넘어서도록 도와주는 것입니다." 이를 위해 그라민자밀은 방글라데시에서 열리는 그라민다이알로그에 참석하는 NGO 직원에게 자금을 제공하고, 해마다 그라민은행에서 열리는 '아랍다이알로그Arab Dialogue'를 개최하기도 한다. 헤니온은 또한 "이런 형태의 네트워크 구성은 CGAP에서는 물론이고 사나벨에서도 일어날 수 없습니다"라고 말했다. 한 유력한 사우디 기업집단이 보증한 그라민자밀 이니셔티브는 반헤게모니 전략 형성의 흥미로운 교훈사례다. 그 전략은 주류은행에서 돈을 빌리지 못하는 사람들이 대안 금융기관을 통해 자본에 접근할 수 있는 소액금융의 기본 방침과 놀랄 정도로 유사하다. 이것 또한 자본의 민주화다.

그러나 그라민자밀도 금융상품에 의존한다는 점에서 CGAP가 널리 유포시키는 모범사례나 규범과 거의 구별하기 어렵다. 그라민자밀이 주최하는 투자 세미나는 다양한 상업 융자와 자본시장을 소개한다. 그 세미나를 통해 소액금융기관은 거래구조를 평가하고 환리스크를 관리하는 법을 배운다. CGAP와 마찬가지로 그라민자밀은 기업의 지원을 받는 기관이 소상공인을 지원하는 산업을 발전시키는 데 초점을 맞춘다. 새천년 개발의 광범위한 담론과 맥을 같이하는 그라민자밀은 원조기금으로 오염된 세계에 금융시장의 규율을 포함해서 시장의 규율을 복원시키려고 애쓴다. 이것은 담비사 모요가 옹호한 '자본의 해법'과 다르지 않다.

그러한 작업은 시애틀에 있는 그라민기술센터Grameen Technology Center의 지지를 받고 있다. 그라민재단은 소액금융을 위한 정보시스템을 만들기 위해 IBM과 시스코시스템스 같은 기술업체와 제휴를 맺고 다양한 기술혁신을 이루려고 애쓰고 있다. 그런 시스템 가운데 하나가 개방형 소액금융 소프트웨어 플랫폼인 미포스Mifos다. 미포스는 오미다이어 네트워크로부터 보조금을 지원받았다. 그라민기술센터의 한 고위 간부는 여러 차례 인터뷰에서 기술은 두 개의 긴급한 전선 앞에 직면한 소액금융산업을 도울 수 있다고 강조했다(2005년 10월). 첫째, 정보시스템은 금융체계의 관리를 향상시켜 소액금융기관이 자본시장과 연결되도록 할 수 있다. 둘째, 그런 정보시스템은 관리와 보고체계의 글로벌 표준, 즉 '메타언어meta-language'*를 확립해서 '투명성'을 창출할 수 있다. 그라민기술센터의 일은 CGAP와 MIX가 소액금융산업에 대해 그리는('소액금융기관의 대출상품을 언제든 쉽게 값을 매긴 일종의 자산처럼' 활용하고자 하는) 미래상과 일치한다(Dailey, 2005: 40). 골드먼삭스의 글로벌시장연구소Global Markets Institute는 미포스 구축을 돕기 위해 그들의 금융기술 전문가를 빌려주었다. 그 연구소의 소장인 수전 노라 존슨 Suzanne Nora Johnson은 미포스가 '대출상품 관리·고객데이터 분석·자본시장에 대한 접근을 향상시켜 소액금융산업이 발전할 수 있도록' 도

---

* 기준이나 맥락을 이루는 개념을 뜻한다.

울 것이라고 말한다(Grameen Foundation, 2007a). 요컨대 그런 정보시스템은 가난한 대출자와 소액금융기관 모두가 정보기술과 금융기술을 통해 서로 연결되고 진행 상황을 파악할 수 있는 자본거래산업을 창출하려고 애쓴다.

그러나 이런 노력을 하는 과정에 스며들어 있는 이중성 때문에 내부의 갈등이 있다. 알렉스 카운츠가 인터뷰에서 언급한(2004년 10월) 것처럼, 그라민재단 자체는 미국에 기반을 둔 조직이지만, 방글라데시에서의 활동과 긴밀하게 연관되어 있다. 따라서 카운츠는 "나는 소액금융이 방글라데시를 초월해서 움직여야 하지만, 방글라데시에서 소액금융을 이끌고 있는 사람들의 역할을 인정해야 한다고 생각합니다"라고 말한다. 그라민재단은 "어떤 가치도 반드시 뉴욕과 워싱턴 DC에서 인정받아야 한다"라는 생각에 극적인 문제제기를 한다. "그들은 그라민을 마치 파산한 팬암 항공사처럼 취급합니다. 내가 방글라데시는 소액금융의 월스트리트이며 최첨단이라고 말하면, 모든 사람이 깜짝 놀랍니다." 그러나 그라민재단이 이러한 권력의 심장부, 워싱턴 DC에 자리를 잡은 것은 물론 전략적인 선택이었다. 방글라데시에서의 활동이 자본을 창출하고, 채권유동화를 개시하고, AAA 최우량등급의 성장 인증으로 투자를 받을 수 있는 곳이 바로 그곳이기 때문이다. 요컨대 가치가 창출되고 글로벌 산업으로서 군건하게 뿌리를 내릴 수 있는 곳이 바로 워싱턴 DC인 것이다.

긴급한 질문은 이것이다. 그렇다면 그런 산업이 또한 과연 가난한 사람을 지원할 수 있을까? 압둘 라티프 자밀그룹의 회장 모하메드 자밀은 2007년 그라민자밀 합작회사를 시작하면서 이렇게 말했다. "우리는 기업의 원리가 빈곤 같은 거대한 사회적 문제를 해결하는 데 적용될 수 있다고 믿습니다. 앞으로도 아랍 세계에서 기업의 사회적 책임과 사회적 투자의 더 많은 사례를 볼 수 있기를 바랍니다."(*CSRwire*, 2006) 그것은 빈곤에 관한 워싱턴 컨센서스의 한 유형이며, 그것의 금융포용성과 관련된 주제였다. 그라민재단이 채권유동화를 지지하는 발언을 할 때마다 자본의 민주화에 대한 이러한 주장이 함께 나온다. 따라서 그라민재단의 한 고위 간부는 인터뷰에서 "우리 산업을 지원하기 위해, 돈을 벌고 싶어하는 주류 자본의 바람을 우리는 어떻게 이용할 수 있을까?"가 시급히 해결해야 할 문제라고 말했다(2004년 6월). 그러나 그는 "만일 유누스가 여기 있다면, 그는 가난한 사람을 지원하기 위해서는 자본에 족쇄를 채워야 한다고 말할 겁니다. (……) 어떻게 이 두 가지를 다 할지가 문제입니다"라고 지적했다.

그 질문은 최하층 10억 명에 다가가는 문제뿐 아니라 소액금융기관 자체에 다가가는 문제에도 해당한다. 그러한 자본에의 접근방식은 모든 소액금융기관에 적용될 수 있을까? 아니면 이 산업에서 고성장의 높은 평가를 받은 NGO만 채권유동화를 시작할 수 있고 성장을 담보로 융자를 받을 수 있는 것일까? 그라민재단에서 공식적으로 발행하는 자료에는 자신이 '뛰어난 성과'와 '고성장'을 이룬 소액금융기관을 자본시장과 연결시키기 위해 애쓰고 있음을 거듭 강조한다. 요컨대 그라민기술센터에서 말하는 것처럼, 소액금융상품은 '언제라도 쉽게 값을 매길 수 있는 일종의 자산'으로 여겨진다. 그런 형태의 자본화는 필연적으로 이익의 신개척지를 찾아내기 마련이다.

따라서 ASA가 최근에 확보한 1억 2,500만 달러의 사모펀드 자금은 여러 가지 다른 방식으로 설명되었다. ASA 인터내셔널의 창립자이자 최고경영자인 샤피쿠알 하크 초우두리는 이렇게 선언했다.

> 우리는 이 막대한 자기자본을 통해 (……) 은행을 이용할 수 없는 이 지역의 가난한 사람들에게 처음으로 신용대출을 비롯해 기본적인 금융 서비스를 제공할 수 있을 것이다. 그것은 그들이 착취에서 벗어나고 기업가 정신을 발휘해 가족의 생계를 향상시킬 수 있도록 도와줄 것이다.

그러나 CMI의 상임이사이자 세쿼이아의 관리이사인 더크 브라우어Dirk Brouwer는 'ASA의 강력하고 매우 효율적인 소액금융모델'에 대해 언급하면서 그러한 거래가 이런 투자기금에 "소액금융기관의 소유주이자 운영자로서 진정한 경쟁우위를 주었다"라고 말했다. 네덜란드 공적연기금ABP과 미국 교직원퇴직연기금TIAA-CREF을 포함해 세계 최대의 연기금 일부가 참여한 투자가 그 거래의 중심을 이루었다. ABP 대표는 연기금을 활용한 그러한 소액금융에 대한 투자가 그들의 리스크를 다변화할 수 있게 해준다고 말했다. TIAA-CREF의 사회적 투자와 지역사회 투자 담당 관리이사도 마찬가지로 소액금융에 대한 투자의 매력에 대해 언급했다. 그의 주장에 따르면, 그 매력은 소액금융산업이 추구하는 이중순익과 그 부문에 '여진히 수익성 높고 성장세에 있는 많은 기관'이 있다는 사실로부터 나왔다(*Business Wire*, 2008). 실제로 2006년 TIAA-CREF는 전 세계에서 엄선된 소액금융기관에 1억 달러를 투자하는 글로벌 소액금융 투자계획Global Microfinance Investment Program, GMIP을 내놓았다. 그것은 미국의 개인 투자자에게 검증된 투자대상에 투자할 수 있게 하는 최대의 종합심사 투자상품인 CREF의 '사회적 선택' 예금Social Choice Account과 맥을 같이한다(Reuters, 2009). 이것은 소액금융이 내거는 이중약속이다. 한편으로는 '은행을 이용하지 못하는 가난한 사람들'에게 기회를 주고, 다른 한편으로는 투자자가 이익을 올릴 수 있게 해주는 것이다.

채권유동화 거래는 그라민·브락·ASA 같은 방글라데시의 소액금융을 선도하는 기관의 입장에서 매우 흥미로운 새로운 전략이 아닐 수 없다. 그것은 글로벌 금융시장과 관계를 맺는다는 것을 의미하지만, 통제권은 이들 기관이 쥔다는 조건(적어도 지금까지는)이다. 그것은 빈곤자본의 창출을 통해 소액금융 대출자뿐 아니라 의존의 생태계에 얽매인 남반구 NGO의 '금융적 노예상태'를 끝장내는 것을 의미한다. 하지만 '그런 혁명이 과연 금융을 통해 일어날 수 있을까?'라는 질문을 던지지 않을 수 없다.


## 금융 카트리나

2005년 맹렬하게 몰아친 허리케인 카트리나는 적어도 잠시나마 정치적 폭풍도 몰고 왔다. 그것은 번영하는 미국의 한복판에 존재하는 인종차별적 빈곤과 그런 박탈상태를 방치하는 정부에 대한 지독한 반감을 적나라하게 드러냈다. 카트리나는 또한 특별히 그 영향을 사람들이 눈으로 확인할 수 있었던 폭풍이었다. 죽은 사람과 절망에 빠진 사람, 재난관리센터마다 대규모로 수용된 빈민이 언론매체를 통해 전국에 방송

되면서 카트리나는 역사에 길이 남을 오욕의 순간으로 바뀌었고, 사람들은 부시 행정부를 냉담하고 무능력한 정권이라고 비난했다. 2008년 미국 대선 무렵 또 다른 폭풍이 몰려오고 있었다. 허리케인 카트리나가 공화당의 운명을 어둡게 드리우는 먹구름으로 여전히 남아 있었지만, 금융위기라는 새로운 폭풍이 점점 커지고 있었다. 더 큰 문제는 이러한 위기관리를 둘러싼 일반 대중의 분노였다. 처음에는 비우량 주택담보 대출의 채무불이행 때문에 발생한 비우량 주택시장의 문제인 양 시작된 사태가 나중에는 훨씬 더 거대한 격변인 것으로 밝혀졌다. 그것은 조지 소로스(2008)가 대공황 이후 최악의 금융위기라고 지칭한 것으로 발전하고 있었다. 칼럼니스트 프랭크 리치Frank Rich(2009)는 『뉴욕타임스』에 기고한 편집장에게 보내는 편지에서 이 새로운 폭풍이 '미국인의 끝 모를 심연의 분노'로 얼룩진, 오바마 대통령의 '카트리나 모멘트Katrina moment*'가 될 수도 있다고 언급했다.

이 금융위기는 새천년 개발에 중대한 영향을 끼쳤다. 유엔은 수백만 명이 '더 깊은 빈곤의 골짜기로' 떨어질 것이며, 그 때문에 '수천 명의 아이들이 죽음'에 이를 것이고, 경제성장률의 하락은 '아프리카 빈민 1인당 소득을 20퍼센트' 떨어뜨릴 것이라는 끔찍한 경고를 내렸다(Watkins and Montjourides, 2009). 세계은행은 2008년 식품과 연료의 가격 상승이 이미 빈민의 수를 1억 3,000만~1억 5,500만 명 더 늘렸다고 지적했다. 이제 금융위기로 또 다른 4,600만 명의 빈민이 추가로 늘

---

* 대형 재난과 같은 결정적 사건을 계기로 정부의 지지율이 급락하는 현상을 가리킨다.

어날 가능성이 커졌다. 그러자 세계은행 총재인 로버트 졸릭은 "글로 벌 경제위기가 인류 전체의 위기로 발전할 위험이 있다"라고 경고했다 (World Bank, 2009). 실제로 새천년 1차 경제위기는 새천년 개발목표(지난 10년 동안 이룩한 발전뿐 아니라 이러한 체제 안에서 구현된 글로벌 사회계약) 를 와해시키는 것처럼 보인다.

세계은행은 다양한 중재를 제안했는데, 그중 하나가 '취약성 기금 vulnerability fund'의 마련이다. 그 기금을 우선적으로 집행할 부문은 세 가지로 '안전망 프로그램, 기반시설 투자, 중소기업과 소액금융기관 지 원'이 그것이다(World Bank, 2009). 2009년 4월에 런던에서 열린 마이크 로크레디트 정상회의에서는 G20 정상들이 IMF 같은 국제기관을 통해 늘어난 가용자원 중에서 1조 1,000억 달러를 할당하기로 서약했다. 그 러한 중재활동은 많은 문제를 제기한다. 『이코노미스트』(2009)는 수치 가 과장되었다고 지적했다. '실제보다 희망사항'이 반영된 결과였다. 특 히 그 신문은 "돈을 날리지 않도록 신중한 조건부 지원을 위한 집단적 보호수단을 제공"하려면 IMF 자체가 개혁되어야 한다고 주장했다. 그 리고 세계은행의 우선순위 지원 부문 가운데 하나인 소액금융은 그 자 체가 불안한 상황에 있을 수 있다고 주장했다. CGAP(2008c)의 한 보고 서는 금융위기의 영향이 복합적이라고 지적했다. 소액금융 대출자 가 운데는 '인플레이션으로 피해를 본' 사람도 있고, '식품과 연료의 높은 가격 때문에 힘들어하는' 사람도 있고, '송금액이 점점 줄고 있는' 사람 도 있었다. 그 보고서는 그러한 "대출자에 대한 압박은 대개 소액금융 기관의 대출자산의 리스크가 더 높아졌다는 것으로 해석되기 마련이 다"라고 강조한다. 소액금융기관은 또한 더 큰 위험에 직면한다. '글로벌 유동성 축소'는 소액금융기관의 자본비용을 급격하게 높이고 자본의 유용성을 제한할 수 있다. 그러한 우려는 2006년 캐나다 핼리팩스에서 열린 마이크로크레디트 정상회의에서 설득력 있게 문제를 제기한 알렉스 카운츠의 질문을 떠올리게 한다. "자본에 접근하지 못한다면 자본주의가 무슨 소용이 있는가?"

## 책임의 시대, 나쁜 돈

인류의 위기로서의 금융위기는 새로운 새천년 담론, 단순히 절대빈곤이 아닌 불평등의 문제를 최우선과제로 내세우는 담론을 낳았다. 따라서 최근에 발표된 유엔 보고서의 저자들 중 하나는 '2009년 마지막 분기에 금융시스템에 투입된 공적 자금 3,800억 달러'에 비해 '저소득국가의 필수 교육목표를 충족시키기 위해 추가원조가 필요한 70억 달러'는 아주 미미한 수준에 불과하다고 주장한다. 그가 그런 비교를 한 이유는 "세계에서 가장 부유한 금융가와 부자 나라의 규제 실패가 만들어낸 위기로부터 세계에서 가장 가난한 사람들을 보호하기 위해 원조기관이 훨씬 더 많은 일을 할 수 있는" 사례를 만들기 위해서다(UNESCO, 2009). 세계은행 총재 로버트 졸릭이 제안한 취약성 기금은 산업국에 그들 부양책의 0.7퍼센트(새천년 개발목표의 여덟 번째 항목의 수치)를 이 기금에 헌납할 것을 요구한다. 졸릭(2009)은 『파이낸셜타임스』 논설에서 날카로운 어조로 지금은 '책임의 시대', 즉 '책임 있는 세계화'·'책임 있는 글로벌 환경의 관리'·'금융 책임'·'책임 있는 다자주의'의 시대가 되어야한다고 역설한다. 그러한 책임의 시대는 "단순히 서양의 시대가 아닌 글로벌 시대여야 한다"라고 그는 말한다. '책임 있는 이해당사자'가 광범위하게 소유한 지배체제여야 한다는 말이다. 여기서 다시 한번 개발의 민주화라는 주제가 나온다.

졸릭이 과거에 미국 무역대표로 있을 때, 개발과 민주주의와 책임의 문제에 대해 매우 다른 접근방식을 취했다는 사실은 주목할 만한 가치가 있다. 2003년 칸쿤에서 열린 WTO 총회에서 부유한 국가들이 농업 부문에 대한 지속적인 보조금 지급을 고집하는 것에 남반구 국가들이 반대했을 때, 졸릭(2003)은 그 반대를 '국가가 해서는 안 될 저항의 정치'라고 부당한 낙인을 찍으며 혹독하게 비판했다. 공정무역 요구에 대한 그의 냉혹한 묵살은 개발의 민주화를 조롱거리로 만들었다. 그것은 미국이 여전히 글로벌 통치시스템과 글로벌 무역체계를 관장하고 있음을 보여주었다. 금융위기가 한창 진행되는 가운데, 졸릭의 '책임 있는 세계화'에 대한 호소는 그의 심경의 변화를 반영하는 것처럼 보인다.

미국에서 금융위기는 자본주의의 탐욕이나 '나쁜 돈'으로 묘사되는 경우가 점점 늘어나고 있다. 이러한 진단에서 빼놓을 수 없는 것은 '무모한 금융'이나 '부정직과 무능, 양적 태만이 배합된 불꽃놀이'라는 개념이다(Phillips, 2008b). 그런 일반 대중의 분노는 그것이 개발의 금융화를 촉진하려고 애쓰는 빈곤에 관한 워싱턴 컨센서스를 향한 도전을 의미한다는 점에서 중요하다. 부정직하고 무능하고 태만한 월스트리트가 어떻게 자본의 민주화를 위한 제도적 모델로서 역할을 수행할 수 있다는 말인가? 결국 월스트리트를 대표하는 기업이자 소액금융의 상업화를 주도한 시티그룹의 주가는 55달러에서 1달러 50센트로 폭락하고 말았다. 시티그룹을 긴급구제하는 조치를 반복해서 취해온 미연방정부는 이제 시티그룹의 가장 큰 대주주다(Dash and Story, 2009).

한때 2,440억 달러의 가치가 나갔던 시티그룹은 지금 서류상 가치가 205억 달러에 불과하다. 그러한 가치를 구성하는 자산은 '부채담보부 증권collateralized debt obligation'[*] 같은 일반인이 잘 알지 못하는 '매혹적인 금융상품'이다(Dash and Creswell, 2008). 예상되는 여러 금융 리스크를 묶어서 만든 이 매혹적인 금융상품은 이제 불량자산이다. 유누스는 당연히 이 기회를 잡아서 상업화된 소액금융에 대한 엄중한 경고를 날렸다. "세계에서 가장 큰 은행이 급속히 발전하고 있는 소액금융 부문에 계속해서 돈을 투자한다면, 비우량 주택담보대출 사태와 같은 위기를 야기하며 지구상에서 가장 가난한 수많은 사람을 위험에 빠뜨릴 수 있다."(Burgis, 2008)

그러나 시티그룹을 비롯한 월스트리트의 주역들에 대한 불신을 넘어서 금융위기는 더 위태로운 상태에 있다. 그것은 금융자본주의 구조 자체의 주요 모순과 문제를 그대로 드러낸 폭풍이다. 특히 두 가지를 눈여겨볼 필요가 있다. 첫째, 지금의 금융경제에서 가치와 리스크는 어떻게 평가되고 관리될 수 있을까? 둘째, 정부의 긴급구제를 요구하는 경제체제가 어떻게 자유시장의 이념과 입지전적 기업가 정신과 조화를 이룰 수 있을까? 소액금융에도 마찬가지로 이런 질문을 던질 수 있다.

마르크스주의 지리학자 데이비드 하비(2005: 161)는 그의 논문 「신자유주의 약사A Brief History of Neoliberalism」에서 1980년대는 '투기와 수탈 형태로 점철된 (······) 금융화의 강력한 파도'의 확산을 목격했다고

---

[*] 회사채나 금융회사의 대출채권을 한데 묶어 유동화시킨 신용파생상품으로 보통 CDO라고 약칭해서 부른다.

주장한다. 그런 형태의 금융화는 매우 특정한 형태의 정부 조치, 특히 금융시장에 대한 규제완화로 가능해졌다. 오늘날 이런 식의 글로벌 금융화가 글로벌 경제위기를 초래하면서, 그러한 시스템의 문제에 대한 새로운 합의가 이루어지는 것처럼 보인다. USAID의 소액창업 부문장을 역임했고 지금은 CGAP의 수석 고문인 케이트 맥키는 이런 "'마구잡이식' 금융 세계"를 비판한다(CGAP, 2008c). 한때 CGAP는 그것을 금융혁신이라고 칭찬했지만, 이제 맥키는 그런 형태의 '금융공학', 특히 대출채권을 증권처럼 재포장하고 판매하는 것에 의심의 눈길을 던진다. 그녀는 졸릭의 용어와 비슷한 '책임 있는 금융'과 더불어 '시장 과잉'을 억제할 수 있는 규제가 필요하다고 주장한다. 개발의 금융화에 대한 이러한 재보정은 흥미로운 일이 아닐 수 없다. 맥키가 금융시장의 자율규제 능력을 홍보하지 않고 '자율규제의 한계'를 언급하고 있기 때문이다. 그러나 이것은 그 모델에 대한 거부가 아니라 온건한 개혁일 뿐이다. CGAP의 최고경영자 엘리자베스 리틀필드는 금융시장에 대한 규제는 기껏해야 '가볍게 손대는 수준'이어야 한다고 주장하면서 '적극적 규제 정책'을 펼치는 것에는 반대한다고 말한다(CGAP, 2008c).

'책임 있는 금융'에 관한 논의는 더욱 근본적인 문제, 즉 금융경제에서 가치와 리스크의 본질이 무엇인지에 대한 문제를 회피한다. 리푸마 LiPuma와 리Lee(2004)는 그들의 선견지명 있는 저서 『파생금융상품과 위기의 세계화Financial Derivatives and the Globalization of Risk』에서 생산이 아니라 유통circulation이 특징인 신경제를 상세히 설명한다. 그러한 경제는 노동이 아닌 리스크에서 가치를 끌어낸다(LiPuma and Lee, 2004: 126). 금융상품, 예컨대 파생금융상품은 그런 리스크를 자본화해서 투기적 수단을 통해 이익을 창출한다. 노동을 통해 생산된 상품이든 주택담보대출이든, 그런 투기상품과 실물상품을 분류하고 싶기 마련이지만, 이 새로운 경제에서 그런 차이는 무의미하다. 파생금융상품은 그냥 상품인 것이다. 그것이 경제를 만든다.

따라서 평론가들은 마땅히 금융위기를 '비우량 파생금융상품 때문에 발생한 위기'라고 단언하는 것은 잘못된 진단이라고 말한다. 그것은 실물경제의 변화, 즉 비우량 주택시장이 금융시장에서 위기를 일으킨 주범이라는 것을 암시하기 때문이다(Gowan, 2009). 오히려 그 파생금융상품 시장은 그 자체가 '쾌속 자본주의fast capitalism'*의 고유한 한 형태였다(Fisher and Downey, 2006: 9). 이 새로운 경제의 중심은 '기초가 되는 것과 거기서 파생되는 것의 (……) 분리'다(LiPuma and Lee, 2004: 98). 이러한 금융의 신개척지에서, "채권유동화는 투자자가 표준화된 신용도를 개인대출 관계와 연관된 특정한 리스크를 평가하기 위한 대용물로 받아들일 것을 요구했다."(Fisher and Downey, 2006: 8) 따라서 금융시장은 현대 자본주의의 주 상품인 신종 허구가 몰아가는 '투기적 차익거래'만 난무하는 그들만의 폐쇄된 세계가 되었다(Gowan, 2009: 6).

이런 의미에서 '새천년 자본주의'는 '마술적'이다. '마치 인간의 생산과 완전히 독립된 것처럼 (……) 순전히 교환을 통해' 부를 낳는 능력이 있기 때문이다(Comaroff and Comaroff, 2000: 301). 앞 장에서 프랑스 철학자 미셸 푸코(1966)의 주장을 따라 나는 그러한 순간을 '정치경제학'

---

* 정보통신 기술을 통해 디지털화된 자본주의 시스템을 의미한다.

의 종말, 또는 노동자의 노동으로부터 잉여가치를 추출하는 것과 관련된 자본주의 체제의 종언이라고 부른다. 이제 그것은 가치를 생산하는 것처럼 보이는 금융 투기·리스크 관리·화폐의 유통이다. 따라서 경제를 '더 실재하는 것'으로 만들어 '더 공정하게' 개선하라는 대중의 요구는 방향을 잘못 잡은 것이다. 인류학자 빌 모러Bill Maurer(2006, 2008)가 주장하는 것처럼 돈은 필연적으로 허구(사회적·문화적·개인적인 것을 결코 완벽하게 설명할 수 없는 계산을 위한 추상적 지수)다. 그러나 이 허구는 실제로 현실에서 효과를 발휘한다는 점에서 실재한다.

금융세계화의 고민거리는 소액금융의 미래에 중요한 문제를 제기한다. 소액금융대출, 그리고 그것에 대한 리스크 평가는 기업가 정신으로 무장된 노동과 소기업의 생산품이나 이익과는 아주 미미한 연관성이 있을 뿐이다. 실제로 이 책의 다양한 지점에서 논의된 것처럼 소액금융과 소액창업 사이의 이 연관성은 일종의 매혹적인 허구에 불과할지도 모른다. 따라서 소액금융의 리스크 점수를 매기는 것은 가난한 사람의 노동이나 자산을 평가하는 것이 아니라 대출금 상환능력에 대한 평가에 더 가깝다. 결론적으로 "가난한 사람들은 언제나 빌린 돈을 갚는다." 이것이 바로 소액금융의 기저를 이루는 투기적 차익거래다. 그것은 가난한 사람들의 생활습관과 그들이 소액금융기관이 정해놓은 규칙을 준수하리라는 것을 다 고려해서 나온 것이다. 그러한 습관은 글로벌 금융시장과 멀리 떨어져 있는 것이 아닐 수 있다. 라이시Reich(2008b)가 지적하는 것처럼 결국 금융시장도 '약속을 사고파는 것'이기 때문이다. 그러나 채권유동화 같은 금융혁신이 지금 소액금융 분야를 휩쓸고 있을 때, 두 번째 분리가 일어나야 한다. 개별 소액금융대출과 관련된 리스크와 오늘날 유동화되고 있는 여러 대출채권을 묶은 파생상품에 내재된 예측할 수 없는 리스크를 분리해야 한다는 말이다. 여러 대출채권을 묶은 파생금융상품의 리스크는 과연 관리될 수 있을까? 아니면 바로 여기에 새로운 금융위기가 숨어 있는 것은 아닐까?

## 시장은 계획된다

만일 이것이 카트리나 모멘트라면, 그것은 금융경제의 핵심이 되는 어떤 구조적 특징을 드러낸다. 위기 상황 발생, 그 뒤의 긴급구제는 '새로운 월스트리트 시스템'이 "신고전주의 경제학이 말하는 (……) 수천 개의 금융사가 활동하는 분권화된 시장과는 전혀 거리가 먼", "4조 달러가 넘는 자산을 보유하고 있는 불과 다섯 군데의 투자은행이 지배하는" 독점체제라는 것을 보여준다(Gowan, 2009: 6). 금융시장을 규제하고 소비자를 보호하려는 오바마 행정부의 노력은 이런 시스템을 개선하는 데 거의 도움이 되지 않는다. 그러한 독점체제는 또한 데이비드 하비(2005)가 주장한 것처럼, 금융 엘리트에게 보상과 과실이 집중되는 사회적 계급을 기반으로 하는 사업class project이다. 빈곤에 관한 워싱턴 컨센서스에서 모호한 상태로 남아 있는 것이 바로 이 독점체제다. 이 컨센서스의 핵심 주역들은 그 세계체제가 서민경제, 최하층 10억 명의 경제질서라는 매력적인 미래상을 제시한다. 부의 재분배보다는 오히려 경제적 자유라는 미사여구로 묘사되는 이 미래상은 고장 나지 않고 잘 돌아가는 시장의 사례를 만든다. 시장은 자유롭기 때문에 돌아간다. 시장을 규제한다고 해도 기껏해야 '가볍게 손대는 수준'일 뿐이다. 그러나 경제사학자 칼 폴라니(1944: 146)는 아주 다른 역사적 순간에 시장은 자유로운 것이 아니라 계획되는 것이라는 사실을 매우 훌륭하게 분석했다. "자유시장으로 가는 길은 열려 있었다. 점점 더 엄청나게 커지는 중앙에서 조직하고 통제하는 외부의 간섭에 의해 지금까지 항상 열려 있었다." 월스트리트에 대한 긴급구제는 시장이 계획되고 있다는 것을 단적으로 보여주는 최근의 사례에 불과하다.

카트리나 모멘트는 이익은 민영화하고 손실은 사회화하는 시스템 논리를 잘 보여준다. 사람들은 그것을 '월스트리트 사회주의'(Phillips, 2008b)나 '사회주의화된 자본주의'(Reich, 2008a)라고 불렀다. 빌 게이츠의 '창조적 자본주의'와는 거리가 먼 그런 시장이 리스크의 공영화를 통해 작동한다. 투기를 통한 보상과 과실은 극소수가 따먹고, 잘못 계산된 리스크의 낙진은 광범위한 대중의 머리 위로 떨어진다. 더군다나 채무면제 프로그램이 막강한 영향력을 가진 월스트리트 기업에는 폭넓게 적용되는 반면, 미국의 중산층과 빈민에게는 적용되지 않는다는 사실은 특히 놀라운 일이 아닐 수 없다. 그런 심각한 불평등을 완화하기 위해 오바마 행정부는 주택 압류에 직면해 있는 주택 소유주의 대출금을 조정해주는 대부업체를 우대하는 주택정책을 추진하려고 했다. 그 계획은 자신의 '잘못된 행동'으로 '실패한 사람'에게 오히려 보상을 해주는 꼴이라고 주장하는 CNBC의 릭 산텔리Rick Santelli 같은 보수논객으로부터 비판을 받았다. 오바마 행정부는 산텔리가 파생금융상품 판매인이며 그 정책이 '돈벌이를 위해 위험을 감수하는 투기꾼'이나 '부정직한 대부업체'가 아닌 미국 중산층에게 혜택을 주려는 것이라고 대응했다(Stolberg, 2009).

여기서 월스트리트는 여전히 불신의 대상이다. 한때 대담했던 차익

거래가 이제는 무책임한 것이 되었다. 그 정책 자체는 우회경로와 융통성, 대출금 상환연장을 요구한다는 점에서 그라민 II 모델과 놀랄 정도로 유사성이 있다. 『월스트리트저널』은 그것을 두고 '분식회계'라고 비난했다. 오늘날 그런 대출조건 조정은 미국 주택시장에 공정하고 민첩한 신용대출 시스템을 세우기 위한 새로운 노력의 주춧돌이다. 가장 성공적인 조정사례는 '자선행위'로서가 아니라 오히려 '대출조건의 변경이 투자자에게 가장 이익이 되는 것인지에 대한 고려를 기반으로' 대출금 상환기한을 연장하는 소규모 부동산 대부업체로부터 나왔다(Bajaj and Leland, 2009). 소액금융사업도 마찬가지로 채무를 면제하는 것이 아니라 조정하는 방식을 취한다. 이것 또한 '나쁜 돈'이 아니라 금융개혁으로 이해될 수 있다.

그러나 소액금융산업의 지도자는 채무조정에 우려를 표명한다. 엘리자베스 리틀필드는 정책입안자에게 채무면제 같은 '미봉책'을 시행하지 말 것을 요청한다(CGAP, 2008c). 그것은 소액금융과 긴밀하게 관련된 역사, 즉 1999년 볼리비아에서 발생한 채무자 폭동을 떠올리게 하는 호소다. '소비자금융 대부업체의 빠르고 쉬운 신용대출'로 활성화된 '과다한 부채 상승' 때문에 발생한 금융위기는 높은 연체율뿐 아니라 채무면제를 요구하는 노동조합과 단체의 결성으로 이어졌다(Rhyne, 2001: 144-146). 제프리 삭스의 '충격요법'에 대한 사회적 해법으로 채택된 소액금융이 사회적 위기를 야기한 셈이 되었다. 현재 액시온 인터내셔널 금융포용성센터의 임원인 엘리자베스 라인(2001: 149)은 이런 부채문제가 신용대출에 대한 사람들의 태도를 바꾸고, 한때 볼리비아의 훌륭한 대출금 상환문화를 붕괴시키는 '정치화된 소액금융'에 반대하는 분위기를 만들었다고 한탄한다.

채무면제에 반대하는 이러한 호소는 빈곤에 관한 워싱턴 컨센서스에서 중요하게 생각하는 자율규제시장 기반의 소액금융과 자선단체의 보조금에 의존하는 소액금융의 구분을 더욱 강화한다. 전자는 효율성을 낳고 경제적 자유를 촉진하는 것으로 생각되는 반면, 후자는 지속 불가능하고 신식민주의적인 것으로 여겨진다. 내가 앞에서 주장한 것처럼 그러한 구분은 또한 서로 다른 지역의 소액금융 질서에 대한 일종의 규범적 진술이다. 따라서 라틴아메리카식의 소액금융은 '한 세대 앞선 것'으로 보이지만, 방글라데시의 소액금융모델은 고풍스럽고 원시적으로 보인다. 결국 한때 채무자 폭동의 현장이었던 볼리비아는 신속하게 상업화된 소액금융의 신개척지로 바뀌었고, 그 나라의 NGO도 그 유명한 방코솔 같은 '공식적인 금융기관'으로 재빠르게 변신했다. 리틀필드의 호소는 월스트리트에 대한 긴급구제, 다시 말해 채무면제와 마찬가지인 조치를 내린 것에 반대해 나왔다는 점에서 고무적이다. 그런 긴급구제 조치는 '공짜 돈의 오염'이 아니란 말인가? 윌리엄 이스털리의 명언 중에 "부자에게는 시장이 있고, 가난한 사람에게는 관료가 있다"라는 말이 있다. 월스트리트에 대해서는 긴급구제 조치를 취하면서, 그것을 미국 중산층이나 최하층 10억 명에게 확대하는 것에 대해서는 주저하는 태도를 보면, 그가 주문처럼 되뇌는 말이 이렇게 바뀔 수 있음을 보여준다. "부자는 정부가 도와주고, 가난한 사람은 스스로 일어서야 한다."

허리케인 카트리나는 미국 국민의 의식 속에 혹독한 순간으로 남았다. 그러나 그것은 또한 아주 찰나적 순간이었다. 카트리나 '난민'이 미국 전역의 이동주택 주차장과 모텔, 공영주택으로 흩어졌을 때, 뉴올리언스의 재개발은 이미 진행되고 있었다. 난민이 이동하는 모습은 순식간에 다시 눈에 보이지 않게 되었다. 더 중요한 것은 그것이 공격적인 젠트리피케이션gentrification*을 위한 환경을 마련했다는 사실이다. 카트리나 이후의 뉴올리언스는 옛날 무법의 거친 서부의 모습이었다. 도심 개발을 촉진하기 위해 규칙이 유보된, 한마디로 무법의 신개척지였다. 현재의 금융위기는 카트리나 모멘트와 같은 것(리치는 자신의 용어가 이렇게 비유될 거라고 전혀 상상하지 못했을 것이다)이 될까? 아니면 금융경제의 치부를 계속 드러내며 '미국식 자본주의를 심판대에' 올려놓을 것인가?(Burns and Thomas, 2009) 평론가들은 그 위기가 미국의 경제적·도덕적·이념적 헤게모니를 뒤흔들 수도 있다고 말한다. 미국의 적자액은 연속적으로 흑자를 기록한 나라(일본·중국·한국·타이완·걸프 국가들)의 자금조달로 채워지고 있다(Harvey, 2009). 따라서 노벨경제학상을 받은 폴 크루그먼Paul Krugman(2009)은 오늘날 '변색되고' 있는 것은 '미국' 그 자체라고 결론짓고, 미국의 위기는 '제3세계'와 '러시아와 아르헨티나 같은 곳에서 들리는 울부짖음을 놀랄 정도로 연상'시킨다고 말한다.

이러한 생각의 표출은 매우 대담하다. 그것은 실제로 빈곤에 관한 워싱턴 컨센서스에 대한 경고를 정확하게 예측하는 것일 수도 있다. 그러나 소액금융에 대한 연구는 이러한 헤게모니 문제의 미세한 부분에

---

* 낙후된 구도심지역이 활성화되어 중산층 이상의 계층이 유입됨으로써 기존의 저소득층 원주민을 대체하는 현상을 일컫는다.

좀더 주의를 집중하고, 새천년 개발시대의 시장재편 문제를 주목하게 만든다.

## 비우량 신개척지

마이크로크레디트 엔터프라이즈Microcredit Enterprises의 조너선 루이스는 소액금융 투자펀드가 '시장에 대한 신앙 같은 믿음'을 보인다고 말한다. 그는 소액금융에서 돈을 빌린 개인의 대출상환율이 매우 높은 것은 사람들이 잘 알지만, 그 돈을 빌려주는 소액금융기관의 연체율에 대해서는 잘 알지 못한다고 주장한다.

> 언젠가 사람들은 루비콘 강을 건너야 할 것이다. 압류와 같은 사건이 있을 것이기 때문이다. (……) 터프츠 소액금융펀드의 대표와 피에르 오미다이어는 그들이 투자를 중단하려고 할 때 2만 7,000명의 여성에게 "미안합니다. 우리는 이제 서비스를 중단할 예정이며, 여러분은 대출을 더는 받지 못할 것입니다. 따라서 이제 집으로 돌아가서 자녀에게 하루에 두 끼만 먹이십시오"라고 말하고 말 겁니까?
>
> (Bruck, 2006)

2년 전 루이스는 캘리포니아 대학 버클리캠퍼스의 클로센 센터에서 열린 소액금융 학술회의에서 "우리는 지금 소액금융의 거친 서부에 있습니다"라고 선언했다. 그의 신개척지 은유는 금융위기가 더 심해지면서 더욱 선명하게 내게 남았다. 압류와 치명적인 실패의 망령이 소액금융의 그늘 아래 숨어 있는 동안, 새천년 금융위기의 맥락에서 소액금융의 핵심 담론이었던 것은 취약성이 아니라 회복력이기 때문이다.

멕시코에서 콤파르타모스의 임원들은 연체율이 약간 상승하긴 했지만 곧 회복되었다고 선언했다(Thomson, 2009). 회복력에 대한 주장은 새로운 것이 아니다. 2003년 시티그룹 부사장 스탠리 피셔는 지난 10년 동안의 동아시아 금융위기를 회상했다. "거대한 인도네시아은행이 기업 대출자산에서는 거의 100퍼센트 연체율을 기록했는데, 소액금융 대출자산에서는 연체율이 2퍼센트에 불과했다."(*New York Times*, 2003) 2009년 아랍 소액금융 네크워크 사나벨 국제회의에서 시티그룹의 소액금융 글로벌 부문장인 밥 애니베일Bob Annibale은 다시 한번 소액금융시장은 회복력이 빠르다고 언명했다(Halawi, 2009). 금융위기가 고조되었을 때, 시티그룹은 『뉴욕타임스』 같은 신문사에 소액금융 프로그램을 홍보하는 광고를 냈다. 그 광고는 미국의 납세자들에게 그들의 돈이 긴급구제에 잘 쓰였음을 알리고자 하는 것이었다. 긴급구제에 들어간 돈이 결국은 대출금 상환능력이 있는 가난한 여성들에게 도달했기 때문에 잘 쓰였다는 의미였다. 따라서 소액금융은 '책임의 시대'에 어울리는 '좋은 돈'인 것처럼 보인다. 그러나 무엇보다 중요한 것은 그것이 시장이라는 사실이다. CGAP의 한 보고서는 소액금융기금에 '금융위기의 피해가 비교적 없었던' 것으로 볼 때, 이들 대출자산의 회복력이 매우 크다는 것을 입증했다고 결론지었다. 그 보고서는 상위 10위 소액금융 투자펀드의 자산이 2008년에 32퍼센트 증가함으로써 '소액금융이 2008년에 흑자를 기록한 몇 안 되는 자산 가운데 하나'임을 보여준다. '소상공인과 국제 자본시장' 간의 그러한 관계는 오늘날 칭송받고 있으며, 소액금융은 '여전히 차익거래의 가능성이 남아 있는' 시장으로 비친다(Bystrom, 2008: 2110). 소액금융은 개발자본과 금융자본이 어우러지고 협력해서 새로운 개발대상이 정해지고, 새로운 투자영역이 활짝 열리고 다져지는 새천년 자본주의의 새로운 비우량 신개척지처럼 보인다.

비우량대출제도는 리스크가 큰 대출자에게 '우량' 대출자에게나 적용 가능한 이자율을 초과하는 이자율로 대출을 받게 해준다. "리스크가 크다"라는 말은 물론 사회적 해석, 즉 특정한 사회적 집단(가난한 소수민족과 인종의 여성)에 씌워진 오명이다. 그들의 금융포용성은 비우량 조건으로 발생한다. 미국의 주택담보대출시장의 작동방식에서 명확히 드러나는 것처럼, "비우량 신용대출에 대한 배타적 거부와 포용적 세분화는 동전의 양면이다."(Wyly 외, 2008: 12) 그것은 인종·계급·성별로 정해진 특정한 사회집단을 비우량대출이 불가피한 금융기관과 철저하게 격리시킨다. 그들은 지금 대출을 받을 수 있지만, 똑같은 상품(신용대출)이라도 더 엄격한 조건에 훨씬 더 많은 비용을 치러야 한다. 이것이 비우량 신용대출시장의 독특한 논리다. 그 시장은 금융포용성의 수단인 동시에 약탈적, 심지어 착취적 대출의 사례다. 소액금융의 논리 또한 다르지 않다. 그것은 가난한 사람들이 신용대출을 받을 수 있게 하지만, '우량' 대출자가 받는 조건과는 판이하게 다른 조건이기 때문이다. 콤파르타모스의 이자율은 매우 높으며, 그라민은행에서 돈을 빌린 사람이 지켜야 할 규칙은 매우 까다롭다. 다시 말해 비우량시장은 자본의 민주화에 담긴 한계를 보여준다.

소액금융은 종종 비우량대출이라고 불린다. 유누스 자신은 소액금융을 '비우량 중의 비우량대출'이라고 부른다(Parker, 2008). 그러나 그러한 명칭에는 소액금융과 다른 형태의 비우량대출을 분명하게 구별하려고 애쓰는 설명이 뒤따른다. CGAP를 비롯해 유누스에 이르기까지 소액금융의 주역들은 소액금융이 기존의 금융경제에 새로운 도덕적 패러다임, 즉 '책임 있는 금융'이나 '윤리적 자본주의'라고 불릴 수 있는 것을 구현한다고 주장한다. 따라서 튀니지에서 열린 최근의 학술회의에서 플래닛 파이낸스 대표 자크 아탈리는 소액금융이 "글로벌 금융위기가 아프리카에 끼치는 영향을 완충시켜주는 역할을 충실히 수행"할 수 있을 뿐 아니라, "전통적인 금융유통에 없는 윤리에 기반을 두고 지금의 금융위기를 벗어나는 해결책이 될 수도 있다"라고 주장했다(AFDB, 2009). CGAP(2008c)는 소액금융이 "미국의 비우량시장과 매우 다르게 작동된다"라고 주장한다. "소액금융 부문은 또한 혁신적인 리스크 관리 기법을 개발하고, 대출자의 사정을 속속들이 잘 알며, 상환능력을 꼼꼼히 챙기고, 연체를 막기 위해 감시의 눈초리를 멈추지 않았다." CGAP가 그동안 자체적으로 새로운 형태의 빈곤에 관한 워싱턴 컨센서스 윤리강령 채택을 강력하게 주장해온 것은 당연한 일이다. 유누스의 체제에서 투명성과 엄격한 규율 준수 같은 주제는 '신뢰'로 재포장된다. 한때 『월스트리트저널』의 비난대상이었던 유누스는 이제 '비우량대출 대부업자'로 칭송받고 있다(Parker, 2008). 기자는 소액금융이 어떻게 신뢰와 그 단어의 본래 의미인 신용을 복원시켰는지를 알고 놀란다. 신용을 나타내는 영어 '크레디트credit'는 라틴어로 '믿는다'는 뜻의 '크레데레 credere'에서 파생되었다. 유누스는 그런 신뢰가 주도하는 거래와 '완전히 불신에 기초한' 신용제도를 비교하는 것에 찬성한다. 실제로 소액금융은 글로벌 네트워크를 통해 자금의 회전을 활성화할 때 요구되는 신뢰의 형태를 재창조하고 있는 것처럼 보인다(Gilbert, 2005).

이와 같은 소액금융의 독특한 윤리에서 나오는 회복력은 다음과 같은 문제를 제기한다. 소액금융은 과연 비우량자본의 문제를 해결했는가? 무엇보다 소액금융은 리스크의 적정가격을 정할 수 있는가? 칼럼니스트 토머스 프리드먼(2009)은 『뉴욕타임스』 논설에서 "자본주의의 엔진까지 폐기할 필요는 없다. 약간 손만 보면 된다"라고 대담한 주장을 폈다. 그는 그 논설을 통해 금융자본의 놀라운 신세계를 받아들이려고 시도한다. 프리드먼은 '일반 금융상품만'의 세계를 안타까워하면서 '공학기술이 더 많이 적용된 파생금융상품'을 요구한다. 그러나 그는 무엇보다도 이것이 지금까지 '리스크의 가격을 잘못 매기는' 바람에 '불량자산'과 '파괴적 창조'를 낳은 체제라고 지적한다. 빈곤자본으로서의 소액금융은 리스크의 적정가격을 정함으로써 가난한 사람을 위하는 동시에 수익성 높은 금융시장의 신개척지를 활짝 열 것을 기약한다.

빈곤자본이 새천년을 지배하게 된다면, 이 책에서 상세히 설명되고 분석된 자료와 추론적인 기술은 곧 유명해질 것이다. 금융기관은 극빈층 같은 지금까지 자본축적의 주변부에 남아 있었던 비우량대상을 더 잘 인식할 수 있게 만들 것이다. 이것은 리스크를 추적할 수 있고 그것의 등급을 매길 수 있는 열지도와 글로벌 순위의 데이터 공간이 될 것이다. 그러나 그런 사실의 유통은 데이터 이상의 것을 요구할 것이다. 그것은 또한 새로운 이야기가 전해지기를 요구할 것이다. 그런 이야기 가운데 하나가 CGAP의 블로그에 올라온 케이트 맥키(2009)의 '구두수선공과 실직한 금융업자의 우화'다. 흥미로운 반전 속에 그 월스트리트 금융업자는 부를 보유했지만 절제력이 없는 사람으로 소개된다. 일자리는 잃었지만 '두둑한 특별배당금'을 받은 그는 '리오 카니발'에 가고 '필리핀에서 스노클링' 놀이를 하는 데 시간과 돈을 낭비한다. 반면, 구두수선공은 사람들이 새 구두를 사기보다는 낡은 구두를 수선해 신으려고 애쓰면서, 점점 성장하는 구두수선시장에서 자기 역할을 하느라 바쁘다. 한때 월스트리트의 이미지로 재편될 것을 요구받던 소액금융 부문은 이제 그들의 고객이 구두수선공임을 명심하라고 요구받는다. "다시 구두수선공이 되기 좋은 때다." 워싱턴 DC의 유력자 사이에서 만들어진 이 말은 빈곤에 관한 워싱턴 컨센서스의 종언이 아니라 강화를 의미한다. 그 말 속에는 자유시장 이데올로기와 서민경제를 모두 칭송하는 '신자유주의적 포퓰리즘'이 가장 잘 나타나 있기 때문이다. 구두수선공의 경제적 취약성은 이제 기회로 바뀐다.

빈곤자본의 형성은 또한 지리적 재편을 수반한다. 오늘날 소액금융 학술회의의 표제는 '국경 없는 달러'다. 소액금융을 통해 개발의 새로운 글로벌 질서를 마음속에 그리고, 거기서 실패를 바로잡을 수 있다. 리푸마와 리(2004)가 묘사한 것처럼 한때 아랍 세계가 금융과 자금 조달에 필요한 '협동능력'과 '소질'이 없는 주변부로 그려졌다면, 오늘날은 자본축적의 신개척지로서 완전히 '다른' 지역 이미지로 탈바꿈했다. 이슬람의 소액금융은 글로벌 틈새시장이다. 두바이 같은 도시는 굉장히 분주하고 환상적인 도시개발의 현장이다. 또 쿠웨이트 같은 국민국가는 월스트리트의 거대 기업도 사들일 수 있는 국가 소유의 투자펀드인 어마어마한 국부펀드Sovereign Wealth Funds를 운영한다. 과거의 주변부

지역을 신개척지로 재편하는 작업은 사실(빈곤에 관한 사실)을 새롭게 만들어내는 작업을 요구한다. 따라서 채권유동화의 물결(그 주체가 브락이나 ASA든, 아니면 그라민재단이든 상관없이)은 방글라데시 모델에 관한 사실을 이용한다. 결국 이 모델은 금융과 사회적 측면에서 모두 높은 투자수익률을 약속한다. 이것 또한 빈곤자본이다.

무엇보다 빈곤자본의 생산은 부채에 대한 새로운 관행과 의미를 요구할 것이다. 금융위기를 유발한 카트리나 모멘트에서 신용대출은 부채로 보이기 시작했다. 한때 방대한 범위와 영역의 유동성이 큰 금융시장으로 칭송받았던 것이 오늘날 탐욕스러운 무모함으로 바뀐 것이다. 캐나다 소설가 마거릿 애트우드Margaret Atwood(2008)가 부채에 대해 곰곰이 생각하다 묻는 것처럼 '원금회수'를 할 수 있을까? 소액금융 부문은 부채를 크레데레, 즉 신뢰를 바탕으로 하는 신용제도로 재편할 수 있을까? 아니면 그것은 약탈적 비우량시장인 '소액고리대금업체'가 되지 않을까? '인권으로서의 신용대출'이라는 유누스의 개념을 거부하는 한 소액금융펀드 관리자는 따라서 이렇게 선언했다. "우리는 신용대출이, 당신이 빚을 지고 있으며 앞으로 더 많은 빚을 질 수 있다는 의미임을 정말 잊지 않을 수 있을까?"(Bruck, 2006)

인류학자 재닛 로잇먼Janet Roitman(2005: 73)은 의미심장한 질문을 던진다. "어떤 형태의 부는 따져보면 부채관계에 있는 것인데도 사회적으로 용인되는 반면, 또 어떤 형태의 부는 아주 단호하게 빚이라고 비난을 받으며 생산과 교환의 질서를 무너뜨리는 부정적 경제지표로 묘사되는 것은 어째서인가?" 빈곤자본의 시대에 로잇먼이 '부채의 생산성'이라고 부르는 것을 소액금융이 재건해야 한다. 과거 위기의 순간에 소액금융이 신자유주의적 구조조정이라는 가혹한 조치에 대한 사회적 해법이었다면, 오늘날 소액금융은 일종의 자산이며 자본축적과 투기, 이익의 유통이다. 그것이 빈곤자본인 것이다.

자본은 종류마다 자신을 규정하는 고유의 사실이 있다. 그 사실은 약속을 사고파는 것이다. 그 약속은 지켜지지 않을 때도 매우 많고 이행될 때도 많다. 생산자본의 경우, 지금도 살아 숨 쉬는 사실은 제품을 효율적으로 생산할 뿐 아니라 생산자가 그 제품을 품위 있게 소비할 수 있도록 보장하는 임노동체제를 말하는 포드주의라는 개념이다. 개발자본의 경우, 살아 있는 사실은 명확하게 정해진 경제성장 단계에 따라 개발의 사다리를 밟고 올라가는 현대화라는 목적론이다. 금융자본의 경우, 살아 있는 사실은 리스크가 계속 바뀌면서 투기를 통해 번영으로 가는 소유권 사회에 대한 약속이다. 빈곤자본의 경우, 살아 있는 사실은 최하층 10억 명이 자본주의의 도구에 다가갈 수 있게 하기 위해 신세대 글로벌 자본의 토대가 되는 자본의 민주화다. 이것은 새천년의 비우량 신개척지다.

그러나 빈곤자본은 다른 형태의 자본과 마찬가지로 상황이 단순하지 않다. 글로벌 자본의 빈곤자본 생성은 새천년 개발의 주역들이 '물 한 모금 마시기 어려운' 곳에서 '동전 한 푼 만진 적 없는 가난한 여성의 약속을 돈으로 바꿀 줄 아는' 능력이라고 말하는 것에 의존하기 때문에 매우 취약하기 그지없다. 앞서 본 것처럼 빈곤자본은 상당한 수고와 꾸준한 작업을 요구한다. 빈곤자본에 관한 사실을 만들어내는 일은 또한 모순으로 가득하다. 최하층 10억 명의 금융에 관해 알려져 있는 사실은 사회적 보호나 개발기반시설, 또는 주간저축이라는 거북 걸음처럼 오랜 시간이 걸리는 빈곤과 관련된 다른 사실과 함께 불안하게 존재한다. 칸딘스키의 작품처럼 빈곤자본은 중심성과 다양성으로 이루어져 있다.

나는 빈곤자본의 영향력과 헤게모니에 대해 충분히 우려하는 마음을 품은 채 이 연구를 시작하고 이 책을 썼다. 그러나 나는 또한 빈곤자본의 갈라진 틈새와 외침(그것의 정치적 가능성·이중행위자·구제무기라는 생각)에 대해 충분히 확신하면서 그런 시도가 그럴 만한 가치가 있음을 발견했다. 이것은 '아래'로부터의 저항이나 토착민 반란의 반대쪽에 선 이야기가 아니다. 오히려 이것은 빈곤자본이 만들어지는 많은 굴곡의 과정에서 '이해관계의 일치'와 관련된 이야기이자 전복과 공모에 관한 이야기이며, 빈곤자본에 대한 기정사실화를 둘러싼 투쟁의 이야기다.

## 옮긴이의 말

데이비드 본스타인이 1997년에 쓴『그라민은행 이야기: 착한 자본주의를 실현하다』를 2009년에 번역했다. 방글라데시의 그라민은행이 어떻게 만들어지고 자리 잡게 되었는지를 르포르타주 형식으로 취재한 내용이었다. 당시는 전 세계가 금융위기의 혼란 속에 각국의 대형 은행을 비롯한 금융기관들이 줄줄이 파산하고 정부의 대규모 공적 자금이 금융시장에 투입되던 시기였다. 마치 자본주의의 종말이 시작되는 것 같았던 때였다. 하지만 10년이 지난 지금, 세계 금융시장은 그동안 무슨 일이 있었느냐는 듯 무심하게 자본주의를 굳건히 떠받치고 있다.

그라민은행에서 시작된 소액금융이 지구촌 빈곤완화에 얼마나 큰 영향을 끼쳤고 현재 세계 금융시장에서 어떤 위치를 차지하고 있는지를 평가한『빈곤자본』이 청년실업과 새로운 빈곤층 증가로 어려움에 처한 오늘날 국내에 번역되어 나오는 것은 큰 의미가 있다. 10년 전 그라민은행은 부자들의 탐욕적인 금융자본에 맞서 가난한 민중을 위한 착한 자본주의가 구현된 모습이라고 생각되었다. 그러나 지금은 세계은행이 소액금융 확산에 적극적으로 뛰어들면서 과거 유누스가 주창한 인간의 권리로서의 소액신용대출이 아닌, 영리를 추구하는 새로운 금융시장으로서의 소액금융이 대세를 이루고 있다. 철저하게 자본주의적 입장에서 가난한 사람들에게 돈을 빌려주는 소액금융을 돈벌이가 좋은 일종의 자산으로 보고 금융상품으로 만드는 시도까지 이루어지고 있는 실정이다.

저자는 소액금융을 '빈곤자본'이라고 개념화한다. 소액금융은 사실 대출자의 입장에서는 부채다. 따라서 소액금융의 의미에 빈곤완화라는 사회적 의미가 있다 하더라도 개인적으로는 빚을 지는 것이다. 그래서 소액금융이 오히려 가난한 사람들이 부채의 늪에서 헤어나지 못하게 할 뿐이며 약탈적 자본주의의 본색을 감추기 위한 수사에 불과하다고 주장하는 이들도 있다. 하지만 과거 국제사회의 원조나 개발금융이 빈곤완화를 명목으로 대규모로 지원되었음에도, 실제로 가난한 사람들에게는 한 푼도 돌아가지 않고 개발업자나 국내외 NGO, 지배계급의 몫으로 빼돌려진 역사 속에서 소액금융은 그나마 빈민 당사자들에게 자립의 수단을 제공한다는 점에서 중요한 의미가 있다.

이 책은 소액금융을 지원받는 사람이 아니라 지원하는 사람, 다시 말해 소액금융을 관리하고 운영하는 사람들에 대해 연구한 것이다. 그들이 소액금융을 어떻게 바라보고 있고, 지금까지 어떻게 운영해왔으며, 앞으로 어떤 방향으로 발전시킬지를 전망하고 있다. 그라민은행의 유누스처럼 가난한 사람들의 인권과 사회적 보호의 입장을 추구하는 '빈곤에 관한 방글라데시 컨센서스'의 입장이든, 아니면 빌 게이츠처럼 이익창출을 통해 빈곤문제를 해결할 수 있다고 주장하며 빈민을 대상으로 하는 소액금융시장을 새로운 영리추구의 신개척지로 여기는 창조적 자본주의, 즉 오늘날 세계은행 중심의 '빈곤에 관한 워싱턴 컨센서스'의 입장이든 둘 다 장차 세계의 빈곤문제를 해소하고 자본주의를 새롭게 재편하는 데 중요한 역할을 할 요소로 소액금융을 바라보고 있는 것은 틀림없다. 물론 소액금융이 빈곤완화의 만병통치약은 아니지만, 기존의 자본주의 체제에서 가난한 사람 당사자가 직접 빈곤에서 벗어나기 위한 자본을 마련하고 축적할 수 있다는 점에서 소액금융은 매우 획기적인 빈곤구제수단이 아닐 수 없다. 다만, 현재 진화 중인 소액신용대출 자금조달을 위해 소액금융을 비우량자산의 금융상품으로 만들려는 시도에 대해서는 우려가 앞서는 게 사실이다. 2008년 세계 금융위기의 발단도 비우량대출과 파생금융상품의 확대과정에서 시작되었기 때문이다. 신자유주의의 가혹한 구조조정의 대안으로 빈곤퇴치를 위해 탄생한 소액금융이 오늘날 자본축적과 투기, 이익의 유통수단인 하나의 자산으로 변모하는 것을 어떻게 바라보아야 할지 모르겠지만, 자본의 민주화와 개발의 민주화라는 차원에서 소액금융의 확산은 바람직한 일이라고 볼 수 있다.

오늘날 소액금융, 즉 빈곤자본을 관리하는 전문가들의 역할이 중요한 것은 이러한 시대적 상황에서 소액금융의 발전 방향을 정할 수 있는 존재가 바로 그들이기 때문이다. 또한 그들이 바로 '빈곤자본에 관한 사실', 즉 빈곤자본에 대한 정의를 내리고 그에 따른 규칙과 규범을 만드는 사람들이라는 것은 매우 중요한 의미를 내포하고 있다. 이런 빈곤자본에 대한 정의와 규범이 곧 국가 정책 방향으로 연결되기 때문이다. 저자가 말하는 '사실과 자본의 유통'은 바로 소액금융이 어떤 의미로 '기정사실화'되느냐에 따라 자본의 흐름도 방향이 바뀔 수 있음을 보여준다. '언어를 지배하는 것', 다시 말해 '프레임을 선점하는 것'의 중요성이 여기서도 여실히 드러난다고 생각한다. 세계에서 가장 가난한 나라 방글라데시에서 시작된 소액금융이 오늘날 세계은행이 주도하는 빈곤자본으로 전환되며, 방글라데시와 워싱턴이 서로 주도권 싸움을 벌이는 이유도 바로 이런 맥락 때문일 것이다.

국내의 소액금융도 '빈곤'과 '빈곤자본'에 대한 '사실'을 어떻게 정의하느냐에 따라 그것의 역할과 방향성이 완전히 달라질 수 있다. 비정규직 확산, 빈곤 노년층 증가, 청년실업률 상승 등에 따른 국내의 불평등과 사회 양극화의 심화문제를 해소하기 위한 한 대안으로서 소액금융의 중요성은 점점 커지고 있다. 이 책의 발간이 국내에서도 빈민, 빈곤, 소액대출, 빈곤자본의 정의에 대한 학문적·현실적 논의를 촉진시키는 계기가 되었으면 하는 바람이다.

2018년 6월

김병순

# 참고문헌

Abed, F. and Matin, I. (2007) "Beyond lending: how microfinance creates new forms of capital to fight poverty," *Innovations*, Winter and Spring, 3-17.

Abu-Lughod, L. (2009) "Dialects of women's empowerment: the international circuitry of the Arab Human Development Report 2005," *International Journal of Middle East Studies*, 41, 61-62.

AFDB (2009) "French economist underscores role of micro-finance in efforts at reducing poverty." Online. Available HTTP: http://www.afdb.org/en/news-events/article/french-economist-underscores-role-of-micro-finance-in-efforts-at-reducing-poverty-4446/ (accessed April 15, 2009).

Ahmed, M. (2002) *Key to Achieving Sustainability: Simple and Standard Microfinance Services of ASA*, Dhaka, Bangladesh: ASA.

Albright, M.K. and Doerr, J. (2004) "Micro-credit brings macro-benefits," *San Francisco Chronicle*, May 27. Online. Available HTTP: http://www.sfgate.com/cgi-bin/article.cgi?file=/chronicle/archive/2004/05/27/EDG7J6RO MAl.DTL (accessed July 14, 2004).

Alexander, P. (2007) "The big business of small loans." Online. Available HTTP: www.emerg-ingmarkets.org (accessed November 20, 2007).

Ali, T. (2008) "Afghanistan: mirage of the good war," *New Left Review*, 50, 5-22.

Alterman, J. (2006) "The wrong way to sway Egypt," *Washington Post*, june 13. Online. Available HTTP: http://www.washingtonpost.com/wp-dyn/content/article/2006/06/12/AR2006061 201286.html (accessed March 18, 2008).

AME Info (2008) "Islamic solidarity fund for development to support vocational education and micmfinance." Online. Available HTTP: http://www.ameinfo.com/149911.html (accessed October 29, 2008).

Appadurai, A. (2001) "Deep democracy: urban governmentality and the horizon of politics," *Environment and Urbanization*, 13 (2), 23-44.

Armstrong, D. (2008) "Is bigger better?," *Forbes*, June 2. Online. Available: HTTP

http: //www.forbes.com/forbes/2008/0602/066.html (accessed June 15, 2008).

ASA, (2001) *ASA Manual*, Bangladesh: ASA.

Atia, M. (2008) "Building a house in heaven: Islamic charity in neoliberal Egypt," unpublished dissertation, University of Washington, Seattle.

Atwood, M. (2008) *Payback: Debt and the Shadow Side of Wealth*, Toronto: House of Anansi Press.

AVID Consulting Corporation (2004) Final Report of Mid-term Evaluation of USAID/Egypt Small and Emerging Business Program, prepared for USAID. Online. Available HTTP: http://www.banyanglobal.com/pdf/micro_2004.12.15_usaid.pdf (accessed January 7, 2005).

Ayittey, G. (2004) *Africa Unchained: The Blueprint for Africa's V Future*, New York: Palgrave Macmillan.

Ayres, R. (1983) *Banking on the Poor: The World Bank and World Poverty*, Cambridge, MA: MIT Press for the Overseas Development Council.

Badr El-Din, N. (2006) *The SFD's Microfinance Sector*, Cairo, Egypt: The Social Fund for De-velopment, Government of Egypt.

Bajaj, V. and Leland,J. (2009) "Modifying mortgages can be a tricky business," *New York Times*, February 19. Online. Available HTTP: http://www.nytimes.com/2009/02/19/us/19loans.html?_r=1&fta=y (accessed February 19, 2009).

Barry, A. (2004) "Ethical capitalism,in W. Larner and W. Walters (eds) *Global Govern-mentality: Governing International Spaces*, New York: Routledge, 195-211.

Bayat, A. (2002) "Activism and social development in the Middle East," *International Journal of Middle East Studies*, 34 (1), 1-28.

Bayat, A. (2007) "Radical religion and the habitus of the dispossessed: does Islamic militancy have an urban ecology?," *International Journal of Urban and Re-gional Research*, 31 (3), 579-590.

Beblawi, H (1990) "The rentier state in the Arab world," in G. Luciani (ed.) *The Arab State*, Berkeley: University of California Press, 85-98.

Bello, W. (2006) "Microcredit, macro issues," *The Nation*, October 14. Online. Ava-ilable HTTP: http://www.thenation.com/doc/20061030/bello (accessed February 10, 2007).

Bello, W. (2007) "Globalization in retreat: capitalist overstretch, civil society and the crisis of the globalist project,"*Berkeley Journal of Sociology*, 51, 209-220.

Benetton (2008) "MFI started by Youssou N'Dour featured in Benetton's latest global communi-cation campaign," February 13. Online. Available HTTP: http://

www.benecton.com/africaworks-press/en/press_information/1_1.html (accessed January 20, 2009).

Bergeron, S. (2003a) "Challenging the World Bank's narrative of inclusion," in A. Kumar (ed.) *World Bank Literature*, Minneapolis: University of Minnesota Press, 157-171.

Bergeron, S. (2003b) "The post-Washington consensus and economic representations of women in development at the World Bank," *International Feminist Journal of Politics*, 5 (3), 397-419.

Bhide, A. and Shramm, C. (2007) "Phelps's prize," *Wall Street Journal*, January 29. Online. Available HTTP: http://online.wsj.com/article/SBl 17003072952090648.html (accessed February 18, 2007).

Blease, G. (2008) "Savings and souls," *The Economist*, September 4. Online. Available HTTP: http://www.economist.eom/displaystoryxfmPstiory_id:12052687 (accessed November 11, 2008).

Bono (2007) "Guest editor's letter: message 2U," *Vanity Fair*, July. Online. Available HTTP: http://www.vanityfair.com/magazine/2007/07/bono200707 (accessed August 10, 2007).

Bono (2009) "It's 2009. Do you know where your soul is?," *New York Times*, April 19. Online. Available HTTP: http://w\vw.nytimes.com/2009/04/19/opinion/19bono.html?_r=l (accessed April 19, 2009).

Bornstein, D. (1996) The Price of a Dream: The Story of the Grameen Bank and the Idea that is Helping the Poor Change their Lives, New York: Simon & Schuster.

*Boston Globe* (2002) "Microprogress," March 18.

Bourdieu, P. (1985) "The social space and the genesis of groups," *Theory and Society*, 14 (6), 723-744.

Bourdieu, P. (2005) *The Social Structures of the Economy*, trans. C. Turner, Malden, MA: Policy Press.

Brandsma, J. and Burjrjee, D. (2004) *Microfinance in the Arab States: Building Inclusive Financial Sectors*, New York: UNCDF.

Bruck, C. (2006) "Millions for millions," *The New Yorker*, October 30. Online. Available HTTP: http://www.newyorker.com/archive/2006/10/30/061030 fa_fact1 (accessed December 1, 2006).

Burgis, T. (2008) "Microfinance commercialisation warning," *Financial Times*, July 29. Online. Available HTTP: http://www.themix.org/press-clippings/2009/03/20/financial-times-microfinance-commercialisationwarning (accessed October 22, 2008).

Burns, J. and Thomas Jr, L. (2009) "Anglo-American capitalism on trial," *New York Times*, March 29. Online. Available HTTP: http://www.nytimes.com/2009/03/29/weekinreview/ 29burns.html (accessed March 29, 2009).

Bush, G. W. (2002) "State of the Union address." Online. Available HTTP: http://www.washingtonpost.com/wp-srv/onpolitics/transcripts/sou012902.htm (accessed September 5, 2008).

*Business Week* (2007) "Yunus blasts Compartamos," December 13. Online. Available HTTP: http://www.businessweek.com/magazine/content/07_52/b4064045920958.htm (accessed January 10, 2008).

*Business Wire* (2008) "Microfinance institution ASA International secures largest equity capital commitment ever to microfinance." Online. Available HTTP: http://www.pr-inside.com/microfinance-institution-asa-international-secures-r434429.htm (accessed February 1, 2009).

Buvinic, M. (1997) "Women in poverty: a new global underclass," *Foreign Policy*, 108, 38-52.

Bystrom, H. (2008) "The microfinance collateralized debt obligation: a modern Robin Hood?," *World Development*, 36 (11), 2109-2126.

Capital Plus (2004) *The Challenge of Development in Development Finance Institutions*, Chicago: Publication of the Development, Finance Forum.

Carapico, S. (2000) "NGOs, INGOs, GO-NGOs and DO-NGOs: making sense of nongovernmental organizations,5, *Middle East Report*, 214. Online. Available HTTP: http://www. merip.org/mer/mer214/214_carapico.html (accessed March 11, 2008).

Carter, G. (2007) "Editor's letter: Annie get your passport," *Vanity Fair*, July. Online. Available HTTP: http://www.vanityfair.com/magazine/2007/07/graydon 200707 (accessed August 10, 2007).

Caulfield, C. (1996) *Masters of Illusion: The World Bank and the Poverty of Nations*, New York: Henry Holt.

CGAP (2003) *Annual Report*, Washington DC: CGAP, The World Bank.

CGAP (2004a) *Key Principles of Microfinance*, Washington DC: CGAP, The World Bank.

CGAP (2004b) *Foreign Investment in Microfinance: Debt and Equity from Quasi-Commercial Investors?*, Focus Note 25, Washington DC: CGAP, The World Bank.

CGAP (2007) "Savings for poor people: good for clients, good for business." Online.

Available HTTP: http://www.cgap.org/p/site/c/template.rc/1.26.2209/ (accessed September 12, 2008).

CGAP (2008a) *Islamic Microfinance: An Emerging Market Niche*, Washington DC: CGAP, The World Bank.

CGAP (2008b) *Foreign Capital Investment in Microfinance: Balancing Social and Financial Returns*, Focus Note 44, Washington DC: CGAP, The World Bank.

CGAP (2008c) "The global financial crisis: what does it mean for microfinance?," December 15. Online. Available HTTP: http://www.cgap.Org/p/site/c/template.rc/1.26.4511/ (accessed February 26, 2009).

CGAP (2008d) "Building a microfinance industry from scratch," May 31. Online. Available HTTP: http://www2.cgap.Org/p/site/c/template.rc/1.26.2213/ (accessed June 21, 2008).

Chamberlin, W. (2003) "USAID testimony before the senate foreign relations committee," March 26. Online. Available HTTP: http://www.globalsecurity. org/military/library/congress/2003_hr/cham0515.htm (accessed June 28, 2004).

Chambers, R. (1983) *Rural Development: Putting the Last First*, Hoboken, NJ: Wiley.

Chant, S. (2006) "Re-thinking the 'feminization of poverty' in relation to aggregate gender indices," *Journal of Human Development*, 7 (2), 201-220.

Chant, S. (2008) "The Teminisation of poverty' and the 'feminisatrion' of anti-poverty programmes: room for revision?," *Journal of Development Studies*, 44 (2), 165-197.

Chant, S. and Brickell, K. (2010) "'The unbearable heaviness of being': reflections on female altruism in Cambodia, Philippines, the Gambia and Costa Rica," *Progress in Development Studies*, 10, 2, forthcoming.

Chazan, D. (2009) "Microcredit loans used to buy food," *Financial Times*, June 4. Online. Available HTTP: http://www.microfinancegateway.org/p/site/m/template.rc/1.1.2302/ (accessed July 1, 2009).

Chen, M. (1983) *A Quiet Revolution: Women in Transition in Rural Bangladesh*, Rochester, VT: Schenkman Books.

Chronic Poverty Research Centre (2008) *The Chronic Poverty Report 2008-09: Escaping Poverty Traps*, Manchester: Brooks World Poverty Institute, University of Manchester.

Chu, M. (2005) "Microfinance: the next ten years," in A. Pakpahan, E. M. Lokollo, and K. Wijaya (eds) *Microbanking: Creating Opportunities for the Poor Through Innovation*, Jakarta: Bank Rakyat Indonesia, 110-115.

Chu, M. (2007) "Profit and poverty: why it matters," *Forbes.com*, December 20. Online. Available HTTP: http://www.forbes.com/2007/12/20/michael-chu-microfinance-biz-cz_mc_1220chu.html (accessed December 2, 2009).

Clinton, W. (2006) "Speech: remarks at Guildhall on globalization, London." Online. Available HTTP: http://www.clintonfoundadon.org/032806-sp-cf-gn-gl-gbr-sp-remarks-at-guildhall-on-globalization.htm (accessed February 10, 2007).

Coleman, T. (2008) "A new vision for bottom billion microfinance." Online. Available HTTP: http://www.microlinks.org/ev.php?ID=27639_201&ID2=DO_DISCUSSIONPOST_LIST (accessed May 20, 2009).

Collier, P. (2007) *The Bottom Billion: Why the Poorest Countries are Failing and What Can Be Done About It*, New York: Oxford University Press.

Comaroff, J. and Comaroff, J. (2000) "Millennial capitalism: first thoughts on a second coming," *Public Culture*, 12 (2), 291–343.

Cornia, G. and Reddy, S. (2001) *The Impact of Adjustment-related Social Funds on Income Distribution and Poverty*, Discussion Paper 2001/1. New York: United Nations University/World Institute for Development Economics Research (WIDER).

Counts, A. (2004) "Scarce use of public funds should facilitate greater depth of outreach," unpublished letter to the *New York Times*. Online. Available HTTP: http://www.micro financegateway.org/p/site/m/template.rc/1.26.9075/ (accessed September 1, 2004).

Covington, R. (2009) "Bangladesh's audacity of hope," *Aramco World*. Online. Available HTTP: http://www.saudiaramcoworld.eom/issue/200903/bangladesh.s.audacity.of.hope.hcm (accessed June 10, 2009).

*CSRwire* (2006) "Grameen-Jameel initiative engineers $2.5 million investment to boost microfinance in Egypt," September 26. Online. Available HTTP: http://www.csrwire.com/press/press_release/20265-Grameen-Jameel-Initiative-Engineers-2-5-Million-Investment-to-Boost-Microfinance-in-Egypt (accessed February 22, 2008).

Dailey, J. (2005) "Data standards for connecting to commercial sources of capital," *Journal of Microfinance*, 7 (2), 33–45.

*Daily Star* (2007a) "Leading economist criticizes Yunus's microcredit policy," February 22. Online. Available HTTP: http://www.chedailystar.net/ (accessed December 1, 2007).

*Daily Star* (2007b) "Bangladesh academics ask Yunus to clarify position before joining politics," February 25. Online. Available HTTP: http://www.thedaily star.net/ (accessed December 1, 2007).

Danaher, K. (1995) *Fifty Years is Enough: The Case Against the World Bank and the International Monetary Fund*, Cambridge, MA: South End Press.

Das, M. (2008) *Whispers to Voices: Gender and Social Transformation in Bangladesh*, Washington DC: The World Bank.

Dash, E. and Creswell, J. (2008) "Citigroup pays for a rush to risk," *New York Times*, November 23. Online. Available HTTP: http://www.nytimes.com/2008/11/ 23/business/world business/23iht-23citi. 18059343.html?_r= 1 (accessed November 23, 2008).

Dash, E. and Story, L. (2009) "Citi Rescue may not be its last," *New York Times*, February 28. Online. Available HTTP: http://www.nytimes.com/2009/02/28/ business/28citi.html (accessed February 28, 2009).

Deeb, L. (2006) *An Enchanted Modern: Gender and Public Piety in Shi'i Lebanon*, Princeton: Princeton University Press.

De Janvry, A. and Sadoulet, E. (2004) "Conditional cash transfer programs: are they really magic bullets?," *ARE Update*, 7 (6), 9-11. Online. Available HTTP: http://www.agecon. ucdavis.edu/extension/update/articles/v7n6_3.pdf (accessed December 2, 2008).

Denoux, G. (2005) "Promoting democracy and governance in the Arab world: strategic choices for donors," in S. Ben-Nafissa et al. (eds) *NGOs and Governance in an Arab World*, Cairo: American University of Cairo Press, 69-100.

Derrida, J. (1994) *Specters of Marx: The State of the Debt, the Work of Mourning and the New International*, New York: Routledge.

De Soto, H. (2002) *The Mystery of Capital: Why Capitalism Triumphs in the West and Fails Everywhere Else*, New York: Basic Books.

Development Finance Forum (2004) *Capital Plus: The Challenge of Development in Development Finance Institutions*, Chicago: Shorebank Corporation.

Diacon, D. (1988) *World Habitat Awards*, Coalville, Leicestershire: Building and Social Housing Foundation.

Dowla, A. and Barua, D. (2006) *The Poor Always Pay Back: The Grameen II Story*, Bloomfield, CT: Kumarian Press.

Dugger, C. (2004) "Debate stirs over tiny loans for worlds poorest," *New York Times*, April 29. Online. Available HTTP: http://w\w.nytimes.com/2004/04/29/ world/debate-stirs-over-tiny-loans-for-world-s-poorest.html (accessed April 29, 2004).

Dugger, C. (2006) "Peace prize to pioneer of loans for those too poor to borrow/5 *New York Times*, October 14. Online. Available HTTP: http://www.nytimes. com/2006/10/14/ world/asia/14nobel.html?scp=l&sq=peace%20prize%20 borrowers&st=cse (accessed October 14, 2006).

Dunford, C. (1998) "Microfinance: a means to what end?," *NEXUS, SEEP*, Summer.

Dunford, C. (2004) "US legislation tests limits of helping the very poor to cake advantage of microcredit services," unpublished letter to the *New York Times*. Online. Available HTTP: http://www.microfinancegateway.Org/p/ site/m/template.rc/1.26.9075/ (accessed September 1, 2004).

Easterly, W. (2006) *The White Man's Burden: Why the West's Efforts to Aid the Rest Have Done So Much Ill and So Little Good*, New York: Penguin Press.

*The Economist* (2009) "Banking on the fund," April 8. Online. Available HTTP: http://www.economist.com/opinion/displaystory.cfm?story_id=13446763& fsrc=rss (accessed June 11, 2009).

Elyachar, J. (2002) "Empowerment money: the World Bank, non-governmental organizations, and the value of culture in Egypt," *Public Culture* 14 (3), 493–513.

Elyachar, J. (2005) *Markets of Dispossession: NGOs, Economic Life, and the State in Cairo*, Durham, NC: Duke University Press.

Elyachar, J. (2006) "Best practices: research, finance, and NGOs in Cairo," *American Ethnologist*, 33 (3), 413–426.

EQI/NCBA (2005) *Technical Assistance for the Small and Emerging Business Project in Egypt*, 2001–2005, Cairo: EQI.

Falk Moore, S. (2001) "The international production of authoritative knowledge: the case of drought-stricken West Africa," *Ethnography* 2 (2), 161–189.

Fawaz, M. (2000) "Agency and ideology in the service provision of Islamic organizations in the southern suburb of Beirut," paper presented at the "NGOs and Governance in Arab Countries" UNESCO conference.

Ferguson, J. (2006) *Global Shadows: Africa in the Neoliberal World Order*, Durham, NC: Duke University Press.

Ferguson, N. (2002) *Empire: The Rise and Demise of the British World Order and the Lessons for Global Power*, London: Allen Lane.

Ferguson, N. (2008) *The Ascent of Money: A Financial History of the World*, New York: Penguin Press.

Ferguson, N. (2009) "Preface," in D. Moyo *Dead Aid: How Aid is Not Working and How There is a Better Way for Africa*, New York: Penguin Press, xiii–xvii.

Fernando, J. L. (2006) "Microcredit and empowerment of women: blurring the boundary between development and capitalism," in J. L. Fernando (ed.) *Microfinance: Perils and Prospects*, New York: Routledge, 1–42.

Fernando, N. and Meyer, R. (2002) "ASA: the Ford Motor model of microfinance," *Finance for the Poor*, Manila: Asian Development Bank.

Fikkert, B. (2003) *Christian Microfinance: Which Way Now?* Working Paper #205. Lookout Mountain, GA: Chalmers Center for Economic Development, Covenant College.

Fine, B. (2000) *Social Capital Versus Social Theory: Political Economy and Social Science at the Turn of the Millennium*, New York: Routledge.

Fine, B. (2001) "Neither the Washington nor the post-Washington consensus: an introduction,5, in B. Fine, C. Lapavicsas, and J. Pincus (eds) *Development Policy in the Twenty-first Century: Beyond the Post-Washington Consensus*, New York: Routledge, 1–27.

Finnemore, M. (1997) "Redefining development at the World Bank," in F. Cooper and R. Packard (eds) *International Development and the Social Sciences: Essays on the History and Politics of Knowledge*, Berkeley: University of California Press, 203–227.

Fischer, S. (2003) "Wall Street meets microfinance," WWB/FWA Lenore Albom Lecture Series, November 3. Online. Available HTTP: http://www.petersoninstitute.org/fischer/pdf/fischer110303.pdf (accessed October 10, 2004).

Fisher, M. and Downey, G. (2006) "The anthropology of capital and the frontiers of ethnography," in M. Fisher and G. Downey (eds) *Frontiers of Capitalism: Ethnographic Reflections on the New Economy*, Durham, NC: Duke University Press, 1–29.

Forster, S., Maurer, K., and Mirhika, M. (2007) "CGAP phase III midterm evaluation (July 2003–June 2006)." Online. Available HTTP: http://www.cgap.org/ (accessed January 11, 2008).

Fouad, N., Refac, N., and Murcos, S. (2005) "From inertia to movement: a study of the conflict over the NGO law in Egypt," in S. Ben-Nafissa et al. (eds) *NGOs and Governance in the Arab World*, Cairo: American University of Cairo Press, 101–122.

Foucault, M. (1969; 1982 edition) *The Archaeology of Knowledge and the Discourse on Language*, New York: Pantheon.

Foucault, M. (1966; 1994 edition) *The Order of Things: An Archaeology of the Human Sciences*, New York: Vintage.

Frank, C. (2008) "Stemming the tide of mission drift: microfinance transformations and the double bottom line," *Women's World Banking*, April 17. Online. Available HTTP: http://www. swwb.org/stemming-the-tide-of-mission-drift (accessed July 15, 2008).

Friedman, T. (2002) "Globalization, alive and well," *New York Times*, September 22. Online. Available HTTP: http://www.nytimes.com/2002/09/22/opinion/globalization-alive-and-well.html (accessed September 22, 2002).

Friedman, T. (2009) "The price is not right," *New York Times*, April 1. Online. Available HTTP: http://www.nytimes.com/2009/04/01/opinion/01friedman.html (accessed April 1,2009).

Fuglesang, A. and Chandler, D. (1988) *Participation as Process: What We Can Learn From the Grameen Bank*, Bangladesh, Dhaka: Pearl Printing.

Fukuyama, F. (1989) "The end of history?," *The National Interest*, 16, 3-18.

Fukuyama, F. (1992) *The End of History and the Last Man*, New York: Avon Books.

Gates, B. (2008) "How to fix capitalism," *Time*, July 31, 23-29.

Gereffi, G. and Korzeniewicz, M. (eds) (1993) *Commodity Chains and Global Capitalism*, Westport, CT: Greenwood Press.

Gilbert, E. (2005) "Common cents: situating money in time and space," *Economy and Society*, 34 (3), 356-387.

Goetz, A. (2001) *Women Development Workers: Implementing Rural Credit Programmes in Bangladesh*, Thousand Oaks, CA: Sage Publications.

Goetz, A. M. and Sengupta, R. (1996) "Who takes the credit? Gender, power, and control over loan use in rural credit programs in Bangladesh," *World Development*, 24 (1), 45-63.

Goldman, M. (2005) *Imperial Nature: The World Bank and Struggles for Social Justice in an Age of Globalization*, New Haven, CT: Yale University Press.

Gore, C. (2000) "The rise and fall of the Washington consensus as a paradigm for developing countries," *World Development*, 28 (5), 789-804.

Government of Bangladesh (2005) *Unlocking the Potential: National Strategy for Accelerated Poverty Reduction*, Dhaka, Bangladesh: General Economics Division, Planning Commission.

Government of Egypt (2005) *National Strategy for Microfinance in Egypt: A Sector Development Approach*, Cairo, Egypt: Social Fund for Development.

Gowan, P. (2009) "Crisis in the heartland: consequences of the new Wall Street system," *New Left Review*, 55, 5-29.

Grameen Foundation (2007a) "Grameen-Jameel Initiative secures $2.7 million for FONDEP," January 2. Online. Available HTTP: http://www.syminvest. com/market/news/microfinance/grameerijameel-initiacive-secure-27-million-for-fondep/2007/1/2/242 (accessed May 11, 2008).

Grameen Foundation (2007b) "Grameen Foundation appoints Diane M. Smith to head Capital Markets Group," January 29. Online. Available HTTP: http://www.grameenfoundation.org/resource_center/newsroom/news_releases/~story=203 (accessed May 11, 2008).

Grameen Foundation (2009) "GF announces new social investing guidelines for microfinance, February 23. Online. Available HTTP: http://www.grameen-foundation.org/re-source_cencer/newsroom/news_releases/~story=372 (accessed April 2, 2009).

Grameen Trust (2003) *Notes from Grameen Dialogues*, Dhaka, Bangladesh: Grameen Bank.

Halawi, D. (2009) "Microfinance remains 'resilient' to global market trends," *Daily Star*, May 13. Online. Available HTTP: http://www.dailystar.com.lb/arcicle. asp?edicion_id=1&categ_id=3&article_id=101892 (accessed May 20, 2009).

Haider, S. and Mosley, P. (2002) *Working with the Ultra Poor: Learning from BRAC's Experiences*, RED BRAC Economic Studies, XVII, Dhaka, Bangladesh: BRAC.

Hamzeh, A. (2004) *In the Path of Hizbullah*, Syracuse: Syracuse University Press.

Haque, M. S. (2002) "The changing balance of power between the government and NGOs in Bangladesh," *International Political Science Review*, 23 (4), 411-435.

Harb, M. (2001) "Post-war Beirut: resources, negotiations, and contestations in the Elyssar project," in S. Shami (ed.) *Capital Cities: Ethnographies of Urban Governance in the Middle East*, University of Toronto: Centre for Urban and Community Studies, 111-134.

Harb, M. and Leenders, R. (2005) "Know thy enemy: Hizbullah, 'terrorism' and the politics of perception," *Third World Quarterly*, 26 (1), 173-195.

Harford, T. (2008) "The battle for the soul of microfinance, *Financial Times*, December 6. Online. Available HTTP: http://www.microcapital.org/microcapital-excerpt-the-battle-for-the-soul-of-microfinance-by-financial-times-senior-columnist-tim-harford/ (accessed December 10, 2008).

Harik, J. (1994) *The Public and Social Services of the Lebanese Militias*, Oxford: Centre for Lebanese Studies.

Harik, J. P. (1996) "Between Islam and the system: sources and implications of popular support for Lebanon's Hezbollah, *Journal of Conflict Resolution*, 40

(1), 40-67.

Harriss, J. (2001) *Depoliticizing Development: The World Bank and Social Capital*, London: Anthem Press.

Harvey, D. (2005) *A Brief History of Neoliberalism*, New York: Oxford University Press.

Harvey, D. (2009) "Why the US stimulus package is bound to fail," *Socialist Project*, E-Bulletin 184, Online. Available HTTP: http://davidharvey.org/2009/02/why-the-us-stimulus-package-is-bound-to-fail/ (accessed May 20, 2009).

Hashemi, S. (2001) *Linking Microfinance and Safety Net Programs to Include the Poorest: The Case of IGVGD in Bangladesh*, CGAP Focus Note 21, Washington DC: CGAP, The World Bank.

Hashemi, S. (2006) "What will the Nobel Prize mean for microfinance: an interview," October 16. Online. Available HTTP: http://web.worldbank.org/WBSITE/EXTERNAL/COUNTRIES/SOUTHASIAEXT/0,,contentMDK:21091923~pagePK:146736~piPK:146830~theSitePK:223547,00.html (accessed December 20, 2006).

Hashemi, S. (2007) *Beyond Good Intentions: Measuring the Social Performance of Microfinance Institutions*, CGAP Focus Note 41, Washington DC: CGAP, The World Bank.

Hashemi, S. and Rosenberg, R. (2006) *Graduating the Poorest into Microfinance: Linking Safety Nets and Financial Services*, CGAP Focus Note 32, Washington DC: CGAP, The World Bank.

Hashemi, S., Schuler, S. R., and Riley, A. P. (1996) "Rural credit programs and women's employment in Bangladesh," *World Development*, 24 (4), 635-653.

Hasso, F. (2009) "Empowering governmentalities rather than women: the Arab Human Development Report 2005 and Western development logics," *International Journal of Middle East Studies*, 41, 63-82.

Helms, B. (2006) *Access for All: Building Inclusive Financial Systems*, Washington DC: CGAP, The World Bank.

Higgins, A. (2006) "Branded terrorist by U.S., Israel, a microcredit czar keeps lending," *The Wall Street Journal*, December 29.

Hochberg, F. (2002) "Practical Help for Afghans," *New York Times*, January 5. Online. Available HTTP: http://www.nytimes.com/2002/01/05/opinion/praccical-help-for-afghans.html (accessed June 19, 2008).

Hossain, N. and Matin, I. (2004) *Engaging Elite Support for the Poorest? BRAC's Experience with the Ultra Poor Programme*, CFPR-TUP Working Paper

Series, 3, Dhaka, Bangladesh: BRAC.

*Houston Chronicle* (2002) "Microcredit: a way to fight poverty, terrorism in small bites," March 18.

Hulme, D. and Moore, K. (2006) "Why has microfinance been a policy success? Bangladesh and beyond," GPRG-WPS-041. Online. Available HTTP: http://www.gprg.org/pubs/workingpapers/pdfs/gprg-wps-041.pdf (accessed January 28, 2009).

Hulme, D. and Mosley, P. (1996) *Finance Against Poverty: Effective Institutions for Lending to Small Farmers and Microenterprises in Developing Countries*, London: Roucledge.

Husseini, R. (1997) "Promoting women entrepreneurs in Lebanon: the experience of UNIFEM," *Gender and Development*, 5 (1), 49-53.

Ignatius, D. (2005) "Long road to the promised land," *Washington Post*, June 15. Online. Available HTTP: http://www.washingtonpost.com/wp-dyn/content/article/2005/06/14/AR2005061401343_pf.html (accessed June 19, 2008).

ING (2008) "A billion to gain? A study on global financial institutions and microfinance." Online. Available HTTP: http://www.ingmicrofinanciering.nl/uploads/ul_A%20Billion%20to%20Gain%20-Next%20Phase,%20March%2008%20Adobe%207.pdf (accessed March 1, 2009).

Ismail, S. (2006) *Political Life in Cairo's New Quarters: Encountering the Everyday State*, Minneapolis: University of Minnesota Press.

Jackson, C. (1996) "Rescuing gender from the poverty trap," *World Development*, 24 (3), 489-504.

Jacquand, M. (2005) "Measuring social performance: the wrong priority," *Microfinance Matters*, August. Online. Available HTTP: http://www.uncdf.org/english/microfinance/pubs/news-letter/pages/2005_08/news_measuring.php (accessed January 30, 2009).

Jad, I. (2009) "Comments from an author: engaging the Arab Human Development Report 2005 on Women," *International Journal of Middle East Studies*, 41, 61-62.

Jansen, A. (2002) "Preface," in D. Drake and E. Rhyne (eds) *The Commercialization of Microfinance: Balancing Business and Development*, Bloomfield, CT: Kumarian Press, vii-viii.

Kabeer, N. (2000) "Conflicts over credit: re-evaluating the empowerment potential of loans to women in rural Bangladesh," *World Development*, 29 (1), 63-84.

Kabeer, N. (2003) "Assessing the wider social impacts of microfinance services," *IDS*

*Bulletin*, 34 (4), 106‑114.

Kabeer, N. (2005) Gender Equality and Human Development: The Instrumental Rationale. United Nations Human Development Report Office Occasional Paper. Online. Available HTTP: http://hdr.undp.org/en/reports/global/hdr2005/papers/HDR2005_Kabeer_Naila_ 31.pdf (accessed April 20, 2009).

Kabeer, N. and Matin, I. (2005) *The Wider Social Impacts of BRAC's Group Based Lending in Rural Bangladesh: Group Dynamics and Participation in Public Life*, BRAC Research Monograph Series 25, Dhaka, Bangladesh: BRAC.

Kapur, D. (2002) "The changing anatomy of governance of the World Bank," in J. Pincus and J. Winters (eds) *Reinventing the World Bank*, Ithaca, NY: Cornell University Press, 54‑75.

Kelly, R. (2006) "Bush administration defends US military aid to Egypt," *World Socialist Website*. Online. Available HTTP: http://www.wsws.org/articles/2006/may2006/egyp‑m22.shtml (accessed April 7, 2008).

Khalili, L. (2007) "Standing with my brother: Hizbollah, Palestinians and the limit of power," *Comparative Studies in Society and History*, 49, 276‑303.

Khandker, S. (1998) *Fighting Poverty with Microcredit: Experience in Bangladesh*, New York: Oxford University Press.

Khandker, S. (2003) *Micro‑finance and Poverty: Evidence using Panel Data from Bangladesh*, Policy Research Working Paper 2945. Washington DC: World Bank.

Khandker, S. (2005) "Microfinance and poverty: evidence using panel data from Bangladesh," *The World Bank Economic Review*, 19 (2), 263‑286.

Khechen, M. (2007) "Beyond the spectacle: Al‑Saha Village, Beirut," *Traditional Dwellings and Settlements Review*, XIX (1), 7‑21.

Kiviat, B. (2008) "Microfinance: women being cheated?," *Time*, April 17. Online. Available HTTP: http://www.dme.com/time/world/ardcle/0,8599,1731718,00.html (accessed March 30, 2009).

Klein, N. (2001) "A fete for die end of the end of history," *The Nation*, March 19. Online. Available HTTP: http://www.thenanon.com/doc/20010319/klein (accessed April 10, 2009).

Klein, N. (2007) *The Shock Doctrine: The Rise of Disaster Capitalism*, New York: Penguin Books.

Knudsen, A. (2005) "Islamism in the diaspora: Palestinian refugees in Lebanon," *Journal of Refugee Studies*, 18 (2), 216‑234.

Knudsen, A. (2007) *The Law, The Loss, and the Lives of Palestinian Refugees in Lebanon*, CMI Working Paper 1. Online. Available HTTP: http://www.

cmi.no/publications/file/?2607= the-law-the-loss-and-the-lives-of-palestinian (accessed December 3, 2008).

Kraske, J. et al. (1996) *Bankers with a Mission: The Presidents of the World Bank, 1946-91*, New York: Oxford University Press (published for the World Bank).

Krugman, P. (2009) "America the tarnished," *New York Times*, March 30. Online. Available HTTP: http://www.nytimes.com/2009/03/30/opinion/30krugman.html?_r=l&adxnnl = 1&adxnnlx= 1246309244-xjApIMsjK/4HYsnbEc3EZQ (accessed March 30, 2009).

Lane, E. (1860; 2005 edition) *Manners and Customs of the Modern Egyptians*, New York: Cosimo Books.

Latifee, H. I. (2004) *Grameen Trust Experience*, 1991-2003, Dhaka, Bangladesh: Grameen Bank.

Levinson, C. (2004) "$50 billion later, taking stock of US aid to Egypt," *Christian Science Monitor*. Online. Available HTTP: http://www.csmonitor.com/2004/0412/p07s01-wome.html (accessed July 17, 2008).

LiPuma, E. and Lee, B. (2004) *Financial Derivatives and the Globalization of Risk*, Durham, NC: Duke University Press.

Littlefield, E. (2006) "The future of microfinance—and the World Bank's role in it," November 19. Online. Available HTTP: http://www.microfinancegateway.Org/p/site/m/templace.rc/1.26.9106/ (accessed December 15, 2006).

Littlefield, E. (2007) "The changing face of microfinance funding," *Forbes.com*, December 20. Online. Available HTTP: http://www.forbes.com/2007/12/20/elizaberh-littlefield-microfinancc-biz-cz_el_1220littlefield.html (accessed December 28, 2007).

Littlefield, E. and Rosenberg, R. (2004) "Microfinance and the poor: breaking down che walls between microfinance and formal finance," *Finance and Development*, 41 (2), 38-40.

Lovell, C. (1992) *Breaking the Cycle of Poverty: The BRAC Strategy*, West Hartford, CT: Kumarian Press.

Luciani, G. (ed.) (1990) *The Arab State*, Berkeley: University of California Press.

McKee, K. (2009). "The parable of the cobbler and the laid-off financier," *CGAP Micro finance Blog*, March 2. Online. Available HTTP: http://microfinance.cgap.org/2009/03/02/the-parable-of-the-cobbler-and-the-laid-off-financier/ (accessed April 8, 2009).

Mahajan, S. (2007) *Bangladesh: Strategy for Sustained Growth*, Washington DC: World Bank.

Mahbub, A. et al. (2001) *Changes in Women's Status at the Village Level: The Contribution of BRAC Development Programme*, RED BRAC Social Studies, XXVII, Dhaka, Bangladesh: BRAC.

Mahmood, S. (2005) *The Politics of Piety: The Islamic Revival and the Feminist Subject*, Princeton: Princeton University Press.

Mahmud, S. (2004) "Microcredit and women's empowerment in Bangladesh," in S. Ahmed and M.A. Hakim (eds) *Attacking Poverty with Microcredit*, Dhaka, Bangladesh: Dhaka University Press, 153–188.

Malkin, E. (2008) "Microfinance's success sets off a debate in Mexico," *New York Times*, April 5. Online. Available HTTP: http://www.nytimes.com/2008/04/05/business/worldbusiness/05micro.html (accessed April 5, 2008).

Mallaby, S. (2004) *The World's Banker: A Story of Failed States, Financial Crises, and the Wealth and Poverty of Nations*, New York: The Penguin Press.

Marcos, Subcomandante (2000) "Do not forget ideas are also weapons," *Le Monde Diplomatique*. Online. Available HTTP: http://mondediplo.com/2000/10/13marcos (accessed August 8, 2005).

Margolis, M. (2007) "Lining up the loan angels," *Newsweek International*, April 9. Online. Available HTTP: http://www.newsweek.com/id/35845 (accessed April 15, 2007).

Martin, R. (2002) *The Financialization of Daily Life*, Philadelphia: Temple University Press.

Masterson, K. (2009) "Tufts learns how far a big gift can go," *Chronicle of Higher Education*, March 13. Online. Available HTTP: http://chronicle.com/free/v55/i27/27a00102.htm (accessed March 20, 2009).

Matin, I. (1997) "The renegotiation of joint liability: notes from Madhupur," in G. Wood and I. Sharif (eds) *Who Needs Credit?: Poverty and Finance in Bangladesh*, London: Zed Books, 262–270.

Matin, I. (2004) *Delivering Inclusive Microfinance with a Poverty Focus: Experiences of BRAC*, BRAC Research Reports. Online. Available HTTP: http://www.bracresearch.org/reports_details.php?scat=23&tid=32&v= (accessed September 22, 2008).

Matin, I. and Begum, S.A. (2002) *Asset-ing the Extreme Poor: Experiences and Lessons from BRAC Project*, RED BRAC Economic Studies, XVIII, Dhaka, Bangladesh: BRAC.

Matin, I., Hulme, D., and Rutherford, S. (2002) "Finance for the poor: from microcredit to microfinancial services," *Journal of International Development*, 14 (2),

273-294.

Maurer, B. (2005) *Mutual Life, Limited: Islamic Banking, Alternative Currencies, Lateral Reason*, Princeton: Princeton University Press.

Maurer, B. (2006) "The anthropology of money," *Annual Review of Anthropology*, 35, 15-36.

Maurer, B. (2008) "Re-socialising finance? Or dressing it in mufti? Calculating alternatives for Cultural Economies, *Journal of Cultural Economy*, 1 (1), 65-78.

Microcapital (2008) "Pioneers in Microfinance: Shafiqual Haque Choudhury," June 25. Online. Available HTTP: http://www.microcapital.org/pioneers-in-microfmance-shafiqual-haque-choudhury-founder-and-president-of-asa-of-bangladesh/ (accessed February 11, 2009).

Microfinance Gateway (2008) "Microfinance multiplied: an interview with Fazle Abed." Online. Available HTTP: http://www.microfinancegaceway.org/p/site/m/template.rc/1.26.9120/ (accessed August 16, 2008).

Mill, J. S. (1859; 1982 edition) *On Liberty*, New York: Penguin Books.

Miller-Adams, M. (1999) *The World Bank: New Agendas in a Changing World*, London: Routledge.

Milobsky, D. and Galambos, L. (1995) "The McNamara Bank and its legacy 1968-1987," *Business and Economic History*, 24 (2), 167-195.

Mitchell, T. (1988) *Colonising Egypt*, Cambridge: Cambridge University Press.

Mitchell, T. (2002) *Rule of Experts: Egypt, Techno-politics, Modernity*, Berkeley: University of California Press.

Mitchell, T. (2006) *Rule of Experts: Egypt, Techno-politics, Modernity*, Berkeley: University of California Press.

MIX (2003) *Benchmarking Arab Microfinance 2003*. Online. Available HTTP: http://www.themix.org/publications/2003-arab-microfinance-analysis-and-benchmarking-report-arabic (accessed May 2, 2004).

MIX (2008) *Benchmarking Amb Microfinance 2006*. Online. Available HTTP: http://www.themix.org/sites/default/files/Arab%20Benchmarking%20Report%20 2006.pdf (accessed January 15, 2009).

Mjos, O. D. (2006) "Presentation speech: Nobel Peace Prize award ceremony." Online. Available HTTP: http://nobelprize.org/nobel_prizes/peace/laureates/2006/presentation-speech.html (accessed January 7, 2007).

Mohanty, C. T. (1991) "Under western eyes: feminise scholarship and colonial discourses," in C.T. Mohanty et al. (eds) *Third World Women and the Politics of Feminism*, Bloomington: Indiana University Press, 51-80.

Molyneux, M. (2006) "Mothers at the service of the new poverty agenda: Progresa/ Oportunidades, Mexico's conditional transfer programme," *Social Policy and Administration*, 40 (4), 425-449.

Morduch, J. (1998) *Does Microfinance Really Help the Poor? New Evidence from Flagship Programs in Bangladesh*, Research Program in Development Studies Working Papers 198. Princeton: Princeton University Press.

Morduch, J. (1999a) "The microfinance promise," *Journal of Economic Literature*, XXXVII: 1569-1614.

Morduch, J. (1999b) "The role of subsidies in microfinance: evidence from the Grameen Bank," *Journal of Development Economics*, 60 (1), 229-248.

Moyo, D. (2009) *Dead Aid: How Aid is not Working and How There is a Better Way for Africa*, New York: Penguin Press.

Munk, N. (2007) "Jeffrey Sachs's $200 billion dream," *Vanity Fair*, July. Online. Available HTTP: http://www.vanityfair.com/politics/features/2007/07/ sachs200707 (accessed August 10, 2007).

Naipaul, V. S. (1961; 2001 edition) *A House for Mr. Biswas*, New York: Vintage Books.

Narayan, D. and Ebbe, K. (1997) *Design of Social Funds: Participation, Demand Orientation, and Local Organizational Capacity*, Washington DC: The World Bank.

Narayan, D. and Petesch, P. (2002) *Voices of the Poor: From Many Lands*, Washington DC: The World Bank.

Narayan, D. and Pritchett, L. (1997) *Cents and Sociability*, World Bank Policy Research Working Paper No. 1796. Washington DC: The World Bank.

*New York Times* (1997) "Micro-loans for the very poor," February 16.

*New York Times* (2001) "l Liberating the women of Afghanistan," November 24.

*New York Times* (2003) "Banking for the world's poor," November 19.

*New York Times* (2004) "Microcredit's limits," May 5.

Norton, A. (1999) *Hizballah of Lebanon: Extremist Ideals vs. Mundane Politics*, New York: Council on Foreign Relations.

Otero, M. (2008) "Microfinance at the crossroads," *Forbes.com*. Online. Available HTTP: http://www.forbes.com/2008/05/19/micro-finance-accion-oped-cx_mot_0519accion.html (accessed February 1, 2009).

Paglen, T. and Thompson, A.C. (2006) *Torture Taxi: On the Trail of the CIA's Rendition Flights*, Brooklyn, NY: Melville House.

Pal, A. (2006) "Microsharks," *The Economist*, August 16. Online. Available HTTP:

http://www. economist.com/businessfinance/displayStory.cfm?story_id=7803631 (accessed November 23, 2006).

Parker, E. (2008) "Subprime lender," *Wall Street Journal*, March 1. Online. Available HTTP: http://online.wsj.com/article/SB120432950873204335.html (accessed March 1, 2008).

Pearl, D. and Phillips, M. (2001) "Grameen Bank, which pioneered loans for the poor, has hit a repayment snag/5 Wall Street Journal, November 27. Online. Available HTTP: http://online.wsj.com/public/resources/documents/pearl 112701.htm (accessed June 23, 2004).

Peer, R. (2003) *The Unholy Trinity: The World Bank, IMF, and WTO*, London: Zed Books.

Pender, J. (2001) "From 'structural adjustment' to 'comprehensive development framework': conditionality transformed?," *Third World Quarterly*, 22 (3), 397–411.

Peteet, J. (1996) "From refugees to minority: Palestinians in post-war Lebanon," *Middle East Report*, 200, 27–30.

Phillips, K. (2008a) *Bad Money: Reckless Finance, Failed Politics, and the Global Crisis of American Capitalism*, New York: Viking Press.

Phillips, K. (2008b) "Why Wall Street socialism will fail," *Huffington Post*, April 18. Online. Available HTTP: http://www.huffingtonpost.com/kevin-phillips/why-wall-street-social-ism_b_96772.html (accessed October 7, 2008).

Pieterse, J. N. (2001) *Development Theory: Deconstructions/Reconstructions*, Thousand Oaks, CA: Sage Publications.

Pincus, J. and Winters, J. (eds) (2002) "Reinventing the World Bank," in *Reinventing the World Bank*, Ithaca, NY: Cornell University Press, 1–25.

Pitt, M. and Khandker, S. (1998) "The impact of group-based credit programs on poor households in Bangladesh: does the gender of participants matter?," *Journal of Political Economy*, 106 (5), 958–996.

Polanyi, K. (1944; 2001 edition) *The Great Transformation: The Political and Economic Origins of Our Time*, Boston: Beacon Press.

Porces, A. and Landolt, P. (2000) "Social capital: promise and pitfalls of its role in development," *Journal of Latin American Studies*, 32, 529–547.

Prahalad, C. K. (2004) *The Fortune at the Bottom of the Pyramid: Eradicating Poverty through Profits*, Cambridge, MA: Wharton School Publishing.

*PR News wire* (2008) "S&P announces program to develop global racings framework for micro-finance institutions, February 6. Online. Available HTTP: http://

www.prnewswire.com/cgi-bin/stories.pl?ACCT=1098cSTORY=/www/story/02-06-2008/0004750914&EDATE= (accessed August 22, 2008).

Putnam, R. (2000) *Bowling Alone: The Collapse and Revival of American Community*, New York: Simon & Schuster.

Rahman, A. (1999) "Micro-credit: initiatives for equitable and sustainable development: who pays?," *World Development*, 27 (1), 67-82.

Rankin, K. (2001) "Governing development: neoliberalism, microcredit, and rational economic woman," *Economy and Society*, 30 (1), 18-37.

Rankin, K. (2002) "Social capital, microfinance, and the politics of development," *Feminist Economics*, 8 (1), 1-24.

Rankin, K. (2008) "Manufacturing rural finance in Asia: institutional assemblages, market societies, entrepreneurial subjects," *Geoforum* 39, 1965-1977.

Rawe, J. (2003) "Why micro matters: Wall Street is figuring out how to profitably package tiny loans to Third World entrepreneur," *Time*, November 24. Online. Available HTTP: http://www.time.com/dme/magazine/arcicle/0,9171,1006292,00.html (accessed December 22, 2003).

Ray, R. and Qayum, S. (2009) *Cultures of Servitude: Modernity, Domesticity, and Class in India*, Palo Alto, CA: Stanford University Press.

Reich, R. (2008a) "A modest proposal for ending socialized capitalism." Online. Available HTTP: http://robertreich.blogspoc.com/2008/07/modest-proposal-for-ending-socialized.html (accessed February 9, 2009).

Reich, R. (2008b) "Why Wall Street is melting down, and what to do about it." Online. Available HTTP: http://robertreich.blogspot.com/2008/09/why-wall-street-is-melting-down-and.html (accessed October 1, 2008).

Reille, X. and Glisovic-Mezieres, J. (2009) *Microfinance Funds Continue to Grow Despite the Crisis*, CGAP brief, April, Washington DC: CGAP, The World Bank. Online. Available HTTP: http://www.cgap.org/p/site/c/template.rc/1.9.34437/ (accessed May 23, 2009).

Reinke, J. (1998) "Does solidarity pay? The case of the Small Enterprise Foundation, South Africa," *Development and Change*, 29, 553-576.

Results (2008) "Kenyan crisis shouldn't hide importance of ladders out of poverty, not just safety nets." Online. Available HTTP: http://www.results.org/website/download.asp?id=3193 (accessed April 24, 2009).

Reuters (2009) "TIAA-CREF makes $40 million investment in developing world markets mi-crofinance equity fund." Online. Available HTTP: http://www.reuters.com/arcicle/pressRelease/idUS176313+24-Feb-2009+BW20090224

(accessed June 1, 2009).

Rhyne, E. (2001) *Mainstreaming Microfinance: How Lending to the Poor Began, Grew, and Came of Age in Bolivia*, Bloomfield, CT: Kumarian Press.

Rich, B. (2002) "The World Bank under James Wolfensohn" in J. Pincus and J. Winters (eds) *Reinventing the World Bank*, Ithaca, NY: Cornell University Press, 26-53.

Rich, F. (2009) "Has a 'Katrina Moment' Arrived?," *New York Times*, February 22. Online. Avail-able HTTP: http://www.nytimes.com/2009/03/22/opinion/22rich.html?_r=l (accessed February 22, 2009).

Robinson, M. (2001) *The Microfinance Revolution: Sustainable Finance for the Poor*, Washington DC: The World Bank and the Open Society Institute.

Rogaly, B. (1996) "Micro-finance evangelism, 'destitute women', and the hard selling of a new anti-poverty formula," *Development in Practice*, 6 (2), 100-112.

Roitman, J. (2005) *Fiscal Disobedience: An Anthropology of Economic Regulation in Central Africa*, Princeton: Princeton University Press.

Rosenberg, R. (2006) *Aid Effectiveness in Microfinance: Evaluating Microcredit Projects of the World Bank and UNDP*, CGAP Focus Note 35, Washington DC: CGAP, The World Bank.

Rosenberg, R. (2007) *CGAP Reflections on the Compartamos Initial Public Offering: A Case Study on Microfinance Interest Rates and Profits*, CGAP Focus Note 42, Washington DC: CGAP, The World Bank.

Roy, Ananya (2009) "Civic governmencalicy: the politics of inclusion in Beirut and Mumbai," *Antipode*, 41(1), 159-179.

Roy, Arundhati (2003) "The day of the jackals: on war and occupadon," *Counterpunch*, June 2. Online. Available HTTP: http://www.counterpunch.org/roy06022003.html (accessed December 3, 2003).

Rutherford, S. (1995) ASA: *The Biography of an NGO*, Dhaka, Bangladesh: ASA.

Rutherford, S. et al. (2004) "Grameen II: a 'grounded VIEW' of how Grameen's new initiative is progressing in the villages," Microsave. Online. Available HTTP: http://www.safesave.org/GRAMEEN%2011%20Status%20report%20Final%2019%20Apr%202004.pdf (accessed November 11, 2006).

Saad-Ghorayeb, A. (2002) *Hizbullah: Politics and Religion*, London: Pluto Press.

Sachs, J. (2002) "Weapons of mass salvation," *The Economist*, October 24. Online. Available HTTP: http://www.unmillenniumproject.org/documents/Economist_oct24_2002.pdf (accessed January 18, 2003).

Sachs, J. (2005) *The End of Poverty: Economic Possibilities for Our Time*, New York: Penguin Press.

Sachs, S. (2000) "Helping hand of Hezbollah emerges in South Lebanon," *New York Times*, May 30.

Said, E. (1979) *Orientalism*, New York: Vintage Books.

Saliba, R. (2000) "Emerging trends in urbanism: the Beirut post-war experience. A presentation at the Diwan al-Mimar," Center for the Study of the Built Environment, Jordan. Online. Available HTTP: http://www.csbe.org/Saliba-Diwan/essay1.htm (accessed May 17, 2006).

Sassen, S. (2002) "Governance hotspots," in C. Calhoun et al. (eds) *Understanding September 11*, New York: W.W. Norton & Company, 106-120.

Sawalha, A. (2001) "Post-war Beirut: place attachment and interest groups in Ayn Al-Mreisi," in S. Shami (ed.) *Capital Cities: Ethnographies of Urban Governance in the Middle East*, University of Toronto: Centre for Urban and Community Studies, 89-110.

Scully N. D. (2001) "Women see gaps, can't give Bank credit for new loan program," *Bank Check Quarterly*. Online. Available HTTP: http://www.igc.org/dgap/women.html (accessed March 10, 2004).

Scully, N. D. (n.d.) "Microcredit no panacea for poor women." Online. Available HTTP: http://www.gdrc.org/icm/wind/micro.html (accessed May 1, 2009).

*Seattle Times* (1997) "Not-so-petty cash," April 9.

Sevcik, K. (2003) "What liberation?," *Mother Jones*, July/August. Online. Available HTTP: http://www.motherjones.com/polkics/2003/07/what-liberation (accessed July 15, 2008).

Shahe, E., Morshed, M., Mahbub, A.K.M., and Stiglitz, J. (2007) "Microfinance and missing markets," *Social Science Research Network*, March. Online. Available HTTP: http://papers.ssrn.com/soL3/papers.cfm?abstract_id=1001309 (accessed May 11, 2008).

Shakya, Y. and Rankin, K. (2008) "The politics of subversion in development practice: an exploration of microfinance in Nepal and Vietnam," *Journal of Development Studies*, 44 (8), 1214-1235.

Shiva, V. (1998) uBiodevastation, *Synthesis/Regeneration*, 17, Fall. Online. Available HTTP: http://www.greens.org/s-r/17/17-15.html (accessed December 2, 2004).

Silva, S. (2002) "Quantrum leap: microcredit boosted by technology," *Microenterprise Americas*, 33-35. Online. Available: http://www.iadb.Org/sds/mic/micamericas/eng/2/p32-35.pdf (accessed June 11, 2004).

Singer, P. (2009) "America's shame: when are we going to do something about global poverty?," *The Chronicle Review*, March 13: B6-B10.

Smillie, I. (2009) *Freedom from Want: The Remarkable Success Story of BRAC, the Global Grassroots Organization That's Winning the Fight Against Poverty*, Sterling, VA: Kumarian Press.

Smith, A. (1776; 1991 edition) *The Wealth of Nations*, London: Prometheus Books.

Smith, A. (1759; 2000 edition) *The Theory of Moral Sentiments*, London: Prometheus Books.

Smith, N. (2004) *The Endgame of Globalization*, New York: Roudedge.

Smith, P. and Thurman, E. (2007) *A Billion Bootstraps: Microcredit, Barefoot Banking, and the Business Solution for Ending Poverty*, New York: McGraw Hill.

Solomon, D. (2009) "The anti-Bono," *New York Times*, February 22. Online. Available HTTP: http://www.nydmes.com/2009/02/22/magazine/22wwln-q4-t.html (accessed February 22, 2009).

Soros, G. (2008) *The New Paradigm for Financial Markets: The Credit Crisis of 2008 and What It Means*, New York: PublicAffairs.

Sparke, M. (2007) "Everywhere but always somewhere: critical geographies of the Global South," *The Global South*, 1 (1), 117-126.

Spivak, G. C. (1994) "Responsibility," *boundary 2*, 21 (3), 55-57.

Spivak, G. C. (1999) *A Critique of Postcolonial Reason: Toward a History of the Vanishing Present*, Cambridge, MA: Harvard University Press.

Standing, G. (2000) "Brave new words? A critique of Stiglitz's World Bank rethink," *Development and Change*, 31, 737-763.

Sciglitz, J. (1998) "More instruments and broader goals: moving toward the post-Washington consensus," WIDER Annual Lecture, Helsinki, Finland. Online. Available HTTP: http://www.globalpolicy.org/component/content/article/209/43245.html (accessed August 8, 2005).

Stiglitz, J. (1999) "The World Bank at the millennium," *The Economic Journal*, 109 (459), 577-597.

Stiglitz, J. (2000a) "What I learned at the world economic crisis," *The New Republic*, April 17. Online. Available HTTP: http://www2.gsb.columbia.edu/faculty/jstiglitz/download/opeds/What_I_Learned_at_the_World_Economic_Crisis.htm (accessed August 8, 2005).

Stiglitz, J. (2000b) "Formal and informal institutions," in P. Dasgupta and I. Serageldin (eds) *Social Capital*, Thousand Oaks, CA: Sage Publications, 59-70.

Stiglitz, J. (2001) "Information and the change in the paradigm in economics," *Nobel Prize Lecture*, December 8. Online. Available HTTP: http://nobelprize.org/

nobel_prizes/economics/laureates/2001/stiglicz-lecture.pdf (accessed September 1, 2005).

Stiglitz, J. (2002) *Globalization and Its Discontents*. New York: Norton.

Stiglitz, J. (2008) "Is there a post-Washington consensus consensus?," in N. Serra and J. Stiglitz (eds) *The Washington Consensus Reconsidered: Towards a New Global Governance*, New York: Oxford University Press, 41-56.

Stolberg, S. G. (2009) "Critique of housing plan draws quick White House offensive," *New York Times*, February 20. Online. Available HTTP: http://www.nytimes.com/2009/02/21/us/politics/21obama.html (accessed February 20, 2009).

Stolz, A. C. (2008) "Norway launches USD117Mln microcredit fund," *Reuters*, June 2. Online. Available HTTP: http://www.microfinancegaceway.Org/p/site/m/template.rc/1.26.7663/ (ac-cessed September 27, 2008).

Suleiman, J. (1997) "Palestinians in Lebanon and the role of non-governmental organisations," *Journal of Refugee Studies*, 10: 397-410.

Suleiman, J. (1999) "The current political, organizational, and security situation in the Palestinian refugee camps of Lebanon," *Journal of Palestine Studies*, 29 (1), 6680.

Surowiecki, J. (2008) "What microloans miss," *The New Yorker*, March 17. Online. Available HTTP: http://www.newyorker.com/talk/financial/2008/03/17/080317ta_talk_surowiecki (accessed March 20, 2008).

Swibel, M. (2007) "Forbes analyzes microfinance investment, releases first-ever list of top 50 MFIs," *Forbes*, December 20. Online. Available HTTP: http://www.forbes.com/2007/12/20/top-philanchropy-microfinance-biz-cz_1220land.html (accessed February 16, 2009).

Tavernise, S. (2006) "Charity wins deep loyalty for Hezbollah," *New York Times*, August 6. Online. Available HTTP: http://www.nytimes.com/2006/08/06/world/rniddleeast/06tyre.html?_r=l (accessed August 6, 2006).

Tendler, J. (2000) "Why are social funds so popular?," in S. J. Evenett, W. Wu, and S. Yusuf (eds) *Local Dynamics in an Era of Globalization: 21st Century Catalysts for Development*, New York: Oxford University Press (published for the World Bank), 114-129.

Tendler, J. and Serrano, R. (1999) *The Rise of Social Funds: What Are They a Model Of?* DURP/MIT mimeo, MIT/UNDP Decentralization Project.

Thomson, A. (2009) "Microfinancing still resilient in Mexico," *Financial Times*, February 26. Online. Available HTTP: http://www.ft.eom/cms/s/0/37addbce-0270-11de-b58b-000077b07658.html (accessed March 15, 2009).

Thys, D. (2004) "Legislation promotes life-enhancing investments in the bankable poor," unpublished letter to the *New York Times*. Online. Available HTTP: http://www.microfinancegateway.org/p/site/m/template.rc/1.26.9075/ (accessed September 1, 2004).

Tierney, J. (2006) "Shopping for a Nobel," *New York Times*, October 17. Online. Available HTTP: http://select.nytimes.com/2006/10/17/opinion/17tierney.html (accessed October 17, 2006).

Tsing, A. (2004) *Friction: An Ethnography of Global Connection*, Princeton: Princeton University Press.

Tulchin, D. (2003) *Microfinance's Double Bottom Line: Measuring Social Return for the Microfinance Industry*, Seattle, WA: Social Enterprise Associates.

UNDP (2003a) *Human Development Report: Millennium Development Goals: A Compact Among Nations to End Human Poverty*, New York: Oxford University Press.

UNDP (2003b) *Subjective Poverty and Social Capital: Towards a Comprehensive Strategy to Reduce Poverty*, Cairo, Egypt: UNDP.

UNDP (2005) *Human Development Report: International Cooperation at a Crossroads: Aid, Trade, and Security in an Unequal World*, New York: UNDP.

UNDP (2007) *Human Development Report. Fighting Climate Change: Human Solidarity in a Divided World*, New York: UNDP.

UNESCO (2009) "Global crisis hits the most vulnerable," March 3. Online. Available HTTP: http://portal.unesco.org/en/ev.php-URL_ID=44687&URL_DO=DO_TOPIC&URL_ SECTION=201.html (accessed March 15, 2009).

UNIFEM (2008) *Who Answers to Women? Gender and Accountability*, New York: United Nations Development Fund for Women.

UNRWA (2003) "12 years of Oedit to Microenterprise." Online. Available HTTP: http://www.un.org/unrwa/publications/pdf/mmp_ar2003.pdf (accessed June 1, 2006).

USAID (2002) "Lebanon revisited: a transition strategy, 2003-2005." Online. Available HTTP: http://www.usaid.gov/lb/documents/lebanon_strategy.doc (accessed May 7, 2004).

Vivian, J. (1995) "How safe are 'social safety nets? Adjustment and social sector restructuring in development countries," in J. Vivian (ed.) *Adjustment and Social Sector Restructuring*, London: Frank Cass (for the Uniced Nations Research Institute for Social Development), 1-25.

Wade, R. (2001) "Showdown at the World Bank," *New Left Review*, 7, 124-137.

Wallis, W. (2009) "Lunch with the Financial Times: Dambisa Moyo," *Financial Times*, January 30. Online. Available HTTP: http://www.ft.eom/cms/s/2/4121blfa-ee5a-11dd-b791-0000779fd2ac.html (accessed April 11, 2009).

Waly, G. (2005) "Building a national strategy for microfinance in Egypt: international year of microcredit inspires collaborative process." Online. Available HTTP: http://www.uncdf.org/english/microfinance/pubs/newsletter/pages/2005_07/year_update.php (accessed December 20, 2005).

Watkins, K. and Montjourides, P. (2009) "The Millennium Development Goals—bankable pledge or sub-prime asset?," presentation to the UNESCO Future Forum, March 2. Online. Available HTTP: http://porcal.unesco.org/en/ev.php-URL_ID=44385&URL_DO=DO_PRINTPAGE&URL_SECTION=201.html (accessed June 1, 2009).

Weber, H. (2002) "The Imposition of a global development architecture: the example of microcredit, *Review of International Studies*, 28 (3), 537-555.

Weber, H. (2006) "The global political economy of microfinance and poverty reduction: locating local 'livelihoods' in political analysis," in J.L. Fernando (ed.) *Microfinance: Perils and Prospects*, New York: Roudedge, 43-63.

White, S. C. (1999) "NGOs, civil society, and the state in Bangladesh: the politics of representing the poor," *Development and Change*, 30, 307-326.

Williamson, J. (1990) "What Washington means by policy reform," in J. Williamson (ed.) *Latin American Adjustment: How Much Has Happened?*, Washington, DC: Institute for International Economics, 5-20.

Williamson, J. (2000) "What should the World Bank think about the Washington Consensus?," *World Bank Research Observer*, 15 (2), 251-264.

Williamson, J. (2004) "A short history of the Washington consensus," paper presented at a conference from the Washington Consensus towards a new Global Governance, Barcelona. Online. Available HTTP: http://www.iie.com/publicadons/papers/williamson0904-2.pdf (accessed September 27, 2008).

Wolfensohn, J. (2000) "How the World Bank is attacking poverty through small enterprise development and microfinance, *Small Enterprise Development*, 11 (1), 5-7.

Wolfowitz, P. (2007) "Resignation statement." Online. Available HTTP: http://web.worldbank.org/WBSITE/EXTERNAL/NEWS/0,,contentMDK:21339650~pagePK:64257043~piPK:437376~theSitePK:4607,00.html (accessed May 30, 2007).

Woller, G., Dunford, C., and Woodworth, W. (1999) "Where to micro finance?,"

*International Journal of Economic Development*, 1 (1), 29-64.

Wood, G. and Sharif, I. (eds) (1997) *Who Needs Credit?: Poverty and Finance in Bangladesh*, London: Zed Books.

Woods, N. (2006) *The Globalizers: The IMF, the World Bank, and Their Borrowers*, Ithaca, NY: Cornell University Press.

Woolcock, M. (1998) "Social capital and economic development: toward a theoretical synthesis and policy framework," *Theory and Society*, 27, 151-208.

Woolcock, M. (1999) "Learning from failures in microfinance: what unsuccessful cases tell us about how group based programs work," *The American Journal of Economics and Sociology*, 58 (1), 17-42.

World Bank (2000) *Annual Report*, Washington DC: The World Bank.

World Bank (2006a) "Microfinance comes of age." Online. Available HTTP: http://web.worldbank.org/WBSITE/EXTERNAL/NEWS/0,,contentMDK:21153828~pagePK:6425704 3~piPK:437376~theSitePK:4607,00.html (accessed December 20, 2006).

World Bank (2006b) "The future of microfinance—and the World Bank's role in it." Online. Available HTTP: http://www.microfinancegateway.org/content/article/detail/36645 (accessed December 20, 2006).

World Bank (2009) "Crisis hitting poor hard in developing world," February 12. Online. Available HTTP: http://web.worldbank.org/WBSITE/EXTERNAL/NEWS/0,,contentMDK:22067892~pagePK:64257043~piPK:437376~theSitePK:4607,00.html (accessed March 3, 2009).

Worth, R. and Fattah, H. (2006) "Villagers cheer as Lebanese army marches into the south," *New York Times*, August 19.

Wyly, E. et al. (2008) "Subprime mortgage segmentation in the American urban system," *Tijdschrift voor Economische en Social Geografie*, 99 (1), 3-23.

Yom, S. (2008) "Washington's new arms bazaar," *Middle East Report*, 246. Online. Available HTTP: http://www.merip.org/mer/mer246/yom.html (accessed December 15, 2008).

Yunus, M. (2002a) *Grameen Bank II: Designed to Open New Possibilities*, Dhaka, Bangladesh: Grameen Bank.

Yunus, M. (2002b) "Grameen Bank, micro-credit, and the Wall Street Journal," *Grameen Bank Dialogue*, January newsletter of the Grameen Trust, Dhaka, Bangladesh.

Yunus, M. (1999; 2003 edition) *Banker to the Poor: Micro-Lending and the Battle Against World Poverty*, New York: Public Affairs.

Yunus, M. (2006a) "Nobel lecture," Oslo. Online. Available HTTP: http://nobelprize. org/nobel_prizes/peace/laureates/2006/yunus-lecture-en.html (accessed January 15, 2007).

Yunus, M. (2006b) *Ten Indicators to Assess Poverty Level*, Dhaka, Bangladesh: Grameen Bank.

Yunus, M. (2008) *A World Without Poverty: Social Business and the Future of Capitalism*, New York: Public Affairs.

Yunus, M. and Abed, F. (2004) "Poverty matters," unpublished letter to the *New York Times*. Online. Available HTTP: http://wvvw.micr0financegateway.org/p/ site/m/templace.rc/ 1.26.9075/ (accessed September 1, 2004).

Zaatari, Z. (2006) "The culture of motherhood: an avenue for women's civil participation in southern Lebanon, *Journal of Middle East Women's Studies*, 2 (1), 33-64.

Zafar, A. (1988) *Subsistence Level Development Trap in an Empowerment Strategy: Is BRAC Coming Out of It?*, RED BRAC Economic Studies 10, Dhaka, Bangladesh: BRAC.

Zoellick, R. (2003) "America will nor wait for the won't-do countries." Online. Available HTTP: http://montevideo.usembassy.gov/usaweb/paginas/41-00EN. shtml (accessed June 5, 2009).

Zoellick, R. (2009) "Time to herald the age of responsibility," *Financial Times*, January 25. Online. Available HTTP: http://web.worldbank.org/WBSITE/ EXTERNAL/NEWS/O,,contentMDK:22045260~pagePK:64257043~ piPK:437376~theSitePK:4607,00.html (accessed May 3, 2009).

Zohir, S. and Matin, I. (2002) *Wider Impacts of Microfinance Institutions: Towards Defining the Scope and Methodology*, RED BRAC Economic Studies, Vol. XVII, Dhaka, Bangladesh: BRAC.

# [ㄱ]